U0820707

知识生产的原创基地
BASE FOR ORIGINAL CREATIVE CONTENT

颉腾商业
JIE TENG BUSINESS

THE ROAD TO LUXURY

THE NEW FRONTIERS
IN LUXURY BRAND MANAGEMENT
SECOND EDITION

通往奢侈品之路

奢侈品品牌管理新前沿

（原书第2版）

[法] 阿肖克·颂（Ashok Som） 克里斯蒂安·布朗卡特（Christian Blanckaert）◎著
上海交通大学奢侈品品牌研究中心◎译

生活·讀書·新知 三联书店 生活書店出版有限公司

Title: The Road to Luxury: The New Frontiers in Luxury Brand Management, 2nd Edition

By Ashok Som, Christian Blanckaert

北京市版权局著作权合同登记号　图字：01–2023–5087号

图书在版编目（CIP）数据

通往奢侈品之路 ：奢侈品品牌管理新前沿 /（法）阿肖克·颂，（法）克里斯蒂安·布朗卡特著 ；上海交通大学奢侈品品牌研究中心译． -- 2版． -- 北京 ：生活书店出版有限公司，2024.1
ISBN 978-7-80768-437-4

Ⅰ．①通… Ⅱ．①阿… ②克… ③上… Ⅲ．①消费品–品牌营销 Ⅳ．① F76

中国国家版本馆 CIP 数据核字 (2023) 第 185568 号

选题策划　颉腾文化
责任编辑　李方晴
特约编辑　程天祥
装帧设计　王建敏
责任印制　孙　明
出版发行　**生活书店**出版有限公司
（北京市东城区美术馆东街22号）
印　　刷　文畅阁印刷有限公司
版　　次　2024年1月北京第1版
2024年1月北京第1次印刷
开　　本　170毫米×230毫米 1/16　印张27.5
字　　数　511千字
印　　数　0,001–3,000册
定　　价　129.00元
（印装查询：010–64004884；邮购查询：010–64052612）

本书献给

——

弗拉米尔（Wladimir）、艾米莉（Amelie）
和佐雅（Zoya）

阿肖克·颂和克里斯蒂安·布朗卡特这两位才华横溢的作者列举了大量案例，与我们分享了奢侈品管理中出现的前沿问题和发展机遇。我发现本书中关于奢侈品、时尚世家和品牌二手中古市场发展的观点十分有趣。就像让-路易·杜马对奢侈品的定义——“奢侈品就是你最想得到的东西”，奢侈品也是你想表达的东西。这本书写得非常精彩，我看了以后倍受启发！

——**邓阁仕**

（Stanislas de Quercize）

历峰集团卡地亚、梵克雅宝前首席执行官

《通往奢侈品之路》用非常通俗易懂的语言对奢侈品行业进行了全面的分析。两位作者评估了奢侈品公司的关键业务流程、员工技能和主要参与者，与其他行业做了对比，并巧妙地揭示了奢侈品行业的关键成功因素。阿肖克·颂教授与很多奢侈品行业专家共同研究、探讨，对这个行业形成了很多独特、中肯的观点。该书是奢侈品行业研究的力作，我们可以从中理解奢侈品行业发展的关键驱动因素，并了解如何做出更明智的决策。本书十分适合在奢侈品行业工作或希望了解奢侈品行业特殊性的读者参考。

——斯特法诺·里维拉

（Stefano Rivera）

世家宝（Scabal）首席执行官

这本著作文笔流畅，阅读感极佳，为逦媛纳未来的全球化运营管理提供了很多启示。我肯定会把这本书带在身边，时常品读，从中获取灵感。

——丹尼尔·特里布亚尔

（Daniel Tribouillard）

逦媛纳公司董事会主席

《通往奢侈品之路》是所有对新环境下奢侈品行业未来发展和成功路径探索感兴趣的读者的必读之书。克里斯蒂安·布朗卡特和阿肖克·颂完美结合了学术分析与商业实践，以独特的视角向读者展示了如何预测并创建未来的奢侈品。

——乔纳森·希伯尼

（Jonathan Siboni）

巴黎奢侈品数据智能和战略咨询公司 Luxurynsight 总裁

译者序

率领研究团队历时一年的如磋如磨后，我终于有机会在今夏再次探索旅行的意义——A journey brings us face to face with ourselves。

埃塞俄比亚的石雕建筑，科特迪瓦的帕涅花布，纽约的蒂芙尼新地标，芝加哥的当代艺术博物馆，底特律的街头涂鸦，西雅图的工业美学咖啡厅，首尔的中国文化中心，在这些或神秘或高度发达的土地上，不仅展示了不同类型艺术的历史变迁，还见证了民族文化与地缘政治冲突的交汇。

在新冠疫情后和复杂的国际形势下，世界经济进入了一个相对低增长的阶段，全球消费者购买力呈现下滑趋势，但奢侈品研究仍然是我们坚持探索的领域，一如奢侈品公司依然将卓越作为永恒的追求。

从1995年底结缘母校上海交通大学的中欧国际工商学院起算，我已涉足奢侈品领域二十八载——2010年由北京大学出版社出版了奢侈品研究处女作《奢侈品品牌管理：方法与实践》，此后在机械工业出版社、上海交通大学出版社、清华大学出版社又相继出版了我的四本奢侈品专著。矢志不移和夙兴夜寐让我有了一丝栉风沐雨的沧桑感，但也换回了斐然的华美篇章。

在奢侈品发展的千年历史长河，时间的厚厚沙砾沉积了古老文字、神话传说、文献典籍，都成为今人探秘溯源奢侈品的线索和精神密码。例如，古埃及时期尼罗河畔的黄金权杖，中国汉唐王朝的玉器、良马和礼服，文艺复兴时期金雕玉砌、浮华绚丽的巴洛克建筑，随之兴起的洛可可风格装饰艺术，都为现代奢侈品行业的诞生与发展起到了深远的领航作用。如今，人工智能、虚拟现实、区块链、数字孪生等高科技又为奢侈品生产和品牌创建提供了全新的选择，但需要谨记的是：技术最终服务于人，而不是人被技术制约。因此，即便科技发生了日新月异的变化，奢侈品公司秉承的“慢而有节奏”的价值观追求也没有发生任何改变，如此才能体现精湛的手工艺、人性化服务、历史底蕴和艺术化。

奢侈品的译著也应如此——和羹之美，在于合异。

三年前起，本研究中心开始甄选一些颇负盛名的法国大家，信达雅地将他们的著述转译为汉语，意在让更多中国读者更广泛地赏读到出色的奢侈品作品。阿肖克·颂教授和克里斯蒂安·布朗卡特先生可以称得上是我的老友。和布朗卡特先生近十年来更是交谈甚欢，我为他的《极致追求》（中文版）写了推荐序，也共鸣于他另一本大作《奢侈：爱马仕总裁日记》中的一段至理箴言：

> 这才是奢侈，真正的奢侈。
>
> 拿出时间来好好做事情，拥有自己当下的时间，分享自己宝贵的时间，或者把时间留给自己，并真实地考虑时间能给一件东西带来的命运，一如它赋予每个人的命运，那是一种浓度、一种机会、一种价值，如此才能开始为奢侈下定义。

《通往奢侈品之路》（第 2 版）一书相比第 1 版提出了更耐人寻味的前沿话题，如应对新冠疫情的奢侈品行业变革，品牌识别及奢侈品消费者的演变，家族企业的机遇与危机，奢侈品行业管理风格的博弈，数字时代下奢侈品公司运营及供应链的悖论，等等——当然，也提到了不少中国市场的独特现象。

从这本书中，我们可以引申出全新的思考：在全球多个国家出现了后疫情时代财富分配两级分化的现象——高收入的职场白领在危机前不堪一击，通货膨胀和不健康的经济 K 型复苏，消费升级和消费降级同时发生，奢侈品行业如何找到真正可持续发展的道路？

跳出奢侈品行业，我们又可以更前瞻的眼光看待全球文明：中华大地和西方代表了孕育两种不同文明的土壤，拥有各自民族思想的精华和独特性，但两者不乏共通之处。所有文明都可以从异曲异工的百花齐放，进入到同曲异工的绚丽竞逐和异曲同工的心灵共鸣。

民族的，才能是世界的。

历史上，“中国制造”长期是无与伦比的质量和工艺水平的代名词。所谓的“中国出不了奢侈品”是一个不准确的描述。纵观古今，中国不乏各类“奢侈品”——从黄金银饰到玉器丝绸，从笔墨纸砚到琴棋书画，这些都曾被赋予“奢侈品”的内涵，都是人类文明结晶在终端消费领域的集中体现，是历史底蕴与现代文明、典雅华贵与时尚流行交织的产物。

不过，我们也要意识到：中国市场经济环境建立时间相对较短，缺乏持续的商业文化传承，仓廪实而知礼节尚在转化，还未积累出长期的品牌声誉，从而暂时无法在全球市场上获得强大的话语权，导致潜龙在渊，但希望已在眼前。

奢侈品超脱了机器大生产，是手工艺人智慧、心血和技艺的结晶，唯其精益求精、质量过硬才能被当作传家宝，并一代一代传递。这既是人类对美好事物的不懈追求，更是所有奢侈品品牌渴望达到的至高境界。

这应该也是中国人的梦想和努力方向。年轻一代更需要以史为鉴、砥砺前行，延续兼容并蓄的中华文化，实现中华民族伟大复兴。

感谢母校上海交通大学以及国家发改委指导的中国价格协会的大力支持。

感谢上海交通大学奢侈品品牌研究中心孙立本、张家铭和蔡炜灏不可磨灭的贡献。

感谢我的好友周中华先生，正因我们的深厚友谊才促成了这本译著的出版，并与走过九十余年风华之路的三联书店精诚合作。

感谢多年好友、北京大学出版社前艺术总监林胜利老先生始终坚守艺术美学和匠人精神。

感谢颉腾文化传媒公司李华君、貌晓星、程天祥、王建敏和李兴专业、及时的服务。

感谢华人营销群各位学者好友给予我们团队源源不断的灵感。

最后也要感谢上海交通大学研究生江天佑、林金华、廖怡霖积极参与本译著出版的辅助工作。

希望这本译著能够为喜爱奢侈品的读者带来完美的阅读体验，也为消费品行业的企业家升级自有品牌增添更多借鉴和灵感！

李　杰

写于亚的斯亚贝巴—阿比让—纽约—

芝加哥—底特律—西雅图—首尔旅途

2023 年 8 月

《通往奢侈品之路》第2版的创作灵感源于我亲眼见证了全球个人奢侈品市场在2015—2019年始终保持两位数增长。法国四大奢侈品集团，即路威酩轩集团、欧莱雅集团、爱马仕集团和开云集团，都位列法国CAC40股指前六大公司之列，全部达到了历史最高市值。上述每一家奢侈品公司都实现了不可思议的业绩增长。如此看来，我们在该书第1版中阐述的案例未免显得太过时了。数字化、可持续发展和中国市场已经成为这个行业绝对热门的话题。2020年年初，新冠疫情暴发，我们最终决定启动本书第2版的创作。我立即着手整理笔记，访谈奢侈品公司的管理者和高管团队，了解未来奢侈品行业的前沿话题。当年3月，全球市场遭遇“黑天鹅”，大多数公司的市值缩水了50%。于是，我回看了第1章，发现人类每隔十年就会遭遇一次大灾难，但此后往往会异常迅猛地恢复生机。接下来的日子里，我翻出了这本曾在奢侈品高级管理硕士（EMiLUX）和管理学硕士项目学员的共同努力下完成的著述，重新加工，再次审读。

在几位学员的启发下，我向他们布置了案例研究的作业，并指导他们完成。这些教学素材在一些教学项目上使用，效果十分突出，并且被世界上其他大学及其学院采用。我对这些提供了深刻见解和反馈建议的学员表示感谢。法国高等经济与商业学院给我提供了优美的工作环境，让我有兴趣且可持续地研究法国和意大利的奢侈品行业。我也非常感谢我的同事、奢侈品公司的管理者和挚友，他们与我共同探讨时尚和奢侈品行业的发展趋势，为本书的出版做出了巨大贡献。在此，我真挚地向他们表示感谢。

我要感谢为本书出版提供巨大支持的所有学生，尤其是 Zula Hu、Sandhya Rangan、Nikhil Anand、Shirin Sonal、Yu Cao、Arushi Chopra、Sushanta Das、Rashi Gupta、Hannes Gurzki、Naja Pape、Shiva Pappu 和 Milan Rabold，他们在本书的第 1 版和第 2 版的研究以及写作中都提供了支持与帮助。此外，我真诚地感谢我的学生 Manuela Brische、Lilly Liu、Deepak Yachamaneni、Boris Gbahoué、Geraldine Carter、Stephanie Masson、Misha Gupta、Karyn Bell、Anna Nolting、Fernanda Harger、Nora Kato、Raghavendra Sheshamurthy、Nonika Vyas、Tina Huang、Sid Shetty、Priscilla Mark、Mario Sanz del Castillo、Lynn Chou、Lan Wu、Leonardo Banegas、Pajaree Kasemsant 和 Salman Bukhari，正是他们花费了大量时间，一次又一次地根据我的批注对书稿进行修改，本书才得以顺利出版。我还要感谢 Ruchi Shangari Dsouza、Debjani Roy、Daniel Tobar-Richter、Clara Gonzalez Goicoechea、Valerie Flexor、Jisook Anh、Mo Cheng、Wenjing Wang、Meng Li、Erik Lobatom、Kanika Holloway、Sophia Redford、Alessandro Cannata 和 Hui Xu 等在我讲授的“全球化公司管理”课程中的不懈努力。

我同样要感谢弗朗索瓦·雷伊（Françoise Rey）给予我的支持与鼓励。她在我研究奢侈品行业的过程中给予我很多新概念和管理创新思维的灵感，不断提升我的知识体系。我也向我的所有同事表示衷心的感谢，尤其是米歇尔·巴罗尼（Michel Baroni）院长，他每时每刻都给予我莫大的支持。

我还要向以下奢侈品公司和品牌表示感谢：路威酩轩集团、开云集团、历峰集团、香奈儿集团、梵克雅宝、尚美巴黎、库克香槟、梵诗柯香等等。它们让我更深入地了解了不同的奢侈品细分行业。我要感谢印度管理学院加尔各答分校的普拉桑特·米什拉（Prashant Mishra），在其盛情邀请下，我担任了印度斯坦联合利华（Hindustan Unilever）的访问研究员，继续开展关于新兴品牌方面的研究。

许多人为本书的问世做出了巨大贡献，倘仍有不足之处，望读者不吝斧正。最后，我还要感谢我的女儿迈卡拉–佐雅（Mekhala–Zoya），14 岁的她在本书截稿日期日益接近之时经常提醒我：疫情期间不要把时间浪费在刷 Facebook 上，而要抓紧完成书稿的改版和修订。

阿肖克·颂

阿肖克·颂是法阿肖克·颂国高等经济与商业学院（ESSEC）管理系教授，是企业组织设计研究思想的先驱、全球化战略专家。他的代表作 *Organization: Redesign and Innovative HRM* 于2008年由英国牛津大学出版社出版，*International Management: Managing the Global Corporation* 于 2009 年由麦格劳–希尔（英国）出版公司出版。在埃塞克高等商学院任教期间，他与纽约帕森斯设计学院、意大利时尚与服装学院合作创办了奢侈品高级管理硕士项目，担任项目主任，之前与 SDA 博科尼商学院也有过合作。他还是全日制一年期国际 MBA 项目（学员需要具备工作经历）的创办副院长，印度研究中心创始人，全球工商管理硕士项目奢侈品及零售研究中心主任（与印度管理学院艾哈迈德巴德分校合作）。他在印度管理学院艾哈迈德巴德分校获得博士学位，在印度卡哈拉格普尔理工学院获得理工科硕士学位，在印度加尔各答总统大学获得学士学位。他热衷于案例研究和教学。2008 年，他在“EFMD 案例写作大赛”（EFMD Case Writing Competition）中获得印度管理研究大奖。2014 年，他获得创业研究“案例中心奖”（Case Centre Award）。同时，他还是印度管理学院艾哈迈德巴德分校兼职教授、德国曼海姆商学院兼职教授，以及印度管理学院加尔各答分校、新西兰奥克兰理工大学、日本东京庆应义塾大学访问教授。他目前研究的主要方向是包括奢侈品行业在内的创意行业，经常在国际会议上演讲，并担任多家欧洲和印度跨国公司的咨询顾问。

克里斯蒂安·布朗卡特是全球首屈一指的奢侈品行业专家，如今担任法国 EPI 集团 [旗下拥有威士顿（J. M. Weston）、博普缇（Bonpoint）、白雪香槟（Champagne Piper-Heidsieck）和哈雪香槟（Champagne Charles Heidsieck）等品牌]、欧瑞泽投资集团（Eurozeo）、范泊昆（Vilebrequin）和芙拉（Furla）等公司的高级顾问。他还是伊夫黎雪（Yves Rocher）和阿兰弗加雷（Alain Figaret）公司的董事会成员。过去，他曾是小帆船（Petit Bateau）总裁和盟可睐（Moncler）公司董事会成员。1996—2009 年，他还担任爱马仕皮具业务部门首席执行官兼爱马仕国际集团执行副总裁。1988—1996 年，他担任法国精品行业联合会（Comité Colbert）总裁，当时该协会由 70 家法国奢侈品公司组成。他至今仍然担任总部位于美国波士顿的哈桥屋（Harbridge House）咨询公司高级顾问。此外，他曾担任 DIY 零售商 Bricorama公司首席执行官、Thomson-Distribution 公司董事会主席兼首席执行官、SCAC 集团总经理等职务。

克里斯蒂安·布朗卡特曾担任法国国立高等装饰艺术学院（ENSAD）董事会主席、全球反饥饿行动组织（Action Against Hunger，ACF）副总裁多年。他还曾经担任法国瓦朗日维尔苏尔梅尔市（Varengevillesur-Mer）市长达 21 年之久。他出版过多本著述，包括 *Les Chemins du Luxe*（Grasset 出版社，1996），*Portraits en Clair Obscur*（Balland 出版社，2004），*A Biography of Roger Salengro*（Balland 出版社，2001），*Luxe*（Le Cherche-Midi 出版社，2007），*Luxe Trotter*（Le Cherche-Midi 出版社，2012），*Les 100 mots du Luxe*（法国大学出版社，2012），*Argent, Fortunes et Luxe en Asie with JM Bouissou and J.Siboni*（Picguier 出版社，2013）和 *Instants Précieux*（Allary 出版社，2018）。他是法国高等经济与商业学院、欧洲高等商学院（ESCP）巴黎校区及新加坡校区，以及黎巴嫩贝鲁特 ESA 商学院的访问教授。他毕业于巴黎政治学院法学院，并拥有欧洲工商管理学院（INSEAD）工商管理硕士学位。

序章　粉色手袋

它始终端坐在货架上，日复一日，年复一年。

也许是两年，或许是三年，没有人确切地知道它在这里已经待了多久。大城市的银行家们或许会戏称之为“折旧资产”（depreciated asset）。

店员原本可以把它藏到柜台后方，但这会显得太过伤感、太过残忍。这只手袋已经变成了这家门店的固定资产，称得上是位老朋友了，它就固执、一动不动地端坐在那里，也许已经旷日经年。

这只极具个性的手袋是粉色的——粉色鳄鱼皮配上镶钻包扣，显然价格不菲。尽管如此，它依旧被放在货架上，无人问津。

时不时地，它还会被店员挪动一下。

有时它在门店入口处展示，有时现身于中央货架的左右两侧，有时埋首于门店最深处。

它身上布满尘埃，看着数以千计的顾客擦肩而过，寄希望能够受到某人的垂青——但一切都是徒劳。

久而久之，这只粉色鳄鱼皮手袋让销售员心灰意冷，但他们绞尽脑汁也无济于事。因此，他们索性把它留在店内，认为或许某一天会时来运转。

然而，这只粉色手袋已经慢慢老去：糖果粉有些褪色，包上镶嵌的钻石即使每天抛光也不复曾经的光耀。

皮具部门总监说：“我们应该把这只包下架了。”销售总监附和道：“这只包没法卖了。”言下之意，这只粉色手袋像个拖油瓶，总是待在店里，令店员十分无语甚至有些恼火，如今越看越觉得它与其他商品格格不入——这只粉色手袋不由得自惭形秽。

为什么这只手袋那么失败呢？是因为价格、配色，还是皮质？

销售员们喜欢开玩笑地说它“卖不出去”——这无疑是对一款手袋最致命的侮辱。

某个周一上午，一位女顾客偶然注意到这只被束之高阁的手袋：它高冷且孤傲，似乎居高临下地观察着芸芸众生、人潮涌动。

她问："我能看一下这款手袋吗？"

销售员顿时格外激动，其中一位戴上白手套，小心翼翼地取下这款手袋，以免划伤手袋的鳄鱼皮表面。她向这位女士介绍，这只手袋的价格是 11 万法郎。她笨嘴拙舌且几乎带有歉意地说："这位女士，您其实可以欣赏一下这枚钻石，特别惊艳典雅。"顾客却回应道："我觉得这款手袋本身就十分漂亮啊，配色独一无二，我之前从来没有看到过这种粉色。这只手袋我买定了。"这位名为吉尔伯特（Gilberte）的销售员对眼前所发生的一切觉得难以置信——好梦就这样成真了？

吉尔伯特使劲高高地挥舞手臂，告诉她的所有同事：

"这只粉色手袋被我卖掉了！"

粉色手袋成功售出的消息不胫而走。

在收银台上，这只手袋所有打磨和包装的工序都已完成，被放入一只极其华美的橙色礼盒内，静候买家的领取。

销售员陪同顾客到了收银台，问："您是如何支付呢？"

这位女士自信地回答道："刷卡，美国运通卡。"

正常情况下，刷卡交易应该一次成功；但那一天，刷卡支付尝试了一次、两次、三次……最后，身心俱疲的收银员不得不轻声告诉这位女士："女士，真抱歉，这是因为您的卡被冻结了。"

这位顾客哭喊道："真下作！一定是我男人动了手脚！我们正在办离婚，肯定是他冻结了账户！我明天再过来用现金支付。"

店员们耸了耸肩，互相打了个手势。不一会儿，整个门店都知道这只粉色手袋终究还是没有卖出去。

当"准主人"摔门而去时，这只手袋依旧淡然地躺在橙色礼盒内。

吉尔伯特慢慢地拆除包装，将手袋从礼盒里取出，重新放回到货架上。

门店打烊时，这只手袋仍端坐在那里。店内弥漫着失望的情绪，销售员们围着这只手袋各自发着牢骚："肯定是配色不行""它一辈子也卖不出去了"。最后，店长做出决定："如果明天还卖不出去，就把它下架吧。"

粉色手袋的故事本应到此画上句号。

翌日上午 11 时左右，一名男子进入店内，请求看一下那只粉色手袋。他爱不释手地赏玩了些许时间，最后决定买下。

这一次，美国运通卡付款成功，这只手袋成功售出。这是属于糖果粉的胜利，吉尔伯特也终于解脱了。持悲观态度和嘲讽心态的旁人这次只能哑口无言。

粉色手袋的故事至此也应该结束了，因为一位“盔甲骑士”买走了这只手袋。

然而，当天下午奇峰又起。

当时，没有店员相信那位说会回来用现金购买这款粉色手袋的女士。当他们将这款手袋卖给那位男顾客时，甚至根本没有想起她。

当然，谁会相信那个离婚的故事呢?

但事实上，她真的回来了，脸上洋溢着愉悦的笑容，自豪地将 11 万法郎现金放到桌上。

她说：“我来买我做梦都想要的手袋了。”

销售员们反应各异，从局促不安到胆战心惊。

这件如此巧合的事确实很难解释清楚——销售员们能说些什么呢?

最终，还是吉尔伯特果断地挺身而出，向那位女士说明了情况，并承诺会给出补偿方案。这才有了第二只——也是最后一只——一模一样的粉色手袋。

这个故事印证了一句老话：鳄鱼往往需要等待很长时间才能捕到它们的猎物。

第一篇

了解奢侈品行业

THE
ROAD TO

LUXURY

第 1 章

绪论：奢侈品的定义与面临的危机

奢侈品的发展历史悠久而迷人。人们从公元前 1550 年至前 1070 年的古埃及文物中就可以找到奢侈品的影子。公元 14 世纪至 16 世纪的意大利文艺复兴运动掀起了又一波奢华生活的浪潮。许多伟大的画家、雕塑家和建筑师诞生在那个年代。此后，在法国国王路易十四（1638—1715）的统治时期，他对真正意义上的法式生活赋予了更深层次的内涵。接着是英国时装设计师查尔斯·弗雷德里克·沃斯（Charles Frederick Worth，1825—1895）创造了“高级定制时装”（haute couture）的概念。1846 年，查尔斯将自己的家搬迁至巴黎，不断完善他的手工技艺，并成功地开发出成衣商品，还举办了人类历史上第一场时装秀。自此，时装开始广为流行。可可·香奈儿（Coco Chanel，1883—1971）[①] 和克里斯汀·迪奥（Christian Dior，1905—1957）创造了新式潮流和时尚理念，不久之后纽约也成了奢侈品之都。20 世纪六七十年代是意大利奢侈品行业第二次变革时期。此后，贝尔纳·阿尔诺（Bernard Arnault）创立了历史上第一家大型奢侈品集团——路威酩轩集团（LVMH），开始将战略管理理论应用于现代奢侈品行业。信息技术革命开

---

① 原名为嘉柏丽尔·香奈儿（Gabrielle Chanel）。香奈儿在 18 岁时到一家服装店当小裁缝师，为骑兵军官缝补裤子。由于香奈儿心灵手巧、娇俏可人，军官们喜欢邀请她去参加他们在小公园举办的派对。香奈儿勇敢登台表演，歌唱《谁见过可可》（Who Has Seen Coco）——一首描写少妇丢失了小狗“可可”情节的歌曲。此后，每当她登台时，台下观众都高呼“可可”。从此，香奈儿有了经典的爱称“可可”。——译者注

启了奢侈品和高级时装的历史性新篇章，有关新产品的新闻报道如同燎原之火，人们一键即可与他人分享对品牌、产品和公司的评价。需要谨记的是，奢侈品的发展历程与社会的演变高度相关。

奢侈品行业的消费变革会影响一个国家的发展模式。这种发展模式第一个阶段的特征是资源匮乏。尽管国家处于贫困状态，但民众依然保有消费的欲望。第二个阶段是开启新一轮的经济繁荣。随着国家经济水平提高，中产阶级开始求购具有高性能效用的奢侈品，如洗衣机、汽车和一些实用的家用电器。此时，富人和精英阶层开始购买奢侈品。在第三个阶段，消费者渴望展现自己的财富。当奢侈品成为社会地位的象征并能赋予拥有者神圣的光环时，纯粹的拥有是不够的。第四个阶段是物资丰富。此时，这个国家的大多数民众已经富裕起来，但他们仍然希望融入属于自己的社交圈。如果某个人没有恰如其分的社会标记，那么他们很难融入一个特定的群体。最后一个阶段是奢侈品消费呈现常态化。在这个阶段，奢侈品已然成为一种生活方式。当人们习惯了这种生活方式时，他们很难再回到以前的生活习俗。此时，奢侈品与个人审美和自我愉悦联系得越来越紧密，不再是纯粹地为了展现个人财富或寻求社会地位。

1.1　奢侈品的定义问题

人们需要懂得为何一些品牌可以被称为奢侈品品牌，理解哪些因素造就了这些品牌至高无上的定位。不过，奢侈品品牌并非以高得离谱的价格出售品位不凡的产品就可以打造而成。奢侈品品牌在营销和品牌打造过程中十分谨慎，追求在消费者的潜意识里留下品牌的烙印。这些品牌具有如下特征：品牌实力强劲，差异化和排他性显著，追求创新，讲究产品手工艺和产品细节，定价很高，质量上乘。

例如，百达翡丽（Patek Philippe）腕表由于在材料、设计和功能方面的差异化品质，比一块普通腕表的售价可高出 10 倍之多；爱马仕凯莉手袋（Hermès Kelly Bag）的手工艺技术证明了为何它配得上如此高的标价；路易威登（Louis Vuitton）强大的品牌实力能够吸引顾客提前数月就预订它的手袋。以上几个例子都表明了奢侈品品牌对手工艺和细节的关注，使得它们的产品与众不同。

人们对奢侈品行业经常持有很多疑问或困惑。例如，①奢侈品和时尚是一回事吗？②高价格就一定是奢侈品吗？③奢侈品一定是完美无瑕的吗？

第一，奢侈品和时尚不代表同一种事物，两者可以共存，但并非总是如此。在19世纪之前，只有少数特权阶层才有财力跟上不断变化的趋势。因此，只有那些买得起奢侈品的人方能紧随时尚潮流。然而，21世纪的消费者即便没有那么富裕也能追求时尚。因此，时尚不再是高消费的代名词。以飒拉（Zara）为例，这个街头时尚服装品牌的价格十分亲民。高级定制时装依然可以引领时尚潮流，但它已经不再是时尚界唯一的代表。在过去，奢侈品被视为投资品，不容易被其他物品替代，但如今已经成为生活方式的选择。许多奢侈品公司在保留经典产品系列的同时，会尝试推出时尚产品系列。例如，香奈儿（Chanel）推出时尚系列的目的是跟上时代的步伐，同时也重新激起消费者对其经典产品的兴趣。

第二，昂贵的价格并不能说明这个产品就是奢侈品。普通产品也可以卖到很高的价格。奢侈品是昂贵的，但并非所有昂贵的产品都是奢侈品。言下之意，把高端产品当作奢侈品销售出去[这种做法被称为“高溢价出售”（premiumization）或“品牌升级”（trading-up）]是很难实现的。同样，把奢侈品降格为高端产品从而提升市场份额的策略也是不可取的。一些汽车公司曾尝试以上两种策略，但全部宣告失败。例如，梅赛德斯-奔驰（Mercedes-Benz）曾推出较低端的精灵系列（Smart），也收购了克莱斯勒（Chrysler）。不过，奔驰此后通过迈巴赫（Maybach）、AMG和纯电动车系列的投资巩固了其豪华汽车的品牌形象。相比之下，保时捷（Porsche）的品牌价值达到了339.1亿美元，同比增长15.6%，成为2020年最具价值的奢侈品品牌。[①]

第三，当人们付一大笔钱购买奢侈品时，他们究竟想要获得什么回报？是买下一件完美无瑕的产品吗？答案可能并非如此。在某种程度上说，定义了奢侈品品牌的是创作者，而非消费者。一件奢侈品可能离完美差得很远。不过，人们需要考虑这样一个问题：当经济衰退时，顾客消费变得更加谨慎，预算和支出受限，那么他们会质疑产品不够完美吗？

---

① 在伦敦著名品牌咨询公司Brand Finance公布的“2020年全球奢侈品品牌排行榜”中，保时捷、古驰（Gucci）和路易威登位列三甲。——译者注

1.2 危机

珠光宝气的时代已然结束，铺满假钻的红毯成为过去。我认为低调谦逊的新时代已经悄悄来临。

——卡尔·拉格斐①

20 世纪 70 年代至 2010 年之间，世界上先后发生了多次经济危机——如 1973—1979 年石油危机，1987 年美国股灾，1992 年英国“黑色星期三”，1997 年亚洲金融危机，20 世纪 90 年代互联网泡沫，21 世纪初股市崩盘等，此后十年也暴发了数次危机。例如：2001 年，全世界目睹了发生在纽约和华盛顿特区的恐怖袭击，阿富汗战争随后暴发；2003 年美军入侵伊拉克。21 世纪初，世界上许多国家出现了经济衰退，2003 年在亚洲暴发的 SARS 疫情更加剧了这一衰退。2004 年发生的印度洋海啸造成了数十万人死亡。2007 年，始于美国房地产市场的次贷危机蔓延到世界各地，直接导致了雷曼兄弟公司（Lehman Brothers）的倒闭和 2011 年欧债危机，还对塞浦路斯救助案以及俄罗斯和意大利的政治局势动荡产生了后续影响。2020 年，新冠疫情在全球范围内暴发，导致奢侈品公司的市值蒸发了数十亿美元。

危机以如下四种形式出现：①内因性（内生）危机，如经济危机和金融危机；②外因性（外生）危机，如政治危机；③自然灾害；④以上三种形式的组合。其中，**经济危机**（economic crisis）指一个国家或全世界实体经济发展明显放缓，GDP 消费停滞或萎缩，伴随着投资、产能利用率、家庭收入、公司收益和通胀水平出现问题，而与此同时，企业破产率和人口失业率不断上升。以世界最大经济体美国为例，图 1-1 显示了美国 1950—2013 年 GDP 增速下降及 2020 年 GDP 负增长情况。

金融危机（financial crisis）是指资产（如股票或货币）突然贬值，但并不一定会对实体经济产生影响。就其本身而言，金融危机只会导致账面财富的损失。据观察，金融危机与其他类型的危机（如经济危机和政治危机）之间存在相互作用，这

① 卡尔·拉格斐（Karl Lagerfeld，1933—2019），德国著名服装设计师，被称为“时装界的凯撒大帝”或“老佛爷”。他精通德、英、法、意四国语言，情迷传统，又憧憬未来，享有“当代文艺复兴的代表”的美誉。过世前，他同时担任香奈儿、芬迪（Fendi）和个人同名品牌卡尔·拉格斐的创意总监。——译者注

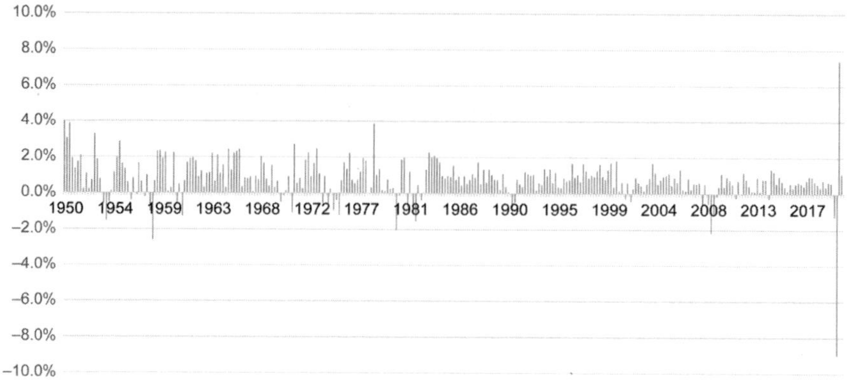

图 1-1 美国 1950—2020 年 GDP 各季度增速情况（已根据通货膨胀率调整）

也是为何金融危机往往在政治体制和实体经济内引起更高程度的警惕。这类危机包括互联网泡沫、“9·11 事件”等恐怖袭击、2007 年次贷危机，以及延续至今的欧债危机。欧债危机源于 2008 至 2009 年，美国楼市泡沫的私债问题演变为欧洲主要银行和经济体的主权债务危机，道琼斯指数市值下跌近半。其他在世界范围内造成影响的危机包括 20 世纪 80 年代的拉美主权债务危机（人们称之为拉美经济“失去的十年”）、1997 年亚洲金融危机、1998 年俄罗斯金融危机，以及始于 2010 年的欧债危机，许多国家至今仍在为此付出巨大的代价。

政治危机（political crisis）与金融危机类似，对国家经济和包括奢侈品行业在内的诸多行业产生影响。典型的例子包括古巴导弹危机、马岛战争、伊拉克入侵科威特（此后，美国在 1990 年进行干预，并引发了 2001 年恐怖袭击事件）等。

自然灾害（natural disaster）会对当地经济造成毁灭性的打击，如 2004 年印度洋海啸，2011 年引发日本福岛核电站核事故的地震及海啸，2012 年菲律宾超强台风“宝霞”等等。新冠疫情的暴发也是一次全球性健康危机，它对世界经济造成了极大影响，全球大多数奢侈品市场也未能幸免。

1.3 奢侈品行业概述

过去，危机在不同时期对不同公司（无论是奢侈品集团还是独立的奢侈品公司）都会产生不同影响。这可以归因于经济周期的外因性和内因性特征。尽管如此，2009 年的金融危机在本质上是全球性的，最终演变成为 2014 年欧元区危机。

奢侈品行业在缓慢复苏。2016年，英国宣布脱欧，中美贸易争端在2018年打响，这些都给奢侈品行业的未来发展蒙上了一层阴影。2020年年初暴发的新冠疫情演变成为一次全球性的健康危机。奢侈品行业也许是受疫情影响最深远的行业之一，所有主要奢侈品消费市场都遭受打击。

为了让读者理解这些现象背后的成因，本书对奢侈品进行了划分：①硬奢侈品（hard luxury），如腕表、珠宝等；②软奢侈品（soft luxury），如时装等。

对奢侈品行业更全面的定义应该包括产品和服务，涉及的行业有葡萄酒及烈酒、食品珍馐、旅游、酒店及水疗、科技产品和汽车。奢侈品行业最知名的品牌包括路易威登、爱马仕（Hermès）、古驰、卡地亚（Cartier）、保时捷、拉夫劳伦（Ralph Lauren）、劳力士（Rolex）、蒂芙尼（Tiffany）、阿玛尼（Armani）、博柏利（Burberry）和法拉利（Ferrari）。2015年，全球奢侈品市场规模同比增长超过11%，达2450亿欧元；2019年，全球个人奢侈品①市场同比增长超过7%，达2810亿欧元；2020年，市场规模下降幅度超过了22%。[1]

贝尔纳·阿尔诺、弗朗索瓦·皮诺（François Pinault）和约翰·鲁伯特（Johann Rupert）通过收购传统家族品牌，各自建立了路威酩轩集团、开云集团（Kering Group）和历峰集团（Richemont Group）。这些多品牌大型奢侈品集团的崛起改变了奢侈品消费者，也改变了奢侈品行业。那些坚持避免被上述大型奢侈品集团收购的奢侈品品牌（通常由家族掌管）也随之发展。这些家族品牌成功地保护了其传承和基因，收购了它们的供应商以实现垂直一体化。它们关注品牌资产，大力投资于全球市场的扩张，并收回授权经销和特许经营业务，从而增强对零售运营的管控。

值得注意的是，在过去几年里，越来越多的奢侈品公司开始尝试扩大品类，收购或建立了更多子品牌，目的是创造协同效应，满足消费者的全方位体验。如今，已经很少有奢侈品公司旗下只拥有一个品牌或只专注于单一产品线了。图1-2列举了一些经典的奢侈品公司，包括：①旗下拥有多个品牌、销售多个品类的奢侈品集团（如路威酩轩集团）；②旗下拥有多个品牌、销售单一品类的奢侈品集团（如雅诗兰黛集团）；③旗下只有一个品牌、销售单一品类的奢侈品公司（如百达翡丽公司）；④旗下只有一个品牌、销售多个品类的奢侈品公司（如香奈儿集团）。

---

① 在奢侈品行业，个人奢侈品（personal luxury goods）特指服装、皮具、鞋履、珠宝、腕表、配饰、护肤品与彩妆等仅限个体使用的奢侈品。——译者注

图 1-2　拥有不同数量品牌和品类的奢侈品公司

最初，奢侈品行业只有少数几个寡头参与者，它们之间产生了激烈的竞争。此后，消费者的购买力成为奢侈品品牌成功的最重要驱动力。自 2010 年以来，高净值人群（high-net-worth individuals，HNWI）的可支配收入不断增长，社会变得相对富裕，奢侈品品牌通过广告投放对很多拥有一定可支配收入的消费者人为地“创造”了购物欲，这些产品都超出了个人的基本需求。

1.4　应对全球危机

一方面，奢侈品行业并不会呈现周期性特征，因此不会受到经济衰退的影响[2][3]。产生这种现象的部分原因是美国人消费行为的改变和奢侈品消费人群基数的不断扩大，这也是高净值人群可支配收入不断上升的结果。另一种认同奢侈品行业非周期性特征的观点是：奢侈品顾客通常是受经济危机影响较小的“少数幸运儿”，他们的消费模式不会轻易做出改变。[4] 在某种程度上，这两种观点都得到了印证——2001 年和 2009 年金融危机，以及 2020 年新冠疫情后，奢侈品行业迅速复苏。图 1-3 表明，在过去 21 年内，奢侈品行业的主要企业都承受住了危机带来的负面影响。

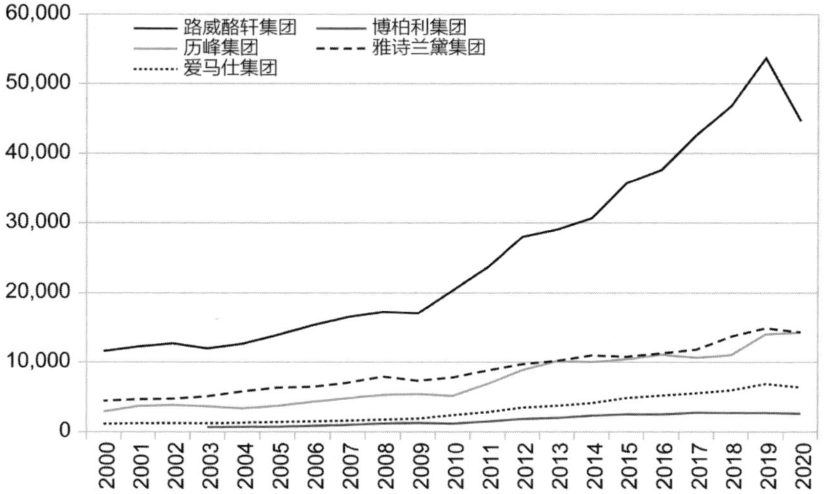

图 1-3　2000—2020 年奢侈品行业主要集团的营收情况

另一方面，随着奢侈品行业向全民化发展，越来越多的奢侈品公司推出了价格亲民的产品，人们需要重新判断奢侈品行业是否仍然具有非周期性特征。从历史数据上看，奢侈品行业在经济萧条时总能迅速复苏。例如，2007 年金融危机期间，奢侈品行业市场规模下降约 10%，但 2009 年迅猛反弹。不过，贝恩咨询公司（Bain & Company）、意大利奢侈品协会（Altagamma）等均指出：由于受到债务危机的影响，奢侈品消费在 2011 年下降 13%；2013 年，欧洲旅游业陷入低迷，下降的幅度约为 5%；2020 年，新冠疫情导致奢侈品公司关闭门店并停止运营，奢侈品行业各个细分市场规模平均跌幅达 23%。图 1-4 描述了三次经济萧条产生的影响，说明了奢侈品公司受到危机影响后也不得不面对营收下挫的现实挑战。

经济危机深深地影响了奢侈品行业。然而，在某种程度上，这些危机的出现是可以预见的。多年来，奢侈品品牌的业绩始终不断增长，也许人们不相信它们也会受到全球金融危机的影响，但事实恰恰相反：人们普遍认为奢侈品品牌会遭受损失，不过长年的业绩增长和盈利可以很快挽回这些损失。

鉴于上述讨论，研究各个国家的销售数据就很有意义了。事实上，2009 年的危机、2010—2013 年的危机，以及最近发生的各种事件可以帮助读者更深入地了解奢侈品行业。其中，消费者行为最值得研究。那些公认的奢侈品发源地和主要消费市场也经受了危机造成的不利影响。

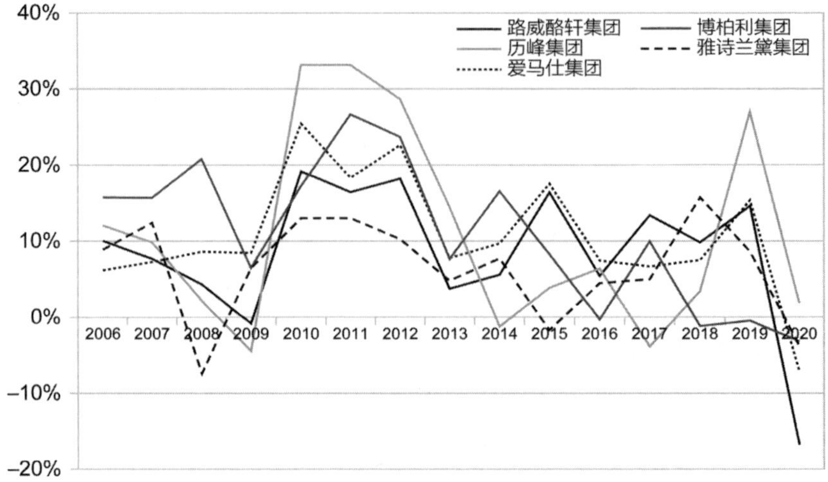

图 1-4　2000—2020 年奢侈品行业主要集团的营收与同比增幅情况

1.4.1　日本市场

自 20 世纪 80 年代起的 25 年时间里，日本始终是奢侈品的明星市场。

2005 年，爱马仕 30% 的销售额来自日本市场，路易威登则为 35% 至 40%，而该年日本市场占全球奢侈品市场规模的比例高达 41%。购买奢侈品在日本一直是件很普遍的事。在全球金融危机暴发期间，日本消费者占主流奢侈品品牌近半数。2005 年前，奢侈品公司都把未来寄托于日本消费者身上。94% 的日本女性在 20 多岁时便开始拎路易威登手袋，92% 拥有古驰的产品，超过 58% 买过普拉达（Prada）的产品，超过 51% 使用香奈儿的产品。从历史数据来看，日本奢侈品市场似乎从未受到经济衰退的影响。2009 年前，包括路威酩轩集团、爱马仕集团、历峰集团、开云集团和蔻驰公司（Coach）等大多数主流奢侈品公司都在日本市场取得了异乎寻常的业绩。然而，2011 年 3 · 11 大地震及引发的海啸和福岛核事故给日本经济带来了重创。[5] 由于日本在全球奢侈品市场占据了很大份额，路威酩轩集团、爱马仕集团和博柏利集团的业绩随即大幅度下降。[6] 当年，日本奢侈品市场规模回落 20%—30%，路威酩轩集团在日本市场的销售额下降了 6%；菲拉格慕（Ferragamo）将 42 个单品的定价调低了 7%—10%，这也是该品牌进入日本市场后首次降价；香奈儿的服装等产品也降价出售。很多日本分销商通过合并谋求生存，如西武百货（Seibu）和崇光百货（Sogo）合并成立千禧零售公司（Millenium），伊势丹（Isetan）与三越（Mitsukoshi）合并，高岛屋（Takashimaya）与阪急（Hankyu）合并，大丸（Daimaru）与松坂屋（Matsuzakaya）合并。可想而知，日本成了大多数奢侈品品牌的噩梦。日本消费者看到股市处于五年来的最低点，都希望减少消费，为未来做好准备。2009 年，日本奢侈品市场在历史上第一次出现下滑，考虑到海啸和核灾难产生的严重后果，日本消费者不想购物也就不足为奇了。

2014 年，日本占全球奢侈品销售额的 5%—6%，而中国消费者抢走了原本属于日本的 15 个百分点。这是否说明日本市场依然是奢侈品行业的噩梦？麦肯锡咨询公司（McKinsey & Co.）就未来销售前景采访了奢侈品公司在日本市场的 20 位首席执行官，75% 的被访者对日本奢侈品市场的未来前景持乐观态度。事实证明，他们的乐观态度完全正确。根据德勤咨询公司（Deloitte）的报告，2017 财年的日本奢侈品市场实现了正增长，预计这种增长可以持续到 2022 年。可惜的是，新冠疫情的暴发中断了这个增长势头。

虽然受到全世界疫情的影响，但稳定、成熟、前途无量的日本市场反而比过去更加重要。对于梵克雅宝（Van Cleef &Arpels）、卡地亚（Cartier）、葆蝶家（Bottega Veneta）、爱马仕、普拉达、香奈儿等品牌来说，日本仍然是一个影响力强大的关键市场。如今日本是除欧盟之外的世界第三大奢侈品市场，仅次于美国和中国。尽管原定于 2020 年举办的东京奥运会还未尘埃落定①，但一旦成功举办，一定会对日本奢侈品市场产生强有力的推动作用。许多国际游客会前往日本，尤其是中国消费者。

1.4.2 欧洲

作为奢侈品的发源地，欧洲在全球金融危机暴发时的表现震惊了所有人。此前，欧洲占全球奢侈品消费的 40% 以上；危机发生后，欧洲市场迅速复苏，平均下降幅度仅为 5%（与欧洲相比，亚太地区增长了 20%，这主要归因于中国市场的井喷式发展）。其中，尤其是法国奢侈品市场并没有萎缩，这些欧洲老牌国家在金

① “2020 年东京奥运会”最终于 2021 年 7 月 23 日开幕，8 月 8 日闭幕。——译者注

融动荡时期再次成为一个值得开发的市场。一些在欧洲小城市诞生的品牌凭其区域性业务发展策略提升了业绩；而爱马仕、香奈儿、路易威登、阿玛尼和托德斯（Tod’s）在欧洲市场发展稳定，业绩没有受到明显影响。这证明欧洲曾经是，如今是，并且将一直是全球最重要的奢侈品市场。原因有两个。首先，欧洲的文化传统一直与奢侈品相关。欧洲人热爱奢侈品，强大的购买力使得欧洲拥有世界上最稳定的奢侈品消费人群。其次，欧洲仍然是最受欢迎的旅游胜地，尤其是法国。换言之，尽管奢侈品行业正经受全球金融危机的挑战，但蜂拥而至的游客抵消了危机带来的负面影响。这些游客会把相当一部分预算用于购买奢侈品，如每个中国游客每年平均开销接近 1500 欧元；老佛爷百货公司（Galeries Lafayette）六成的营业额来自游客，而中国游客贡献了其中的 60%—80%。

尽管诸如法国巴黎“黄背心”运动（The Yellow Vest Movement）等使社会动荡，造成了高昂的旅游成本，不过欧元的复苏抵消了这些不利因素，欧洲的奢侈品市场依然保持强势。然而，欧洲却是受新冠疫情影响第二大的地区。例如，一些品牌刚刚在米兰春夏时装周发布新品，意大利就宣布封城，这让品牌担忧产品无法在意大利生产，在疫情波及范围内根本无法完成销售，更不用说米兰时装周的高昂沉没成本和库存问题了。法国也采取了封控措施，像路威酩轩集团这样的巨擘也不得不应对日常疫情难题，甚至不惜借用香水及化妆品生产设备改产洗手液。

1.4.3 中国

包括俄罗斯、中国、印度、韩国和中东地区在内的亚洲市场在全球金融危机后拯救了大多数奢侈品品牌。在世界金融危机暴发阶段，中国成为一匹黑马，令大多数奢侈品品牌实现了 20%—30% 的业绩增长。历峰集团就是其中一个极其依赖亚太地区市场的奢侈品公司。爱马仕在亚洲市场的销售额也十分惊人。尽管危机影响了奢侈品行业的所有公司，但它们在各个层面都得到了缓解。在此期间，中国市场体现了其对奢侈品公司的巨大影响。当时，美国和日本分销商深陷泥淖，尼曼百货公司（Neiman Marcus）销售额下降 20%；与此同时，北京和上海的奢侈品销售增速最高可达 30%。中国的奢侈品业务始终在蓬勃发展。

中国从一个新兴的奢侈品市场发展成为全球最大的奢侈品市场之一，每年市场份额都在不断提升，已经成为一个极具吸引力的奢侈品消费国。中国市场帮助很多品牌免于亏损。在世界金融危机暴发期间，开云集团在中国市场实现了两位数增长；历峰集团和杰尼亚（Zegna）在其他市场发生亏损，在中国市场的业绩却表现不俗；如果没有在中国开设展厅，圣罗兰（Saint Laurent）等品牌也一定会后悔；菲拉格慕认为，尽管整体市场低迷，但中国女性消费者依然会继续购买颜色鲜艳、造型独特的手袋，因此依然在销售这些产品。不过，一些品牌对“中国奇迹”产生了担忧。例如，百达翡丽对中国市场持谨慎态度，认为中国可能会突然加收进口关税或征收其他税费，这可能会破坏公司的业务发展。根据麦肯锡咨询公司发布的一份报告，2012—2018 年，中国贡献了 50% 以上的全球奢侈品消费增长，预计这个数据到 2025 年将是 65%。然而，中美贸易争端和香港暴力犯罪对那些过度依赖中国市场的奢侈品公司拉响了警钟。香港曾经是中国内地消费者向往的“免税天堂”，其国际形象和声誉也使之成为奢侈品公司举办大型活动的理想胜地。发生于 2019 年的暴力犯罪却迫使很多品牌关闭门店，甚至宣布永久退出香港市场。新冠疫情暴发后，大多数奢侈品公司暂停营业，电商成为当时唯一保留的销售渠道。根据各方面报道，中国消费者出国旅行锐减，势必会提振中国内地的奢侈品消费市场。读者从路威酩轩集团公布的销售数据中也可以得出这个结论：2020 年，中国内地占集团全球销售总额的 34.41%，而 2019 年则为 30.16%。

1.4.4 美国

对于欧洲奢侈品品牌来说，美国市场代表着未开发的巨大潜力。在美国销售的奢侈品中，只有 17% 是个人奢侈品，而意大利为 47%，日本为 25%，中国为 25%。值得注意的是，美国市场占据了拉夫劳伦 70% 和蒂芙尼 55% 的全球销售额，而仅占大多数欧洲奢侈品品牌（如爱马仕等）全球销售额的 15%—25%。此外，还不难发现，在人口众多的拉美地区，奢侈品消费量非常大，因为拉美人非常喜欢购买个人奢侈品。因此，如果欧洲品牌能够挖掘出美国市场的潜力，那么它将成为一个前景光明的市场。

多年来，美国人一直欢迎那些投资能力强、可持续发展、能应对冲突问题的品牌进入他们的市场。2019 年，法国政府决定对谷歌和 Facebook 等美国互联网公司征收 3% 的数字服务税。作为回击，时任美国总统唐纳德 · 特朗普（Donald Trump）威胁要对法国商品征收 100% 关税，包括葡萄酒和个人奢侈品。尽管只是威胁警告，但奢侈品公司的股价均应声跌了至少 2%。一些奢侈品公司开始向特朗普示好。例如，路威酩轩集团在得克萨斯州开设了一家路易威登新工厂，这是集团董事长贝尔纳·阿尔诺为避免贸易紧张局势，与特朗普建立友好关系的行动之一。此外，路威酩轩集团还同意以 162 亿美元的交易价格收购蒂芙尼公司，以扩大集团在美国市场的业务版图。[①]

然而在美国开发奢侈品市场依然颇具难度，需要奢侈品公司耗费大量时间、精力和资源。很多奢侈品品牌在美国市场遭遇滑铁卢。例如，迪奥曾在美国市场的发展方向出现了错误，只开展特许经营业务，大街小巷开满了特许经营店，还入驻位于洛杉矶的弗雷德·西格尔（Fred Segal）品牌集合店，由于极其高昂的管理成本，迪奥一直处于亏损状态，最终被路威酩轩集团收购。不过，从长远来看美国市场，在纽约、洛杉矶和迈阿密等成本高昂的中心地区以外的许多城市具有相当大的潜力。因此，很多奢侈品品牌都有这样一个疑问："想不想进入美国市场？"逦媛纳（Leonard）时装公司给出的回答是否定的。不过，爱马仕、路易威登、卡地亚和香奈儿在美国市场取得了成功，与蔻驰、拉夫劳伦和蒂芙尼同台竞技。美国品牌大都会开设数百家门店，这与欧洲奢侈品公司的销售及体验策略大相径庭。美国消费者还未对欧洲奢侈品产生兴趣，这个市场还有很长的路要走。除了上述两三个国际大都市，美国其他地方还没有准备好了解法国或意大利的奢侈品世界。建立客户基础需要大量的时间和精力，但美国是一个前途无限的市场，奢侈品行业在美国市场成功只是"万事俱备，只欠东风"——美国是一个稳定且富裕的国家，也是唯一拥有大量女富豪的国家。

1.4.5 非洲

北非市场也经历过危机，其中最著名的危机是发生于 2011 年的埃及动乱和所谓的"阿拉伯之春"运动。博柏利和菲拉格慕门店永久关闭，那些仍然营业的门店销售额下降幅度甚至高达 70%。原因之一是：在动乱期间，第一批离开北非的人都是富裕人群，四季（Four Seasons）、凯宾斯基（Kempinski）、柏

① 2021 年 1 月 7 日，路威酩轩集团最终以 158 亿美元的交易价格完成了对蒂芙尼公司的收购。——译者注

悦（Park Hyatt）和索菲特（Sofitel）等豪华酒店的入住率下降了 30%。不过，随着奢侈品行业的全民化普及，消费者更容易买到奢侈品。古驰等开发了香水特许经营业务，使该市场的香水销售额以 25% 的速度增长。有人预测十年后非洲香水分销商的营业额可达到 1 亿美元。小众品牌也开始出现在非洲市场，如荷兰高级面料品牌弗利斯克（Vlisco）在加纳市场收获成功，该品牌以非洲蜡染为灵感的设计和制造而闻名。不久，整个非洲大陆也将成为奢侈品品牌极具前景的市场。

1.5 危机对奢侈品行业的影响

没有一家奢侈品公司希望倒闭，但拉克鲁瓦（Christian Lacroix）的破产给所有公司敲响了警钟。投资者面对拉克鲁瓦的重重债务落荒而逃。拉克鲁瓦曾是“创意才华”的代名词——得到路威酩轩集团的支持，被媒体关注并认可。然而一夜之间，拉克鲁瓦成了弃儿：2005 年，路威酩轩集团将该品牌出售给美国费利克集团（Falic Group）；2009 年，拉克鲁瓦宣布破产。整个行业为之震惊。这是否表明仅仅依靠才华无法在奢侈品行业立足？历史上还有很多品牌失败的例子，如 2019 年的罗伯图卡维里（Roberto Cavalli）[①] 和 2020 年的艾斯卡达（Escada）[②]。两个品牌的管理者曾分别在路易威登和思琳（Celine）任职。其中，艾斯卡达的股东拒绝投入必要资金来扭转颓势，导致管理团队被迫离开公司。

不过，历史上也有成功的例子——传奇的意大利高级时装屋夏帕瑞丽（Schiaparelli）的涅槃重生。该品牌在 20 世纪 20 年代推出了短裙裤，首次将拉链运用于时装，并在时装舞台上一举成名。第二次世界大战暴发后，夏帕瑞丽关门歇业，直至 2009 年才被意大利人迪亚戈·德拉·瓦莱（Diego Della Valle）收入囊中。2012 年，夏帕瑞丽在时隔 60 多年后重回时装界舞台，发布了重生后的第一个产品系列。无独有偶，作为托德斯集团的董事会主席，迪亚戈·德拉·瓦莱也让集团旗下著名鞋履品牌罗杰维维亚（Roger Vivier）起死回生。奢侈品品牌近乎不朽

① 2019 年，该意大利时装品牌美国公司宣布破产，关闭了美国的所有门店。——译者注

② 2020 年，该德国女装品牌向慕尼黑地方法院提交了破产申请。——译者注

的生命力和无穷无尽的潜力是其他任何普通品牌都无法比拟的。

2009年金融危机给奢侈品行业敲响了警钟，所有行业都受到了打击，但影响程度有所不同，各行各业的应对也存在差异。腕表行业损失最为严重，所有市场都缩水了20%以上，包括瑞士腕表品牌和大多数腕表品牌都未能幸免于难；珠宝行业也不容乐观，下降了15%—20%；餐具行业的下降幅度超过了20%；成衣行业下降了10%—20%；甚至香水行业也下降了7%—15%。欧莱雅集团、雅诗兰黛集团和娇韵诗集团（Groupe Clarins）等都受到了影响。受影响最小的是皮具行业，像路易威登、高雅德（Goyard）、爱马仕、古驰、迪奥等手袋和其他皮具始终能保持业绩增长。

总体而言，在腕表及珠宝行业，各公司的境遇并不相同。经济衰退无疑会对钟表业造成最大程度的打击，但当股市崩盘、货币贬值之际，一些人仍然会斥资购买劳力士（Rolex）腕表。路威酩轩集团显然比历峰集团表现得更好，因为前者通过泰格豪雅（Tag Heuer）发展硬奢侈品业务，后者则关注软奢侈品业务。迪奥在腕表及珠宝业务方面业绩突出，但爱马仕集团、斯沃琪集团（Swatch Group）、萧邦（Chopard）、宇舶表（Hublot）和戴比尔斯（De Beers）都遭遇了利润下滑的难题。行业数据显示，奢侈品消费市场规模在2009年6月减少了31.9%，在2013年夏季增速放缓，这些下滑现象的主要原因是金融危机和经济环境问题。瑞士腕表出口量下降也代表了整个奢侈品行业普遍存在的现状。

在葡萄酒及烈酒行业，帝亚吉欧（Diageo）、酩悦香槟（Moët & Chandon）、保乐力加（Pernod Ricard）和人头马（Remy Martin）等品牌的利润明显大幅下滑。帝亚吉欧的业务发展侧重于爱尔兰和希腊市场，当欧债危机暴发时，该品牌遭受的影响无疑是最大的，销售量出现了明显的下降。

化妆品及香水行业也受到了经济衰退的影响。雅诗兰黛集团和欧莱雅集团出现亏损，因此均开始大力削减成本支出。经济衰退深深影响了这个行业的大部分公司，因为女性比较喜欢在家囤积一些化妆品和香水，当危机发生时，她们会把多年的囤货拿出来使用，而不会再去买新的产品。不过，一些公司仍然保持盈利状态，如丝芙兰（Sephora）、露华浓（Revlon）、莎莉美容公司（Sally Beauty）等。

危机也深深影响了一些市场规模较小的小众品牌，尤其是餐具行业。2009年，法国莱俪（Lalique）、都慕（Daum）、巴卡拉（Baccarat）、圣路易（Saint Louis）等诸多品牌都深受其害。事实上，2009年、2011年、2013年和2020年的数次危机都考验了奢侈品行业的韧性。与此前十年的业绩相比，很多大型奢侈品集团都经历了低谷时期，如博柏利、阿玛尼、卡地亚等品牌，甚至历峰集团整体业绩都十分低迷。不过，爱马仕、路易威登、葆蝶家（Bottega Veneta）、卡地亚、盟可睐（Moncler）和普拉达等品牌就成功得多。近年来发生的法国巴黎“黄背心”运动、香港暴乱和新冠疫情对各行各业的奢侈品公司造成了巨大伤害。就奢侈品行业而言，应对危机是一个十分现实的问题。奢侈品行业分析师、研究员、投资者和其他利益相关者的观点都表明，奢侈品行业对全球经济形势十分敏感，就像其他行业一样。所有人都必须接受奢侈品行业会受危机影响的事实，富商投资者也意识到小众奢侈品正在逐渐淡出人们的视野，这其实是奢侈品世界不断演变的结果。大型奢侈品集团市场规模庞大，财务实力强劲，并拥有数以百万计的顾客群，但它们也遭受到危机的打击；规模较小的家族奢侈品品牌也同样如此。它们都受到了危机和股票走势的影响。

1.6 应对危机的策略

应对危机的策略并非信手拈来。奢侈品行业可能会进一步演变——事实上，它正在发生演变。奢侈品不能再以过去的方式去定义，处于危机中的奢侈品品牌必须重新定位，采用截然相反的策略。

应对危机的方式多种多样。在经济衰退之时，消费者的行为发生了改变，他们会花费更多时间比较不同时尚品牌的价格。因此，将潜在顾客转化为真正的顾客需要投入大量时间和资源。过去，一个消费者会买十件产品；但危机发生后，他可能只会买一件，这甚至还是考虑再三后做出的谨慎决定。

在经济衰退期间和之后，奢侈品公司一般采取的应对策略涉及两个方面，分别是内部策略和外部策略。内部策略（internal strategy）是指围绕公司的政策，制定旨在改变并改善业务活动和公司文化。外部策略（external strategy）针对顾客，通过更有效的新方式获得并保持他们对品牌的关注度和购买欲。内部策略包括削减成本、更加注重产品质量、财务体系重构、裁员等。正如贝尔纳·阿尔诺所描述的那样，“在危机发生时，比如我们如今面临的这次危机，很多奢侈品都采用了再正常不过的做法，比如说削减成本、降低定价、停止扩张，因为这样做可以对公司业绩起到最直接的作用。”[7]

外部策略包括延伸产品线、扩大市场版图、重新定位、品牌升级（挖掘顶层富豪消费者）或品牌降级（吸引更多顾客群）。

为了应对危机，一些奢侈品品牌下意识地停止了招聘，削减了产品线数量和规模，更合理地制定媒体预算，并减少了员工人数。降价和削减成本是奢侈品公司最后不得已才能采用的手段。媒体将其称为成本控制（cost containment）。例如，丝黛拉麦卡妮（Stella McCartney）在莫斯科的精品店开业仅 18 个月就宣布关门停业；历峰集团关闭了 62 家门店，主要集中于美国市场。又如，博柏利在西班牙的门店成本非常高。在 2009 年的金融危机中，博柏利制定了一项削减成本的计划，最终导致托马斯·博柏利（Thomas Burberry）精选产品系列停产。博柏利关闭了六家门店，并裁员 1000 余人，希望借此提高公司基本运营效率。因此，博柏利损失了 670 万美元，但目的是为公司省下 7780 万美元的成本。2012 年 9 月，为了应对亚洲这一关键市场的经济发展放缓问题，博柏利宣布暂停招聘，降低差旅支出，削减营销成本，并推迟信息化项目。雅诗兰黛集团对此采取了“四管齐下”的策略：裁员（约 2000 名员工），停止发放薪水，剥离亏损的品牌，并削减了 25% 的可自由支配的资金支出。

贝尔纳·阿尔诺一直反对成本控制的做法，他说：“我们经历过那么多次危机，从中吸取了很多教训，其中之一就是这种做法（指削减成本）是完全错误的，尤其是在奢侈品行业。如果你没有降价促销，消费者反而会觉得他们买的东西能够保值……即使在特别艰难的时期，我们也会继续投资。过去 20 年，我经历了那些危机，在此期间，我们公司的市场份额总是能增加。”[8]

不同的公司尝试不同的策略来重新定位品牌。例如，迪奥放弃了原先的品牌标识和配饰业务，采取了品牌升级的策略，希望超级富豪不会受到危机的影响。又如，蔻驰恰好处于美国次贷危机的中心，品牌认为消费者“正常的”购物行为已经发生了变化，他们的消费水平再也不会恢复到危机前的水平。因此，公司需要进行一次内部变革。蔻驰制定了降价方案，为顾客提供更多定价较低、容易买到的产品。类似地，斯沃琪集团和拉夫劳伦也以较低的价格推出了新品。为了降低成本，一些品牌将其制造业务转移到世界低成本地区。例如，普拉达和博柏利将某些产品的生产基地转移到中国，路易威登也考虑在印度建立一家鞋厂。

在 21 世纪的第二个十年里，世界经历了多次危机。在此期间，诸如阿玛尼、博柏利、米索尼（Missoni）和罗伯图卡维里等独立奢侈品公司遭受了更多打击。例如，罗伯图卡维里被出售给迪拜房地产开发商达马克地产（Damac Properties）董事长侯赛因·萨基瓦尼（Hussain Sajwani）的私人投资公司 Vision Investments。正如路威酩轩集团某位高管所总结的那样，“在危机发生之前，我们把很多精力投入到一家家精美的门店中，但现在我们没那么关注零售网点的扩张了，而是更关心设计和定价。”[9]

不过，有一些奢侈品公司不会做出任何让步。例如，葆蝶家继续在意大利生产产品，并投资工匠，确保品牌继续生产传统的优质产品。这种策略的目的是确保产品具有足够的排他性，从而配得上品牌制定的高价格。葆蝶家从此次危机中脱颖而出，正是因为它采取了与众不同的策略：完全维持现有的品牌定位。该品牌稳定发展，坚持推出最优质的产品——线条简约，设计经典，制作精致。这确保了葆蝶家比那些不知所措的竞争对手领先了一大步。2021 年年初，葆蝶家进入了“退网”发展模式[10]——它在社交媒体上保持沉默，选择更加包容或更加专属的方式服务顾客。该品牌注销了所有社交媒体上的账号，清空了所有微博的内容——沉默是金。葆蝶家以此将其定位为一个更高端、更专属、更优雅的品牌，保持沉默、稳重的独特形象，并忠于品牌基因。这一举措使葆蝶家成为一个超级明星品牌，其手拿包畅销全球。古驰采用的策略与葆蝶家完全相反，千禧一代和 Z 世代消费者在其品牌受众中占据了相当大的比例，因此，该品牌在传播方面更具包容性，同时参考了数字时代对成功的衡量标准。万国表（IWC）也奉行了这一理念，利用手工工艺、有限分销渠道和无可挑剔的服务打造品牌。爱马仕在法国和意大利生产皮具和丝制品，并没有把生产基地转移到中国。一些奢侈品公司不仅提供无与伦比的服务质量，还在其他各个国家制定同样的服务标准。这就确保了走进新德里门店的消费者可以获得在洛杉矶市罗迪欧大道店或巴黎香榭丽舍店相同的购物体验。丽思卡尔顿酒店（Ritz Carlton）和环球免税集团（DFS）也始终在服务上力争卓越。

回到本节主题，一些品牌将危机视为机遇，采用以下策略扩张市场：①开拓或进入新市场；②推出新产品。成功采用第一种策略的品牌包括普拉达、爱马仕、葆蝶家和迪奥时装部门。

例如，在 2008—2009 年的次贷危机中，普拉达推行了极具野心的投资计划，希望借助强大的分销网络摆脱危机。2008 年，普拉达营收下降 22%；2009 年，该品牌收入和利润均大幅增长。与普拉达一样，爱马仕在危机期间扩张了市场规模，分别在英国曼彻斯特、美国拉斯维加斯、日本、印度、中国无锡和韩国釜山开设了新店。可见，爱马仕始终能以处乱不惊的方式平稳地渡过危机。

经济衰退期间，一些奢侈品品牌会推出全新特别产品，并同时收缩产品线。此时，现有产品和新产品的供给下降，价格上升，这会使消费者需求上升，收益增加。这些品牌会停售低利润产品，并提高某些品类的定价。一些奢侈品公司会投资新产品或新产品线（即提升产品线深度），另一些公司则会将旗下品牌整合到一起以产生协同效应。例如，博柏利在中国香港开设了一家童装独立专营店，延伸了产品线；葆蝶家进军腕表行业；范思哲推出了范思哲华贵系列（Gianni Versace Couture）香氛；布里奥尼（Brioni）在服装产品中加入了价格更亲民的T恤系列①，以此应对危机；蔻驰在保持原有产品线价格的基础上，推出了价格较低的碧波系列（Poppy）手袋，以此迎合收入较低人群的需求。雅诗兰黛集团改变了旗下品牌相互竞争的策略，认为品牌之间应该遵从相互依存而非竞争的合作理念，这样才能形成更有效的协同作用。这样做的目的是让消费者感受到这些品牌之间本质上是互补性的，而非补强性的。奢侈品品牌可以通过保持价格或提升定价对消费者重新细分，这样在经济起色后更有可能重获市场份额。开云集团首席执行官弗朗索瓦-亨利·皮诺（François-Henri Pinault）认为，“人们对奢侈品有了新的感知：更独立、更精致、融入传承与工艺理念的奢侈品才能发挥重要作用。”[11]

当危机发生时，很多消费者不得不减少奢侈品消费。很多奢侈品公司意识到高调地展示极其昂贵的产品已经不合时宜，只有注重传统、手工艺和正统性的奢侈品品牌才能生存下去。包括爱马仕、海瑞温斯顿（Harry Winston）、万国表、香奈儿和百达翡丽等品牌不需要做其他事情，只要固守品牌价值观和经典产品。

一些奢侈品品牌在交付货品过程中开发了新的销售渠道。例如，古驰和拉夫劳伦都使用了二维码技术，消费者可以通过手机扫描或下载二维码图像获取有关产品的更多信息，也可以直接在手机上下单购买；卡地亚在智能手机上投放广告；路威酩轩集团和古驰等奢侈品公司也将在线零售作为一种销售渠道。在日本，这种做法

---

① 意大利小众奢侈品男装品牌布里奥尼创立于1945年，以高级面料与独特选色，加上高级女装定制元素而著称。——译者注

得到了迅速推广，吸引了 20% 的日本消费者在网上购物。

一些奢侈品品牌也开发了战略性、互补性的多元化业务，或者增加对现有业务的掌控权。自 2000 年起，大多数奢侈品品牌（无论是多品牌大型奢侈品集团，还是奢侈品家族企业）把业务横向延伸到其他传统奢侈品品类。例如，路易威登进入时装、高级珠宝和腕表行业；万宝龙（Montblanc）延伸至腕表和珠宝；香奈儿也推出了高级珠宝系列；菲拉格慕开发了香氛和配饰产品线等等。在经济衰退期间，路易威登、宝格丽（Bulgari）、阿玛尼、米索尼和楚萨迪（Trussardi）等品牌还拓展到非传统的奢侈品业务——奢华酒店。此外，奢侈品品牌还获得了核心业务更大的控制权，如通过垂直一体化、收购关键供应商、回购特许经营和授权经销业务，提升了运营效率，掌控了品牌形象，并产生了更高的利润。

一些奢侈品公司也试图了解经济衰退期间不断变化的顾客需求。例如，帝亚吉欧集团注意到人们已经减少了外出饮酒的频率，因此旗下斯米诺（Smirnoff）品牌推出了适合在家饮用的 Tuscan 柠檬水等预调鸡尾酒。丽思卡尔顿酒店创建了名为"Mystique"的客户管理系统，密切关注消费者的心理变化。一些奢侈品公司采用了更灵活的策略，让消费者来引领公司（品牌引领消费者是奢侈品行业的普遍做法）。例如，大多数奢侈品品牌的销售员被允许自由地联系他们的个人顾客达成交易，每个销售员代表了品牌的门店，可以向顾客销售所有产品。因此，销售员可以自行寻找当地顾客，与他们取得联系，并了解他们完整的购物历程。

由于新冠疫情的暴发对奢侈品行业产生了深远影响，大多数奢侈品公司别无选择，只能探索新的商业模式。随着超高端的品牌实体店由于封控及"非必要不出行"的政策而被迫关闭，如何销售产品成了一种挑战。许多奢侈品品牌将业务重心转移到公益慈善活动，并努力维持品牌传承。例如，路威酩轩集团和阿玛尼集团将其生产设施改造成必需品生产基地，从而解决医疗用品短缺的问题；宝格丽和迪奥迅速将其香水生产设施改造成洗手液工厂，以兑现它们对拯救生命和战胜疫情的承诺。路威酩轩集团、开云集团和历峰集团等大型奢侈品集团以合理的方式，借助其健康的财务情况和稳定的品牌成长实施公司战略——提升品牌形象，为社会做出贡献[12]。本书只列举了其中一小部分例子，从中能看出奢侈品公司对品牌传承、故事讲述、价值观引领的重视。

1.7 小结

在短期内，我们需要悲观；在长期内，我们要保持乐观。

——贝尔纳·阿尔诺

综上所述，不同品牌会采取不同策略来应对危机。图 1-5 总结了奢侈品品牌应对全球金融危机时采用的不同策略。

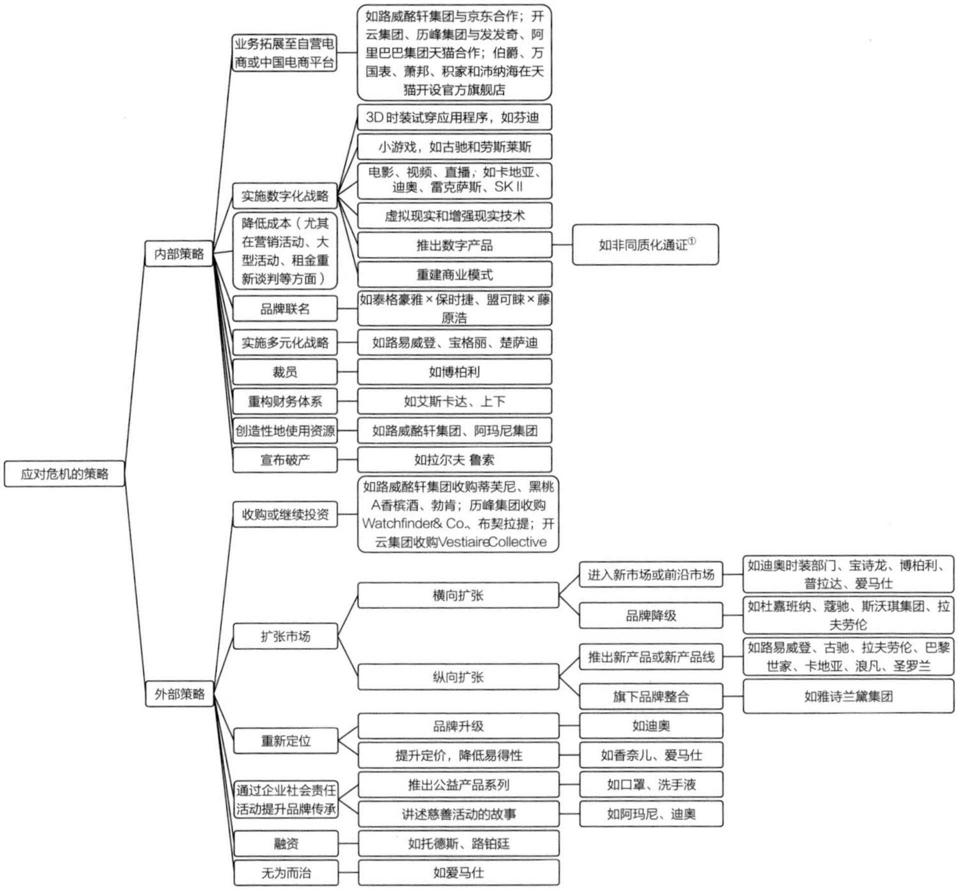

图 1-5 奢侈品品牌及其危机管理策略

① 非同质化通证（non-fungible token，NFT）是指区块链网络里具有唯一性特点的可信数字权益凭证，是可在区块链上记录和处理多维、复杂属性的数据对象。——译者注

没有一个品牌会仅仅采用一种普适的策略来应对一切。奢侈品公司在应对危机时仍然富有创意，只不过并非所有策略最后都能取得成功。随着奢侈品行业不断复苏，奢侈品公司也相应地进行了调整。成功的应对方式在于为不同文化和地域背景下的消费者提供满意的产品和服务。因此，奢侈品公司需要制定一个全球品牌战略来征服这些细分的消费群体，而这些消费者差异极大，对各类奢侈品都产生了浓厚的兴趣。随着危机的暴发，“奢侈品”不能再以过去的方式去定义，但市场依然是充分竞争的，这些产品可以划分为普通高端品、顶级高端品和顶级奢侈品。

在过去，奢侈品只有极少数人才可以使用，但从 1985 年开始的三十多年来，奢侈品行业离普通消费者越来越近，香水和眼镜等品类延伸吸引了更多（更年轻）的消费者。奢侈品行业的未来将取决于品牌能否了解潜在顾客的范围，并在一个特定“语境”下制定战略。世界上没有“放之四海而皆准”的应对策略，也不可能所有语境都一模一样。每个品牌都拥有自己的独特语言，如香奈儿有自己的文字，爱马仕有自己的表达，古驰也有自己的词汇。奢侈品品牌面对的挑战是如何在危机过后，还能继续让每个人都怀有梦想。

注释

[1] SABANOGLU T. Value of the global personal luxury goods market 1996–2021[EB/OL].（2022–2–4）[2022–11–9]. https: //www.statista.com/statistics/266503/value-of-the-personal-luxury-goods-market-worldwide/.

[2] BELLAICHE J–M, MEI–POCHTLER A, HANISCH D. The new world of luxury: Caught between growing momentum and lasting change[R]. Boston Consulting Group, 2010–12.

[3] KAPFERER J–N, TABATONI O. Is the luxury industry really a financier's dream? CORE Working Paper, 2010–6–29: 17.

[4] PEROCCHI A. Economy is in crisis, yet luxury brands, Tiffany's, LVHM still report sales growth[EB/OL].Forbes,（2011–8–5）[2022–11–9]. https: //www.forbes.com/sites/annaperocchi/2011/08/05/economy-is-in-crisis-yet-luxury-brands-tiffanys-lvhm-still-report-sales-growth/? sh=67dd674e5a89.

[5] WETHERILLE K. Fast retailing 9–month net profit falls 20.5%[EB/OL].

Women's Wear Daily,（2011–7–14）[2022–11–10]. https: //wwd. com/business-news/financial/fast-retailing-9-month-net-profit-falls-205-3720560/.

[6] TOPHAM J. Japan retailer Seven & I forecasts annual profit growth[EB/OL]. Reuters,（2011–4–7）[2022–11–10]. https: //www. reuters. com/article/seveni-earnings-idUKL3E7F40AE20110407.

[7] FRIEDMAN V. Bernard Arnault: How to manage the transition into quality[EB/OL]. *Financial Times*,（2009–6–15）[2022–11–11]. https: //www.ft.com/content/37226396-56e9-11de-9a1c-00144feabdc0.

[8] FRIEDMAN V. Bernard Arnault: How to manage the transition into quality[EB/OL]. *Financial Times*,（2009–6–15）[2022–11–11]. https: //www.ft.com/content/37226396-56e9-11de-9a1c-00144feabdc0.

[9] The substance of style[EB/OL]. *The Economist*,（2009–9–17）[2022–11–11]. https: //www. economist. com/briefing/2009/09/17/the-substance-of-style.

[10] SOM A, ABALSAMO F. Bottega Veneta: "Stealth Luxury" [J]. ESSEC Business School: Strategy and General Management Case, 316–0263–1, 2018–2–12.

[11] AGEORGES D. Luxury labels step out into the virtual world[EB/OL]. Phys. org,（2010–6–8）[2022–11–11]. https: //phys. org/news/2010-06-luxury-virtual-world.

[12] LVMH. At the heart of the fight against Covid–19 is the manufacture of masks and gowns by our maisons[EB/OL].（2020–4–15）[2022–11–11]. https: //www. lvmh. com/news-documents/news/lvmh-maisons-repurpose-facilities-to-make-face-masks-and-gowns-for-hospital-staff-helping-battle-covid-19-in-france/.

第 2 章

全球奢侈品市场演变

奢侈是粗俗的对立面，也与地位显摆格格不入。奢侈代表了独立谋生的能力，是拒绝生活一成不变的自由。奢侈意味着思想解放，举止优雅。真正的优雅是懂得拒绝。

——嘉柏丽尔·香奈儿

“奢侈品”（luxury goods）一词起源于华尔街分析师之口。当时，他们需要一种专门的表达方式来描述路威酩轩集团、历峰集团和古驰集团等越来越风靡世界的公司。在此之前，这些公司并没有被冠以“奢侈品公司”的名号，而是凭借在各自专业领域的精湛技术和享誉全球的声望闻名于世。

奢侈代表了自由、岁月……以及勇气。因为如果你想活得更好，你必须变得勇敢。在某种程度上，奢侈与爱也许联系得十分紧密。奢侈让你充满活力，不仅因为你正坠入爱河，还因为你感觉自己活力四射。你爱自己，并且你爱自己充满活力的状态。这就和你早上醒来穿上一件漂亮的衣服一样，你能感受到爱，并且朝气蓬勃。[1]

——古驰前创意总监亚力山卓·米开理（Alessandro Michele）

奢侈无论是指产品还是服务，都具备了独特性和排他性。一件奢侈品或一次服务之所以独一无二，不仅仅是因为它的卓越品质，还因为它超越了产品或服务本身。它除了带来实用的功能或健康的效果，还讲述了自己的故事，代表了为实现梦想而奋斗的作风和精神。奢侈不仅与产品有关，还代表了一个品牌、一个行业。

——博普缇（Bonpoint）前首席执行官艾睿可·瓦拉（Eric Vallat）

（奢侈品）可以使人与人情感共通、精神共通，人际关系也变得和谐，或给世界美好的内涵赋予引人入胜、紧密相关的联想，并将更高的边际价值带给销售者。

——Harrison 集团有限公司詹姆斯·泰勒（James Taylor）

奢侈品曾经是“特殊人群的普通用品”，但现在已经是“普通人的特殊用品”。它与物品本身、使用方式、五官感受有关，代表了一件艺术品、一种吸引力、一件产品、一个小众市场、一次意外之喜。如今，奢侈品与营销推广、流程、协同、数量和效率息息相关。

——爱马仕集团维尔弗里德·盖朗（Wilfried Guerrand）

奢侈代表了一种心境。它连接了梦想和日常生活，使人们可以享受自我的时光和生活，做回自己。

——巴黎莱黎斯酒店弗兰卡·霍尔特曼（Franka Holtmann）

葆蝶家中国区前总裁高峰

在**奢侈品**的世界里，**价值**的概念与传统意义有所不同——货币价值（monetary value）与原真性价值（authenticity）并不是同义词。

奢侈品的价值是由其隐含的意义决定的，而不是设计。即使设计欠佳，这个产品也可能会被人们重视、收藏，甚至珍藏。

——Harrison 集团有限公司詹姆斯·泰勒

波士顿咨询集团（The Boston Consulting Group）将奢侈品定义为："比传统商品质量更高、品位更佳、吸引力更强的物件、产品和服务。"

奢侈品也与品牌相关。贝尔纳·阿尔诺对"奢侈品"提出过一个经典的定义："我们的工作是创制兼具品质和创造力的产品，这些都能创造消费者的欲望……能够持久创造欲望的品牌可以成为明星品牌……明星品牌既能代表永恒，又能符合当代潮流；不仅可以快速发展，而且盈利能力非常强……在奢侈品行业，明星品牌不足 10 个，因为同时做到以上四点极其困难（比如，快速发展的品牌往往盈利能力不强）——这也正是一些奢侈品品牌可以成为明星品牌的原因。如果你掌管着一个明星品牌，就表明你有能力处理好这些矛盾关系。"

古驰首席执行官马尔科·比萨里（Marco Bizzarri）对此解释道："永恒并不表示你可以躺在过去的功劳簿上……一个品牌必须去冒险，去倾听，并拥有对未来的主见。"

奢侈品购买者不仅对产品感兴趣，还对它的关联价值兴趣盎然，如社会阶层意识、情感及艺术感染力、独一无二的设计，以及精致典雅的品位。路易威登前首席执行官伊夫·卡塞勒（Yves Carcelle）曾经说过："奢侈品消费者关心的是一致、可靠、品质、风格、创新和原真。"

奢侈品还与购买者的自尊心、能力和个人价值产生了一种条件反射式的关联。奢侈品的特征是与生俱来的"稀缺、真诚、一致、传承、情感共通、产品卓越、服务优质。一言以蔽之：优雅。"

奢侈品也被定义为"超越传统商品，为消费者提供额外价值（如舒适、时尚、优雅等）的一些产品"。奢侈品通过设计让拥有者突破传统美学标准和流行时尚，成为社会富裕人群和知名人士的特殊喜好。

奢侈品的定义需要辩证地去看待。奢侈品与普通商品和必需品背道而驰，它突破了传统产品的范畴。在不同时代、不同社会和不同文化背景下，普通商品和必需品的演变推动了奢侈品的重大发展。奢侈品的诞生是神圣的，但如果它成为权力工具（如国王路易十四）、新资产阶级的必需品（即讲究舒适、必要的奢侈品），或受制于法国大革命以来的市场规律，成为当今社会"不必要的必需品"时，它就变得俗不可耐。奢侈品的辩证逻辑基于以下两点：一方面，人们需要创造一个与众不同的特殊时刻、一件物品、一次体验或一种行为，与普通或者说必要的东西区分开来；另一方面，日常社会发展也需要弥合两者之间的差距。对于人类而言，寻求更多、更好、更美的东西至关重要……只有人类才能脱离完全由需求支配的环境，进入一个理想的世界，在这里，人类可以渴望获得能给自己带来好处的东西——事实就是如此。因此，人们总是可以从奢侈品中看到伦理道德的影子。

——Connex 咨询公司伊曼纽尔·西德姆（Emmanuelle Sidem）

2.1 演变历程

理解奢侈品长期的演变历程需要从经验主义的角度考量一些问题，例如，这个行业能否经受住时间的考验？新品牌能否在这种环境中生存下去？

奢侈品行业**本身**是否也随着时间的推移发生了变化？“奢侈品”一词的拉丁语词源“luxus”指一切繁盛、昂贵、精致和奢华的东西。不难发现，无论身处哪个时代，这个词源揭示了奢侈品的核心本质。正如前文所述，奢侈品公司销售的是梦想和渴望。人们通过拥有一些精致、稀有的物品来彰显自己的身份和地位，而这些物品淋漓尽致地体现了其对美学和完美手工艺的尊重。古罗马浴场（Roman Bath）是奢侈品发展历史上的典型例子。进入浴场的人经过精心筛选，人数受到严格控制，只有精英阶层穿戴指定材质的服饰才能进入浴场参加特定的活动。① 古罗马颁布了《禁奢令》（*Sumptuariae Leges*），防止国民过度消费[2]，严格规定了参加宴会、穿戴服饰和提利亚紫（Tyrian purple）等昂贵染料的使用。[3] 一系列法律条款还规定了个人着装要求：普通男性公民达到法定成年时才能身穿**托加长袍**②。在罗马帝国早期，男子被禁止穿戴丝绸[4]，服装细节也受到限制，如长袍外衣上的条纹数量需要根据社会等级而定。

---

① 古罗马人进入浴场不仅是为了洗澡，还可以在此商量买卖、和解讼事等。——译者注

② 托加长袍（toga virilis）是一种半椭圆形的白色羊毛布，宽约 6 英尺（约合 1.83 米），长约 12 英尺（约合 3.66 米），披在肩膀上和身体周围。普通百姓身穿的托加长袍是天然的灰白色；贵族、议员的托加长袍更宽松，颜色更明亮。——译者注

尽管这些禁奢令如今不复存在，但哪些物品可以使用、哪些人可以使用的社会阶层分化现象依然存在。如果一件商品越是难以用金钱买到，越令人趋之若鹜。早期的全球贸易活动让人们了解了如何使用一些进出口贸易经济模型来研究一个国家的贸易优势。以古罗马人和不列颠人之间的贸易为例。在不列颠群岛，不同凯尔特部落之间交易金属和陶器；古罗马人和凯尔特人将陶器、玻璃、青铜、铁器和葡萄酒运往苏格兰；作为回报，他们得到了奴隶、牛群、动物及其毛皮（可能包括羊毛）。古罗马人提升了金属矿物的产量，包括银、金和锡，特别是铅。无论在哪个国家，贵金属、宝石和优质布料都被视为**奢侈品**。以古埃及人为例，奢侈品在他们的文化中扮演了核心角色。众所周知，古埃及法老把大量黄金、珠宝、花瓶等奢侈品作为陪葬品，目的是死后也能过得舒心。在 15 世纪文艺复兴时期及 19 世纪法国波旁王朝复辟时期，"奢侈"的定义还是"买得起珠宝和华贵的服饰，享有更好的交通出行和生活条件，获得更优质的食物"。正因如此，卡地亚、路易威登和爱马仕才得以如此成功。

回顾历史，欧洲国家总是从东方寻求宝石、丝绸和香料。商人们将丝绸之路作为贸易的主要通道。[5] 丝绸之路是罗马帝国鼎盛时期由古代中国开辟的贸易通道，目的是向罗马帝国在亚洲地区建立的各个政府表示外交友好。

最初，中国人只在领土之内进行丝绸贸易，商队会将丝绸运送到国家的西部边境，但一些中亚部落常常偷袭这些商队，企图掠夺他们运输的贵重商品。为了保护这些商队的正常贸易，西汉王朝在公元前 135 年—公元前 90 年间将军事防御圈进一步扩展到中亚地区。历史记载，中国首位出使西域的外交官是西汉杰出的旅行家、探险家张骞。他提出了扩大丝绸贸易的想法，将中亚一些较小的部落民族也纳入贸易圈，并且与这些游牧民族建立同盟关系。丝绸之路由此诞生。

居住在恒河流域① 附近的西北古印度人在中国与地中海国家进行丝绸贸易的过程中扮演了重要的中间商角色。早在公元 3 世纪，古印度人就意识到中国丝绸贸易巨大的商业利益。汉王朝向中亚扩张领土的同时，中国商人也加强了与古印度人的贸易往来，用丝绸换取古印度商人的宝石和贵金属（如玉石、金、银）[6]，而古印度人则再与古罗马人进行丝绸贸易。由于古印度和中亚之间的贸易要道受到帕提

① 恒河流域是世界人口最稠密的地区，也是印度经济最发达的地区。在恒河的滋润下，这里出现了无数商业城市和宗教圣地。——译者注

亚帝国[①]的严格控制，因此，丝绸变成了罗马帝国极其昂贵的进口商品。

尽管丝绸贸易在古代中国经济中并没有起到举足轻重的作用，但增加了汉代时期来华外国商人的数量，并促使中国人和外邦来客都能受到不同文化的洗礼。

丝绸之路或许是当今奢侈品行业全球化发展的起源地。丝绸、宝石和其他稀有物品之所以被视为**奢侈品**，是因为它们都具备了**非必需品**的特征。这些交易的物品并不是人们日常生活中必不可少的一部分（不像食物、住所、安全等必需品），但需求量很大，人们的欲望高涨——这才是奢侈品的真谛。

不过，丝绸贸易此后逐渐衰落，由于交通不便，它最终成为特定区域的商业往来。例如，中国商人在丝绸之路以北与俄罗斯人进行丝绸与动物皮毛的交易。两宋时期，中国经济十分依赖丝绸出口，丝绸贸易在公元 11—12 世纪开始复苏。元朝时期（1271—1368），蒙古族在中国建立了庞大的王朝，在其统治时期恢复了与中亚、西亚和欧洲国家的陆路贸易往来。然而，在这段时期，陆上丝绸之路变得越来越危险，海上贸易开始风行。到 14 世纪末，丝绸之路沿线的贸易已经衰落。

中国是当今奢侈品行业非常重要的一环。随着全球化程度不断提升，新兴市场不断涌现，中国无疑成为短期内值得关注的国家。回首历史，人们可以从意大利旅行家马可·波罗（Marco Polo）的经历中了解贸易发展趋势和模式的演变。13 世纪中期，马可·波罗在中国游历了 17 年。他借着遵奉元朝忽必烈大汗之命执行了一项又一项任务和使命。由于他效力于蒙古侵略者，因此说的是蒙古语而非汉语，对中国人的理解存在偏颇。不过，马可·波罗游历广泛，臣服于元朝君主的同时，经常四处进行贸易活动。

图 2-1 概述了奢侈品行业的演变历程。进入 20 世纪，人们熟知的奢侈品品牌开始崛起。尽管这些品牌可能于更早之前创立，但直至 20 世纪，它们才获得了独特的品牌识别，并维持至今。20 世纪上半叶，时尚界被全球经济蓬勃发展的光辉掩盖；但下半叶，奢侈品行业对现代经济的贡献却有目共睹。本章将回顾 20 世纪奢侈品行业发展历程中的里程碑时刻。

诸如路易威登、博柏利和香奈儿等不少耳熟能详的奢侈品品牌诞生于 19 世纪和 20 世纪初。当时，社会拥有鲜明、严格的等级制度，王室和贵族的统治地位至高无上，克里斯汀·迪奥（Christian Dior）、伊夫·圣罗兰（Yves Saint Laurent）和古

---

① 帕提亚帝国（Parthian Empire）又名安息帝国，位于罗马帝国与汉朝之间的丝绸之路上，是著名的商贸中心，与汉朝、罗马、贵霜帝国并列为当时亚欧四大强国之一。——译者注

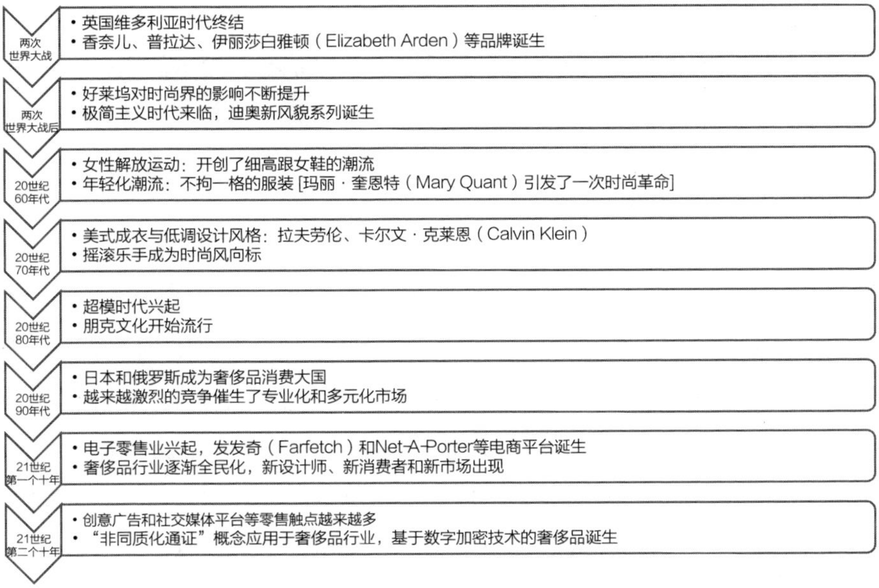

图 2-1　奢侈品行业的演变历程

驰奥·古驰（Guccio Gucci）等设计师专为贵族设计服装和皮具。他们的作品堪称艺术品，制作需要耗时数周甚至数月，不过这些都是“奢华与尊贵”的体验。全身上下的服饰都是同一个品牌才是当时的时尚主流。

现在的情况（指 2020 年年初）已经大不相同。奢侈品市场已经不再是精英阶层的专属，突破了原有的消费圈层。20 世纪初，奢侈品消费者只有极少数人，看起来大同小异。不过，现在一切都已经发生了变化。首先，由于经济、社会和科技的突破性发展，从 20 世纪 60 年代开始，世界各地涌现出了许多富豪，形成了富裕阶层。其次，奢侈品品牌如雨后春笋般大量出现，压低了这个行业坚守了数个世纪的高门槛，这也给奢侈品消费者提供了比过去更多的选择。最后，数字信息和通信技术的快速发展使奢侈品消费者获得了更多选择的空间和了解产品的途径，品牌转换成本也随之降低。尤其互联网时代的来临，更加剧了这种趋势——消费者变得更有个性，更愿意尝试新鲜事物，也敢于将奢侈品和高街时装[①]混搭在一起。然而，这种做法在上一代人或更早一代人看来，绝对是大忌。

---

① 高街时装（high street fashion）一词源于英国。当时英国主要商业街店铺仿造时装秀上展示的时装，迅速制作为成品，即被称为“高街时装”。如今泛指设计感与奢侈品品牌相近、但价格亲民的时装。高街时装既迎合了年轻人对时尚的追求，又解决了这个群体囊中羞涩的问题。经典的高街时装品牌包括飒拉、Topshop 等。——译者注

这种变化造成的结果是消费升级或消费降级：全新的富裕层大肆购买奢侈品，反映了“消费升级”的现象；而一些人将奢侈品与时尚品牌混搭使用，表现了“消费降级”，即“奢侈品全民化”现象。因此，人们看到一位著名女富豪身穿高街牛仔裤、佩戴香奈儿耳钉、脚踏蔻驰鞋、身穿飒拉衬衫、手拎路易威登包袋，已经不再是奇事。

21 世纪伊始，包括奢侈品公司在内的许多企业都将中国市场视为福地。从历史发展的角度来看，研究奢侈品行业需要回顾这些奢侈品品牌和奢侈品公司实际发生的演变，并判断它们业务结构和商业模式的成功是否存在差异。过去，奢侈品行业由大量家族企业和中等规模的公司组成，市场呈现高度分散性。然而，进入 21 世纪后，奢侈品行业已经被多品牌的大型奢侈品集团主导。包括高雅德在内的一些小众品牌即便依然维持独立，但（在 2021 年）仍传出了被收购的风声。奢侈品公司收购品牌往往有如下两大原因：其一，通过收购提升市场占有率，在奢侈品行业获得更强的掌控权，如路威酩轩集团；其二，通过垂直一体化来掌控生产链和供应链，如爱马仕集团。如今，大型奢侈品集团主导了奢侈品行业，家族企业的时代其实已经落幕，只有少数由大财团提供资金支持的家族独立企业才能立足于这个行业，如香奈儿、阿玛尼、拉夫劳伦等。

随着时间推移，奢侈品行业不断发生演变：从家族企业变为大型集团，从传统奢侈品变成新奢侈品，从价格高不可攀发展为普通人也购买得起。图 2-2 总结了奢侈品行业从家族企业发展为多品牌大型集团的演变历程。

奢侈品必须通过王侯贵胄或名流大腕才能产生联想并得到人们的认可。远至罗马帝国时代，丝绸是献给皇帝的礼物；近至当代社会，奢侈品品牌会把产品作为礼物送给名人，让他们在公共场合穿戴使用。这样做的目的都是让人们更加认可这些产品。奢侈品行业最重要的变革是发生在传播推广方式上。研究发现，人们对奢侈品的渴求和持有的梦想并没有发生变化，并且可能在未来也经久不变。因此，只要消费者仍然渴望拥有他们买不起的东西，并且这些东西保持世间罕有、美丽精致、令人垂涎，那么奢侈品的定义就不会发生改变。

奢侈品行业传承发展的循环仍在持续中（如图 2-3 所示）：西方国家把目光投向东方，要么希望从丝绸、宝石或象牙等舶来品中获益，要么就像当下一样，开拓东方市场——一个快速发展的市场。全球化是一个永恒的主题，不过未来一些模式可能会发生变化。

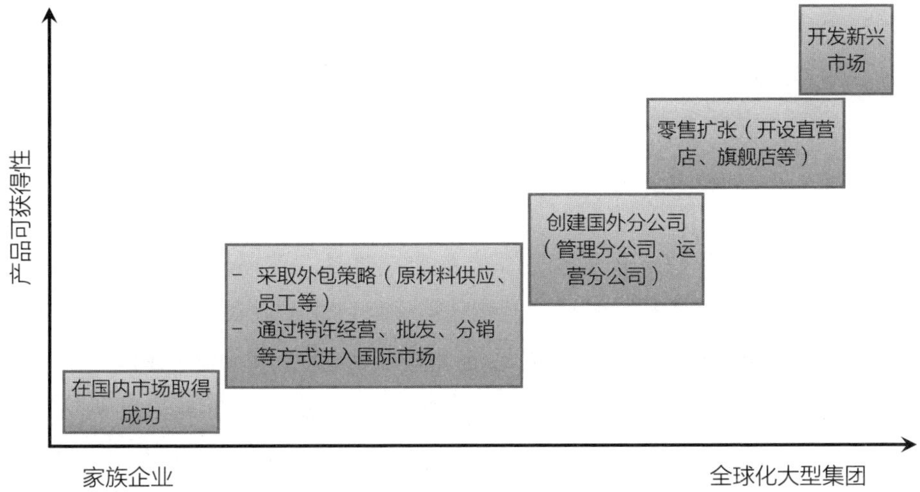

图 2-2　奢侈品行业的发展历程：从家族企业变为多品牌大型集团

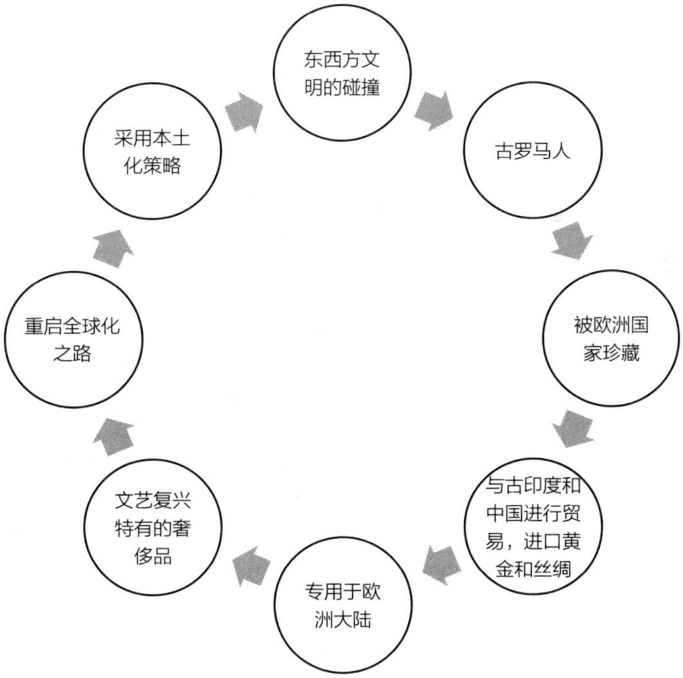

图 2-3　奢侈品行业传承发展的循环路径

2.2 如何演变

万变不离其宗。

——让-巴蒂斯特·阿尔方斯·卡尔（Jean-Baptiste Alphonse Karr）

法国著名作家

40年前，奢侈品行业几乎完全由家族企业主导。然而，在一位名唤“贝尔纳·阿尔诺”的法国商人的推动下，该行业在20世纪90年代掀起了变革之风。作为迪奥集团的掌门人，贝尔纳与路易威登家族继承人亨利·拉卡米耶[①]、时任酩悦轩尼诗公司掌门人的阿兰·舍瓦利耶（Alain Chevalier）之间的较量导致奢侈品行业发生了历史性的结构转变。每个奢侈品公司都希望通过业务发展和并购掌控市场的主动权。在此之前，奢侈品一直只与时尚行业相关。这场较量之后，贝尔纳成了最终赢家，并通过不断吞并奢侈品公司，成功打造了如今闻名于世的奢侈品帝国。他把时尚变成了一门生意，利用精打细算、错综复杂的金融手段买卖奢侈品公司，使得路威酩轩集团成为全球最大的奢侈品公司，一举冲上了这个行业的顶峰。值得一提的是，该集团旗下所有品牌都保留了原有家族的文化和专业技能，由集团分开管理。每当品牌需要帮扶，贝尔纳就会马上提供支持。此外，他还创造了“明星品牌”的概念——既能代表永恒，又能符合当代潮流；不仅可以快速发展，而且盈利能力非常强。他会寻觅新的品牌，搭配合适的设计师，并组建一支合理的管理团队。他改进了生产、控制、仓储和分销流程，给顾客带来了全新、独一无二的完整体验。因此，“随心所欲不逾矩”的反常规做法在路威酩轩集团内部悄然形成——品牌拥有一定的自由空间，但这种自由被严格限制在贝尔纳划定的范围之内。

一些法国奢侈品公司至今保持独立，如韦特海默家族（Wertheimer Family）掌管的香奈儿集团。1954年，韦特海默家族获得香奈儿集团的所有权，但至今还未上市，这在奢侈品行业极为罕见。香奈儿集团始终将财务数据列为最高机密，直至2018年才公布部分财报数据：年销售额超过100亿美元。在此后几年里，香奈儿集团不断重申公司不会寻求出售。香奈儿集团的神秘光环由掌管人阿兰·韦特海默

---

① 亨利·拉卡米耶（Henri Racamier）为威登家族第四代奥戴尔·威登（Odile Vuitton）的丈夫，作为继承人接管路易威登品牌。——译者注

（Alain Wertheimer）和热拉尔德·韦特海默（Gérard Wertheimer）兄弟共同营造而成，他们坚定且谨慎地经营着这家公司。又如，爱马仕集团由杜马（Dumas）、皮艾什（Puech）和盖朗（Guerrand）家族共同掌管，基本保持独立。[①] 这家创立于 1837 年的传奇皮具品牌至今仍由爱马仕家族掌管。在法国，让-雅克·娇兰（Jean-Jacques Guerlain）于 1954 年创立了法国精品行业联合会（Comité Colbert），截至 2022 年，汇集了 88 个法国精品世家。它们的历史渊源、文化传统、业绩规模和管理模式各不相同，但都遵循了协会的治理规则，愿意共同推广价值观和技术工艺。"世家"一词在法国精品行业联合会与"奢侈品公司成员"的概念有所差异，它阐述了其发展历程，见证了家族一代又一代传承技术工艺，而每一代的创意奥秘都蕴含其中。事实上，大多数奢侈点家族企业和法国精品行业联合会的家族首席执行官都称对方为"家长"（chef de maison），而非董事长或首席执行官。意大利奢侈品行业协会（Altagamma）成立于 1992 年，旨在推动意大利奢侈品公司走向国际市场，更好地发展。截至 2022 年，该协会汇集了 113 个正式会员，涉及的领域包括时装、设计、交通出行、珠宝、鞋履、香氛和酒店服务。

尽管奢侈品行业发生了结构性的变化，但在 2010 年前，家族企业仍是意大利奢侈品行业最重要的主导因素。然而，一些知名意大利奢侈品品牌慢慢被路威酩轩集团、历峰集团和开云集团三巨头收购。其中，路威酩轩集团在收购了逾 70 个奢侈品品牌后，又分别于 2011 年和 2013 年将意大利两大奢侈品公司宝格丽和诺悠翩雅（Loro Piana）收入囊中；2018 年和 2021 年，集团又收购了贝梦德（Belmond）和蒂芙尼。古驰、布里奥尼和葆蝶家等意大利品牌也被开云集团收至麾下。2008 年的金融危机引发了一场决定命运的生存之战，推动奢侈品行业进一步完成了结构性变革。从此，奢侈品公司的关键成功因素不再是以家族业务为导向，取而代之的是资金和资源；奢侈品行业也不再是小型作坊的天下，而是大型

---

① 爱马仕家族第三代埃米尔-莫里斯·爱马仕（Emile-Maurice Hermès）只有四个女儿（其中一人死于 1920 年），三位女婿弗朗西斯·皮艾什（Francis Puech）、罗伯特·杜马（Robert Dumas）和让·雷恩·盖朗（Jean René Guerrand）为爱马仕家族带来了三个新的分支：杜马、皮艾什和盖朗家族。20 世纪 30 年代末，埃米尔-莫里斯将公司传给了罗伯特·杜马。截至 2022 年 11 月，阿尔诺家族、资本研究与管理公司（Capital Research & Management Group）、先锋领航集团（Vanguard Group）、挪威银行投资管理公司（Norges Bank Investment Management）、贝莱德基金顾问公司（BlackRock Fund Advisors）和摩根士丹利投资管理公司（Morgan Stanley Investment Management Co.）分别持有爱马仕国际公司 1.87%、1.01%、0.77%、0.59%、0.54% 和 0.53% 的少数股权。——译者注

奢侈品公司的舞台。在新冠疫情暴发期间，奢侈品行业竞争愈加激烈。不难发现，如果独立的奢侈品品牌没有大型集团的资金和管理支持，它们将越来越难以发展壮大。

2.3 奢侈品行业的发展趋势

奢侈品行业呈现了周期性特征。随着全球宏观经济持续恶化，奢侈品市场呈现出周期性波动，2019—2020 年全球奢侈品消费降至历史低点。预计在新冠疫情结束后，奢侈品行业在 2021 年下半年有所好转，并在 2022—2023 年恢复到 2019 年的水平。届时，人们又能到世界各地旅游。一些分析人士认为，不同市场的恢复情况会有所不同，不同行业之间也存在差异。疫情期间的奢侈品消费主要发生在当地市场，如果奢侈品公司能够重新调整战略布局并重建价值链，那么它们将会在竞争中脱颖而出。

回顾历史可以发现，上一次全球经济衰退期间，接受调研访谈的“亨利一族”（Henrys，即收入较高但还不富裕的一类消费者）在一年之内就恢复到此前的奢侈品消费水平，并表示他们未来会购买更多奢侈品。尽管全球宏观经济遭遇迎头一击，但在 2012—2019 年，全球个人奢侈品销售额的年复合增长率可达 10% 左右。

硬奢行业（包括珠宝及腕表）依赖批发和旅游零售渠道，疫情放大了该行业消费需求的根本劣势。因此不难预测，硬奢行业在疫情后将承受更大的业绩压力，机械腕表等高客单价产品的销售很可能放缓。此外，诸如巴尼斯纽约百货（Barneys New York）、尼曼百货（Neiman Marcus）、罗德与泰勒百货（Lord & Taylor）、德本汉姆百货（Debenhams），以及约翰瓦维托斯（John Varvatos）、布克兄弟（Brooks Brothers）、Diane von Furstenberg、TopShop、J.Crew、奥时裳（Oasis）、真实信仰（True Religion）等大量零售商或品牌要么已经宣告破产，要么离破产仅一步之遥。

由此可见，高端市场也不存在避难所。有些人错误地认为：高端品或奢侈品市场不会受到经济周期的影响，投资秘诀就在于此。但事实上，没有任何理论或实际证据可以支持这种观点。截至 2021 年上半年，新兴市场（尤其是中国市场）被视为奢侈品行业复苏的关键。[7]

回顾过去十年，全球个人奢侈品市场规模在2013年达2170亿欧元，但增速有所放缓，同比仅增长2%。虽然该年实际增长速度超过了2012年同期，但市场业绩受到了欧元波动的不利影响。2014年保持了相同的增长幅度，市场规模达2230亿欧元。在这段时期，美国市场有力推动了奢侈品市场的发展；旅游零售也开始崛起；中国消费者成为奢侈品消费增长速度最快的群体，由于国内高昂的税费，他们在国外的消费是国内的三倍多。2015年，奢侈品市场规模突破了2500亿欧元，按实时汇率计算增幅为13%，但按不变汇率计算，增幅不足2%。2016年，奢侈品市场规模基本持平，为2490亿欧元。按实时汇率计算，2016年与2015年相比甚至下降了1%，按不变汇率计算，市场规模没有发生变化。多年连续的温和增长表明全球个人奢侈品市场开始进入低速增长的"新常态"阶段。一些分析人士表示，英国脱欧、特朗普当选美国总统，以及恐怖主义活动等事件都加剧了环境的不确定性，消费者信心因此下降。2017年，市场规模达到了创纪录的2620亿欧元，这得益于中国消费者在国内外强大的购买力，以及其他消费群体和地区的强劲发展趋势。随着消费者恢复信心，以及追求时尚的中产阶层新消费者大量涌现，中国奢侈品消费实现了反弹。南美和北美市场虽然竞争激烈，但也都实现了增长。因此，美洲仍然是非常关键的奢侈品市场。2018年，全球个人奢侈品市场规模再创纪录，达2600亿欧元，同比增长6%（按实时汇率计算，增幅为2%）。受到强劲的本地消费市场推动，全球大多数地区都实现了增长。相比之下，游客消费基本保持不变。2019年，市场规模又创新高，达2850亿欧元，同比增长4%（按实时汇率计算为7%）。[8] 尽管奢侈品市场持续增长，但中美贸易争端、英国脱欧谈判、法国巴黎"黄背心"运动等政治动荡给奢侈品行业的未来增长蒙上了一层阴影。

2.3.1 奢侈品行业发展趋势

奢侈品行业的发展趋势之一是收购与兼并。自20世纪80年代起，很多奢侈品公司从小型家族企业转型为全球性集团公司，因此，当今奢侈品行业的管理风格发生了巨大转变。这些大型奢侈品集团十分关注利润情况，头部奢侈品公司会有效地利用旗下品牌和品类之间产生的协同效应。

艰难生存的小众独立品牌和不复昔日光辉的高级时装屋都充当了这些大型奢侈品集团的"绿叶"。例如，巴尔曼（Balmain）已经申请破产，温加罗（Ungaro）

于2005年被创始人出售。不过，并购不一定总能成功。即使是路威酩轩集团这样的大型奢侈品公司，也收购了一些并不成功的品牌，造成的亏损甚至影响了路易威登的营收业绩。

在经济较为困难的时期，投资者需要将目光重新放到那些“超级大牌”（mcgabrand）上。在奢侈品行业，固定成本变得越来越重要，规模效应决定了公司的成败。“超级大牌”将继续主导奢侈品和时尚行业的未来发展，可以获得更高的利润增长和无可比拟的盈利能力。

“超级大牌”在广告投放中具有绝对优势，所花费的广告成本占销售额的比例相对较小。因此，利用规模效应是绝对明智的。此外，高质量的下游零售一体化也可以产生规模效应。各种数据表明，坪效①与广告支出呈显著的正相关关系。直营模式对奢侈品品牌而言必不可少：“超级大牌”可以通过这种模式“升级赛道”，从而进一步发挥规模效应的优势。升级到面积更大、更加奢华、更加显眼、成本更高的直营店，可以让消费者对这些“超级大牌”产生崇拜敬畏之心，在其心智中扩大这些品牌与其他品牌之间的距离。“超级大牌”的下游零售一体化可以最大限度地抬高入门产品的零售价，提升直营店的盈利能力，并在全球市场扩张中处于绝对领先的地位。

当下的奢侈品消费者正在寻求能够提升自己品位的品牌，希望这些品牌在他们的购物历程中提供独一无二的感官体验。这些消费者希望拥有原真的产品，不仅代表传承，还能彰显个性。古法工艺与现代设计结合的奢侈品也是新一代消费者表达自我的方式。例如，宝格丽的首饰结合了经典、时尚与强烈的设计感，为传统顾客设计了满钻珠宝作品，也为年轻顾客推出了更现代、简约、时尚的产品系列。

奢侈品消费的主要趋势是消费主体发生了更新换代。2017年，Y世代（Generation Y）和Z世代（Generation Z）贡献了85%的奢侈品消费增长。[9] 出生于1980—1994年的Y世代如今已进入职场，正处于高消费的年龄段；出生于1995—2010年的Z世代虽然很年轻，但他们也开始在奢侈品市场崭露头角。街头服饰源于滑板亚文化②，曾经代表了地下滑板文化和休闲运动服饰，如今格外反映

---

① 坪效即门店单位时间及单位面积内产出的营业额。——译者注

② 亚文化（subculture）指与主流文化相对应的非主流局部文化现象，即在主流文化的背景下，某一区域或某个集体所特有的观念和生活方式。——译者注

了一种更广泛的“千禧一代消费者心态”。这种审美范式的转变正推动奢侈品品牌探索并重新定义它们的产品及交付方式。[10] 例如，路易威登与苏博瑞（Supreme）的合作取得了空前的成功，路易威登的品牌形象由此获得重生。又如，由于人们越来越渴望或要求脱下正装，选择更“舒适”的穿戴，几乎所有奢侈品品牌都推出了运动鞋系列。T 恤、羽绒服、运动鞋是 2017 年业绩最突出的品类，销售额分别增长了 25%、15% 和 10%。[11] 芬迪上线了一款微信小游戏——芬迪罗马奇遇记（Fendi Waysto Rome），向年轻消费者传递品牌文化。路易威登、古驰、博柏利和莫斯奇诺（Moschino）也率先推出了虚拟现实游戏和电子游戏。那些不愿与新一代消费者产生交集的奢侈品品牌很快会被时代淘汰。

随着千禧一代（Y 世代）和 Z 世代消费者在数字时代不断成长，构建全渠道体验已经是奢侈品品牌的当务之急。电商业务在总销售额中的占比虽然很小，但比例在不断增长。欧莱雅集团 2020 年财报披露，在三周疫情防控期间内，集团电商业务的销售额相当于过去三年的总和。如今，80% 的奢侈品消费者会浏览品牌官网，欣赏、评价产品，并决定他们想买什么。奢侈品品牌也尝试通过官网等多种方式向消费者展现品牌魅力。为了应对这一趋势，实体店可能需要改变它们的作用，从而更有效地与顾客交流。例如，奢侈品公司将门店设计风格从品牌圣殿改为家的感觉，提供独特的沉浸式体验，与顾客真正地进行对话。一些敏锐的奢侈品品牌已经发现了全渠道体验的重要性，这样可以培养年轻一代消费者的忠诚度。此外，奢侈品品牌需要重视有关企业社会责任的具体政策和实践活动。随着新冠疫情暴发，这些行动变得更加紧迫。尼尔森公司（Nielsen）的一项研究显示，73% 的千禧一代受访者更愿意购买具有可持续发展属性的产品，更青睐具有社会意识的奢侈品品牌。[12] 然而，相比于 2008—2009 年全球经济大衰退，新冠疫情可能对消费者心理造成更深远的影响，恐怕只有第二次世界大战或“9・11”恐怖袭击才会产生类似的作用。[13] 人们的经济状况受到严重冲击，最基本的健康需求也经受了巨大挑战。因此，消费者很可能转向报复性消费，向外人展示他们处于一个绝对安全的环境，重建并强化自己的身份识别。这对奢侈品行业而言是一个积极的信号。人们将越来越关注并重视奢侈品品牌的价值观和一致性，更愿意购买代表伦理道德方面“真、善、美”的奢侈品，更青睐具有社会责任意识、维护性别平等、关注生态环境、致力于可持续发展的品牌。如果奢侈品品牌没有长远的眼光，在疫情结束后就会失去“奢侈品”的特殊内涵。

丝黛拉·麦卡妮（Stella McCartney）称得上在奢侈品行业引领可持续发展的带头人。她与开云集团对半出资，合作创立了自己的同名品牌——历史上第一个“素食主义”奢侈品品牌（vegetarian luxury brand）。她将企业社会责任融入业务发展中，坚持实行“无皮草、无皮革、无羽毛”的“三无政策”，强烈反对动物实验和一次性材料的使用，提倡使用原生塑料和原生纸张包装产品。慈善公益活动同样是丝黛拉麦卡妮企业使命的核心。多年来，丝黛拉麦卡妮一直与非营利组织（如Canopy、Parley for theOceans 和 Wildlife Works 等）合作，还通过使用绿色能源、可持续木材和在拍卖会上购得的家具等环保方式设计并运营门店和办公室。

2.3.2 奢侈品行业面临的挑战

1. 危机带来的经济难题

“9·11”恐怖袭击和伊拉克战争发生后，奢侈品行业经历了 30 年来最严重的一次衰退，最终在 2004 年实现反弹。当年，很多奢侈品公司公布了骄人的业绩，营业收入增长了 10%—15%，但此后又有所回落。接踵而至的次贷危机、日本海啸、欧债危机等其他重大事件反而没有给奢侈品行业造成太严重的影响。从历史数据上看，奢侈品市场规模在 2010—2014 年实现增长，主要得益于中国消费者购买力的激增。在经历了两年的短暂低迷后，奢侈品市场在 2017 年又开始反弹。然而，2020 年新冠疫情暴发使得全球经济陷入停滞状态。

2020 年，疫情重创了奢侈品行业，所有奢侈品品牌都承受了额外的压力。美国和英国大量零售商申请破产。全球股票市值在 2020 年第一季度暴跌了近 40%。这场健康危机将导致全球财富同比减少 20%—40%。正如笔者在 2021 年年初所述：2022 年的形势也不容乐观，与过去 6% 的平均增幅相比，今年奢侈品行业的实际增长可能只有 1%—4%。

全球奢侈品市场销售收入下降的一个重要原因是：大多数国家面临封控状态，奢侈品行业大部分关键供应链在 2020 年 2 月至 4 月突然中断。奢侈品行业非常依赖线下渠道和旅游零售，然而，大多数品牌的工厂和门店被迫关闭，销售流程遭受到重创。此后，近三成奢侈品公司不得不宣布，如果门店关闭时间超过两个月，公司将陷入困境。

2. 消费停滞

消费停滞加剧了奢侈品行业产品供应方面的挑战。消费者担心工资降低乃至失业，开始优先购买必需品，甚至在线销售也随之下降——欧洲下降了 20%，美国下降了 40%，中国下降了 25%。在 2020 年 3 月的一次访谈调研中，75% 的西方国家消费者认为，他们的收入会受到疫情的影响。反观中国，经济迅速复苏，其他亚洲国家纷纷效仿。此外，疫情导致全球旅游业及旅游零售业出现无限期停摆，而这两个行业占奢侈品品牌营收的相当大一部分。因此，如果不重新规划生产与销售模式，那么很多奢侈品品牌预计将在未来 12—18 个月内破产。这将极有可能影响到实力较弱的奢侈品品牌，使之加速衰落；而那些实力强劲的品牌很可能迅速调整过来，并掀起一波针对奢侈品品牌的收购浪潮。当然，失业将进一步打击消费者购买奢侈品的信心。市场衰退使消费者失去了安全感，催生了“反消费主义”的意识形态。在欧洲国家和美国，超过 65% 的消费者预计他们在服装上的支出会减少，甚至有 40% 的人预计整个家庭总支出都会减少；此外，56% 的受访者表示，在 2020 年，特惠促销活动将决定是否购买新衣。难题随之产生：奢侈品品牌能否应对这一挑战？如果奢侈品品牌决定打折促销，那么这种做法会与品牌的卓越品质和稀缺性完全背道而驰。

3. 被迫数字化升级

疫情也加速了奢侈品行业数字化升级（甚至提前到了 2025 年的进度），在封控期间甚至之后都强化了数字渠道的重要性。在疫情封控期间，13% 的欧洲消费者人生第一次使用在线商城，并将这个习惯延续至今。此外，数字化升级还推动了当季产品零售和无季节设计的需求，这导致了批发业务的下滑。数字化还迫使奢侈品公司使用新工具来提升供应链运营的敏捷性和生产效率。在疫情封控期间，人们养成了一些新的工作习惯：全球视频会议的次数上升了 79%，弹性工作时间增加了 58%。疫情的暴发让奢侈品公司制定的 2020 年战略化为泡影，它们不得不面对一个不确定的未来。路易威登首席执行官兼蒂芙尼董事会主席迈克尔·伯克（Michael Burke）对此评论道：“某人说过，也许是丘吉尔首相说过：‘计划本身毫无用处，但做计划这件事必不可少。’[①] 我想这句话想表达的意思是：当一件极其糟

① 原话是第 34 任美国总统、五星上将德怀特·戴维·艾森豪威尔（Dwight David Eisenhower）的经典名句。——译者注

糕的事情发生时，你需要做一个计划，但在这件事发生前做好的计划就没什么用处了。这确实说明了适应能力和敏捷能力的重要性。这是我们在那六个月里真正强调的。这也是我们在经历了这些糟糕的事情以后比之前的状态更好的原因。今天的路易威登就是一家比六个月前更出色的公司。”[14] 不过，疫情也给奢侈品品牌带来了全新的机遇，可以重建价值链，并迎合快速变化的消费者。

2019 年的奢侈品市场规模预计为 2810 亿美元左右，这个数据包括了前百强奢侈品公司，涉及珠宝、腕表、皮具、葡萄酒及烈酒、香水、服装等行业。[15] 总体而言，服装和鞋履销售额占最大比例，约 30%；香水及化妆品占 22%；腕表及珠宝占 21%；皮具占 20%；其他产品（如眼镜、织物配饰等）占 7%。[16] 据估计，在 2020—2021 财年，考虑到不同行业不同的发展态势，奢侈品市场规模将整体下降 15%—35%；但有专家预测，疫情后股价将出现强烈震荡。

4. 未来将会增长的市场

最大的奢侈品市场在欧洲，占全球销售额的 33.7%；其次是日本，占 28.4%；北美地区占 24.6%。然而，皮具销售额占比最大的地区是亚太国家。尽管这些国家具有重要的战略意义，但这些市场已经逐渐变得饱和。

反观印度和中国这两个世界人口最多的国家，为奢侈品品牌带来了新的增长机遇。据估计，到 2025 年，这两个国家将占据全球奢侈品市场份额的 50% 以上。中国和印度消费者平均购买力不断提升，高净值人群数量持续增加。事实上，中国消费者的人均消费水平与日本相当，这给奢侈品品牌带来了重要的启示：庞大的人口基数可以转化为显著增长——不仅是消费者数量增长，公司营收也会明显增长，尤其在中国市场。中东的迪拜经济复苏缓慢，整个中东地区也受到消费者信心下降和地缘政治不确定性的影响，经济陷入了低迷。

2.4 小结

综上所述，奢侈品的定义绝不是一成不变的。这个定义根植于奢侈品专家的心中，不断发展并持续变化着。某个时间对一些人而言算得上是奢侈品的物品，对另一些人来说可能就不是奢侈品；甚至随着时间流逝，这件物品可能不再是奢侈品了。正因如此，真正的奢侈品能够经受住时间的考验。奢侈品市场的演变见证了世界历史跌宕起伏的发展——从古罗马人、古埃及人、中国人、古印度人，到意大利人、法国人，多品牌的大型奢侈品集团也随之诞生。全球化进程的推动和新兴市场的发展促使奢侈品行业呈现出“东移”的趋势：香港、上海、新加坡城、北京和东京成了奢侈品品牌和轻奢品牌的汇集地。这个趋势十分明显，并且这个势头还将持续很长一段时间。同样，奢侈品行业的兼并与收购活动也会持续下去。此外，在新兴市场崭露头角的奢侈品品牌将是日后不可忽视的力量。奢侈品行业包罗万象，乐于接受新鲜事物。无论是来自西方还是东方的轻奢品牌，它们的崛起都将开启奢侈品行业的新潜力和新机遇。全新的品牌将会涌现，全新的市场也会出现，未来的奢侈品行业将比以往任何时期都更加神秘莫测。

注释

[1] MICHAULT J. Alessandro Michele's exclusive interview: “I'm a Fetishist” [EB/OL].（2016–3–15）[2022–11–12]. https: //magazineantidote. com/english/alessandro–michele–exclusive–interview/.

[2] RIBEIRO A. Dress and Morality[M]. Berg Publishers, 2003: 22.

[3] JACOBY D. Silk in Western Byzantium before the Fourth Crusade[J]. Byzantinische Zeitschrift, 1992, 84（2）: 452–500.

[4] Silk: History[EB/OL]. Columbia Encyclopedia. [2022–11–12]. https: //www. infoplease. com/encyclopedia/life/fashion/textiles/silk/history.

[5] The Romans in Britain: Trade and travel[EB/OL].（2013–7–16）[2022–11–12]. https: //h2g2. com/edited_entry/A3473967.

[6] GARTHWAITE G. R. The Persians[M]. John Wiley & Sons, 2008: 78.

[7] UNITY MARKETING. Luxury Report 2014: Ultimate Six–Year Guide to the Luxury Consumer Market[EB/OL]. [2022–11–13]. https: //unitymarketingonline. com/wp–content/uploads/luxury_report_2014_intro_methodolo gy_combined. pdf.

[8] Luxury goods: In–depth market insights & data analysis[EB/OL]. Statista, [2022–11–13]. https: //www. statista. com/study/61582/in–depth–report–luxury–goods/#: ~: text=The%20global %20luxury%20goods%20market, to%20the%20

COVID%2D19%20pandemic. &text=Online %20sales%20of%20luxury%20goods, brick%2Dand%2Dmortar%20share.

[9] Sustainable luxury: Millennials buy into socially conscious brands[EB/OL]. Luxe Digital,（2022–1–7）[2022–11–13]. https: //luxe. digital/business/digital-luxury-trends/millennials-buy-sustainable-luxury/.

[10] BAIN & COMPANY. The new luxury consumer: Why responding to the Millennial mindset will be key[EB/OL]. Job Teaser,（2018–1–10）[2022–11–13]. https: //www. jobteaser. com/fr/companies/bain-and-company/newsfeed/other-19100-the-new-luxury-consumer-why-responding-to-the-millennial-mindset-will-be-key.

[11] D'ARPIZIO C, LEVATO F, PRETE F, et al. Luxury Goods Worldwide Market Study, Fall–Winter 2018[R]. Bain & Company, 2019.

[12] The Sustainability Imperative[R]. AC Nielsen, 2015–10.

[13] Danziger P. N. What the aftermath of the global Coronavirus Pandemic will mean for luxury brands[EB/OL]. Forbes,（2020–3–15）[2022–11–13]. https: //www. forbes. com/sites/pamdanziger/2020/03/15/what-the-aftermath-of-the-global-coronavirus-pandemic-will-mean-for-luxury-brands/? sh=1beb2d201e9f.

[14] AMED I. Louis Vuitton's CEO on navigating the pandemic and the future of luxury[EB/OL]. Business of Fashion,（2020–12–8）[2022–11–13]. https: //www. businessoffashion. com/articles/luxury/louis-vuittons-michael-burke-on-hardwiring-accountability-in-a-state-of-flux/.

[15] Global powers of luxury goods 2020: The new age of fashion and luxury[R]. Deloitte, 2020–12.

[16] SABANOGLU T. Value share of the personal luxury goods market worldwide in 2020, by product category[EB/OL]. Statista,（2021–11–1）[2022–11–13]. https: //www. statista. com/statistics/245655/total-sales-of-the-luxury-goods-market-worldwid e-by-product-category/.

第 3 章
奢侈品行业一览

奢侈品行业有六大巨头，分别为路威酩轩集团、开云集团、雅诗兰黛集团、历峰集团、欧莱雅集团和香奈儿集团，它们占整个奢侈品市场 30% 的份额。

奢侈品在法国和意大利屡见不鲜。意大利生产了全球 1/3 的奢侈品，是世界上最大的奢侈品生产国，诞生了古驰、阿玛尼、宝格丽、盟可睐[①]、普拉达、杰尼亚和菲拉格慕等品牌。

在奢侈品行业，年营收达 100 亿美元及以上的多品牌大型集团有路威酩轩集团、历峰集团、开云集团、雅诗兰黛集团、爱马仕集团、欧莱雅集团和陆逊梯卡集团。

奢侈品行业还有一类单一品牌公司，著名的有博柏利集团、蒂芙尼公司、阿玛尼集团、拉夫劳伦集团、香奈儿集团、老凤祥公司[②]等，年营收都超过了 10 亿美元。上述大部分公司旗下只有一个品牌，但在很多品类领域都参与竞争。表 3–1 归纳了奢侈品行业的单一品牌公司和多品牌大型集团。

① 盟可睐是法国高级羽绒服品牌，1952 年在法国小镇 Monestier-de-Clermont 创立，其品牌名即该小镇的法文缩写。2003 年，该品牌被意大利企业家雷莫·鲁夫尼（Remo Ruffuni）收购，并将品牌总部迁至米兰；2013 年，盟可睐在米兰证券交易所上市。品牌国籍不应随公司目前总部的所在国、收购方的国籍或上市地而发生改变，但译文保留作者观点。——译者注

② 2021 年度，老凤祥公司营业收入约 586.91 亿元。——译者注

表 3-1　奢侈品行业头部企业：多品牌大型集团和单一品牌公司

多品牌大型集团	单一品牌公司
路威酩轩集团	香奈儿集团
欧莱雅集团	博柏利集团
历峰集团	阿玛尼集团
开云集团	菲拉格慕集团
斯沃琪集团	杰尼亚集团
爱马仕集团	古奇拉利集团（Cucinelli）
普拉达集团	周大福珠宝集团
Capri 集团	高雅德集团

3.1　消费者

近 20 年，奢侈品不再是高净值人群的专属物。如今，全世界有 770 万人拥有对奢侈品的购买力。在全球范围内，女性是奢侈品消费的主力军，占化妆品消费的 80%，占时尚类产品的 70%。值得一提的是，奢侈品顾客画像正在发生变化——男性也开始购买奢侈品，他们注重品质、服务、名望、体面和优雅。奢侈品品牌催生了消费者原本不存在的重要需求，并通过所打造的形象来吸引他们。中产阶级消费者越来越追求高品质的设计师品牌时装。例如，奢侈品消费者会花费 3000 美元购买布里奥尼的西服套装，而不是买三套普通西装——这已经成了最新趋势。这些消费者十分关注品牌和价格，会根据自己的喜好和审美决定是否购买。

在过去若干年里，人们的购买行为发生了改变，奢侈品消费主力从传统的富豪群体转向范围更广、更年轻的消费群体（如 Z 世代和"亨利一族"）。奢侈品品牌的名人代言引发了炫耀性消费行为，这也是导致"消费转移"现象发生的原因。年轻消费者通过购买较低价位的奢侈品（通常是配饰类产品）成为奢侈品消费圈层的一员。奢侈品公司通过向下延伸品牌的方式，使原本购买力有限的消费者买得起它们的产品。奢侈品公司通常认为这种做法可以产生正外部性①。例如，蒂芙尼销

① 正外部性（positive externalities）是一个重要的经济学概念，由英国经济学家阿尔弗雷德·马歇尔（Alfred Marshall）提出，指某一个经济主体（个人、厂商或国家）的经济活动导致其他经济主体获得额外的经济利益，而受益者无须付出相关代价。——译者注

售纯银手镯，路易威登推出相比高级鳄鱼皮手袋价格低得多的人造皮手袋。截至2021年年中，低客单价产品约占所有奢侈品销售额的55%。

3.1.1 什么创造了奢侈品行业的需求

奢侈品行业较易受到经济周期性和世界重大事件的影响。从历史数据上来看，很大一部分奢侈品消费需要游客来拉动。2003年，奢侈品行业受到三大经济事件的冲击：① SARS疫情（波及了整个亚太地区）；②伊拉克战争；③欧元兑美元汇率走强（不仅降低了欧洲消费者的购买力，也影响了欧洲奢侈品公司的利润表现——这些欧洲奢侈品公司成本结算用的是走强的欧元，但每个市场的营收统计都用相对疲软的当地货币单位）。

2006年，黎以冲突暴发，英国也出现了恐怖炸弹袭击，导致旅客登机携带液体的种类和规格受到了严格限制。[①] 据估计，每年全球免税商品销售额可达260亿美元，其中美国烈酒产品占70亿美元，香水及化妆品在世界各地占销售额20%至50%不等。旅游零售渠道盈利能力很强，大多数主流奢侈品公司（包括路威酩轩集团、欧莱雅集团和雅诗兰黛集团）都会为免税店生产独家的香水及化妆品系列。

应对这种威胁的第一种解决方案是免税店对接航空公司，乘客下机后就能取到在免税店买的托运商品。另一种方案是使用能够识别危险液体的防爆检测仪。在恐怖袭击事件发生后，路威酩轩集团旗下奢侈品旅游零售商——环球免税集团前首席执行官艾德·布伦南（Ed Brennan）表示："我相信，我们能够重新以一种安全的方式向离境顾客销售这些免税商品。我们与世界各地的机场有紧密的合作关系，我们将共同努力寻找解决方案。"

尽管2008—2011年全球经济出现了严重的经济衰退，但奢侈品行业却出乎意料地保持了强劲的增长势头。2011年，雨果博斯（Hugo Boss）在欧洲的奢侈品销售额增长了16%，达20.6亿欧元；爱马仕销售额达28亿欧元。这些数据表明，奢侈品行业面对不同宏观经济环境时始终能保持韧性。然而，这个行业却在2020年受到了新冠疫情的强大冲击，世界各个国家都经历了封控，整个价值链被冻结。2020年的个人奢侈品市场自2009年以来首次出现萎缩；不同行业有所不同，下降幅度在10%至35%之间，平均降幅达23%。

---

① 严格的民航安全管控新措施造成全球酒类、香水及化妆品类等免税品业务受到强烈冲击。——译者注

3.1.2 为什么奢侈品行业的需求始终在增长

随着奢侈品行业竞争的加剧，越来越多的品牌提高了广告投放的平均费用，目的是刺激消费者对产品的需求。

一些奢侈品公司希望提升消费者对品牌的认知，因此加大了对零售网络的资金投入。许多奢侈品公司将米兰、东京、香港、纽约、巴黎等主流大都市的旗舰店作为传播品牌、传递品牌形象的工具。于是，品牌将更多资金投入于开设规模更大的旗舰店上。

奢侈品需求不断增长的其中一个原因是“亨利一族”人数不断上升，以及Z世代和Y世代人口的增长。这部分人群数量在不断增长，人均可支配收入也随之增长，奢侈品消费需求也因此上升。他们对奢侈品消费的贡献度非常高。2020年疫情期间，在奢侈品门店恢复营业后，古驰、爱马仕、卡地亚和路易威登都创下了历史销售纪录——人们可以从中见识到这些消费者不容小觑的购买力。

3.2 奢侈品公司

本节将简要介绍以下八大奢侈品公司。

3.2.1 路威酩轩集团

路威酩轩集团无疑是世界上最大的奢侈品公司。2020财年，该集团营业收入约为447亿欧元（受新冠疫情的影响，同比下降17%），2019财年约为537亿欧元（同比增长15%，内生性增幅为10%）。该集团往往被视为世界上最成功的奢侈品公司之一。路威酩轩集团拥有许多明星品牌，如路易威登、迪奥、酩悦香槟和丝芙兰。蒂芙尼在2021年加入了这个“大家庭”。路威酩轩集团旗下品牌的业务涵盖了多个领域，包括时装及皮具、化妆品、腕表及珠宝、葡萄酒及烈酒等。

路威酩轩集团的起源可以追溯到诞生于1854年的路易威登。当时，路易·威登先生为贵族制作旅行箱。1923年元旦，路易威登公司正式成立。此后，威登家族最著名的后代之一亨利·拉卡米耶开拓了利润可观的亚洲市场，从而一举将只有两家门店的路易威登发展为年销售额达数十亿美元的奢侈品巨头。

为了避免潜在的股权收购，酩悦轩尼诗总裁兼首席执行官阿兰·舍瓦利耶于1987年6月将公司与路易威登公司合并，从而诞生了路威酩轩集团。① 该集团持有路易威登公司98%的股份，包括含有投票权的51%股份，避免了未来被收购的风险。

在此期间，贝尔纳·阿尔诺于1984年自筹1500万美元，并说服投资银行提供4500万美元资金，收购了日益衰落的博萨克纺织品集团（Agache-Willot-Boussac-Saint-Frères）。后者拥有闻名全球的迪奥集团高级定制时装部门的所有权。贝尔诺通过剥离部分业务和裁员等方式使博萨克集团扭亏为盈。此后，亨利·拉卡米耶找到了贝尔纳，希望他可以投资路威酩轩集团，共同对抗阿兰·舍瓦利耶。② 贝尔纳欣然同意，路易威登和酩悦轩尼诗两家公司的关系迅速恶化。在英国健力士集团（Guinness Group）的帮助下③，贝尔纳收购了路威酩轩集团24%的股份。亨利·拉卡米耶试图阻止贝尔纳获得集团控制权的野心，反而让贝尔纳加速了收购进程，后者随即持有集团37.5%的股权。不久之后，这个比例又上升到43.5%，这意味着贝尔纳获得了路威酩轩集团的掌控权，最终如其所愿将迪奥香水部门和高级定制时装部门合并到了一起。

截至2021年年初，贝尔纳及阿尔诺家族拥有路威酩轩集团47.2%的股份，个人财富预计近1530亿美元[1]，成为实至名归的法国首富。

1. 集团简介

路威酩轩集团专业生产和销售各种消费品，包括时装及皮具、葡萄酒及烈酒、香水及化妆品、腕表及珠宝等。集团旗下主要产品及服务品牌如表3-2所示。

---

① 酩悦香槟公司与轩尼诗公司已于1971年合并。路威酩轩集团的成立也使该集团接管了迪奥集团香水部门的掌控权。——作者注

② 路威酩轩集团成立后，舍瓦利耶出任集团总裁，拉卡米耶出任战略委员会主席，但两家公司在业务上几乎完全独立，并没有实现协同效应，反而由于家族出身（酩轩家族的创始人世代显贵，而威登家族则是平民出身）以及文化和业务上不相容，加剧了双方家族及各自经理人之间的权力斗争。——译者注

③ 最初健力士集团是舍瓦利耶用来对抗贝尔纳的盟友。然而，在贝尔纳的斡旋下，健力士集团选择反水，与贝尔纳达成同盟，最终迫使舍瓦利耶黯然离开了路威酩轩集团。而拉卡米耶开始联合酩悦和轩尼诗两大家族共同对抗贝尔纳。——译者注

表 3-2　路威酩轩集团旗下品牌

葡萄酒及烈酒	时装及皮具	香水及化妆品	腕表及珠宝	精品零售	其他业务
轩尼诗	路易威登	迪奥香水	泰格豪雅	环球免税集团	贝梦德
酩悦香槟	芬迪	法国娇兰	真力时	丝芙兰	白马酒庄酒店
白马酒庄	思琳	纪梵希香水	尚美巴黎	乐蓬马歇百货	《艺术知识》
滴金酒庄	罗意威	玫珂菲	宇舶表	右舷邮轮免税店	巴黎动植物驯化公园
库克香槟	纪梵希	帕尔玛之水	斐登	La Grande Épicerie	科瓦
唐培里侬香槟王	凯卓	贝玲妃	宝格丽	莎玛丽丹百货	《投资》
雪树伏特加	巴杜	凯卓香水	蒂芙尼		《巴黎人报》
梅西埃酒庄	伯尔鲁帝	馥蕾诗			《回声报》
格兰杰	莫杰	罗意威香水			古典音乐之声
Clos19	璞琪	茶灵			
慧纳酒庄	迪奥	芬缇美妆			
夏桐加州酒庄	诺悠翩雅	凯特方迪			
夏桐阿根廷酒庄	摩奈	梵诗柯香			
夏桐澳大利亚酒庄	日默瓦	莫杰美妆			
夏桐巴西酒庄					
纽顿葡萄酒					
云雾之湾					
曼达岬酒庄					
伍丁维尔威士忌					
安第斯白马酒庄					

2. 组织与财务架构

阿尔诺家族和外国机构投资者分别持有路易威登集团 47.2% 和 35.8% 的股权，剩余股份由法国机构投资者持有股（11.6%）、个人投资者持有股（5%）和库存股[①]（0.4%）构成。2021 年，路威酩轩集团公布 2020 财年合并营收为 447 亿欧元，同比下降 17%。

3. 国际市场扩张（业务覆盖地区）

路威酩轩集团通过自营与特许经营相结合的门店模式，在亚洲、西欧和美国等地市场分销产品。该集团在欧洲、日本和美国等发达国家市场产生了强大影响力，并正在迅速向前途无量、潜力巨大的亚洲新兴市场扩张。

路威酩轩集团在法国共开设了 512 家门店，其他欧洲国家 1175 家，日本 428 家，亚洲其他国家 1514 家，全球其他国家 508 家。可见，除日本外的亚洲国家是该集团最大的区域性市场，在 2020 年占集团总营收的 34.41%，同比增长约 28.8%，部分抵消了集团在其他成熟市场营收下降的不利影响，表明集团合理的地域布局在一定程度上经受住了主要市场衰退的考验。2020 年，受新冠疫情的影响，路威酩轩集团总营收下降了 17%，除日本外的亚洲国家依然是业绩最突出的市场，跌幅最小，仅为 5.09%。

4. 战略

路威酩轩集团既追求内生性增长，也会采取收购策略从而实现集团业务的扩张。路威酩轩集团收购的对象主要集中于奢侈品品牌，不过这些品牌涉及了不同品类和领域。

路威酩轩集团共有五大业务板块，分别为：精品零售、时装及皮具、香水及化妆品、葡萄酒及烈酒、腕表及珠宝。除此之外，该集团也有兴趣投资于经济、金融和投资类出版物及其他业务，如巴黎动植物驯化公园（Jardin d'Acclimatation）。

路威酩轩集团收购的目标品牌都颇有历史底蕴，力求让这个品牌重现光辉，转型为集团旗下的明星品牌——不仅传承精湛技艺，并且鼓励创新、保持高品质。

---

① 库存股（treasury stock）指公司对已公开发行的股票通过购入、赠予或其他方式重新获得可再行出售或注销的股票。库存股既不分配股利，也不附投票权。——译者注

为了实现内生性增长的目标，路威酩轩集团集中精力推出新品，扩张零售网络，并不断增加品牌传播方面的支出。

路威酩轩集团定位为一个具有社会责任感的大型奢侈品公司。自 2011 年起，该集团在其企业社会责任报告中展示了相关倡议和成就，包括集团环境保护倡议（即 LIFE）、丝芙兰绿色美妆互动展区（Sephora Stands）等等。企业社会责任依然是该集团定位战略的重要部分。

5. 集团发展与并购策略

在接任路威酩轩集团董事会主席兼首席执行官后，贝尔纳通过一系列并购交易促进了公司发展，打造了一个令人起敬的奢侈品帝国。

路威酩轩集团的收购狂潮始于收购思琳和纪梵希时装部门[①]，到 1993 年收购凯卓（Kenzo）后告一段落。20 世纪 90 年代中期，时装及皮具品牌唐娜卡兰（Donna Karan，后来被出售）、腕表及珠宝品牌泰格豪雅（TAG Heuer）、真力时（Zenith）、尚美巴黎（Chaumet）和斐登（Fred）等品牌也纷纷投入了路威酩轩集团的麾下。

1997 年，路威酩轩集团收购了环球免税集团 61% 的股份，从而开辟了精品零售业务板块。此后，该板块不断扩大，先后收购了法国头部化妆品零售商丝芙兰，以及巴黎乐蓬马歇百货（Le Bon Marché）和莎玛丽丹百货（La Samaritaine）。

1999—2000 年，路威酩轩集团共花费约 11 亿美元收购奢侈品品牌，其中包括一些腕表品牌和馥蕾诗（Fresh）、贝玲妃（Benefit）等时尚前卫的美国化妆品品牌。

然而，并非所有收购都遂其所愿。1999 年 1 月，贝尔纳试图强行进入意大利著名皮具公司古驰的董事会。古驰通过发行新股作为反击，提出以 29 亿美元的价格向皮诺–春天–雷都集团（Pinault–Printemps–Redoute，即开云集团的前身）出售 40% 的公司股份。这一举动迫使贝尔纳出价 49 亿美元试图收购古驰的所有股份，随即触发了与皮诺–春天–雷都集团董事会主席弗朗索瓦·皮诺之间的严重冲突，导致两个家族在荷兰对簿公堂。最终，荷兰法院做出了对皮诺–春天–雷都集

① 1987 年，贝尔纳入股思琳，直至 1996 年才以 27 亿法郎的价格完成对思琳的收购；1988 年，路威酩轩集团收购纪梵希时装部门。——译者注

团有利的裁决。2000 年，贝尔纳不得不将手中持有的所有古驰公司股份全数出售给弗朗索瓦·皮诺。

1999—2008 年期间，路威酩轩集团还剥离了一系列业务。例如，2003 年，集团出售了持有的近 50 个亏损品牌的股权，包括迈克高仕（Michael Kors）、必列斯（Bliss）、富艺斯拍卖行（Phillips de Pury & Luxembourg）等；2005 年又出售了贝尔纳在 1987 年帮助创建的时装品牌拉克鲁瓦。

2013 年，收购古驰失败的故事重演。贝尔纳没有按照规定的申明程序陆续收购了爱马仕集团 22.6% 股份（价值约 20 亿美元），希望攫取该公司的掌控权。帕特里克·托马斯[①]称之为“不友善的攻击”。这场纠纷以法国金融市场管理局象征性地收取路威酩轩集团 1000 万美元罚款而告终。这次恶意收购事件使得爱马仕家族勇敢地团结一心，做出了强有力的回应——爱马仕家族共同持有超过 51% 的股权，粉碎了路威酩轩集团控制公司的任何野心。

尽管剥离了一系列业务，路威酩轩集团依然通过收购实现了业务扩张的战略。2004 年，路威酩轩集团以 3 亿欧元的价格收购了威士忌酿酒厂格兰杰（Glenmorangie）；2011 年 11 月，路威酩轩集团收购了瑞士最大的表盘专业生产商之一 ArteCad 的所有股权；同年 10 月，路威酩轩集团还公开收购了宝格丽集团所有普通股股票，最终持有后者 98.09% 的股权。这些收购交易帮助路威酩轩集团提高了在腕表及珠宝行业的影响力。同样在当年 10 月，路威酩轩集团与新加坡 Koh 家族集团达成协议，共同掌控后者创立并控股的兴隆国际有限公司（Heng Long International）。与 Koh 家族集团的合作从战略上补强了路威酩轩集团在高品质鳄鱼皮方面的采购能力。2013 年，路威酩轩集团收购了意大利顶级纺织品及成衣公司诺悠翩雅 80% 的股份，以及英国鞋履公司科克伍德（Nicholas Kirkwood）52% 的股份（该公司于 2020 年被出售）。

2015—2018 年间，路威酩轩集团仍然雄心勃勃：2015 年，它收购了意大利家族珠宝品牌雷波西（Repossi）41.7% 的股份，并在 2019 年将持股比例提高至 69%；2016 年，收购了德国旅行箱公司日默瓦（Rimowa）80% 的股份；2018 年，收购了法国时装品牌巴杜（Jean Patou）的多数股权，并表示将重新推出成衣系列来振兴该品牌。

① 帕特里克·托马斯于 2003—2014 年担任爱马仕集团首席执行官。——译者注

2019 年，路威酩轩集团与音乐人蕾哈娜合资创立了新品牌芬缇（Fenty），前者持有 50.01% 的股权，而后者持有 49.99%。两年后（即 2021 年年初），由于业绩不佳，路威酩轩集团终止了与 Fenty 时装业务的合作关系。虽然该品牌的时装业务完全依靠互联网和电商平台，且没有一家实体店，但新冠疫情依然是其业绩低迷的重要原因之一。另一个原因出在蕾哈娜身上。她在社交媒体上的 1.1 亿粉丝基本不会购买奢侈品，但路威酩轩集团却必须始终关注高端顾客市场——这点与 Fenty 时装品牌的奢侈品定位保持高度一致。不过，这次“分手”并未影响芬缇美妆（Fenty Beauty）与丝芙兰的合作，该品牌推出了 40 种色号的口红产品；路威酩轩集团旗下的私募基金公司艾卡特腾（L. Catterton）也继续给蕾哈娜的内衣品牌 Savage × Fenty 提供支持。此外，路威酩轩集团与丝黛拉 · 麦卡妮合作创立了一家合资企业。值得一提的是，在此之前，丝黛拉 · 麦卡妮刚刚结束了与路威酩轩集团“死对头”开云集团的合作关系。2019 年，路威酩轩集团斥资 32 亿美元收购了贝梦德酒店集团，后者拥有或管理酒店共 46 家，还经营旅客列车和邮轮等业务。

2021 年，路威酩轩集团又从说唱歌手肖恩 · 科里 · 卡特（Shawn Corey Carter，即 Jay–Z）手中收购了黑桃 A 香槟（Champagne Armand de Brignac）50% 的股份。同年年初，在激烈的争夺之后，路威酩轩集团终于以 158 亿美元的价格收购了有 184 年历史的纽约珠宝公司蒂芙尼。这些战略性收购帮助集团增加了营收，会进一步为集团的未来发展做出贡献。

6. 关键成功因素

路威酩轩集团的成功可以归功于它让品牌保持相对独立和创造力的方式。贝尔纳让设计师们自由创作，正如约翰 · 加利亚诺（John Galliano）当年自由地为迪奥设计时装作品。

路威酩轩集团的创作成本很高。不过，该集团在生产、媒体与广告协同、零售店租赁、物流、采购及库存控制、后端运营等方面严格控制成本，抵消了创作带来的高昂支出。

另一个关键成功因素是路威酩轩集团严格坚持生产高质量产品。严管产品的基础在于集团内部生产大部分产品，外包生产的比例严格受限。对品牌强有力的管控也反映在集团对其供应链和分销网络的控制上。例如，集团旗下路易威登品牌的所有门店自有且自营，这在奢侈品行业十分少见。

路威酩轩集团将创新作为公司的核心。在产品开发、技术应用、分销网络和数字传播等方面不断创新也是该集团的关键成功因素。从维吉尔·阿布洛（Virgil Abloh）推出变色纤维手袋和变色球鞋，到法国娇兰（Guerlain）推出极具个性的口红包装盒及首款面向香水爱好者的数字播客节目，都可以看出集团对产品和服务创新的包容。

此外，成功的部分原因还在于路威酩轩集团总能为品牌寻找到合适的创意人才。例如，此前约翰·加利亚诺与迪奥联袂，马克·雅各布与路易威登携手，迈克·高仕和菲比·费罗（Phoebe Philo）先后与思琳合作等，都是天作之合。

7. 未来展望

路威酩轩集团将始终以投资为导向，继续发展，不断寻求新的市场机遇。集团拥有多达 120 亿欧元的自由现金流，能够随时进行多笔收购。集团关注的重点是创新、进驻新市场、提升集团整体业绩，同时致力于加强成本控制、优化投资，并提升品牌数字化能力。

3.2.2 开云集团①

1963 年，弗朗索瓦·皮诺创立了自己的木材建筑贸易公司，此后专营 B2B 和 B2C 零售业务。1999 年，弗朗索瓦的公司才涉足奢侈品行业。

20 世纪 90 年代，皮诺家族的零售业务包括邮购时尚零售 [如红猫集团（Redcats）]、文化产品（如 Fnac）、家居及家用电器产品 [如康夫罗马（Conforama）] 和百货零售 [如巴黎春天百货（Le Printemps）]。1999 年，皮诺-春天-雷都集团先后收购了古驰和伊夫圣罗兰（Yves Saint Laurent），标志着集团发展进入了一个新阶段。此后，皮诺-春天-雷都集团成立了一个奢侈品业务部门，将这些品牌都归入其中。在 21 世纪前十年，集团通过旗下具有强大影响力和声望的品牌不断壮大自己的业务。2005 年，以业务多元化为特征的皮诺-春天-雷

① 开云集团的前身是皮诺-春天-雷都集团，后改为“PPR”。2013 年 3 月 22 日，弗朗索瓦-亨利·皮诺（François-Henri Pinault）宣布集团名改为“Kering”。2013 年 6 月 18 日，集团年度股东大会通过了这一决议。——作者注

都集团转型为大型综合性集团 PPR[①]，逐渐将投资重心转为零售业务和奢侈品行业。2007 年，PPR 集团捕捉到了新的市场发展机遇，收购了全球领先的体育及生活方式品牌彪马（Puma）的股权，并成为控股股东，进一步巩固了集团在服饰行业的全球领军地位。此后，PPR 集团拆分上市 Fnac，并剥离了红猫集团的业务。2013 年，PPR 集团完全退出了大众产品的分销市场。同年 3 月，集团名称从“PPR”改为“Kering”。这个新名字与“caring”谐音，并且其灵感来自集团业务的起源地——法国西北部的布列塔尼大区（Bretagne）。对此，弗朗索瓦-亨利·皮诺解释道：“在布列塔尼地区，Ker 意为居所或家园，体现了集团在维护、培育、发展旗下品牌的过程中聚焦业务、关注人类、关怀顾客、关心利益相关者、重视环境的公司形象。”自 2018 年，开云集团逐步出售其持有的彪马股权，完全专注于发展奢侈品业务。

1. 集团简介

开云集团为顾客提供多元化产品和品牌，有助于零售部门满足顾客的各种需求。Fnac 零售连锁店提供文化与技术产品，包括个人电脑、摄影、电视及录像、游戏及其他软件、办公用品、通话设备、书籍和音乐用品等；雷都集团专门负责销售服装；康夫罗马销售家居、家电和家具产品。此外，开云集团的体育及生活方式部门拥有彪马、Volcom、Cobra、闪电（Electric）和 Tretorn 等品牌，提供运动鞋、运动服及运动配饰产品；奢侈品部门拥有古驰、葆蝶家、圣罗兰、亚历山大麦昆（Alexander McQueen）、巴黎世家（Balenciaga）、布里奥尼、宝诗龙（Boucheron）、宝曼兰朵（Pomellato）、都都（DoDo）、雅典表（Ulysse Nardin）、芝柏（Girard-Perregaux）、麒麟（Qeelin）和开云眼镜（Kering Eyewear）。

2. 组织与财务架构

截至 2019 年年末，外国机构投资者持有开云集团 44.7% 的股权，皮诺家族执掌的阿特米斯投资公司（Artémis）持有 41.0% 的股权，剩余股份由法国机构投资

① 2005 年，弗朗索瓦之子弗朗索瓦-亨利·皮诺正式成为皮诺-春天-雷都集团掌门人。为了向大型奢侈品集团更进一步，亨利一上任便将集团名简化为“PPR”，不再以全称展示，淡化每个字母所指含义，为 2006 年向德意志银行投资基金（RREEF）和意大利 Borletti 集团出售法国巴黎春天百货集团 51% 的股权做出了铺垫。——译者注

持有股（8.4%）、个人投资者持有股（4.8%）、库存股（1.0%）和集团员工及管理层持有股（0.1%）构成。

2019 财年，开云集团总营收为 158.8 亿欧元。其中，古驰占 63%，圣罗兰占 13%，葆蝶家占 8%，剩下的营收来自其他品牌。受新冠疫情的影响，开云集团 2021 财年营收为 131 亿欧元，相比 2019 财年下降了 17.5%。

3. 国际市场扩张（业务覆盖地区）

开云集团将其奢侈品业务划分为六大地区，即西欧地区、日本、其他亚太地区、北美和其他国家（包括东欧、中东和非洲）。2019 财年，开云集团 34% 的营收来自除日本以外的亚太地区，32% 来自欧洲地区，19% 来自北美，8% 来自日本，7% 来自其他国家。该集团在全球共开设了 1381 家直营店。

4. 战略

如今，开云集团已经将业务聚焦于奢侈品行业，其发展战略主要基于旗下现有品牌的内生性增长，如进入新市场，提升在成熟市场的影响力，发展分销网络和渠道，赶超竞争对手。该集团还通过后台统筹资源实现一体化和协同。开云集团也正致力于一些横向科技项目，如加强数字化转型和电商业务，试图提升品牌竞争力。

5. 集团发展与并购策略

1999 年，古驰集团收购了伊夫圣罗兰和塞乔罗西（Sergio Rossi）。2001 年，古驰集团收购了葆蝶家和巴黎世家，并与丝黛拉·麦卡妮和亚历山大·麦昆签订了合作协议。2001—2004 年，皮诺–春天–雷都集团增持了古驰集团的股份。2003 年，皮诺–春天–雷都集团以 5.65 亿欧元的价格将旗下的皮诺木材公司（Pinault Bois et Matériaux）出售给了英国沃斯利集团（Wolseley）。皮诺木材公司曾开启了集团在木材贸易领域的先河，逐步发展成为法国著名的建筑木材、进口和加工零售商。2004 年，皮诺–春天–雷都集团剥离了电气材料生产商 Rexel。同年，在一次公开竞标后，该集团增持古驰集团股权至 99.4%。2005 年，集团将公司名称简化为“PPR”。2007 年，PPR 集团收购了彪马 27.1% 的控股权，完成收购要约后，又将控股权提升至 62.1%。同年，红猫集团美国公司收购了联合零售集团（United

Retail Group）。2011 年，PPR 集团宣布收购布里奥尼和 Volcom 公司（旗下拥有品牌 Volcom 和闪电），并收购了索风集团 [Sowind，旗下拥有腕表品牌芝柏和尚维沙（JeanRichard）] 的多数股权。2012 年 12 月，PPR 集团收购了中国珠宝品牌麒麟，希望在中国这个最大的高端产品消费市场中提升市场份额，但具体收购价格并未披露。[2] 麒麟在中国香港开设了四家精品店，在欧洲开设了三家。同年，PPR 集团还出售了红猫集团美国公司。2013 年，PPR 集团收购了英国奢侈品品牌克里斯托弗凯恩（Christopher Kane）51% 的股份。同年，PPR 集团更名为开云集团，收购了宝曼兰朵的多数股权，并将其旗下意大利珠宝饰品公司“都都”(Dodo）收入囊中。2014 年，开云集团收购了拥有 171 年历史的瑞士高级钟表品牌雅典表，并于同年公布了一项计划：考虑到集团旗下品牌的眼镜业务此前外包给特许经营商，现成立开云眼镜部门，收回所有眼镜业务的价值链控制权。2015 年，开云集团出售塞乔罗西。2017 年，开云眼镜宣布与卡地亚合作推出卡地亚眼镜系列。2018 年，开云集团宣布计划将德国运动品牌彪马的股权分配给集团股东，以便集中精力发展奢侈品业务。此外，开云集团出售了持有的所有丝黛拉麦卡妮品牌的股权，之后还将克里斯托弗·凯恩的股权回售给了其同名设计师。2019 年，开云集团证实了已将旗下美国运动及生活方式品牌 Volcom 售出。自此，开云集团彻底转型为一家真正的奢侈品公司。

案例研究：古驰

古驰集团是全球第三大多品牌奢侈品集团，古驰也在“2020 全球最有价值的 50 个高端及奢侈品品牌”排行榜中位列第二。[3] 古驰的历史可以追溯到 1921 年，古驰奥·古驰在意大利佛罗伦萨开的首家皮具店，产品风格时尚又不失高雅，充分满足了富裕人群的需求。

古驰奥之子奥尔多·古驰（Aldo Gucci）在 1953—1986 年担任古驰集团董事会主席。20 世纪五六十年代，古驰的“双 G”印花成为配饰行业备受认可的标识。此后，古驰进军时装行业。但遗憾的是，古驰在七八十年代开放了过多的特许经营业务——印有古驰品牌标识的特许经营产品超过了 10 000 种！这对品牌形象造成了负面影响。

古驰奥在临终前将公司股份平分给了两个儿子奥尔多·古驰和鲁道夫·古驰（Rodolfo Gucci）。[①]鲁道夫去世后，其独子毛里奇奥·古驰（Maurizio Gucci）继承了古驰集团的一半股份。自此，奥尔多和毛里奇奥这对叔侄之间产生了激烈的矛盾，为此后古驰的迷失埋下了伏笔。1986年，叔侄之争落下帷幕：奥尔多被迫辞去古驰集团董事会主席一职，由毛里奇奥继任。此后，巴林主权基金（Investcorp）介入了古驰家族的纷争，从奥尔多及其儿子手中获得了50%的古驰集团股权。

毛里奇奥意识到古驰的品牌价值已经受损，因此，他试图通过削减产品数量、销售点以及回购特许经营业务（只保留香水、腕表和眼镜特许经营业务）来恢复品牌形象。然而，不幸的是，毛里齐奥过于热衷在高端市场恢复古驰品牌的名声，却疏于关注低迷的经济和不合理的生产计划导致集团无法弥补产品线精简后造成的营收损失。毛里奇奥本人纸迷金醉、挥霍无度的不良生活方式更进一步加剧了古驰集团的困境，使得公司陷入债务危机，走到了破产的边缘。

此后，由于毛里奇奥违反了与巴林主权基金签订的内部协议，后者最终于1993年接管了毛里奇奥的所有古驰集团股份，而毛里奇奥只担任古驰集团的顾问角色。1995年，毛里奇奥被前妻帕特里齐亚·雷贾尼（Patrizia Reggiani）雇凶杀害，古驰家族在古驰集团的历史宣告结束。

1995年10月，巴林主权基金将古驰集团部分股份上市；在翌年3月将其余股份上市后，该基金以原始要价的两倍价格清空了持有的古驰集团股份。

在此之前，一位名为多梅尼科·德索尔（Domenico de Sole）的罗马当地律师于1994年担任古驰集团总裁兼首席执行官。他重建了分销渠道，开始大力投资于品牌推广和产品策划，旨在恢复古驰的品牌形象。美国设计师汤姆·福特（Tom Ford）的到来加速了这一进程，他给古驰品牌注入了情色广告和性感时装元素。尽管古驰以制作配饰起家，却凭借汤姆·福

① 事实上，古驰奥共育有四子一女，其中恩佐·古驰（Enzo Gucci）早夭，长女格里马尔达·古驰（Grimalda Gucci）和养子乌戈·卡尔维利（Ugo Calvelli）没有获得古驰集团的继承权；次子奥尔多·古驰、第三子瓦斯科·古驰（Vasco Gucci）和第四子鲁道夫·古驰三人平分了古驰集团的股权。直至1974年瓦斯科·古驰去世后，奥尔多和鲁道夫买断并平分了瓦斯科遗孀持有的所有股份。奥尔多自己持有40%股权，另外10%股权均分给他的三个儿子，而鲁道夫将50%集团股份牢牢掌握在自己手中。原书此部分描述有误，但译文仍予保留。——译者注

特对时装无与伦比的设计能力，以及古驰在意大利的极负盛名而一举成功。

1999年，皮诺-春天-雷都集团收购了古驰集团40%的股份，从而引发了与路威酩轩集团之间的“持久战”。最终，欧盟委员会批准了皮诺-春天-雷都集团与古驰集团之间的交易。皮诺-春天-雷都集团凯旋而归，并于2003年完成了对古驰集团股权百分之百的收购。

拥有伊夫圣罗兰的赛诺菲美妆公司（Sanofi Beauté）被弗朗索瓦·皮诺执掌的私募基金阿特米斯投资公司收购。自此，皮诺家族建起了一个全新的大型奢侈品集团。

2004年，古驰首席执行官多梅尼科·德索尔和创意总监汤姆·福特这对黄金二人组合因合同纠纷离开了古驰集团。这让很多权威专家质疑古驰集团的未来。不过，古驰并没有因为“多汤”二人组合的离开而陨落。2005年，弗里达·詹尼尼（Frida Giannini）成为古驰女装创意总监，并于翌年成为古驰品牌唯一的创意总监，将古驰的辉煌延续了下去。在“多汤”二人组合宣布离职的同时，前联合利华冰淇淋及冷冻食品部总裁罗伯特·波莱（Robert Polet）接任古驰首席执行官。2008—2014年，帕特里奇欧·迪马尔科（Patrizio di Marco）担任古驰总裁兼首席执行官。

2011年，古驰集团进行了结构性调整，罗伯特·波莱离职，弗朗索瓦-亨利·皮诺接管了古驰集团，担任PPR集团的首席执行官。两年后，他将集团更名为开云集团。

2015年，时任葆蝶家首席执行官的马尔科·比萨里接任古驰首席执行官。他任命亚力山卓·米开理担任创意总监。米开理参考古驰过往的设计元素，不拘一格地重新诠释了古驰的时装设计风格，以“自我展现”的名义打破了性别界限。2018年，米开理宣布不再使用皮草，巩固了古驰企业社会责任的立场，并在社交媒体上打造了更强大的影响力。[4] 由此，古驰成为最受欢迎的奢侈品品牌，年轻消费者非常喜欢古驰的产品。古驰的销售业绩以惊人的速度增长：2017年同比增长42.8%，2018年为34.9%，2019年营收达96亿欧元——在新冠疫情暴发前，古驰无限逼近“100亿欧元俱乐部”的门槛。古驰也因此成为全球第二大最有价值的奢侈品品牌，仅次于保时捷。在比萨里的领导和米开理的创意引领下，古驰通过线上线下一体化策略实现了科技创新。比萨里对此感言：“我对科技一直保持乐观态度，因为我发现可以把最繁琐无趣的工作交给机器完成，然后把更多时间投入我喜欢做的事情上，比如说思考产品如何具有创造力。”[5] 古驰在供应链管理、销售数据分析、产品策划、门店销售员语音支持方面采取了最先进的科技，通过应用程序、互动屏、增强现实、Snapchat 社交平台和数字时装周等工具，使古驰在科技和顾客购物体验方面保持领先地位。此外，在比萨里的带领下，古驰于 2019 年完全实现了业务运营及供应链方面的碳中和目标。这在奢侈品行业是一项独一无二的成就，立即为其他品牌树立了行业标杆。另外，古驰 2019 年 9 月的时装秀获得了行业首个 ISO 20121 标准认证①。

剖析

古驰的管理层采取破坏性创新的策略，通过产品多样化和品牌传播来实现战略目标。于是，古驰从单一品牌转变为多品牌集团②。古驰在奢侈品行业中的定位可以根据集团旗下品牌的数量和集团希望进入的细分市场而进行调整。路威酩轩集团和普拉达集团等大型奢侈品公司莫不如此。诸如阿玛尼、拉夫劳伦、范思哲等奢侈品公司也采用了类似的策略，不过只专注于一个明星品牌，将其拓展到其他奢侈品细分市场。这就是采用专一化策略（单一品牌公司）和多元化策略（多品牌公司）背后的理念差异。

古驰品牌的自身优势在于其早已成型且令人印象深刻的品牌形象，品牌与顾客之间的互动，倾听不同年龄段顾客的诉求，以及国际市场的影响力。古驰在全球共开设了 480 家门店，开店数量在所有奢侈品品牌中名列首位。古驰精心挑选了合作供应商，在该品牌前所未有的快速发展过程中，成功地掌控了其分销渠道。古驰通过这种方式保护了价值链，提升了

---

① ISO 20121 标准是大型活动可持续性管理体系认证的体系框架和指南，适用于参与大型活动设计和运营的所有组织。同时，该标准要求组织认识到大型活动与社会之间的关系，大型活动对社会的影响，以及社会对大型活动的期望。大型活动的成功举办需要考虑方方面面的问题，涉及经济、社会和环境影响，故大型活动举办者需要依据 ISO20121 标准来识别大型活动对经济、社会和环境方面的影响并找出解决办法，使活动流程更加优化，以创新的方式运营，使组织从中获益。古驰是全球首个获得 ISO 20121 标准认证的奢侈品品牌。——译者注

② 旗下还包含圣罗兰、葆蝶家、巴黎世家、亚历山大麦昆等品牌。——译者注

附加价值，而没有将业务附加值让与供应商或零售商等中间商。在关注顾客方面，古驰采用了面向年轻一代（即千禧一代和Z世代）的数字营销策略，这成为古驰的另一大优势。其他奢侈品品牌也正努力吸引这群年轻的消费者。

6. 关键成功因素

开云集团在奢侈品行业占据了主导地位，是全球首屈一指的多品牌奢侈品公司，通过剥离建筑材料、电子产品和体育用品等过于庞杂的业务，树立了奢侈品集团的战略定位。此后，开云集团快速、敏锐地根据市场变化做出战略调整，为旗下奢侈品品牌的业绩带来了强劲的内生性增长。

开云集团旗下的品牌在21世纪第二个十年表现出色。古驰、葆蝶家、圣罗兰都是发展快速、盈利能力极强的明星品牌。宝诗龙、宝曼兰朵、麒麟和雅典表填补了集团此前在珠宝及腕表细分市场的空白。巴黎世家、亚历山大麦昆和布里奥尼都是前卫的时装品牌。从长期看，这些品牌的业绩增长潜力都很大。此外，古驰品牌还经营眼镜、香氛、化妆品和家居装饰品等。广泛的品类和不同品牌之间的技能共享是开云集团最宝贵的财富。此外，在弗朗索瓦-亨利·皮诺的管理下，集团不断加强全球影响力，在全球奢侈品行业中举足轻重，并有效地利用了市场增长带来的规模效益。

开云集团允许旗下品牌拥有较大程度的自主权，这从不同品牌采用的不同策略中可窥知一二。例如，古驰始终积极地开展各类个性化社交媒体活动，深度参与到社交媒体互动中，而葆蝶家却注销了大多数社交平台账号，尝试一种全新的策略。策略的多元化和品牌自主权是开云集团的关键成功因素。

7. 未来展望

开云集团已经转型为一家专业从事奢侈品业务的大型公司。未来，该集团将更加追求可持续发展，并投资于奢侈品业务的数字化项目。可持续发展和数字化转型是开云集团的战略核心。

3.2.3 历峰集团

鲁伯特家族的历峰集团是世界第三大奢侈品公司，2020 财年营收为 142.4 亿欧元，自由现金流为 10 亿欧元。历峰集团涉足皮具、时装、书写工具等多元业务，主营业务却是珠宝及腕表。梵敦奢侈品集团（Vendôme Luxury Group）是历峰集团专门负责奢侈品业务的子公司，其腕表及珠宝销售额占历峰集团总营收的 71%。

南非商人安顿·鲁伯特（Anton Rupert）及其子约翰·鲁伯特（Johann Rupert）剥离了南非大型烟酒巨头伦勃朗公司（Rembrandt's）的海外业务，其中包括乐富门国际公司（Rothman's International）30% 的股份。乐富门国际公司是登喜路（Dunhill，主营配饰及烟草业务）的控股股东，并在 20 世纪 70 和 80 年代先后收购了卡地亚公司的部分股权。鲁伯特家族将新组建的公司命名为历峰集团，全称为 "Compagnie Financière Richemont"，总部设在瑞士楚格（Zug）。该集团于 1988 年首次公开发行股票。为了避免英国的高税率，鲁伯特家族将集团一拆为二，分别上市：一家是乐富门国际公司，主营烟草业务，该公司于 1999 年被出售给英美烟草集团（British American Tobacco）；另一家就是梵敦奢侈品集团，自 1997 年起一直是历峰集团的全资子公司。

1. 组织与财务架构

历峰集团允许旗下奢侈品品牌独立运营，市场营销、产品开发、分销渠道等都由每个品牌独立运作。在分销网络方面，历峰集团采取了直营店和特许经营店相结合的模式。

历峰集团在全球经营业务，最大的市场是亚太地区。截至 2020 年 3 月 31 日[①]，集团 35% 的营收来自除日本以外的亚太地区，30% 来自欧洲。

历峰集团拥有企业支持服务，并设有地区共享服务平台，向每一个品牌提供支持。历峰集团有四大业务类型：①珠宝，品牌包括卡地亚、梵克雅宝和布契拉提（Buccellati）；②专业腕表，品牌包括朗格（A. Lange & Söhne）、名士（Baume & Mercier）、万国表（IWC）、积家（Jaeger-LeCoultre）、沛纳海（Panerai）、伯

---

① 即 2020 财年，历峰集团以前一年的 4 月 1 日至当年的 3 月 31 日作为该年的财年。——译者注

爵（Piaget）、罗杰杜彼（Roger Dubuis）和江诗丹顿（Vacheron Constantin）；③在线零售，包括 Watchfinder & Co. 和 YNAP 集团；④其他业务，包括阿莱亚（Alaïa）、蔻依（Chloé）、登喜路、万宝龙、彼得·米勒（Peter Millar）、Purdey 和 Serapian。

历峰集团的股份主要由鲁伯特家族的历峰集团持有，其他股份由公共投资者持有。

2. 国际市场扩张（业务覆盖地区）

历峰集团在全球拥有强大的影响力，业务遍及欧洲、亚太地区、美国和中东地区。除日本外的亚太地区是该集团最大的市场，在 2020 财年占集团总营收的 35%，欧洲占 30%，美国占 20%，日本占 8%，中东地区占 7%。

历峰集团在中国内地的零售店增加至 323 家，可见集团对高速发展市场的密切关注。旗下珠宝品牌卡地亚在中国开设了 37 家门店，同时推出了应用程序和第三代社交媒体，通过数字化战略触及更年轻的一代消费者。此外，历峰集团在维持品牌价值观的同时，继续在中国发展分销网络，为顾客提供高质量的购物体验。近年来，集团陆续回购了分销商的产品库存，目的是更严格地管控品牌形象。历峰集团一直努力从中国市场强大的电商文化中借力，如与中国领先的科技公司阿里巴巴集团成立合资企业，并于 2019 年 9 月上线，在天猫官方平台上入驻了 130 个品牌。历峰集团在奢侈品行业深耕已久，拥有丰富的业务经验，在中国市场也展现了全渠道的影响力，因此，它在利用中国日益增长的奢侈品市场方面处于优势地位。

3. 战略

管理世界领先的硬奢侈品品牌并非易事，尤其在疫情期间。这些奢侈品公司或被称之为“世家”的企业都保持独立运营。历峰集团的发展战略聚焦于创新性产品，并采用合理的营销方式进行推广。历峰集团始终投资数字化项目，包括 NET-A-PORTER 和发发奇（Farfetch）等电商平台。该集团还关注可持续发展策略的四个领域，即环境、社群、人力和采购。

4. 集团发展与并购策略

历峰集团在近些年主要通过并购提高生产能力。除了登喜路和卡地亚，历峰集团旗下还拥有梵克雅宝、伯爵、江诗丹顿等奢侈品品牌。2000 年，历峰集团以 18 亿美元的价格从同样参与收购竞标的路威酩轩集团手中夺取了积家、万国表和朗格，扩张了历峰集团在高级腕表市场的份额。2010 年，历峰集团收购了 NET-A-PORTER 的多数股权，并于 2015 年与 YOOX 集团合并为 YNAP 集团，持有 YNAP 集团 50% 的股权和 25% 的投票权。2018 年，历峰集团收购了 YNAP 集团的所有股份，并收购了二手高级腕表零售商 Watchfinder & Co.。2019 年，历峰集团从一家曾经营金矿业务的中国企业刚泰集团手中收购了意大利珠宝公司布契拉提。截至 2019 年，专业腕表业务营收占集团总营收的 21%，珠宝业务占 51%，在线零售业务占 15%。此后，历峰集团和阿里巴巴集团宣布将各出资 3 亿美元投资发发奇电商平台，并各出资 2.5 亿美元与发发奇成立合资企业，运营发发奇在中国市场的线上销售业务。阿里巴巴集团和历峰集团将共同持有合资公司 25% 的股权。①

表 3–3 列举了历峰集团的历史收购交易。

5. 关键成功因素

事实上，历峰集团的关键成功因素在于集团旗下品牌组合之间的协同。其中一些品牌在硬奢侈品市场中负有盛名，以价格昂贵和地位彰显而闻名于世。例如，梵克雅宝是旺多姆广场上第一家珠宝店，也是高级珠宝行业中最尊贵的品牌之一。

除了品牌组合，历峰集团的地域覆盖范围也为其成功做出了贡献。过去十年，亚洲是奢侈品行业的主要增长市场，历峰集团在泛亚洲区域的强大影响力是集团的宝贵财富——这从集团在亚太地区的业绩表现中显露无遗。不仅如此，历峰集团还注重发展分销网络，这同样是集团的巨大财富。上述举措都确保了所有消费者零售体验的一致性。

作为历峰集团董事会主席，约翰·鲁伯特一直主张建设一个统一的在线零售平台来销售奢侈品，并继续与其他奢侈品集团合作，从而有效地互相利用专业技能。卡地亚和万宝龙与开云集团的高效合作就是最典型的例子。

① 双方成立的合资公司名为“发发奇中国”（Farfetch China），发发奇公司持有 75% 的股份，并规定阿里巴巴集团和历峰集团最多再共同增加 24% 的股份。——译者注

表 3-3　历峰集团的历史收购交易

收购公司	主营业务	收购年份
卡地亚	珠宝及腕表	20 世纪 70—80 年代
伯爵	腕表	1988 年
登喜路	男装及配饰	1988 年
万宝龙	书写工具	随登喜路一同被收购
蔻依	女装、珠宝、香氛及配饰	随登喜路一同被收购
名士	腕表	1988 年
菲利普·莫里斯（Philip Morris）	烟草	1989 年
Purdey	枪支	1994 年
NetHold	付费电视	1995 年
江诗丹顿	腕表	1996 年
Canal+	付费电视	1997 年
沛纳海	腕表	1997 年
兰姿（Lancel）	皮具	1997 年（2018 年出售）
梵克雅宝	珠宝及腕表	1999 年（60%）、2001 年（20%）、2003 年（20%）
万国表	腕表	2000 年
积家	腕表	2000 年
朗格	腕表	2000 年（90%）、2003 年（10%）
美耐华（Minerva）	腕表生产商	2006 年
高珀富斯（Greubel Forsey）	腕表生产商	2006 年
阿莱亚	时装	2007 年
罗杰杜彼	腕表零部件	2007 年（收购腕表零部件制造业务）、2008 年（60%）、2016 年（100%）

续表

收购公司	主营业务	收购年份
Donzé-Baume	表壳生厂商	2007 年
NET-A-PORTER.com	在线零售	2010 年
Varin-Etampage & Varinor	腕表外饰部件	2012 年
彼得·米勒	高级时装	2012 年
Serapian	皮具及配饰	2017 年
Watchfinder & Co.	腕表在线搜索平台	2018 年
YNAP 集团	在线零售商	2018 年
布契拉提	珠宝	2019 年
AZ Factory	时装	2019 年 [与阿尔伯·埃尔巴茨（Alber Elbaz）共同创立]

注：1. 1999 年，历峰集团剥离了所有付费电视和电子媒体业务。

2. 2008 年，历峰集团所有非奢侈品业务并入集团子公司 Reinet 投资集团旗下。

6. 未来展望

历峰集团的重点目标是亚太市场，这可以弥补欧洲市场缓慢增长带来的窘境。不过，集团批发业务增长非常缓慢，因此亚太市场的发展前景并不明朗。可以预见的是，中国和中东市场需求强劲，可以抵消日本和美国市场的疲软。历峰集团的数字化战略及其与阿里巴巴集团的合作可能有助于集团在中国市场在线零售业务的发展。

3.2.4 斯沃琪集团

斯沃琪集团是世界最大的钟表制造公司，由瑞士钟表工业公司①和瑞士钟表总公司②合并而成。在新冠疫情暴发之前，该集团年营收约为 80 亿欧元，2017—2018 财年同比增长 5%—7%，2019 财年同比下降 4%。[6]

20 世纪 70 年代，瑞士制表业受到了低价日本表的强烈冲击。具有讽刺意味的是，当时风靡全球的日本腕表采用了石英机芯技术，而这项技术正是由瑞士人发明，但几乎被整个瑞士钟表业忽视了。

由于大量瑞士腕表公司濒临破产，尼古拉斯・乔治・海耶克③被瑞士钟表业聘为顾问，为瑞士制表业的未来发展出谋划策。老海耶克建议将 ASUAG 和 SSIH 合并，并生产一款低成本腕表，在全球范围内以统一零售价出售。老海耶克的目的是在低端市场参与竞争，而当时瑞士钟表商在这个细分市场的份额为零。

1983 年，ASUAG 和 SSIH 合并为瑞士微电子钟表公司（Société Suissede Microélectronique & d'Horlogerie，即 SMH 集团），总部设在瑞士比尔（Biel）。当年下半年，一款斯沃琪（Swatch）腕表推向了市场，迅速在国际市场上获得成功，成为标志性的产品。

此后，老海耶克收购了 SMH 集团 51% 的控股权，并于 1985 年成为集团首席执行官。1998 年，SMH 集团更名为斯沃琪集团。

2002 年，老海耶克卸任首席执行官一职，由小海耶克继任。

---

① 瑞士钟表工业公司（ASUAG）成立于 1931 年，旗下拥有雷达（Rado）、浪琴（Longines）等品牌。——作者注

② 瑞士钟表总公司（SSIH）成立于 1930 年，由欧米茄（Omega）和天梭（Tissot）合并而成。——作者注

③ 为区分尼古拉斯・乔治・海耶克（Nicolas George Hayek）及其子乔治・尼古拉斯・海耶克（Georges Nicolas Hayek），本书按钟表业称谓惯例，分别称为老海耶克和小海耶克。——译者注

1. 集团简介

斯沃琪集团由六大部门组成：①腕表及珠宝部门（占集团全年营收的 96.6%）；②生产及制造部门；③电子系统部门；④集团部门（负责地产管理、知识产权管理、质量控制、研发和其他集团服务的实体公司）；⑤地标管理部门（负责品牌博物馆、展览中心等）；⑥分销管理部门［包括两大多品牌腕表零售商陀飞轮精品店（Tourbillon Boutique）和 Hour Passion］。其中，腕表及珠宝部门拥有如下品牌：宝玑（Breguet）、海瑞温斯顿（Harry Winston）、宝珀（Blancpain）、格拉苏蒂原创（Glashütte Original）、雅克德罗（Jaquet Droz）、黎欧夏朵（Léon Hatot）、欧米茄、浪琴、雷达、宇联表（Union Glashütte）、天梭、卡尔文克莱恩腕表及珠宝（Calvin Klein Watches & Jewelry）、宝曼腕表（Balmain Swiss Watch）、雪铁纳（Certina）、美度（Mido）、汉密尔顿（Hamilton）、斯沃琪和飞菲（Flik Flak），如表 3–4 所示。在斯沃琪集团著名的子公司 ETA 机芯工厂（ETA SA Manufacture Horlogère Suisse）旗下，还拥有自有品牌及特许经营商 Endura。

表 3–4 历峰集团旗下腕表品牌

自有品牌	大众时尚品牌	中端腕表品牌	主流腕表品牌	奢华腕表品牌
Endura	斯沃琪	卡尔文克莱恩腕表及珠宝	浪琴	宝玑
	飞菲	雪铁纳	雷达	宝珀
		汉密尔顿	宇联表	海瑞温斯顿
		美度		格拉苏蒂原创
		宝曼腕表		雅克德罗
		天梭		黎欧夏朵
				欧米茄

斯沃琪集团拥有一系列生产及制造工厂，并始终推进直营和其他零售渠道的整合。该集团的自营零售渠道包括单品牌独立店和多品牌名表及珠宝精品店。因此，斯沃琪集团在腕表机芯、零部件生产及制造和电子系统方面实现了高度的前向与后向一体化，在腕表业享有显赫的地位。

斯沃琪集团占据全球腕表 25% 的市场份额，是瑞士奢华腕表市场的主导者，占瑞士腕表市场 30% 的市场份额，劳力士集团和历峰集团分别以 22% 和 20% 的市场份额紧随其后。

2. 组织与财务架构

斯沃琪集团有两大部门单独披露财务数据，分别是腕表及珠宝部门、电子系统部门。其中，腕表及珠宝部门负责腕表及珠宝产品的设计、生产及销售，而电子系统部门负责电子零部件的设计、制造和销售，以及体育赛事的计时工作。

2019 财年，斯沃琪集团大中华区占其总净销售额的 35.9%，其他亚洲地区占 25.5%，瑞士占 9%，欧洲其他国家占 19%，整个美洲地区占 9%，其余来自大洋洲和非洲。

3. 国际市场扩张（业务覆盖地区）

斯沃琪集团在欧洲、美洲、中东、澳大利亚、东南亚、非洲和其他地区推进销售业务，在瑞士、奥地利、比利时、丹麦、芬兰、德国、希腊、澳大利亚、中国、美国、印度、巴西、加拿大、墨西哥、巴拿马、阿拉伯联合酋长国和南非等国设立了子公司，在全球 30 多个国家设立了 160 多家附属公司。如果斯沃琪集团在某个国家没有设立子公司，那么它会通过当地分销商销售产品。该集团的分销模式包括全球分销网络和自营零售渠道（如单品牌独立店和多品牌名表及珠宝精品店）。主流腕表品牌和奢华腕表品牌在全球最顶级商业街上的陀飞轮精品店、Hour Passion 多品牌腕表零售店和品牌独立精品店销售。[7] 其中，陀飞轮精品店是多品牌腕表零售网络，在欧洲和美国高端购物中心设有分店；Hour Passion 在欧洲、美国和东南亚地区开设机场免税店和零售店。

4. 战略

（1）**发展战略**。回顾历史，斯沃琪集团的市场扩张大都通过收购实现。事实上，该集团其他所有品牌都是通过收购得来，只有斯沃琪品牌本身例外，它是集团从无到有精心培育起来的腕表品牌。一系列收购使得斯沃琪集团进一步巩固了其在腕表各细分市场的地位。

斯沃琪集团的销售增长得益于奢华腕表市场需求的上升。曾有报道说，斯沃琪集团仍将业务发展重心放在内生性增长上，不过也同样重视通过收购进一步扩张。

（2）**一体化战略**。作为一家奢侈品公司，斯沃琪集团的显著特征之一是高度一体化，整合了零部件供应商、生厂商和零售商。

其中，集团战略最关键的一环是通过收购腕表零部件关键供应商实现后向一体化。一体化的目的是控制所有腕表零部件的品质和成本。目前，斯沃琪集团在瑞士、意大利、法国、德国、美国、维尔京群岛、泰国、马来西亚和中国拥有160家生产基地。

尽管斯沃琪集团在国外建设了生产基地，但大部分制造流程仍保留在国内。这种做法与很多腕表工厂不同，它们已经将整个生产流程转移到低成本国家了。斯沃琪集团战略背后的目的是最大化利用“瑞士制造”的知名效应。

（3）**技术**。后向一体化并不是斯沃琪集团降低成本的唯一手段。新产品技艺和新产品技术（如产品设计、自动化、装配等突破性创新）也有助于提升斯沃琪集团的市场竞争力。集团也不断努力提升供应链效率，尤其是零部件供应商与腕表制造商之间的效率。

（4）**产品**。斯沃琪集团提供了各种价位的腕表产品，从顶级奢华腕表到儿童手表，最大限度地提升了市场渗透率。在奢华腕表细分市场，斯沃琪集团旗下拥有数个复杂计时的腕表品牌，并希望在珠宝及钻石腕表领域更具市场竞争力——收购海瑞温斯顿就是最好的例证。

（5）**分销策略**。斯沃琪集团的分销策略之一是在各个腕表细分市场拥有一个盈利能力强、不断发展的品牌。大众腕表市场对斯沃琪集团也很重要，但高端腕表品牌欧米茄却是集团最大的利润来源，占集团总利润的44%。

分销策略之二是前向一体化，在国际主流大都市著名商业街开设直营店，如巴黎旺多姆广场、纽约时代广场、东京银座等。此外，集团还拓展了新业务，如成立了腕表宝石镶嵌与设计公司“Dress Your Body”。

不仅如此，斯沃琪集团还是进入新兴市场的第一梯队。例如，斯沃琪集团已在印度市场产生了一定影响力，并计划在印度二三线城市开设八家全新的欧米茄精品店，入驻多品牌购物中心。

（6）**传播**。斯沃琪集团的传播策略主要是赞助大型活动，如针对年轻消费者的斯沃琪时装周。

5. 集团发展与并购策略

2009年，斯沃琪集团与国际奥林匹克委员会续约，在奥运会比赛计时、计分、赛事结果分析服务等方面建立了长期合作伙伴关系。斯沃琪集团预计也将为残奥会提供类似的服务。合作协议的续约巩固了集团与国际奥委会长期以来成功的合作关系。

在战略收购方面，2009 年，斯沃琪集团收购了位于南非约翰内斯堡的腕表分销商瑞士精密腕表公司 [Swiss Precision Watches（Pty）Ltd.] 剩余的 90% 股权。该公司成立于 2003 年，由斯沃琪集团和莫斯家族（Moss Family）共同成立，负责集团腕表的分销事务。被收购后，瑞士精密腕表公司更名为“斯沃琪集团南非分公司”。此次收购有助于斯沃琪集团管控该分销商运营的九家斯沃琪集团特许经销店。2011 年，斯沃琪集团与蒂芙尼公司的合作陷入法律纠纷而宣告结束。①2013 年 3 月，斯沃琪集团以 10 亿美元收购了加拿大公司②旗下的美国珠宝及腕表品牌海瑞温斯顿[8]，在高端珠宝市场和钻石腕表领域与历峰集团展开竞争。自此，斯沃琪集团开始专注于旗下品牌的内生性增长。

6. 关键成功因素

斯沃琪集团的主要优势在于其制造能力和纵向一体化，使得集团既能大规模地生产高质量产品，又能坚持在瑞士这个制造成本极高的国家生产。高度的垂直一体化模式有助于斯沃琪集团在市场上保持战略独立性，并更有效地管控旗下的品牌。

斯沃琪集团强大的品牌组合（尤其是欧米茄等备受瞩目的腕表品牌）也是其关键成功因素之一。从营销角度而言，集团旗下每个品牌都独立运营；从生产及制造角度来看，集团各部门之间的衔接度很高。

最后一点，斯沃琪集团在腕表行业的所有细分市场（无论是大众时尚品牌还是高端奢华品牌）都有所斩获，使集团内部可以产生裂变反应，有助于提升其在腕表行业的市场竞争力。

---

① 2008 年，斯沃琪集团和蒂芙尼公司建立了合作伙伴关系。当时双方约定，由斯沃琪集团负责蒂芙尼的腕表业务，包括研发、生产和全球分销，并成立蒂芙尼钟表公司；腕表除了在蒂芙尼门店内销售外，也在全球与斯沃琪集团有合作的钟表经销商门店出售。2011 年 9 月，斯沃琪集团拒绝与蒂芙尼公司继续合作，理由是对方阻止并拖延合作业务的发展，违反了双方协议内容。当年 12 月，斯沃琪集团将蒂芙尼公司告上法庭，要求后者赔付 38 亿瑞士法郎。2012 年 3 月，蒂芙尼公司向法庭提出反诉讼，要求斯沃琪集团赔偿 5.42 亿瑞士法郎，但这一诉讼被法院驳回。美国东部时间 2013 年 12 月 22 日，法院裁定蒂芙尼公司向斯沃琪集团赔偿 4.02 亿瑞士法郎，并支付 880 万美元的利息和诉讼费用，以及 2/3 的仲裁费用。——译者注

② 即加拿大钻石开采公司 Aber 集团（Aber Corp.）。——译者注

7. 未来展望

除个别市场外，斯沃琪集团2019财年在所有地区都实现了盈利，但美元和欧元兑瑞士法郎汇率的疲软也给集团造成了损失。

2020财年，受新冠疫情的影响，斯沃琪集团销售额仅为55.95亿瑞士法郎，按不变汇率计算，净销售额下降28.7%，按当年汇率计算更是下降了32.1%，净亏损录得5300万瑞士法郎（2019财年净收入为7.48亿瑞士法郎）。可见，斯沃琪集团业绩下滑十分严重。

不过，斯沃琪集团仍然对恢复情况表示乐观。东京奥运会被视为集团获得高光亮点的机会之一，欧米茄可以在日本这个全球最大的奢侈品消费市场展示自身独特的品牌形象。①

3.2.5 欧莱雅集团

欧莱雅集团是世界上最大的化妆品及香水生产厂商，由法国化学家欧仁·舒莱尔（Eugène Schueller）于1909年创立。1907年，舒莱尔发明了染发剂。事实上，自公司创立以来，产品技术创新始终是欧莱雅集团发展之魂。

欧莱雅集团主要有三大业务：①化妆品；②皮肤管理产品；③其他产品。其中，化妆品业务营收占欧莱雅集团总营收的98%，可细分为四大部门：①专业美发产品部；②大众化妆品部；③欧莱雅高档化妆品部；④活性健康化妆品部。

专业美发产品部为全球的发型师提供支持，帮助顾客拥有更好的美发护发体验，相关产品主要销往专业美发沙龙和理发店；大众化妆品部所有产品面向广大消费群体，约占欧莱雅化妆品营业额的40%；活性健康化妆品部推出皮肤管理产品和美容护肤产品，遍布世界各地药妆店和化妆品专卖店；欧莱雅高档化妆品部在集团并未占据主导，但其销售额约占集团的40%，因此，该部门可谓香水及化妆品市场的领头羊。

截至2019年，欧莱雅集团在亚太地区的销售额占集团总营收的32%。

① 欧米茄是2020年东京夏季奥运会官方指定的计时器公司和主要赞助商，为赛事提供了400吨计时设备、200公里长的电缆和光纤、350块专项运动记分板、85块公共记分板、530位计时专家和赛场专业人员，900名训练有素的志愿者。——译者注

1. 集团简介

欧莱雅集团凭借全球消费者的认可、产品的高质量和丰富的营销经验成为世界最强的消费品公司之一。集团旗下拥有 46 个全球品牌，品牌组合多元互补，相得益彰。

欧莱雅集团旗下知名品牌包括巴黎欧莱雅（L'Oréal Paris）、兰蔻（Lancôme）、薇姿（Vichy）、巴黎欧莱雅沙龙专属（L'Oréal Professionnel）、美体小铺（The Body Shop）、卡尼尔（Garnier）、美宝莲纽约（Maybelline）、阿玛尼美妆（Armani Beauty）、圣罗兰美妆（Yves Saint Laurent Beauté）、巴黎卡诗（Kérastase）和丽得康（Redken），如表 3–5 所示。

2. 组织与财务架构

欧莱雅集团是一家上市公司，股权结构非常集中，由法国最富有的家族之一贝滕科特家族（Bettencourt Family）和雀巢集团（Nestlé）分别持有 33.27% 和 23.27%，共计 56.54% 的股份。

2019 年，欧莱雅集团营收为 298.7 亿欧元，是 2007 年以来销售额增长速度最快的一年，营业利润也增长至 55.47 亿欧元。其中，欧莱雅高档化妆品部增速最快，达 17.6%。

3. 国际市场扩张（业务覆盖地区）

强大的全球影响力帮助欧莱雅集团规避了过度依赖特定市场带来的各种风险。作为全球最大的化妆品公司之一，欧莱雅集团的业务遍及 150 个国家，旗下 23 个全球品牌拥有超过 674 项专利。该集团总营收的 27% 来自西欧地区，25% 来自北美，47% 来自新兴市场（包括亚太、东欧、拉丁美洲、非洲和中东地区）。遍布世界各地的业务有效地降低了集团的商业风险，也促进了市场的平稳扩张。更广的业务范围意味着欧莱雅集团可以获得更多收益，进一步提高利润率，规模经济效应更加明显，从而在世界范围内得到更多消费者的认可。

4. 战略

（1）**发展战略**。欧莱雅集团在历史发展过程中采用了内生性和外生性增长相结合的战略。集团会根据行业发展趋势迅速做出战略调整，实现内生性增长。尽管美

表 3-5　欧莱雅集团旗下品牌组合

专业美发产品部	大众化妆品部	欧莱雅高档化妆品部	活性健康化妆品部
巴黎欧莱雅沙龙专属	巴黎欧莱雅	兰蔻	理肤泉
巴黎卡诗	卡尼尔	科颜氏	薇姿
丽得康	美宝莲纽约	阿玛尼美妆	适乐肤
美奇丝（Matrix）	NYX Professional Makeup	圣罗兰美妆	修丽可
普奥琪（Pureology）	Stylenanda	碧欧泉	法国蒂可丽
Pulp Riot	艾茜	赫莲娜	
	Dark & Lovely	植村秀	
	Mixa	依科美	
	美即面膜	衰败城市	
	Niely	拉夫劳伦香水	
		穆勒香水	
		维果罗夫香水	
		华伦天奴香水	
		阿莎露	
		迪赛香水	
		法国欧珑	
		马吉拉香水	
		普拉达香水	
		卡夏尔	
		羽西	

妆市场的进入门槛越来越低，但欧莱雅集团仍然依靠巴黎欧莱雅、美宝莲纽约和兰蔻的巨大贡献在2019财年实现了8.0%的业绩增长。欧莱雅首席数字官卢博米拉·罗切特（Lubomira Rochet）认为，这些知名品牌能够维持稳定增长的市场占有率，正是因为公司采用了全新的营销手段，如精简广告篇幅、使用新平台、增加消费者触点、提供更优质的服务。[9]

社交媒体、电子商务、数据与人工智能是欧莱雅集团的首要关注点。例如，2018年，欧莱雅集团收购科技公司Modiface，利用增强现实技术让消费者更了解自己的偏好。

前欧莱雅集团首席执行官让-保罗·阿贡（Jean-Paul Agon）曾表示，公司采用了“收购与集团增长”（buy-and-grow）螺旋式发展的策略。[10] 言下之意，欧莱雅集团在前期收购一个品牌后，会帮助其发展为一个成功的全球化品牌。科颜氏（Kiehl’s）就是最好的例证之一。2000年，欧莱雅集团收购了科颜氏，并通过一系列品牌活动助推其立足于全球市场。十年后，科颜氏便成长为一个成功的全球化品牌。

欧莱雅集团的使命是“让所有人拥有美”（Beauty for all），在所有美妆护肤领域和不断发展的市场中寻找有潜力的品牌。近年来，欧莱雅集团收购了巴西领先的染发护发品牌Niely，以及小众香水品牌法国欧珑（Atelier Cologne），目的是在快速增长的高级香氛市场中占有一席之地。

欧莱雅集团持续强劲的销售业绩在很大程度上归功于其多年来对新兴市场的重视。随着西欧化妆品及香水市场日趋成熟与饱和，新兴市场对欧莱雅集团越来越重要。如今，亚太国家已经是欧莱雅集团市场份额最高的区域市场。欧莱雅集团将印度作为最具战略意义的国家之一，因此，它正在印度市场努力物色可以收购的潜力品牌。[11]

（2）多元化战略。欧莱雅集团总体战略只专注化妆品及美容业务，在零售渠道方面更关注产品的多元化。欧莱雅集团的独特之处在于，无论在大众市场、奢侈品市场、小众市场还是直销渠道都能找到集团旗下品牌的产品。欧莱雅集团是当下为数不多在多个渠道都能取得成功的香水及化妆品公司。2013年，欧莱雅集团整合所有零售网点，增设了科颜氏、兰蔻、碧欧泉（Biotherm）品牌精品店，并在伦敦希思罗机场、纽约肯尼迪机场和蒙特利尔特鲁多机场开设了旗下其他品牌的精品店。

（3）产品战略。不断推出科技领先的产品是欧莱雅集团战略成功的基石。因此，集团在研发方面投入了大量资金，将年营收的3%用于研发投入。这是化妆品及香水行业的最高标杆之一。

毋庸置疑的是，欧莱雅集团的创新精神推动了新品类的诞生，如男士产品系列。2018 年，大卫·贝克汉姆（David Beckham）与欧莱雅集团合作创立了品牌“House 99”，为所有发质和肤质提供多种解决方案。2020 年 1 月，欧莱雅集团推出了全球首款人工智能护肤及美妆设备 Perso，并计划于 2021 年进行商业化推广。欧莱雅集团始终致力于推出实力产品以拉动集团整体业绩。尤其在奢侈品香氛领域，该集团推出了包括阿玛尼高定私藏香氛系列（Armani Privé）和伊夫圣罗兰时尚定制香水系列（Le Vestiairedes Parfums）等风靡世界的产品。

5. 集团发展与并购策略

2009 年，欧莱雅美国公司收购了爱达荷护发及美容用品公司（Idaho Barber and Beauté Supply，即 IBB 公司），后者是美国美发沙龙专业产品分销商。此外，欧莱雅集团还收购了巴黎创意美家（Club des Créateurs de Beauté）50% 的股权，并全资收购了奢侈品公司伊夫圣罗兰的美妆业务。后来，该集团收购了美国药物公司 CollaGenex，并将该公司的业务延伸至护肤领域。同年，欧莱雅集团还收购了 Maly’s Midwest 和 Marshall Salon Services 两家美国分销商。这些分销商覆盖了欧莱雅美国公司 Salon Centric 部门 80% 的市场。2010 年 4 月，欧莱雅美国公司收购了美国著名美甲品牌艾茜（Essie），该品牌主要在美国护发沙龙和水疗中心出售。此次收购提升了欧莱雅集团在美甲及其护理市场的份额。2012 年 11 月，欧莱雅集团宣布已完成对化妆品品牌“衰败城市”（Urban Decay）的收购，后者以年轻、前卫、时尚的奢华形象而闻名。通过这些收购，欧莱雅集团进一步提升了其在全球高端化妆品市场的领导地位。2013 年，欧莱雅集团收购了肯尼亚美发美容产品公司 Interconsumer Products Limited（即 ICP 公司），进一步推动了集团在非洲和亚洲市场的扩张战略。2014 年，欧莱雅集团还收购了中国面膜品牌美即，旨在扩大集团在中国的市场。此外，该集团还收购了资生堂集团旗下的两大品牌——凯芮黛（Carita）和法国蒂可丽（Decléor），并将 NYX Professional Makeup 和卡罗尔之女（Carol’s Daughter）收入囊中。2015 年，欧莱雅集团收购了巴西品牌 Niely，翌年收购了依科美（IT Cosmetics）、法国欧珑和勃朗圣泉（Saint-Gervais Mont Blanc）。2017 年，欧莱雅宣布收购了护肤品牌适乐肤（CeraVe）、AcneFree 和 Ambi。2018 年，欧莱雅集团与华伦天奴（Valentino）建立了全新的美妆及香氛业务合作关系。欧莱雅集团还宣布为了推进数字化战略，收购了 Modiface 这家致力于研发增强现实和人工智能技术的公司。此外，该集团还收购了理肤泉（La Roche-Posay）母公司理肤泉温泉热疗集团（Société des Thermes de La Roche-Posay）的所有股份。

6. 关键成功因素

过去 20 年，欧莱雅集团的税前利润一直保持增长，近 10 年甚至达到了两位数增长。巨大成功背后的关键因素是欧莱雅集团能够有效利用品牌与各渠道之间的协同效应。

首先，欧莱雅集团广泛、稳定的品牌组合保证了各品牌之间可以互相借用研发技术，这是其他大众市场和奢侈品行业竞争对手难以做到的。具体而言，欧莱雅集团先将创新技术应用于高档化妆品部，再逐步推广到大众化妆品部。这种策略不仅使欧莱雅集团最大限度地提高了销售业绩，同时也最大限度地减少了高端品牌与大众品牌的自相蚕食。

其次，欧莱雅集团的整体渠道策略使公司在各个销售渠道中免受经济衰退的影响，如消费者从购买奢侈品降级为购买大众产品；反之亦然。

再次，欧莱雅集团成功背后的另一重要推动力是高管的强大实力和集团独特且积极进取的企业文化。

欧莱雅集团管理层提出了一种创新性的招聘政策，聘用年轻的大学应届生，并为他们提供终生岗位和管培项目。新入职员工从中受益，更深刻地理解了欧莱雅集团的企业文化，从而为公司做出贡献。欧莱雅集团管培生计划被称为“FIT”，每位管培生都可以从与企业文化和战略愿景相关的活动中提升自己。欧莱雅集团鼓励每位新入职员工下载最新的“FIT”文化应用程序。这个程序通过发布挑战、讲述故事、播放视频的方式帮助新员工融入企业核心价值观中。除了这些日常培训，欧莱雅集团新员工还可以从慕课（MOOC）和文化小游戏中受益成长。[12] 欧莱雅集团承诺到 2020 年，所有员工每年至少可以获得一轮培训机会。[13]

欧莱雅集团强大的企业文化培育了各个品牌之间的良性竞争意识，并提供了追求成功的内生动力。

这种企业文化产生了独特的管理风格，可以称得上是一种“学徒指导风格”——虽然最高管理层参与了品牌所有重大决策，但管理者全权负责做出决断。

这种管理模式有助于降低决策错误时引发品牌失败的概率。多元文化在平衡全球化和本土化战略的过程中发挥了重要作用。[14] 欧莱雅集团想要在瞬息万变的美妆市场紧随时代潮流，去中心化营销（decentralized marketing）是必须采用的策略。[15]

最后，欧莱雅集团之所以能在化妆品及香水行业享有领先地位，是因为它不是一个以技术为导向的公司，而是同时关注营销和技术，从而使其营销和技术实力得到同步提升。

7. 未来展望

新兴市场的创新推动了欧莱雅集团的发展。在消费品业务中，欧莱雅集团的发展重心在于专业美发市场和高档化妆品市场。2020 年，欧莱雅集团任命叶鸿慕（Nicolas Hieronimus）担任首席执行官。叶鸿慕毕业于埃塞克商学院，上任之时已在欧莱雅集团任职长达 30 年之久。

3.2.6 爱马仕集团

1837 年，蒂埃里·爱马仕（Thierry Hermès）成立了爱马仕国际公司（Hermès International SA），最初以制作马鞍为业，品牌起源如今还可以从爱马仕“马车”的商标图案上识别出来。

随着时间推移，爱马仕的业务逐渐拓展到设计行李箱和钱包，尤其是手袋。如今，爱马仕集团设计、生产并销售皮具（行李箱、手袋、腰带等）、丝制品（领带、丝巾、配饰等）、香氛、时装、腕表、鞋履、餐具（瓷器和水晶）、其他配饰（珠宝、手套、帽子等）、生活艺术品和化妆品。

爱马仕是奢侈品行业里为数不多将控股权掌握在家族手中的奢侈品公司。蒂埃里之孙埃米尔-莫里斯·爱马仕（Emile-Maurice Hermès）推动了公司走向国际市场。他是第一个将拉链用在时装上的人。此后，埃米尔-莫里斯的女婿罗伯特·杜马（Robert Dumas）执掌爱马仕集团。20 世纪 50 年代，杜马推出了一款以美国著名女星格蕾丝·凯莉（Grace Kelly）姓氏命名的手袋，随即名声大噪，至今仍是爱马仕标志性的产品之一。

不过有趣的是，爱马仕并不将自己视为奢侈品品牌，而是作为一个由能工巧匠精心制作、专注于高质量产品设计的（艺术品）品牌。

1. 组织与财务架构

1993 年，爱马仕集团上市，爱马仕家族持有多数股权。如今，爱马仕集团的股权配比为：H51 控股公司持有 54.2% 的股份，爱马仕家族持有 12.55%，尼古拉·皮艾什（Nicolas Puech）持有 4.91%，阿尔诺家族持有 1.87%，剩余股份由资本研究与管理公司（Capital Research & Management Group）、爱马仕国际股份有限公司（Hermès International Société en Commandite parActions）、摩根士丹利亚洲投资管理公司（Morgan Stanley Investment Management Co. Asia）、挪威银行投资管理公司（Norges Bank Investment Management）、先锋领航集团（Vanguard Group）和尼古拉·皮艾什基金会（Fondation Nicolas Puech）持有。

2. 国际市场扩张（业务覆盖地区）

爱马仕集团的业务范围遍布全球，从而规避了过度依赖特定市场带来的各种风险。该集团专门从事奢侈品设计、生产及制造、营销和零售业务，在欧洲、美洲、亚太地区的市场地位非常高。2019 年，爱马仕集团总营收为 69 亿欧元。其中，欧洲市场占 32%（法国占 13%，其他欧洲国家占 19%），美洲占 18%，亚太地区占 49%（日本占 13%，其他亚太市场占 36%），全球其他地区占 1%。

3. 战略

爱马仕集团始终注重将自己与竞争对手区分开来，这点可以从集团采取截然不同的策略中窥见一斑。

首先，爱马仕的产品始终保持最高水准的品质和创新水平，但不像竞争对手那样瞄准非常渴望拥有产品的消费者，而是更高端、更出类拔萃的社会精英。

其次，与很多奢侈品公司的做法类似，爱马仕集团也不断投资于门店网络，但没有采取行业主流做法——大量开设旗舰店，而是将大多数精力放在现有门店的修缮和门店扩张控制上。稳固的家族所有制结构保障了这一战略的顺利实行。注重产品创新已经成为爱马仕集团的竞争优势。自 1837 年成立起近 200 年来，爱马仕始终致力于创造和发明各种各样的产品，并以极其谨慎的态度推出它们。因此，爱马仕全球仅有约 300 家门店，电商业务只有官网渠道。爱马仕将继续采用有限分销策略维持品牌的排他性。

最后，与竞争对手不同，爱马仕集团主要关注公司的内生性增长，很少通过收购提升业绩。爱马仕集团的收购动机仅仅为了保护奢侈品工艺并增强公司专业技能。因此，爱马仕集团收购的品牌[如银器品牌博艺府家（Puiforcat）]都十分小众。

4. 集团发展与并购策略

爱马仕集团的发展战略与新店开设及运营、门店选址议价能力相关。集团在全球开设了约 300 家专卖店（其中 165 家是分店）销售爱马仕的产品。

除了扩张门店网络，爱马仕还延伸了产品线，如在巴黎推出了家居系列产品。截至 2013 财年，共有 20 家爱马仕精品店陈列了家具内饰系列产品，包括创意家居产品。爱马仕推出了完整的家居产品，除餐具和生活艺术系列外，还有家装内饰和壁纸。该产品系列由爱马仕集团与意大利著名面料设计公司 Dedar 合作推出。2020 年，爱马仕推出了首个唇妆系列"Rouge Hermès"，拉开了进军化妆品市场的序幕。

5. 关键成功因素

毫无疑问，爱马仕成功的基石是消费者对其强大的认同感。这得益于该品牌对完美手工艺的极致关注，如马具和马鞍包等产品的设计，以及经久不衰的创新精神。爱马仕共有约 50 000 件单品，每六个月就会更新其中的 1/3。因此，对创新的高度重视提升了爱马仕的产品和品牌形象。此外，爱马仕集团强大的新产品开发能力也有助于扩大产品组合，提升市场份额。

6. 未来展望

爱马仕集团致力于扩张全球营运网络，尤其是在法国和欧洲其他国家提升生产能力。爱马仕集团发展重心仍在创新，目的是在奢侈品行业中获得战略优势。此外，爱马仕已经推出了香水系列，并首发唇妆系列，这表明该品牌将在化妆品领域推出更多产品，甚至是护肤品。

3.2.7 雅诗兰黛集团

1946 年，雅诗·兰黛（Estée Lauder）和约瑟夫·兰黛（Joseph Lauder）夫妇创立了雅诗兰黛集团。该集团是一家美国跨国公司，总部位于美国纽约，专门生产并销售高级护肤品、化妆品、香氛和护发产品。雅诗兰黛集团旗下拥有超过

25 个知名品牌，业务遍及 150 余个国家和地区。2020 财年，该集团净销售额达 142.9 亿美元，被公认为世界化妆品行业领导者。雅诗兰黛集团旗下的知名品牌包括雅诗兰黛、倩碧（Clinique）、悦木之源（Origins）、魅可（M·A·C）、芭比波朗（Bobbi Brown）、海蓝之谜（La Mer）、艾凡达（Aveda）、祖玛珑（Jo Malone London）、Too Faced 和蒂佳婷（Dr. Jart+）等。该集团自成立以来一直由兰黛家族掌控，截至 2020 年 8 月，家庭同时持有 A 类和 B 类普通股，以及 86% 的投票权。①

1. 组织与财务架构

随着雅诗兰黛集团规模的不断扩大，雅诗·兰黛夫妇让他们的儿子都参与到公司决策中。1982 年，伦纳德·兰黛（Leonard Lauder）接任集团首席执行官。截至 1995 年，集团年销售额几乎翻了两番。

1995 年 11 月，一方面为了规划未来公司发展，另一方面使兰黛家族成员套现公司部分股份，雅诗兰黛集团成功上市，通过首次公开募股筹资逾 4.5 亿美元。多年以后，兰黛家族再次公开募股，持有的普通股股份降至 65%，但仍持有 93% 的投票权。

2. 国际市场扩张（业务覆盖地区）

雅诗兰黛集团在成立 15 年后就向国际市场扩张。1960 年，该集团与伦敦哈罗德百货签订了第一份跨国协议。雅诗兰黛在英国市场的曝光率不断提升，成为进入欧洲其他市场的跳板。短短几年内，雅诗兰黛集团在中美洲、丹麦、意大利、西班牙、瑞典、比利时、新西兰和瑞士等国家和中国香港开设了零售店。20 世纪 70 年代，倩碧进入国外市场，同时雅诗兰黛集团在苏联寻求新的市场机遇。80 年代，该集团的业务遍及全球多个国家和地区，取得了很多美国企业无法实现的全球化规模。如今，雅诗兰黛集团的业务遍及 150 余个国家和地区，在其中 50 多个国家和地区共开设了超过 1500 家品牌独立精品店，并入驻超过 1700 个电子商务平台和移动商务平台。

---

① 雅诗兰黛集团通过双重股权结构保证公司控制权不会旁落，即把股票分为 A 类普通股与 B 类普通股，其中 A 类普通股为 1 股 1 个投票权，B 类普通股则为 1 股 10 个投票权。雅诗兰黛家族通过持有大量 B 类普通股，实现了以少数股份获得多数投票权的目标。——译者注

3. 战略

雅诗兰黛集团的公司财富一部分源于创始人创造的产品和品牌，另一部分源于企业文化、价值观、产品质量、风格和卓越服务。这些财富使雅诗兰黛集团成为高端美妆行业的全球领导者。雅诗·兰黛女士对身边每个人都产生了影响——无论业绩成长如何，雅诗兰黛集团始终承诺“将最美好的感受带给每个人”。因此，该集团一直能获得成功。自成立伊始，雅诗兰黛集团就采取了统一的经营模式，通过统一的经营理念保护自然资源，关注、关心社会群体。

多年以来，雅诗兰黛集团旗下的品牌和员工都遵行独特的策略并开展公益事业，如设立魅可艾滋病基金会（M·A·C AIDS Fund），发明艾凡达可持续包装，在当地社群开展员工志愿活动等。在集团发展层面，雅诗兰黛集团通过可再生认证，成功地使用了百分百可再生电力，在包装废料处理方面获得重大突破，并继续投入到当地和全球的慈善公益活动中。

4. 集团发展与并购策略

20 世纪 90 年代中期，雅诗兰黛集团通过收购、签订特许经营协议、成立合资公司等方式推出新产品，迈出了市场扩张的脚步。1995 年，雅诗兰黛集团收购了加拿大化妆品公司魅可的多数股权（51%），并在两年后增持至 70%；同年 10 月，收购了另一家著名护肤品及彩妆企业芭比波朗。显然，魅可与芭比波朗的目标顾客并不相同，两个品牌都获得了前所未有的成功。1994 年，雅诗兰黛集团与美国时装设计师汤米·希尔费格（Tommy Hilfiger）签订了特许经营协议，前者将开发并销售后者同名香水。1995 年，该集团收购了全球顶级护肤品牌海蓝之谜，并收购了数个知名香水品牌，如香水实验室（La Labo）、馥马尔（Frederic Malle）和凯利安（Kilian Paris）。

雅诗兰黛集团先后与汤米·希尔费格、唐纳卡兰、迈克高仕、杰尼亚签订了全球香水业务独家特许经营协议，打造出了一个多元化的设计师香氛品牌组合。

5. 未来展望

雅诗兰黛集团通过收购全球领先品牌及开放全球独家特许经营业务使之在化妆品市场保持无可争议的领先地位。该集团对未来市场前景和预期增长持非常乐观的态度。

3.2.8 香奈儿集团

香奈儿集团是一家私人控股公司，由韦特海默家族全资掌控。虽然香奈儿集团从未正式、完整地披露公司财务业绩，但据估计其 2019 年全球销售额约为 120 亿欧元。

1910 年，香奈儿品牌创立，最初只是一家巴黎女帽店。嘉柏丽尔·香奈儿以其颠覆性的创新风格而闻名。尤其在 1926 年，她设计并推出了宽松舒适的裤装、无领开襟毛衣和著名的“小黑裙”，让那个时代的女性从紧身衣的束缚中解放出来。

1924 年，香奈儿推出了史上第一瓶以设计师命名的香水——香奈儿 5 号香水（Chanel N° 5）。同年，香奈儿女士与保罗·韦特海默和皮埃尔·韦特海默兄弟共同创立了香奈儿香水公司，香奈儿本人拥有 10% 的股份和利润分成。[①]1954 年，韦特海默家族最终取得了香奈儿名下时装及其他所有业务的所有权。

1983 年，香奈儿女士已经去世多年，但卡尔·拉格斐的加盟让这个时装品牌重新焕发了生机。这位才华横溢的设计师巧妙地改造了香奈儿的经典产品，如将香奈儿 Blazer 女士西装塑造得既有现代时尚感，又符合品牌传承。

1. 战略

香奈儿集团在奢侈品行业实施的战略始终保持一致性。这归功于其非常稳定的家族所有权结构。

香奈儿集团在全球开设了 100 多家精品店，一件女士短上衣的售价即可高达 5000 美元。不过，与许多其他奢侈品时装屋一样，香奈儿也将产品线延伸到有限的品类，包括价格稍低的配饰与手袋，让这些产品面向更多更年轻的消费群体。事实上，这一策略是香奈儿在亚洲市场（尤其是日本市场）取得成功的重要原因。

---

① 当时，香奈儿的女帽和时装在百货公司内销售。当香奈儿香水面世时，嘉柏丽尔·香奈儿的好友、巴黎老佛爷百货公司的创始人西奥菲勒·巴德（Theophile Bade）敏锐地判定香水市场未来潜力巨大，于是把香奈儿女士介绍给以美妆业务起家的韦特海默家族，三方立即决定成立香奈儿香水公司：韦特海默家族拥有 70% 的股份，巴德持有 20%，而缺乏算计的香奈儿女士只获得了 10% 的股份。——译者注

同时，香奈儿集团与电商平台发发奇合作，在香奈儿线下门店试衣间内装配了增强现实智能试衣镜，打造面向未来的零售店。这面高科技试衣镜可以识别顾客带入试衣间的任何一款服饰，并展示所选服饰的时装秀视频。

2. 关键成功因素

作为公认最卓越的奢侈品品牌之一，香奈儿的产品质量始终是品牌的主要优势之一，而工艺也一直是品牌的核心价值。诸如香奈儿 5 号香水等产品拥有经久不衰的吸引力，因此，它们已经拥有标志性的市场地位，并能与不同年龄段的消费者产生情感联结。自 1910 年创立以来，香奈儿品牌围绕创始人香奈儿女士打造了独特的品牌基因和品牌传承，使其成为世界上最著名的奢侈品品牌之一。始终如一的卓越品质和位于巴黎旺多姆广场的精品店都在不断印证香奈儿的品牌形象。

这个品牌被赋予了香奈儿女士的名字、风格和形象，因此顾客会将香奈儿品牌与香奈儿女士联系在一起，看到它就视其为奢侈品。香奈儿女士是香奈儿品牌的灵魂人物，也是品牌的基因和最大优势所在。香奈儿呈现的法式时尚风格和“小黑裙”设计让香奈儿永载史册。香奈儿女士传奇的生活经历让她成为一代又一代人追捧的偶像，这足以表明她的强烈个性以及她的形象对品牌的重要意义。香奈儿品牌深刻地了解到她的巨大影响力，因此围绕她的人生故事出版了一系列书籍并拍摄了电影。香奈儿女士的不朽名声和高雅气质给香奈儿品牌注入了一种奢华感，与当下市场需求不谋而合。

（1）**品牌标志：山茶花、“双 C”标识和名人背书**。香奈儿品牌拥有深厚的底蕴，一些产品也历史悠久。在品牌发展过程中，香奈儿创造了一些影响力巨大的品牌标识，让很多消费者一眼就可识别。

20 世纪 80 年代，卡尔·拉格斐改造了香奈儿的品牌形象，并再次收获成功。他不可思议地诠释了香奈儿作品的精神，并采用彼时流行的时尚语言加以转换。卡尔·拉格斐随即成为香奈儿的代表人物，并让 18—25 岁的年轻消费者认同香奈儿这个品牌。进入 21 世纪后，香奈儿凭借他的设计，在其目标顾客群中享有很高的曝光度。

此外，香奈儿品牌的另一个优势在于其名人背书效应。例如，凯特·摩丝

（Kate Moss）在2001—2005年担任可可小姐香水系列（Coco Mademoiselle）的主要代言人；2007年，代言人换成了凯拉·奈特莉（Keira Knightley），她完美地诠释了中性魅力。香奈儿采用名人背书的策略可追溯到1952年，当时玛丽莲·梦露（Marilyn Monroe）接受采访时说："（我只抹）几滴香奈儿5号（香水入睡）"。[①]

（2）成功地通过社交媒体让年轻一代接触到香奈儿。香奈儿通过社交媒体让消费者与品牌产生触点，这被公认为品牌最成功的营销手段。香奈儿在各个社交平台上都处于领先地位，全球拥有超过7000万名粉丝。2019年，香奈儿的Instagram粉丝数量已达3490万，Twitter粉丝数量为1323万，Facebook为2196万。香奈儿在社交平台上发布的内容大部分是视频，并且质量极高。社交媒体产生的轰动效应使香奈儿成为全球最受消费者欢迎的品牌之一。不过，香奈儿在电商业务上始终保持谨慎的态度。正如香奈儿集团时尚业务部门总裁布鲁诺·帕夫洛夫斯基（Bruno Pavlovsky）所言："我们每天都在各个数字社交网络上表现活跃，但都是为了与顾客交流，为了让我们的顾客产生灵感。公司的目标是吸引这些消费者到我们的精品店来，在那里我们能够为他们提供最好的服务和专业技能。这才是香奈儿品牌的目标。"

（3）限量生产。限量生产可以为一个品牌营造出极其奢华的光环。制订购买候补名单（waiting list）成为奢侈品公司约定俗成的做法。对某些特定产品而言，存在候补名单再正常不过，甚至还会出现"进入候补名单"的候补名单。

存在"候补名单"现象表明一个品牌不能满足所有消费者的需求——不免会影响营业收入。在某些情况下，不愿意等待的消费者会转购其他品牌。因此，在某种意义上而言，香奈儿的优势也是它的劣势。

（4）中国市场的激烈竞争。尽管香奈儿在欧洲、美国、亚洲和日本市场非常成功，但它在中国市场并没有先发优势。包括博柏利在内的奢侈品品牌很早就进入了中国市场，并牢牢扎根。在奢侈品行业，中国曾经是以男士产品和礼品为主导的市场，因此，业绩突出的品牌都有强大的男士产品系列（如阿玛尼、登喜路等）。市场高度竞争对时装品牌而言是一个非常危险的信号。随着中国市场的不断成熟，人

---

① 1954年，好莱坞性感女神玛丽莲·梦露被媒体记者问及："请问，您晚上睡觉会穿（wear）睡衣吗？"面对这个轻佻而隐晦的问题，梦露莞尔一笑，说出了这句经典的回答。在英文语境中，穿（衣服）与抹（香水）都可以用动词"wear"。——译者注

们不再将奢侈品消费视为一次性购物行为，正迅速将奢侈品作为生活方式的选择。越来越多的中国消费者喜欢购买高端小众的产品。根据2013年的一份行业研究报告，尽管香奈儿进入中国市场较晚，但它已经成为中国消费者最钟爱的时尚奢侈品品牌。在该报告的“最受中国消费者欢迎的奢侈品品牌”榜单中，香奈儿位居第三，仅次于奥迪和宝马，排在路易威登、普拉达、迪奥、博柏利、乔治阿玛尼和范思哲之前。[16]

3. 未来展望

不难发现，香奈儿的“双C”标识策略在中国市场成效斐然。在吸引消费者关注的同时，香奈儿集团将业务拓展至三大部门，即时装、化妆品及护肤、珠宝及腕表。2019年，香奈儿在“最具价值奢侈品品牌排行榜”中位列第二。① 值得一提的是，榜单前五大奢侈品品牌中有四个已经上市，只有香奈儿不用担心证券市场或内外部利益相关者对品牌施加的压力。2018年，香奈儿集团开始公布部分财务业绩，并宣布坚持保持公司独立。近年来，该集团收购了多家上游供应商。随着划时代的卡尔·拉格斐去世，香奈儿进入了维吉妮·维娅（Virginie Viard）的时代。未来，香奈儿集团将继续保护、传承工匠技艺，围绕香奈儿女士的创业初衷打造香奈儿品牌。

3.3 小结

奢侈品行业的集中度似乎越来越高。奢侈品公司采取的战略和策略逐渐趋同（见表3-6对各大奢侈品公司的总结）。然而，奢侈品行业的矛盾关系仍有待解决：一个奢侈品品牌如何吸引不断扩大的中产阶级群体，同时兼顾其独特性和激发消费者欲望的能力？

---

① 此处指英国著名品牌价值评估公司凯度集团（Kantar）于2019年发布的“最具价值奢侈品品牌排行榜”。排名前五的奢侈品品牌依次为：路易威登（472亿美元）、香奈儿（370亿美元）、爱马仕（310亿美元）、古驰（253亿美元）和劳力士（84亿美元）。可参考：2019 BrandZ™ Top 100 Most Valuable Global Brands Report[R].Kantar，2019-6-11。

表 3-6　八大奢侈品集团对比

		路威酩轩集团	开云集团	历峰集团	斯沃琪集团	欧莱雅集团	爱马仕集团	雅诗兰黛集团	香奈儿集团
营销模式									
营销策略	目标消费者	渴望购买产品的消费者	渴望购买产品的消费者	社会精英	从普通消费者到超高端消费者	从普通消费者到社会精英	社会精英	从普通消费者到社会精英	渴望购买产品的消费者、社会精英、时尚达人
渠道策略	门店网络	快速扩张	保持谨慎	缓慢扩张	快速扩张	快速扩张	缓慢扩张	凭借数字媒体快速扩张	缓慢扩张
	门店构成	全部为自营店	零售、批发、授权经销	精品店、授权经销、第三方平台	全部为自营店	混合构成	全部为自营店	自营店、合营店和特许经营店	零售及批发
传播策略	传播渠道	仅奢侈品渠道	仅奢侈品渠道	仅奢侈品渠道	全渠道	全渠道	仅奢侈品渠道	全渠道，关注业社会责任和可持续发展	全渠道
	传播形式	大型活动赞助，体现对旅行精神的传承	赞助，体现新奢华理念	大型活动、名人背书	大型活动赞助	积极地投放广告	大型活动，体现马术精神的传承	名人背书	赞助活动，体现传统奢侈品的特征
产品策略	产品等级	入门级奢侈品	入门级奢侈品	从入门级奢侈品到高级珠宝	从时尚腕表到收藏级腕表	从大众品到高端品	入门级奢侈品	入门级奢侈品	入门级奢侈品
	特许经营业务	极少数	香氛产品	所有产品	无	无	无	无	眼镜产品
	创立之时的业务	配饰	配饰	奢侈品	腕表	化妆品	配饰	化妆品	帽子

续表

组织架构模式								
一体化	前向精品零售一体化	混合一体化	旗下各品牌独立	完全一体化	前向零售一体化	前向及后向一体化	数字化协同	完全一体化
协同效果	极佳	较好	无法判断	极佳（仅经营腕表业务）	较好	一般	较好	较弱
发展战略	内生性增长与收购	内生性增长与收购	内生性与外生性增长	内生性增长	基本为内生性增长	基本为内生性增长	内生性与外生性增长	内生性增长
在新兴市场的表现	快速发展，处于领先地位	缓慢扩张	表现平稳	快速发展，处于领先地位（尤其是印度市场）	深度扩张	保持谨慎	积极发展	在俄罗斯和印度市场扩张
业绩最突出的市场	亚洲市场	欧洲市场	中国市场，欧洲市场紧随其后	机场免税店	欧洲市场	欧洲市场	中国市场	欧洲和中东市场
旗下品牌的标志性产品	路易威登字母印花手袋等	古驰乐福鞋等	高级珠宝	斯沃琪 Irony 系列、智能腕表 Paparazzi 等	化妆品	凯莉手袋	化妆品	Blazer 女士西装和绗缝手袋
创立年份	1987 年	1963 年	1988 年	1983 年	1909 年	1837 年	1946 年	1910 年

注释

[1] Profile: Bernard Arnault & family[EB/OL]. Forbes,（2021–3–2）. [2022–11–17]. https: //www. forbes. com/profile/bernard–arnault/?sh=2829175066fa.

[2] ROBERTS A, CHAN V. PPR aims to buy more Chinese brands after adding Qeelin[EB/OL]. Bloomberg,（2012–12–10）[2022–11–19]. https: //www. bloomberg. com/news/articles/2012–12–09/ppr–acquires–chinese–jeweler–qeelin–for–undisclosed–price.

[3] BRAND FINANCE. Luxury & premium 50 2020[EB/OL]. [2022–11–20]. https: //brandirectory. com/rankings/luxury–and–premium/2020.

[4] BEAULOYE F E. The 15 most popular luxury brands online[EB/OL]Luxe Digital, [2022–11–20]. https: //luxe. digital/business/digital–luxury–ranking/most–popular–luxury–brands/.

[5] SEGRAN E. How a century–old luxury brand like Gucci won over Gen Z[EB/OL]. Fast Company,（2019–7–10）[2022–11–20]. https: //www. fastcompany. com/90374520/how–a–century–old–luxury–brand–like–gucci–won–over–gen–z.

[6] Swatch Group AG revenue 2010–2022[EB/OL], Macrotrends, [2022–11–20]. https: //www. macrotrends. net/stocks/charts/SWGAY/swatch–group–ag/revenue.

[7] Swatch Group brands and companies[EB/OL]. [2022–11–21]. https: //www. swatchgroup. com/en/brands–companies#6.

[8] DEMARCO A. Swatch Group completes $1 billion Harry Winston acquisition[EB/OL]. Forbes,（2013–3–26）[2022–11–21]. https: //www. forbes. com/sites/anthonydemarco/2013/03/26/swatch–group–completes–1–billio n–harry–winston–acquisition/?sh=6480294a7889.

[9] HAMMETT E. Marketing 3. 0: How L'Oréal is embracing new marketing codes[EB/OL]. Marketing Week,（2019–7–8）[2022–11–21]. https: //www. marketingweek. com/loreal–is–embracing–new–marketing–codes/.

[10] BALON N. Why L'Oréal remains # 1 in beauty… [EB/OL]. Capital Mind, [2022–11–21]. https: //capitalmind. com/why–loreal–remains–1–in–beauty/.

[11] MAHANTA V. L'Oréal looking to acquire beauty brands, startups in India:

Jean Paul Agon, Chairman[EB/OL]. The Economic Times,（2019–11–25）[2022–11–21]. https: //economictimes. indiatimes. com/industry/cons–products/fashion–/–cosmetics–/–jeweller y/loral–looking–to–acquire–beauty–brands–startups–in–india–jean–paul–agon–chairman/articles how/72215721. cms?from=mdr.

[12] 2017 Annual Report: Making corporate culture count![EB/OL]. L'Oréal Groupe, [2022–11–21]. https: //www. loreal–finance. com/en/annual–report–2017/human–relations/corporate–culture.

[13] Prioritising learning and development[EB/OL]. L'Oréal Groupe, [2022–11–21]. https: //www. loreal. com/en/articles/sharing–beauty–with–all/prioritising–learning–and–develop ment/.

[14] DOZ Y, HONG H J. L'Oreal masters multiculturalism[J]. Harvard Business Review, 2013, 6: 114–118.

[15] HAMMETT E. Marketing 3. 0: How L'Oréal is embracing new marketing codes[EB/OL]. Marketing Week,（2019–7–8）[2022–11–21]. https: //www. marketingweek. com/loreal–is–embracing–new–marketing–codes/.

[16] The World Luxury IndexTM China 2013: The most sought–after luxury brands[R]. Digital Luxury Group, 2013.

第 4 章

品牌创建及塑造

在家用电子产品行业、航天业和汽车业中，科技进步始终是行业演变的主线。第一台视频播放器的诞生就诠释了这个结论。一家公司推出视频播放器新品时，磁带格式标准的选择变得至关重要——是选择索尼公司的 Betamax 格式、飞利浦公司的“录像带录音”（VCR）格式，还是日本胜利公司（JVC）的家用录像系统（VHS）格式？最终，VHS 格式得到了市场的认可。又如近年来的航空业，空客 A380 型飞机能够搭载 600 多名乘客，协和式飞机（Concorde）从巴黎飞到纽约只需要 3 小时 45 分钟。包括 DVD、黑莓等智能手机的诞生都充分说明：科技似乎改变了企业与顾客之间的关系。

与其他行业相比，科技在奢侈品行业的作用至今还不是那么显著。除了珠宝及腕表行业需要利用精密仪器设计复杂产品或制作机芯以外，大多数奢侈品仍依靠手工制作。气味、材料、外观、品位、色彩、装饰、建筑才是始终推动并将长期推动奢侈品行业发展甚至变革的主要动力。

在航空、交通、能源等制造业，工程师推动了行业发展，但在奢侈品行业，创作者才带领公司发展，吸引越来越多的顾客。

现实生活存在两个世界：一个世界充满了理性和逻辑，另一个世界的情感和直觉远远胜过纯粹的理性。值得注意的是，奢侈品公司不会一味地迎合消费者的偏好，并且其创造力和创新思维不会因市场现状而做出相应改变。这种做法可以视为一种“豪赌”，但正因如此，奢侈品品牌才能创造出让消费者觉得“意料之外、情理之中”的梦想。

4.1 市场饱和的概念

在市场分析学中，市场饱和（saturation）指个人或家庭购买某一商品的数量和频率无法再扩大。以家用电子产品为例，如果一户家庭已经购买了两台电视机和两台冰箱，那么几乎不可能再买一台电视或冰箱了。这个原理同样适用于汽车等消费品。

奢侈品行业却很少存在市场饱和的现象。奢侈品并不是必需品，市场饱和度接近于零。举例来说，普通的手袋就是手拎的袋子，但一款路易威登手袋并不是为了满足一个人携带个人用品的需求；女人永远不会觉得自己的鞋子太多，也会一直尝试新款香水，会被一件新时装、一副新手套、一条新腰带或一颗新宝石所吸引。造成这一现象的原因有两个：其一，奢侈品公司并不会只根据市场现状分析结果来制定营销策略；其二，由于人们随时随地都可能去买奢侈品，分析师也无法清晰地确定某个时间段奢侈品的购买情况是怎样的。

总之，奢侈品行业难以界定，没有边界，也无法用特定工具衡量。

因此，奢侈品公司的销售业绩取决于创意、创新和吸引消费者的能力。这就是为何人们总能在奢侈品行业见证前所未有的成功或难以置信的陨落。例如，法国娇兰是闻名全球的专业香水品牌，但也会推出香榭丽舍系列（Champs Élysées）这样被市场淘汰的产品。又如著名设计师汤姆·福特，他一直无法与伊夫圣罗兰品牌产生"化学效应"，却能让古驰一夜之间重获新生。

面对突如其来的失败或意想不到的成功时，再大牌的奢侈品公司也会感到不可思议。可以说，营销工作对奢侈品行业而言未必能产生效果，这个过程充满了太多不确定性。

奢侈品公司可以不断尝试香水瓶的形状，反复探索产品，向女性消费者展示珠宝，询问男性消费者对领带颜色或款式有什么期待，但每个品牌都有自己的想法，都有自己的"营销策略"。这些策略有无限种可能。每个消费个体的偏好都有个性化的特征，对产品的渴望程度也是如此。

市场分析师往往只会分析出奢侈品市场及其发展趋势存在更多的不确定因素，但奢侈品营销策略对他们的分析几乎起不到任何帮助作用。

在现实情况中，没有一项研究能够策划、分析或预测下一个成功的时尚单品是什么。无论是爱马仕凯莉手袋、铂金手袋，还是香奈儿经典手袋或路易威登行李箱，都不可能通过一份市场分析报告就创造出来。同样，伊夫·圣罗兰、让－保罗·高缇耶（Jean Paul Gaultier）、卡尔·拉格斐或亚力山卓·米开理也绝不可能在推出一个产品系列或策划一场时装秀前，先参考关于女性消费者的市场分析报告。

奢侈品营销往往违背常理。传统的营销部门通常会帮助一家企业更好地了解消费者的偏好与期望，奢侈品公司则不然。它们提前一步引导了消费者偏好，并建议、说服消费者购买它们的产品。这是奢侈品营销的核心，与传统营销截然相反。奢侈品营销强调抛开过往经历，更多依靠的是直觉判断而非逻辑思考。

奢侈品营销往往出现“惊喜”（surprise）和“混乱”（chaos）这两大关键词。在奢侈品行业，最需要平衡的一组对立关系是创意过程和公司管理。与此同时，营销团队的任务是了解“什么起到了作用”及“为什么会起作用”，需要构想并重新创造出乎消费者意料但极具吸引力的产品。奢侈品公司通过对消费者行为的特定分析和理解，能够提前一步引导消费者偏好——这是奢侈品品牌每一季产品取得成功的原因。不过，营销团队也必须遵从品牌传承。因此，他们的任务之一是完美地融合传统与现代元素；换言之，所有产品不仅需要体现品牌传承，也要拥抱与现代社会相关的一切元素。

奢侈品营销的目的是激发潜在消费者的内心欲望或购买需求，并告知他们如何通过穿戴这些稀有、珍贵的产品来创造或展示自我的独特性。因此，奢侈品营销与其他领域密切相关，如科技、艺术史、当代文化运动，以及具有国际视野的创新。

当我们站在飞机前欣赏周边景色，尤其在街头发现了美好的事物时，我们都会不由自主地深呼吸，并在内心由衷地赞美。在博物馆内，我们可以找到外观或色彩的灵感。

营销的作用就是将所有信息收集到一起，创造出一种布料、一把扶手椅、一身连衣裙、一只手袋、一个瓶子或者一件奢侈品。

奢侈品营销极其特殊，但也真实存在，这是一种基于全球视野的营销策略，夜以继日，无处不在——一个人独自在家或在他人的协助下，努力识别并挖掘一些细节，将这些细节与其他领域的细节联系到一起，再创造性地融合到一起。

例如，能否使用碳纤维或航空材料制作出一只手提箱？爱马仕做到了。天然橡胶或地下贵金属能否成为腕表的原材料？宇舶表 Big Bang 系列就是如此。

我们再思考一个问题：假如有一天皮革不再是行李箱、手袋、腰带、表带的唯一原材料，会发生什么呢？

奢侈品营销也需要考虑原材料、替代品和尖端创新。

不能说奢侈品公司没有“营销”这个概念，而是它们采取了十分特殊、与传统营销套路截然相反的策略。首先，新产品通过设计和创新创造而成。奢侈品公司不会在产品推出之前完成市场调研，检验该产品是否可能取得成功；不过，一旦这个新产品成功发布，顾客将慕名而来。因此，奢侈品的创意和营销互不相干，只有在产品推出后才轮到“营销”出场。奢侈品营销的作用是激发消费者的内心欲望，常用的手段包括：设计令人愉悦的门店内部环境，完美地陈列新产品；围绕产品本身讲述故事，并通过广告和影片在线上和线下同时向消费者传播。

4.2　奢侈品营销：高度创意与严格筛选

> 我们必须时刻思考如何改变一些现状。
>
> 正如中国一句谚语所述：“逆水行舟，不进则退。”
>
> 我们不会做所谓的营销……我们是一个致力于创造新事物的集团，创新和创意才创造了市场，反之则不然……我们不断创造、发明，在此基础上，集团的创新十分成功，市场也紧跟着我们的脚步……路威酩轩集团的成功完全建立在超强的创造力和合理的组织架构之上。
>
> ——贝尔纳·阿尔诺

在奢侈品行业，品牌创建方法与现代营销理念是众多矛盾关系中的一组。奢侈品品牌在创建及塑造过程中综合了各种营销手段，而不是传统的单一模式。奢侈品营销关注的重点是品牌管理，而不是广告投放。虽然尼尔·麦克尔罗伊（Neil McElroy）于1931年正式提出了现代品牌管理理念及备忘录，并应用于宝洁公司（Procter & Gamble），但事实上奢侈品行业早已形成了品牌创建相关理论，甚至比宝洁公司的历史还要悠久。以香奈儿为例，几乎在一个世纪前，嘉柏丽尔·香奈儿就重新定义了各个品类的本质内涵，包括粗花呢外套、小黑裙、开襟针织衫、5号香水、时装首饰等，并提出了“整体造型”（total look）的概念。香奈儿对此总结道：“流行稍纵即逝，风格永存。”以她姓氏命名的品牌产生了如此深远的影响力，以至于在一百多年后，所有香奈儿的创意作品都成了时尚传奇。由此可见，奢侈品品牌管理需要传统和创造力碰撞出火花，让年代久远的创始人、手工匠和产品款式彼此邂逅，谱写令人如痴如醉的魔法篇章，手工匠则用一生心血将他们的产品打造成一个流芳百世的品牌。一方面，奢侈品品牌代表了品牌管理的起源；另一方面，又不断推翻传统营销的基本理念。

在奢侈品行业多个品牌深耕多年的管理者对此都深信不疑。例如，前沃尔福特（Wolford）首席执行官、现泳装品牌范泊昆（Vilebrequin）首席运营官 Ashish Sensharma 对此评论道："我从来不认同快消品公司采用的所谓营销技巧。为什么？因为这些技巧缺少情感成分，不能传递品牌的'灵魂'。在奢侈品行业，营销的真正内涵是创造并传递我们在创作产品中激发的热情。这些都是真实存在的，消费者看得见、摸得着。奢侈品品牌讲述自己的故事，让消费者产生梦想，让他们满足内心渴望。在这些方面，奢侈品品牌比其他任何品牌都做得好。"

巴黎 Connex 咨询公司创始人、高级合伙人伊曼纽尔·西德姆也对传统营销和奢侈品品牌创建之间的矛盾关系表达了共鸣："营销就像奢侈品品牌童年落下的顽疾，和其他所有儿科病一样，最好的预防措施就是接种疫苗。而疫苗株就是靠品牌识别、品牌历史、品牌价值观培育出来的……"

"营销"一词在奢侈品行业的确不适用。营销学中的"8P 理论"① 在奢侈品行业和其他行业所代表的内涵并不相同。简而言之，传统营销策略讲究独特且差异化的品牌定位，品牌通过极具价值、稀有罕见、难以模仿的策略从竞争对手那里抢得市场份额，从而保证品牌具有持续竞争优势。虽然这个理论依然通用，但在奢侈品行业的独特内涵却与其他行业形成了鲜明对比。

1. 品牌

奢侈品消费者更关注品牌，奢侈品品牌有了故事才能激发消费者对产品的渴望。奢侈品品牌不会讲述有关产品性能及品质的故事。例如，如果有位消费者想购买一台法拉利跑车，那么他不可能满足于玛莎拉蒂、宝马或奔驰等品牌。即使其他品牌的价格与法拉利相近，也无法转变这位消费者的"需求"。这种买下法拉利跑车的"需求"与汽车基本性能（如耗油量、载客人数等设计）无关。法拉利之所以

① 即产品（product）、价格（price）、渠道（place）、推广（promotion）、人才（people）、流程（process）、线下陈列展示（physical evidence）和出品率（productivity）。——作者注

成为“法拉利”，是因为这个品牌将产品精髓、品牌传承及历史转化为消费者对购买这个品牌的渴求。

2. 定位

品牌定位即品牌通过某种手段与竞争对手形成差异化，并植入消费者心智。消费者会比较各个品牌带给他们的性能和情感感知，最终确定购买哪个产品。在制造业中，发明创造产品的人是工程师，定位品牌的人是营销管理者。嘉柏丽尔·香奈儿曾说：“当你得到了所有必需品时，奢侈品就成了新的必需品。”奢侈品行业真正的定位即在于此。设计师团队只负责构思并创作产品，而营销团队负责扩大媒体影响力。奢侈品消费者只会做出“最好的”购买决策，而不是选择“相对比较好的”方案。做出这些决策的过程与消费者“需求”或“效用”毫无关系。奢侈品消费者选择购买那些可以彰显他们**身份**或**可被他人识别出身份**的品牌。每个奢侈品品牌都展现了独一无二的特征和识别要素，这些都无法被复制或比较。比较两个奢侈品品牌就像比较两位画家或音乐家一样毫无意义。例如，比较克劳德·莫奈（Claude Monet）和爱德华·马奈（Édouard Manet）谁的画更出色，或者问莫扎特和贝多芬谁的编曲更胜一筹。同样，比较爱马仕、香奈儿、葆蝶家或路易威登的手袋哪个更好也同样没有意义。由于消费者行为与偏好完全由个人主观产生，品牌之间的对比就显得多此一举。

3. 产品

营销总监需要洞察奢侈品的需求和未来趋势。一旦他们识别出这些需求和趋势，公司就会设计并推出具有相应特点的产品，然后进行标准化大批量生产。在传统经济学理论中，大批量生产能为公司带来规模经济效应，降低单位生产成本。在差异化和服务作为常量的条件下，利润是成本和价格两个自变量的函数——当成本下降时，利润上升。然而，奢侈品行业与此结论完全相反：奢侈品从来不会大批量生产，手工艺在奢侈品制作过程中起到了举足轻重的核心作用，手工制作、满足个性化品位和偏好的定制服务越来越重要，因此，奢侈品产量始终保持在一个较低的状态。设计师的创意、技能和个性才能决定奢侈品的生产规模，而不是市场调研分析的结果。当顾客获得品牌特征、独特历史和卓越特质等信息时，品牌的价值（权威性）和重要意义（引发内心渴望）在他们的内心中将不断提升。

4. 渠道

在营销策略中，渠道关系到商品销售的地点和方式，即分销策略——如何把产品送到尽可能多的消费者手中。前提条件之一是奢侈品品牌需要时刻准备好供应产品。奢侈品的本质是排他性和难以获得性，奢侈品消费行为始终是这个行业的热点话题。在其他绝大多数行业，消费者不会想方设法地买下一件产品或获得一次服务；然而，奢侈品购买过程代表了一段走向卓越的旅程，一次体验的经历，甚至一场宗教般的仪式。奢侈品的稀缺性特征导致了产品供不应求。因此，一件奢侈品越是难以买到，人们越是渴望买下。奢侈品公司需要十分谨慎地选取分销渠道——最理想的方式是开设直营店，使所有品牌信息掌控在自己手中，并进行合理的传播。此外，从顾客忠诚角度考量，渠道始终是最重要的影响因素之一。

5. 价格

在关于消费品的品牌管理中，品牌采用的定价策略往往是以一个较低的价格推出新产品，然后不断提价。当品牌在所处的竞争市场中具备了一定竞争力时，品牌管理者往往采用价格刺激策略，从而保持或提升产品的销量。与传统经济学理念不同，当奢侈品的预估价高于实际定价时，可以产生更高的感知价值。此外，传统定价模型是一个需求函数，但奢侈品定价却基于供给变量。在奢侈品行业，定价发生在产品推出之后。如果消费者对一件产品的“奢华度”感知越强烈，那么这件产品的价格会越高。在标准的经济学模型中，价格下降会导致需求上升；然而，奢侈品行业却相反：随着价格越来越高，产品需求也越来越高，并始终保持产品的排他性。例如，在普通葡萄酒及香槟行业，销量越高越好；但在奢侈品行业却不遵循这个原则——只会以一个更高的价格出售更少的产品，这既保证了高利润率，又维护了品牌的排他性。因此，品牌大部分增长和利润来自最高端的产品线。基于同样的道理，当路易威登发现“LV”印花在街头随处可见时，立即停售了一款定价800欧元的“LV”印花手袋，转而大力推广定价约为4000欧元的Capucines手袋。这种做法背后的逻辑是：800欧元的手袋很多人买得起，这些产品会损害路易威登的业务结构和品牌形象。

6. 推广

传统观点认为，品牌传递了一系列理性和感性信息来吸引消费者购买。在奢侈品行业，梦想才是品牌的卖点，不需要解释买下这件奢侈品是否理性。通常情况下，即使人们购买的是高端品牌，在情绪化的购买过程中也会理性地做出判断。然而，在奢侈品行业，产品必须具有原创性，拥有一些独一无二的特质。即使这些特质还存在独特的缺陷，也能增加产品的吸引力。例如，奢华机械腕表的走时没有石英表那么精确；法拉利采用了“热技术”，而非德国汽车细腻的“冷技术”。

奢侈品公司首要考虑的传播问题从来不是市场曝光率，而是传播内容。只有高质量广告才能与品牌形象保持一致，并出现在非常高端的传播渠道中。每个奢侈品品牌都在各个渠道讲述自己独特的故事，没有一个品牌会模仿另一个品牌的营销策略，就比如适用于香奈儿的策略并不适用于路易威登，反之亦然。奢侈品的品牌推广基于管理者对品牌基因的理解，十分注重与品牌资产保持一致。每个奢侈品品牌都有其独特的品牌基因，成功路径无法被模仿复制。奢侈品品牌在广告中往往插入容易产生美好联想的图片，如果有必要的话再加上很小一段字词。经典的反面教材是福特汽车公司。该公司曾经把传统营销原则应用到捷豹（Jaguar）和路虎（Land Rover）这两个豪华汽车品牌管理中，最终失败，导致低价出售给印度塔塔汽车集团（Tata Motor Group）。此后，塔塔集团才逐渐挽回了它们的品牌形象。

7. 流程

在传统理念里，按照流程循规蹈矩地执行战略一定会取得成功。然而，奢侈品公司的流程充满了不确定性。例如，当不计其数的香水产品都以失败告终时，没有人能预测到香奈儿 5 号香水会一举成功。因此，成功的前提是具有创造力，也需要经过重重考验。流程可能已经约定俗成，但哪些产品可能获得成功却无从得知。设计师夜以继日地努力创作出符合品牌调性的产品。他会到处旅行，访问博物馆，与街头市民交流；也会阅读大量材料，参考报刊杂志，分析并提出疑问，深度思考，最终找到一处可以颠覆奢侈品行业的细节。他可能会被一种颜色激活了想象力，可能思考遇到了瓶颈，也可能会甘冒不再遵循现有常规和流程的风险，无视其他品牌的表现，打破常规创造出一件产品。这就是奢侈品品牌的营销流程，也是奢侈品的本源。

8. 线下陈列展示

奢侈品公司需要了解艺术、食物、建筑和一切有生命力的事物。创作者推出的奢侈品都要尽可能地贴近当代生活气息。因此，他们会到访纽约和东京，到处走动，让自己身处当下的时代潮流中。他们必须判断出一两年后哪些新颜色或新款式会吸引消费者。在创作过程中，他们必须处理好“理性”和“非理性”的矛盾关系，并在线下陈列展示产品。产品展示不仅受到价格、价格弹性和品牌定位等理性因素的影响，在某种程度上还更多地受到惊喜、情感和创新等非理性因素的影响。两类因素之间的逻辑并不相同，奢侈品行业是由“供给”主导的，而非“需求”。例如，当一家公司销售家电时，销售员会了解每个家庭需要买多少电器产品，他们清楚地知道不可能说服一对夫妻买下好几台电视机或冰箱。不过，在销售奢侈品时，卖给同一位顾客再多的女鞋都不足为奇！

9. 出品率

奢侈品公司不会根据针对潜在顾客的市场分析结果来制定相应的营销策略。在奢侈品行业，传统的市场分析研究报告只能提供一些启示。实际上，这些报告根本无法评估新产品推向市场后的销售表现，即无法判断一件新连衣裙、一只新手袋或一副新眼镜是否能够获得成功。奢侈品行业无法被明确地界定，也不存在发展的界限，因此传统营销工具对此无能为力。总而言之，人们很难解释奢侈品消费行为。

奢侈品营销的一个独特性是极具创造力但又谨小慎微。例如，盟可睐策划举办了一次品牌活动，在巴黎市中心制造了雪景，架起了升降椅，让一些时尚男女穿上盟可睐的滑雪服和雪地靴。盟可睐回归品牌根源，向消费者推出的并不是纯粹的滑雪服饰，而是奢侈品。

随着营销传播策略应用得越来越广泛，大型快消品品牌和奢侈品品牌营销活动的界限越来越模糊。实际上，这两类品牌可以相互借鉴，获取灵感。例如，可口可乐把广受欢迎的品牌名印在瓶身上而大获成功，酩悦香槟参考了这个做法，允许消费者在购买酩悦皇室香槟系列（Impérial）时在瓶身刻下个性化留言。这种定制化策略非常成功，消费者可以以一种创新性的手段写下“祝贺”“周年纪念快乐”“谢谢”等祝福语。此外，消费者还可以根据自己的偏好和预算定制纯手工酒瓶，如镀金、镀银或镶嵌施华洛世奇（Swarovski）水晶。

奢侈品出品率在本质上可以归结为**对未来的前瞻性理解**，来自奢侈品从业人员的工作热情。有人会教他们怎么创作吗？这种创作能力可能被无限模仿吗？这看起来更像是盯着水晶球算命的占星师或占卜师所做的工作。这类营销工作十分棘手，没有任何技巧可以借助。那么，成功的关键是什么呢？答案就是找到合适的人才，但这些人才太过稀缺。奢侈品品牌主要依靠那些蕴藏在创作者思想和能力中的天赋：一旦创作成功，出品率就会迅速飙升。

10. 人才

品牌需要营销专家的帮助。在奢侈品行业，设计师才是真正意义上的营销专员。以迪奥第一款香水为例，它在迪奥时装公司创立后不久就面市了。当时，克里斯汀·迪奥只是想通过这种独创的方式让女装锦上添花。迪奥先生这样评价迪奥小姐香水系列（Miss Dior）："我创作出了这样一款香水，让每个女人全身都能散发出迷人的女人味。这种香氛就像从香水瓶中创作出的时装一样，一件又一件，无穷无尽。"在迪奥先生之前，从来没有一位设计师考虑过将香水与高级定制时装联系在一起，但如今，无论是高级定制时装品牌还是包括飒拉在内的"快时尚"品牌，几乎每个时装品牌都有一条香水产品线。另一个例子是迪奥先生之后的又一位设计大师卡尔·拉格斐。他重新打造了香奈儿 5 号香水，并让这款产品成为全世界几乎各个年龄段女性的终极梦想。2014 年，他决定将巴黎大皇宫（Grand Palais）改造为一家大型"香奈儿购物中心"，在此举办 2014 秋冬时装秀，并重新设计了香奈儿产品的包装。这是当年时装周唯一的热点话题，无论是否喜欢这场秀，人们都纷纷热议。此后，2015 秋冬高定时装秀场的背景变成了娱乐俱乐部，众多名人到了现场，并用 3D 技术展示了时装廓形；2017 春夏高定时装秀场还原了香奈儿在沙龙时的场景①；2017 秋冬高级成衣时装秀场是航天科技火箭发射地；2019 春夏高级成衣时装秀场又被改造为具有法式经典风情的室内花园，把瀑布、沙滩和玫瑰藤架搬到了秀场。卡尔·拉格斐去世后，接任的创意总监维吉妮·维娅将 2019 秋冬高级定制时装秀场布置为"一座圆形的图书馆，它的灵感来源于普鲁士国王腓特烈二世洛可可风格的无忧宫图书馆，是卡尔·拉格斐生前的敬仰之地"。2021 春夏高级定制时装秀带着"更多波希米亚风情的浪漫气息，更像是在村庄中上演的一场婚礼或一次家庭聚会……15 岁的小女孩和她的母辈们第一次穿上如此盛装。"

创意总监完全可以胜任营销总监一职，他们是奢侈品行业最杰出的一批人才。

① 1954 年 2 月 5 日，香奈儿女士在康朋街（Rue Cambon）旗舰店内举办了首场时装表演，她悄悄地坐在旋转玻璃楼梯上，看着模特儿在一片沉寂中走秀。

不过，站在营销总监的角度考虑，设计师必须满足当下与未来“外漂族”（nomad）的需求。

外漂族

受到新冠疫情的影响，旅游业几乎处于完全停滞的状态。疫情暴发前，世界日益呈现出流动性趋势，游客和商务出行人士的数量都在不断增加，难怪空客公司会推出A380这种庞然大物。正如法国著名政治及经济学家雅克·阿塔利（Jacques Attali）在其著作*Lignes d'horizon*中所述：“世界上不存在安全的避难所，外漂族会废寝忘食地工作，日夜颠倒，忘记了时间……人类历史上将第一次出现外漂族流离失所的情况。我们彼此联系的感觉逐渐只能留存在记忆中，最后消失不见。”

疫情过后，可搭载2000名游客的飞机还会划过天际吗？还会有更多私人飞机载着几个人随处翱翔吗？未来，高铁和大型邮轮会为外漂族的出行提供服务。外漂族来自世界各个角落。疫情暴发前，那些挑剔的顾客在世界各地旅行，寻求财富，欣赏美景，购买奢华的服饰和独家单品——这会让他们自我感觉非常好。他们会在世界各地买下海边公寓或沙滩别墅，在不同地方都能找到家的感觉。

2014年，去法国的中国游客比日本游客还多。此前有预测表明：2020年，前往世界各地旅游的中国人预计将达2亿人次，到欧洲的世界游客将达7亿人次。唉！新冠疫情改变了一切！一旦疫情得到了控制，人们都接种了新冠疫苗，哪些人或哪些事物才能吸引他们再次前来呢？我们应该如何激起这些外漂族的兴趣？他们只会关注自己，想体验温泉水疗，接受身体护理，拥抱自然环境，在此隐居避世。我们如何设计并提供最好的服务来吸引这些人？

我们应该如何与外漂族交流？

我们应该如何把产品卖给未来的外漂族？应该卖些什么？

一切皆有可能。我们可以为外漂族构想出各式各样的门店和产品。

外漂族会随身携带平板电脑、手机，随时在屏幕上浏览产品，然后挑选、购买。他们可能会走进一家大型商场或小型精品店，也会前往奢侈品公司从未开过门店的地方。外漂族经常云游四海，到处获取信息。他们不会停下手中的工作，时刻与世界保持联系。

如果我们设计出可以腾空飞行的门店呢？或者随时可移动的零售店？又或者在列车上开一家奢侈品专卖店？甚至在人们意想不到的地方建造一个类似自动售货机的临时商铺？我们总能找到让消费者无法抵制奢侈品诱惑的新方法！

一切都围绕外漂族的行动轨迹而发生变化。我们并不知道这些外漂族何时或如何养成了一个新习惯，奢侈品公司需要随时准备好在某个外漂族感兴趣的地方展示它们的产品。

我们是否应该在意想不到的地方出售特别吸引眼球的小件产品？还是我们应该发明一些可以变形的小玩具？对那些富裕、挑剔但无家可归或云游四海的消费者而言，我们需要提供让他们感到心情愉悦、平心静气的奢侈品——更个性化、更定制化的奢侈品。

外漂族在世界各地旅行，他们会去中国、日本、夏威夷、美国东西海岸、欧洲各个国家。那么，他们中途会在哪里停留呢？在哪里购物呢？他们最后如何回到自己的根据地？他们的根据地又在哪里呢？

外漂族都凭本能购物，要求送货上门，但又希望在第一时间获得任何他们想要的产品。他们常常漂泊在外，将宗教图腾作为自己的精神食粮。当今世界已经没有“定居”的概念了，随处可见四处奔波、随处购物的人们。

一些产品仅用于展示陈列，或只是作为废旧产品的替代品，但奢侈品能在一个同质化、碎片化、充满保护性的环境中把人与人区分开来，让一些人成为与众不同的个体。

为外漂族打造的奢侈品将会更轻便、可折叠、可移动，充满吸引力，值得炫耀，并且永恒不变。奢侈品的质量必须是最完美的。

奢侈品的每一处细节都可以找到创新之处，如面料、触感、味觉或嗅觉。奢侈品的创造力是永恒的主题，而竞争永远是最残酷的。

外漂族见多识广，眼观六路，耳听八方，异常快速地收集产品信息并进行对比。你该如何吸引这些人群？

你可以铆足劲吸引他们的注意力，但成功的关键在于是否与他们拥有相同的价值观。

外漂族彰显了人类的天性，喜欢美，喜欢优雅，喜欢温和。他们也许很喜欢吃黑巧克力或果仁糖，非常清楚自己喜欢什么、对什么感兴趣。如此看来，他们其实也是十分单纯的生物。

当今社会节奏太快，所有事物都会被时间冲淡，甚至消失不见；所有事情都会发生在公众眼前，并被公之于众。外漂族喜欢具有安全感、忠于自然、带有社会标记特征的产品，也喜欢私人定制——只为他而生。奢侈品保持一贯的低调和安静，欣然地对抗这个节奏过快的残酷社会。

外漂族也需要避风港，希望获得安全感。他们给这些定制化的产品注入了特定的奢华感。好在四处奔波的生活方式与各种各样的创意兼容相通，这种创意能带来更多舒适与美感。

对外漂族而言，奢侈品是一剂良药，可以抚平四处奔波带来的强烈痛苦。四处奔波和随处旅行带来的不安定感与购买奢侈品作为旅行纪念的踏实感形成了强烈对比。所幸的是，这种持久感与即逝感并行不悖，奢侈品可以弥补外漂族到处奔波产生的遗憾——没有时间观赏日落，也无暇与他人交换相互理解的眼神。

你可以从未来的奢侈品中获得安全感。

外漂族现象是奢侈品行业过去从未关注过的主题。外漂生活源于社会不可避免的巨大变革，在合适的地点、时间用最好的方式不断向感性的生活方式发展。外漂族大多集中在一些国际大都市，如北京、东京、上海、洛杉矶、纽约、巴黎、伦敦和柏林。他们在这些城市几经辗转，然后前往“二线”都市，寻找更真实、更纯粹、更令人安心的奢侈品。

外漂族非常喜欢纪念碑、博物馆等文化场所，也会被轻松感、呵护感和幸福感所吸引。因此，奢侈品门店应该开设在这些地标性建筑附近。

情感、渴望、美感、呵护、文化始终陪伴在这些外漂族左右，这也是奢侈品应该具备的特质。

4.3 面向未来外漂族的奢侈品品牌营销“9P”要素

4.3.1 9P 要素综述

1. 品牌表现（performance）

奢侈品在工匠的创意、细节处理和手工艺基础上创作而成，自带吸引消费者的魔力。这些产品会被家人、朋友和朋友的朋友买走。产品创作者不会借助现代营销工具向消费者示好，或对外推销他们的产品，只需凭借其对产品卓越品质的不断追求就能吸引顾客。例如，百达翡丽在举办“代代相传”（Generation）主题广告宣传活动时就反复强调，百达翡丽已经传承到家族第三代。因此，百达翡丽推出了著名的广告宣传标语：“没有人能真正拥有百达翡丽，只不过为下一代保管而已。”品牌表现还包括产品耐用性。爱马仕集团将“耐用性”定义为“随时可以被修补”。因此，品牌表现与产品永恒性紧密相关。例如，一名年轻女子可能戴着祖母婚礼上传承下来的蒂芙尼戒指，但她和她的同龄人都拥有自己的品位和偏好，也会购买真正属于自己的珠宝。不过，这枚蒂芙尼戒指的质量是如此之高，多年以后依然可以代代传承下去。正是卓越品质和品牌表现让人们十分渴望拥有永恒的奢侈品。

2. 起源（provenance）

奢侈品品牌有自己的一片天地，品牌的传奇故事通常始于一个极具影响力的创始人或一个天才创意家。例如，香奈儿品牌不仅因其著名的粗花呢上衣整齐的手工缝制而备受赞誉，还因嘉柏丽尔·香奈儿本人独特的人格魅力而受人推崇。香奈儿女士以她别具一格的标志性风格赋予了品牌生命力，至今依然能激励世界各地的女性。劳力士由汉斯·威尔斯多夫（Hans Wilsdorf）创立，也将始终维持汉斯打下的品牌基石。品牌起源并不一定是一个人，也可以是一个标示性符号、一个家族的悠久历史，或是其他任何能给予品牌神秘色彩的事物。这些元素组合在一起构成了品牌故事，随着时间流逝成为品牌故事和品牌个性不可分割的一部分。例如，那些劳斯莱斯（Rolls-Royces）车主绝对不是只看中了这辆车出众的性能，而是愿意为这个享誉全球的品牌买单——百十年来，这个名字始终代表着王公贵族。

3. 稀缺性（paucity）

在本质上，奢侈品不是必需品，而是激发人类欲望、具有排他性的物品。奢侈品需要争取才能获得，它们是难以企及的。过去，只有社会精英才能买得起奢侈品，这个客观事实反而激发了消费者对奢侈品的渴求。如今，虽然奢侈品不再是一小部分人的专属物，但它们相比快消品仍然十分稀缺。显然，这种稀缺性不仅由产品的卓越品质和品牌的独特起源造成，也与营销策略相关，如高定价、不同市场产品的差异化、品牌联名和限量版销售等。例如，爱马仕门店内并不是销售品牌的所有产品，店长需要提前预订门店打算销售的产品。因此，无论哪个时间点，一家爱马仕门店都不可能有所有产品的库存。例如，爱马仕巴黎店内一般只有 35% 的产品系列。爱马仕无时无刻不在通过广泛的产品系列彰显品牌的创造力。每家门店都有不同的产品分类方式，因此，一些产品无法在某一家门店买到或这件产品是另一家门店专属并不是因为品牌规划不当，而是故意为之。也就是说，当人们去各地旅游到访爱马仕店时，就总能发现一些新上架的产品。

4. 人设（persona）

奢侈品品牌的“人设”特点可以从品牌识别的各个元素中体现出来。人设是品牌通过广告、线下及线上的消费者触点、品牌传播大型活动向外界传递的个性和特质，代表了一个品牌的本质、有形价值及情感价值、鲜明且一致的品牌形象，也是使品牌变得独一无二且容易识别的专属代码。品牌广告的根本关键点是要打造一个清晰、迷人、与众不同的人设，即使人设可能发生改变或不断升级，但消费者仍然能够轻易识别，并与之主动建立起情感联系。例如，当奢侈品消费者的可支配收入增加时，奢侈品公司经常利用品牌人设（有时是创作者的人设）“诱使”顾客消费升级，购买价格更高的产品。阿玛尼集团就是一个经典例子。该集团旗下设立了一条高级时装定制产品线，也同时打造了乔治阿玛尼（Giorgio Armani）、阿玛尼精选（Armani Collezioni）、安普里奥·阿玛尼（Emporio Armani）、阿玛尼牛仔（Armani Jeans）、Armani Exchange 腕表、阿玛尼童装（Armani Junior）、阿玛尼家具（Armani/Casa）等多条产品线，针对不同消费群体，刻画了阿玛尼品牌的人设特点。

5. 名人（personage）

品牌会借助公众人物、名人和来自各行各业的知名人士来推广品牌。品牌用广告推销梦想，而不是推销产品本身。投放广告的目的并非直接得到市场响应，而是向更多人传递梦想，即使其中不少人并没有能力购买奢侈品。从电影明星到音乐家，从政治家、王室贵族到运动员，从设计师到博主，公众人物和名人为品牌代言的现象变得越来越普遍。公众人物代言可以让品牌获得持续的关注和不错的声誉，不过有些名人也会为非奢侈品品牌背书，甚至为竞品代言。然而，借助名人代言提高品牌知名度的策略是一把双刃剑。通过名人背书增加品牌触点在某种程度上表明品牌急需借助明星的影响力提升自身地位，也等于承认了品牌无法凭借自身力量扩大影响。另一方面，在拥有数百万潜在消费者的新兴市场，该品牌的历史及传承故事在一些国家可能并不为人所知，名人背书是提升品牌知名度的方式之一。在确保不与其他品牌形象混淆的前提下，奢侈品品牌可以选择最具影响力的人物，并且找到符合品牌气质、美学及价值观的代言人。例如，宝莱坞头号巨星沙鲁克·汗（Shahrukh Khan）顺利地帮助泰格豪雅（Tag Heuer）在印度、北非和中东市场建立了卓越的品牌形象。

6. 线上线下一体化（phygital）

新冠疫情加速了电商业务的普及，大多数消费者享受到网购的便利与舒适——快速发货、免费退货。另一方面，消费者可以在线下门店试穿不同单品，亲手触摸面料，并评价这个产品是否符合自己的风格和外表。当顾客与销售员进行友好的交流，或在旁边衣架上找到一件惊艳的漂亮衣服时，顾客都能感受到惊喜。顾名思义，线上线下一体化指线下与线上购物体验的融合，利用技术手段将虚拟数字世界与真实物质世界联系在一起。线上线下一体化最主要的目的是为消费者提供一个交流互动、独特非凡、感官愉悦的体验。这种融合在疫情之后一定会变得必不可少：消费者获得的是一种混合体验，数字技术应用到了消费者在线下门店的传统购物历程中。更重要的是，线上线下一体化提供了沉浸式的体验，可以让消费者实时互动交流，并快速完成预订或付款交易。虚拟数字世界与真实物质世界在消费者的购物旅程中共存，从而诞生了线上线下一体化这种混合体验——消费者不仅获得个人沉浸式体验，还能快速完成产品购买。线上线下一体化体验需要程序员、内容策划师、设计师、零售专家等所有各方勠力合作，借助数字创新提升消费者体验。蓝牙、近场通信（near field communication，NFC）、定位和无线网络等技术也推动了数字化的进一步发展。如今，销售员也配有平板电脑，可以给消费者提供更优质的购物建议；安装在门店的触摸屏可以方便消费者访问品牌的电商平台；射频识别（Radio Frequency Identification，RFID）智能结账系统可以为消费者节省大量时间。收银员只需将产品放在 RFID 设备上，系统即可自动检测到价格标签，将产品金额添加到付款账单上。线上线下一体化的主要特征是即时、沉浸和交互。前两大特征是虚拟数字技术的概念，第三个特征则来自真实物质世界。浓遇咖啡（Nespresso）在这方面的技术应用走在了时代前沿。该品牌根据其人设（快速购买、产品专家等）创造了不同的顾客购物旅程，重新打造了消费者体验模式。

近十年来，浓遇咖啡已经成为顾客体验创意的标杆品牌。虽然这个著名的胶囊咖啡生产商只销售大众产品，但它采用了奢侈品品牌的传播策略。反观奢侈品品牌，它们仍在努力平衡线上与线下的矛盾关系。例如，路易威登在 Facebook 中加入了聊天机器人，向消费者提供更“先进、个性的购物体验，不仅可以看到，还能对话”。为了达到这个目的，路易威登在聊天机器人上采用了自然语言处理（Natural Language Processing，NLP）技术，让消费者与品牌的对话交流更加真实、自然。在疫情隔离期间，路易威登推出了一系列虚拟主题展和文化交流活动，给消费者提供了居家的品牌体验。2020 年，古驰以“终曲”（Epilogue）为系列主题，在米兰举办了一场长达 12 小时的 2021 春夏时装线上直播秀，并明确地表示这是未来该品牌时装秀的必要形式。这场时装秀的观看量达 3520 万次，创下了在线时装秀的历史纪录，也是古驰点击量最高的视频直播。此外，古驰还推出了全新的数字平台“古驰平衡计划”（Gucci Equilibrium），并在 Instagram 上强调企业社会责任，让消费者参与到这些活动中来，目的是“不断为人类和地球提供正能量”。古驰还推出了直播购物服务“Gucci Live”，顾客可以通过视频方式远程连线古驰门店销售员，足不出户就可在古驰店内购物。销售员可以将顾客要求查看的商品放到摄像头前，并提供产品的真实信息。古驰官方应用程序让顾客虚拟试穿试用所有产品，包括腕表、拖鞋、唇膏、眼镜和帽子，以及古驰家居系列（Gucci Décor），同时还能收看古驰在线时装秀直播。不仅如此，古驰还推出了“古驰复古游戏厅”（Gucci Arcade），通过娱乐的方式探索品牌的复古美学；在播客平台，古驰也打造了契合品牌理念的叙事方式和对话交流。古驰在纽约 Soho 商业区开设了一家新店，店内安装了一块最先进的巨型互动屏作为墙面，并设置了一个 DIY 空间，顾客可以在此自行设计个性化产品。此外，消费者在古驰任何销售点都可以用非现金方式付款，如苹果支付（Apple Pay）等。

7. 门店位置（position）

实体店（尤其是旗舰店）不仅仅是一个类似于网站的购物空间，还是一个神圣不可侵犯的场所。奢侈品品牌使用了类似宗教的标准、符号和仪式感创造出一种至高无上的店内体验——几乎充满了神秘感和神圣感。门店就像一座寺庙，不仅展示了建筑物本身，还体现了销售员的交流水准和产品的陈列布局。门店远远超过了空间的实用主义，代表了象征性价值，化身为品牌核心与精美技艺的载体。门店还能讲述神话故事——无论是这个品牌还是这件奢侈品的神话故事。此外，门店深刻反映了品牌个性与灵魂，通过讲述故事帮助品牌塑造形象和正统性。正因如此，奢侈品门店的选址空间十分有限，导致零售店之间的竞争空前激烈。关于门店的进一步讨论可详见第 11 章关于全渠道策略的分析。

只有奢侈品超级大牌才有可能成功与地产商洽谈，获得世界各地最好的门店位置，如巴黎香榭丽舍大道、纽约麦迪逊大道、香港国际机场、阿联酋航空头等舱休息室等，门店类型囊括了从数千平方米的旗舰店到顶级购物中心一楼入口处附近的店中店。一般而言，选址是奢侈品品牌最重要的因素之一，不仅指零售店的地理位置，还包括大型活动的举办场地、媒体报道的位置场景，以及电商业务需要的库存工厂。成功的选址意味着品牌的高曝光度、高客流量和高声望值。在奢侈品行业，零售店租金一般占总成本的 35% 左右，而高租金往往带来对盈利能力的挑战。以香榭丽舍大道为例：这条宽阔的林荫大道西起凯旋门，东至协和广场，全长约 2000 米，每天约有 30 万游客在此逛街，每年每平方米的租金高达 1.4 万欧元。戴德梁行公司（Cushman & Wakefield）将香榭丽舍大道评为全球租金第四高的商业街，仅次于香港铜锣湾、纽约上第五大道（Upper Fifth Avenue）和伦敦新邦德街（New Bond Street）。随处可见的观光者驻足路易威登旗舰店门口互相摆拍，在这家法国时尚店店外经常大排长龙，为了看一眼经典的“LV”字母印花手袋和高级成衣系列。

8. 宣传（publicity）

宣传在品牌塑造过程中会起到不可或缺的作用，论影响公众舆论的重要程度，仅次于广告投放。宣传是一种非常成熟的营销工具，可以提升品牌曝光率，与顾客建立密切的关系，并提升品牌自身的创造力。宣传可以让消费者保持对奢侈品的高度渴求，长久地向消费者传递创作者的构想。因此，宣传工作不会仅限于新产品发布，还可以宣传回馈顾客的 VIP 活动，以及其他与文化或社会相关的大型活动。这是引发轰动效应、吸引消费者关注品牌最有力的方式之一。尤其在时装界，买手、博主和记者都会将每年的时装周作为最重要的节日；电影节也是名人、明星最关注的活动盛宴。同样，品牌在宣传工作方面的竞争也十分激烈。当各路明星穿上知名大牌的服饰时，这些品牌便通过“搭便车”获得了外界的极大关注；小品牌则必须去努力争取赞助明星着装配饰的机会。例如，梵克雅宝于 2014 年夏季在法国卢瓦尔河谷香波堡（Château de Chambord）推出了以法国童话“驴皮公主”（Peau d'Ane）为主题的高级珠宝系列。这则童话讲述了一位公主的爱情故事，她在逃亡时把驴皮披在身上作为掩护，最终嫁给了心爱的白马王子。这个法国珠宝世家用宝石创造了许多艺术形象，诠释了品牌的当代艺术理念，用稀有的宝石和卓越的手工艺展现给世人。此次发布会让来宾沿着历史长河回顾了16世纪初期的法国艺术、诗歌、文学和建筑的巨大成就及历史地位。在发布会期间，男服务生戴着面具，肩上站着鹦鹉或猫头鹰，手上捧着水果、鲜花、珍馐或美酒；女服务生穿着文艺复兴时期的服装，珠宝点缀在丝制连衣裙上，如同童话世界里的公主一般，顾盼生辉。现场还展示了一个魔法森林造型的新品，由钻石镶嵌而成的城堡在小颗祖母绿的点缀下若隐若现，城堡中央镶嵌了一颗39克拉的巴西祖母绿。这是一次旷世盛典，展示了“无穷想象”和“无限优雅”。这两个关键词几乎被奢侈品行业淡忘了，如今的奢侈品公司更注重名人效应、博人眼球、品牌推广。梵克雅宝的这次发布会没有直白的品牌标识，只是把来宾带入一个魔法世界，展示了五个世纪以来法国最优秀的传统，用自然、简约的方式表达了梵克雅宝的手工技艺。[1]

9. 定价（pricing）

定价在奢侈品领域是一个很微妙的话题。奢侈品的需求弹性比快消品低，但信息时代的到来和新兴市场的发展让奢侈品变成了一个更加全民化的行业。与过去相比，当代消费者掌握的奢侈品品牌知识要多得多，他们对价格更加敏感，“只买对的，不买贵的”，并更加关注品牌的价值。奢侈品公司必须解决好定价策略中的矛盾关系：定价太低会稀释品牌形象，而定价太高又会失去不少潜在顾客。众所周知，奢侈品的高定价反映了奢侈品的高成本，但并非始终如此——有时，奢侈品的定价只是取决于顾客对产品的渴求程度。读者可以思考以下有趣的问题：波尔多一级酒庄玛歌酒庄（Château Margaux）应该如何定价？另外，唐培里侬香槟王（Dom Pérignon）是一个充满活力、生机勃勃、不断创新的品牌，在发展过程中始终遵循“香槟之父”唐·皮埃尔·培里侬（Dom Pierre Pérignon）的精神，只有在葡萄品质最佳时才酿造香槟。那么，一瓶陈年的唐培里侬香槟王定价多少才合适呢？

图4-1总结归纳了普通品牌与奢侈品品牌营销要素的差异。

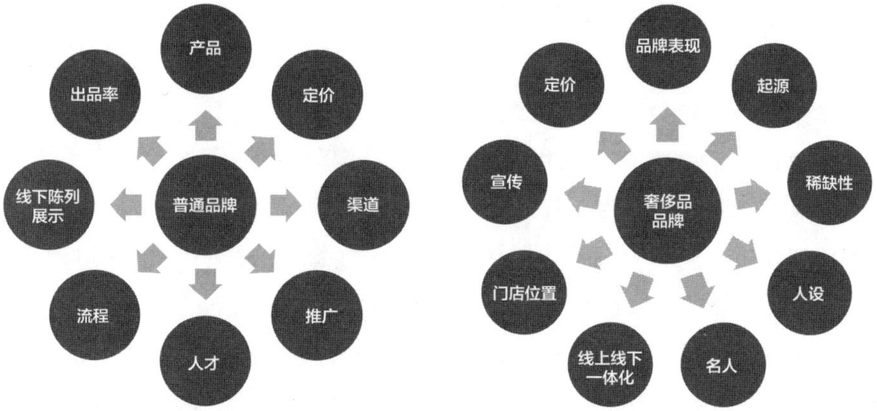

图 4-1 普通品牌与奢侈品品牌营销要素的对比

4.3.2 品牌联名：推动了品牌塑造还是提升了销售

每个奢侈品品牌都独具特色，拥有自己的品牌故事、品牌形象和品牌个性，彼此之间难以模仿或复制。有些品牌尝试模仿哈雷戴维森（Harley-Davidson）自由且叛逆的生活方式，但都以失败告终。然而，随着富人和名人的生活方式日益融合，品牌之间的合作也日趋普及。品牌之间似乎总能在品牌塑造或销售业绩方面产生一定的协同效应，但问题也由此而生：与谁联名？联名什么？如何联名？具体而言就是：应该选择哪个品牌联名？联名是为了达到什么目的？如何做到两个品牌成功联名？

一些品牌联名是为了生产性能更强的产品，另一些品牌联名则是为了提升产品象征性价值，从而增强品牌形象。

前一种联名的代表性例子是超跑品牌布加迪（Bugatti）与爱马仕于 2008 年联名打造了一款布加迪威龙 × 爱马仕（Bugatti Veyron × Hermès）超级跑车。这次联名合作将爱马仕经典的皮具工艺与布加迪世界级的工程技术结合在一起，创造了一台绝无仅有的超级跑车。近年来，布加迪还与瑞士奢华腕表品牌杰克宝（Jacob & Co.）联合发布了布加迪凯龙星陀飞轮腕表（Bugatti Chiron Tourbillion），造型是等比例缩小的凯龙星 16 缸发动机。此后，两个品牌还联名发布了 Epic × Chrono 系列布加迪运动计时腕表。

后一种联名在奢侈品行业比比皆是，目的是在增强一方品牌形象的同时，也为另一方拓展新市场，吸引新顾客。标志性的联名例子包括：阿迪达斯 × 丝黛拉麦卡妮、米索尼 × 塔吉特、绝对伏特加 × 施华洛世奇、纪梵希（Givenchy）× 耐克、路易威登 × 苏博瑞、日默瓦 × 迪奥等。

一些品牌联名并不是为了直接提升销售业绩，而是为了彰显生活方式。例如，马天尼（Martini）与某品牌联名推出了一个洋酒系列，融合了意大利的传统和现代元素，马天尼酒吧（Bar Martini）随即应运而生。

一些品牌联名建立在私人关系之上，或者说绝无仅有。例如，爱马仕与雅马哈（Yamaha）联名只是因为当时有一位爱马仕家族成员是雅马哈法国公司的董事长。联名的想法起源于一个测量家具的特殊订单，爱马仕自 20 世纪 30 年代起一直为飞机、汽车、游艇品牌生产家居饰品。这次联名似乎在双方的意料之外，联名产品也限定了产量。

一些品牌联名有明确的商业目的，在增长业绩的同时提升品牌知名度和品牌感知。奢侈品品牌与快时尚品牌或设计师联名在当下奢侈品行业已经是最普遍的联名方式。例如，H&M 与丝黛拉麦卡妮、维果罗夫（Viktor & Rolf）、罗伯图卡维里、川久保玲（Comme des Garçons）、马修·威廉姆森（Matthew Williamson）、巴尔曼（Balmain）、吉米周（Jimmy Choo）、玛尼（Marni）、范思哲、马吉拉（Maison Margiela）、亚历山大王（Alexander Wang）、浪凡（Lanvin）等奢侈品品牌联名。上述联名让 H&M 获得了公众极大的关注，并重新确定了品牌在快时尚界的主导地位，不仅赢回了时尚粉丝，还重新赢得了时尚媒体和博主的青睐。2017 年，路易威登与苏博瑞的合作再次掀起了一波品牌联名浪潮。其实早在 2000 年，这个美国街头服饰潮牌在滑板等产品上自行使用了经典的“LV”字母印花，受到冒犯的路易威登随即将苏博瑞告上法庭，后者不得不召回这些滑板产品。17 年后，苏博瑞已经是闻名全球的街头潮牌，成了炫酷、嘻哈、特立独行、时尚崇拜的代名词。苏博瑞在全品类都推出了联名产品系列，远比传统的胶囊系列联名合作要广泛得多。被路威酩轩集团收购后，日默瓦跟随路易威登 × 苏博瑞的联名脚步，掀起了一阵联名狂潮，与之联名的品牌包括：苏博瑞、Anti Social Club、Off-White™、Bape、《032C》杂志、United Arrows、Nasaseasons、Solebox、芬迪等等。可见，日默瓦在近三年加大了投资品牌联名的力度。

综上所述，不同的合作方对品牌联合各取所需。品牌联名都是一次性合作，虽然奢侈品品牌可以通过联名方式借用大众市场的影响力，但这种联名不能过于频繁，仍需要维护自身的尊贵感与稀缺性。像大型快时尚品牌，会寻求与著名设计师或奢侈品品牌联名，使品牌升级，从而在激烈的竞争中脱颖而出。或许，品牌联名的最大好处就是从市场饱和的困境中脱身而出，获得公众的关注。值得一提的是，H&M 在与奢侈品品牌短暂联名期间，全球 5000 多家 H&M 门店都获得了曝光机会，快速提升了品牌知名度。

4.3.3 品牌延伸

品牌延伸是一门商业艺术。品牌可以利用其在某一领域的形象和专业能力，延伸到另一个领域或一个全新品类。奢侈品品牌的主要发展模式是将现有品牌延伸至新品类或服务，这是奢侈品公司商业模式中必不可少的一环。大多数奢侈品品牌品类众多，通常涵盖了时装、配饰、化妆品、旅行箱、珠宝、腕表，甚至智能手机、滑雪盔、家具和自行车。假如奢侈品品牌不懂得延伸自己的业务，那么现在的爱马仕还只生产马鞍，博柏利只有军用雨衣产品。不过，奢侈品品牌在延伸中需要解决两组矛盾关系。其一，品牌延伸意味着一个品牌会偏离历史悠久的主营产品，因此，延伸的新产品必须极具创造力或是与品牌历史有一定的关联。对于奢侈品品牌而言，新产品与品牌历史脱节造成的风险极大。其二，品牌延伸意味着业务扩张，将出售更多产品，而这与奢侈品主张的稀缺性原则背道而驰。有些人认为，奢侈品品牌可以通过提升独特性来保持品牌的排他性，或直接向下延伸到大众市场，吸引更多顾客。

奢侈品品牌具备向下延伸的能力，因此能够相对轻松地扩大细分市场。包括路易威登、古驰和香奈儿在内的品牌都从核心业务延伸到更广泛的品类，包括时装成衣、配饰、手袋、腕表或珠宝；如阿玛尼、宝格丽、范思哲和路威酩轩集团旗下的白马酒庄等奢侈品品牌都开发了酒店及服务业务。虽然阿玛尼以时装业务起家，但它的产品和子品牌已经涵盖了书籍、鲜花、家具、巧克力、餐厅、酒吧和水疗中心。普拉达、阿玛尼和雨果博斯甚至通过品牌联名推出了手机产品，但迪奥的手机却并不成功。奢侈品品牌在业务延伸后，需要与非奢侈品品牌的竞争对手区分开来，否则消费者对这个奢侈品品牌的期望价值将不复存在。如前所述，如何平衡产品的易获得性和排他性是奢侈品公司最根本的战略挑战——在品牌延伸策略和发展战略的背景下尤为重要。

除了提升业绩，奢侈品品牌延伸的目的还包括转型到生活方式品牌，这也是获得更大市场份额的策略。然而，消费者并不会认可所有的品牌延伸。以 2020 年 98 岁高龄去世的法国服装设计师皮尔·卡丹（Pierre Cardin）为例，他非常热衷于品牌延伸。1980 年，他将业务延伸至钢笔、打火机、香烟、棒球帽、鞋履、女士内衣、女士衬衫、钱包、腰带、香水、食品、工业设计、房地产、娱乐设施、平底锅、闹钟、盒式磁带、巧克力，近些年甚至延伸至安卓系统的平板电脑和鲜花。他在全球五大洲超过 140 个国家经营着约 800 个特许经营业务。在 80 年代中期，他从特许经营业务中收取 5%—12% 的特许经营费。如此广泛的特许经营业务让皮尔·卡丹获得了"特许经营界的拿破仑"的称号。1987 年，他在接受《纽约时报》采访时说："我天生就是一名艺术家，但我更是一名商人。"即便如此，他也没有感到烦恼。有一次，他甚至吹嘘道："我用自己品牌的肥皂洗东西，喷自己品牌的香水，睡在自己品牌的床单上，还能享用自己品牌的食物。我过得多么潇洒自在。"他将自己名字的首字母"PC"印在厕纸上，甚至灵光一现，将香水瓶做成男性生殖器的形状。[2] 显然，这些策略导致皮尔卡丹品牌快速贬值，造成了巨大损失。不过当时，皮尔·卡丹并没有想过自己会失败，他认为他会像几十年后阿玛尼先生推出巧克力产品、古驰推出眼镜业务、宝格丽经营酒店一样成功。

事实上，商业世界有很多品牌延伸的尝试都宣告失败，想成功必须满足一些前提条件。首先最重要的是，品牌必须是所在市场的领导品牌，具有极高的溢价能力。如果一个品牌的威望值越高，它延伸成功的可能性就越大。另一方面，如果延伸效果不尽如人意，那么越高端的品牌受到的损失就越大。奢侈品公司必须考量如何创建并塑造品牌，而不是榨取品牌资产。其次，奢侈品公司需要保护好品牌的核心本质。换言之，如果品牌延伸过于偏离原有的品牌基因，品牌将会遭遇极高的风险。业务相近性和一致性是品牌延伸成功的前提条件。也就是说，品牌延伸必须与品牌原有价值观保持高度一致。例如，卡地亚延伸到高级珠宝系列与此前奢华腕表和戒指等主营业务保持了一致性。卡地亚的顾客很自然地会将腕表与珠宝联系在一起。因此，珠宝与腕表之间的相近性也让卡地亚从高级珠宝的业务延伸中收益颇丰。品牌延伸的反面教材是爱马仕约 30 年前推出的打火机产品。打火机本身由法国都彭（S.T. Dupont）制造，皮革材料由爱马仕提供，但这款产品没有成功。失败的原因也许是缺乏创意，也许是缺少一致性和高品质。这个产品归根到底就是一只使用了皮革材料的打火机，与此后苹果与爱马仕的联名手表大同小异。各个论坛讨论区的人们都提出了这样的问题：苹果爱马仕特别版手表无非就是苹果手表用了爱马仕的表带，它值这个价格吗？

品牌延伸可以采用不同的方式。安索夫矩阵（Ansoff's Matrix）概括了品牌延伸的 2×2 种方式（如图 4–2 所示）。

	现有产品	新产品
现有市场	市场渗透策略（精细化管理）	产品开发策略（产品增量）
新市场	市场开发策略（市场拓展）	多元化策略（大胆转型）

图 4–2　安索夫业务增长策略矩阵

如果一个企业的产品和市场维持不变，则可以采用市场渗透策略。例如，伯尔鲁帝（Berluti）的男士产品从皮鞋延伸至服装，在巴黎开了 4 家门店，进一步渗透了市场。伯尔鲁帝不仅寻求销售更多的男鞋，还希望通过延伸至男装业务卖出更多的产品。也就是说，该品牌尝试通过提高购买频率提升销售。类似的例子还有迪奥和路易威登。2005 年以后，它们都推出了珠宝产品系列；进入 2020 年后，还将推出更多产品线从而挖掘市场潜力。古驰、葆蝶家、拉夫劳伦和普拉达都将产品线从服装延伸至珠宝、手袋、鞋履、眼镜等。葆蝶家始终以配饰为主营业务，不过它将其标志性的“intrecciato”皮革编织工艺应用于鞋履、成衣和珠宝等产品中，构成了一个完整的产品矩阵。葆蝶家首席执行官 Bartolomeo Rongone 对此评论道：“随着丹尼尔[1]的加盟，我们从单一的产品线延伸至完整的个人时尚产品，代表了我们品牌的一贯态度。从业绩中可以看到我们取得的成就。”丹尼尔・李通过“渐进型创新”（incremental innovation）打造的“爆款”是 Pouch 手袋。这款手袋用更加蓬松、柔软的皮质打造而成，是一款没有肩带的手拿包。丹尼尔的设计足以与一场时装大秀的吸引力相媲美，他的产品也足够耐用、畅销。他对品牌的愿景是：线

① 此处指丹尼尔・李（Daniel Lee），他在 2018 年接任汤马斯・麦耶（Tomas Maier）担任葆蝶家品牌创意总监，2021 年离职。

条流畅且触感舒适，设计简约但充满温情，新颖的产品与葆蝶家的风格紧密相关，可以推动品牌不断前行。从 2020 财年的年度报告来看，葆蝶家的业绩重新开始增长，按不变汇率计算，销售额接近 12 亿欧元，同比上升 2.2%。[3]

爱马仕是唯一没有延伸到眼镜业务的奢侈品品牌，但已经推出了化妆品及香水产品线。一些奢侈品品牌已经将现有产品线拓展至亚洲新市场，这里的一些国家仍处于奢侈品市场起步阶段。这些品牌在新市场的消费者心智中建立了产品认知度。例如，阿玛尼将业务拓展至中东和亚洲其他地区，开设了品牌俱乐部、咖啡厅和餐厅。爱马仕集团基于多元化策略打造了一个新品牌——上下，用契合中国市场的新产品理念打开了新市场。

在奢侈品行业，强势品牌通常会将品牌纵向或横向进行延伸。然而，随着全球市场发展放缓，许多品牌着力提升顾客对产品的渴望和现有门店的盈利能力。产品已经延伸到品牌最初的主营业务之外。例如，路易威登推出了高级珠宝系列，以此提升奢华形象；阿玛尼集团进军家居装饰行业，向公众传递品牌的生活方式和理念；法国娇兰在其香榭丽舍大道旗舰店的地下一层开了一家餐厅，弥漫的茶香如同香水一样充满魅力；爱马仕在巴黎左岸的门店内也布置了一个文具产品柜台。可见，各个业务之间的界限越来越模糊，奢侈品品牌不断为挑剔的顾客开发新产品，但绝大多数并不符合他们的胃口。产品多元化已经成为品牌延伸的关键策略。

4.3.4 品牌故事：文化传承、大型活动与传播方式

20 世纪 60 年代，传播方式出现了重大变革，营销工作开始产生效果。营销活动向公众传递了品牌的表现力，即品牌个性和品牌基因。奢侈品品牌不仅需要优质的产品，也需要成功的传播手段。奢侈品品牌并不会完全迎合市场或消费者的需求，展现的是产品数量的有限性、卓越的手工艺和强烈的艺术构想。奢侈品市场由此形成。奢侈品品牌很容易被公众识别，它表达了人生的一段旅程、一种氛围、一个与品牌相一致的意义体系，向消费者提供的是极高品质的标志性产品。

随着时间的推移，奢侈品市场不断扩大，奢侈品公司也需要向不同国家的不同顾客讲述品牌故事。因此，品牌故事成为品牌创建及塑造的核心，这样才能打造一个闻名全球的奢侈品品牌。品牌故事包括品牌的独特历史、品牌传承和品牌文化根源，这些都是其他品牌无法模仿复制的。

奢侈品品牌面临的两难困境是：决定讲述哪些故事，守住哪些秘密；应该宣扬品牌的独特性，还是与竞争对手的差异性。正如前文所述，比较不同产品领域的奢侈品品牌没有太多意义。讲述给消费者听的品牌故事必须基于文化根源——这些文化符号各不相同，它们之间的差异性需要用符号学来进行辨析。奢侈品品牌需要表达的是伯尔鲁帝的鞋子与路易威登或迪奥的差异性，或汤姆·福特和盟可睐眼镜之间的区别。消费者的观点固然重要，但品牌也需要培育并引导消费者。例如，人们可以从粗花呢布料或山茶花符号等经久不衰的元素中识别出这个品牌是香奈儿。香奈儿所有产品都带有这些元素，并且从未改变。又如，库克香槟（Krug）描绘了一个人的梦想：他希望每年都赠送给顾客最好的礼物，而不是漫长地等待一个香槟的好年份。这就是库克香槟需要讲述的故事，并且也是这个品牌能立足市场的原因。此外，香奈儿集团还参与了多个基金会项目，尤其是儿童基金会，但很少向外界透露——事实上，几乎没有人知道香奈儿参加过慈善活动。

品牌故事应该也包括文化传承。香奈儿在这方面做到了极致。有意思的是，在讲述故事的过程中，香奈儿品牌既要重塑嘉柏丽尔·香奈儿的思想，也要阐释卡尔·拉格斐的理念，在两者之间找到平衡。香奈儿的品牌故事始终围绕这两方面进行叙述，懂得如何平衡，确定正确时机，选择合适听众；同样重要的是，香奈儿需要避免在传播过程中出现香奈儿女士和卡尔·拉格斐两种形象的冲突。香奈儿5号香水在历史上经历过一次挫折。这款香水让全世界都感受到这是一款专门为成熟女性设计打造的产品。香奈儿也希望吸引更年轻的消费者，因此管理层决定改变女性消费者对5号香水的刻板印象。考虑到所有女性都想让自己保持女人味，因此，香奈儿决定着力强调5号香水代表的女性魅力，并找一位男士与她们“讨论”这款香水的故事。这个想法本身无可挑剔，但香奈儿选择了布拉德·皮特（Brad Pitt）作为5号香水的代言人，适得其反。香奈儿这一次打破了太多品牌的原则，直接影响到5号香水的业绩。最后，香奈儿不得不追溯到玛丽莲·梦露带来的品牌神秘感，回归品牌的根源。

香奈儿在推出周末重生露（Chanel le weekend）系列面霜产品时，也向消费者讲述了故事。由于美是一个非常复杂的话题，并且不同国家女性的文化传统并不相同，香奈儿需要讲述一个让全世界女性都能理解的故事。最终，香奈儿传递了一个独特且富有创造力的观点，诠释了美的定义与肌肤护理（尤其是面部肌肤）的本质，推出了一系列面部肌肤护理产品，包括早安赋活露（Le matin）和晚安修护露

（Le soir）。其中，早安赋活露可以让肤质光彩焕发，易于上妆；而晚安修护露则更加滋润，安然守护熟睡中的肌肤。这两款面霜质感不同，气味有别，成分也有所差异。香奈儿想表达的创新思想是："一周六天中，早晚各使用一次香奈儿面霜，会给肌肤带来与众不同的感受，但每周有一天，给你的肌肤一次与众不同的保护。"事实上，产品名中的"周末"并不是字面意义上一周的休息日，而是一周中想深层清理肌肤、使肌肤焕然一新的任意一天。对面部肌肤而言，这就是"周末"。香奈儿采用的这一套全新护肤步骤与倩碧 25 年前推出三步护肤套装时的做法有异曲同工之妙。这种叙事方法值得其他品牌借鉴，因为这些都是女性寻求的东西。

要推广上述品牌故事需要非常合适的传播渠道。门店是讲述品牌故事最好的渠道之一，品牌可以在可控范围内与顾客一对一进行交流。开设一家绝妙非凡的品牌独立店显然是展示品牌历史、情感和梦想的最有效方式，但在世界各地开店的成本过高，实施起来也十分困难。奢侈品品牌往往借助艺术和文化元素彰显产品的美学价值与永恒价值。例如，卡地亚微电影《卡地亚惊奇之旅》（*Odysée of Cartier*）在 YouTube 上点击量非常高；迪奥小姐香水系列展在世界每一站都能取得前所未有的成功；嘉柏丽尔·香奈儿的故事激励了无数女性。这些例子不胜枚举，诸如路易威登之家盛大的 VIP 开幕式，上海尊尼获加威士忌尊邸酒吧（Johnny Walker House）大型活动，香港国际机场马爹利快闪干邑酒吧（Martel Pop-up cognac），伦敦希思罗机场轩尼诗旗舰店大型活动，英国基音乐队（Keane）对博柏利的倾情演绎等。这些大型活动本质上抹去了品牌在传播过程中过于浓厚的"营销气息"，以一种互动方式或创新视角与精英顾客展开交流，在商业氛围中融入了更多文化元素。这也解释了为何如此多的奢侈品品牌与艺术家、美术馆合作，参与各类艺术盛宴。值得一提的大型活动包括古驰电影基金会、卡地亚当代艺术基金会、保乐力加亚洲行等。2014 年，路易威登基金会打造了一个永久性的慈善活动中心，在法国甚至全球范围内传播当代艺术。这座建筑坐落于巴黎动植物驯化公园内，由加拿大籍美国设计师弗兰克·盖里（Frank Gehry）设计。这座建筑形似一朵玻璃云，3600 块玻璃板拼接成了 12 块弧形"船帆"，直指碧蓝如洗的天空。这类合作的额外好处是可以合法避税。

另一个广为人知的大型活动是巴黎古董珠宝双年展（Biennale desAntiquaires in Jewelry）。该展会上展出的卡地亚双年展系列充分彰显了品牌在掌握最高端、最精细的手工艺的同时，还能展示自己创意天赋和故事讲述的能力。

无独有偶，博柏利也非常重视中国市场。该品牌举办了一场壮观的多媒体大型活动，并开设了一家以沉浸式体验为特色的旗舰店，向中国消费者讲述品牌故事。

时任博柏利首席执行官克里斯托弗·贝利（Christopher Bailey）[4] 在上海一座造船厂① 内成功地举办了一场歌剧式演出盛宴，他表示："我认为（讲述品牌故事）在任何一个市场都很重要。不过，中国消费者往往把商品当作一件（纯粹的）产品，讲述故事可以让他们感受到产品的生命力。任何事物的背后都有一个故事，包括你的衣服、建筑、视频和音乐。我认为人们必须体验产品诞生的全旅程，这非常重要，否则产品将变得缺乏个性、毫无吸引力。"他补充道："通过沉浸式、歌剧式演出，人们可以感受到博柏利世界的音乐、传承、产品和创新。"贝利在接受采访时继续道：

> 这一切都是为了获得人们的感情共鸣。今夜，文字显得苍白无力——无论你来自何方，当你恰如其分地做了一件事时，人们一定会做出反应。我总是惊叹：有那么多人在我们的音乐剧中找到了博柏利。我们需要不断地进行产品创新，并讲述各种故事。历史和传承是品牌的重要基石，但我们必须在此基础上不断创新。科技就能帮助我们实现这个目标……我们所做的一切与时尚、音乐、舞蹈、科技、创新相关……可以激发人们的灵感，给人们带来与众不同的体验——今晚如此，每一天也是如此。

4.3.5 数字化策略中存在的矛盾关系

数字渠道在奢侈品行业始终是一个值得商榷的话题。任何人都可以在空暇时间接触到它，所有普通人都能访问它。数字渠道让奢侈品行业拥有了更广阔的销售空间。大量投放平面广告是为了让真正买得起奢侈品的那 1% 消费者认可这个品牌。显然，奢侈品品牌只会在光鲜精美的杂志和高端专业的报纸上投放广告。对于剩下 99% 的消费者而言，广告只是为了提升他们对品牌的认知度。不过，随着精通数字技术的消费群体不断增长，数字渠道再也不容忽视——它已经打破了传统传播的阻碍。数字化（尤其是社交媒体）日益普及和扩散，让奢侈品品牌获得了

---

① 即位于浦东的上海造船厂。——译者注

十分诱人的发展机遇，但它们往往在采用数字化手段、实施数字化战略方面行动迟缓。

这种“慢一拍”现象源于奢侈品与数字化之间固有的矛盾关系。首先，奢侈品品牌过去采用的是传统传播策略，数字传播才刚刚兴起。其次，奢侈品品牌通常需要持续、稳定地传播品牌识别和品牌基因，但数字传播过于动态、变化无常。再次，奢侈品品牌是社会精英的专属物，但互联网（尤其是社交媒体）却全民使用。最后，奢侈品品牌需要严格管控传播的各个方面，但社交媒体和互联网却不需要，更加具有灵活性。互联网（尤其是社交媒体）非常依赖用户的参与度和贡献值。

虽然矛盾关系始终存在，但当前地缘经济已经从“美、欧、日”向金砖五国等新兴经济体转变。这些国家占据了奢侈品消费的主导市场地位，其顾客的消费习惯刚刚形成，并且有望随着时间不断演变。全新的富人集中地出现，奢侈品消费者的画像也正在改变，这给奢侈品行业带来了机遇，也带来了全新挑战。首先，奢侈品品牌需要迎合四处奔走的“外漂族”在旅行和购物中形成的独特价值观体系。其次，新兴的中产阶层消费者越来越精通互联网，非常喜欢使用移动设备。在购物之前，他们会使用平板电脑或智能手机搜索并研究自己感兴趣的事物。这种行为对奢侈品分销零售产生了深远的影响。

这一代奢侈品消费者正在崛起，考虑他们的年龄、所在国家和所处时代后，人们或许不会再对他们为何如此热衷于科技感到惊奇。最近一项研究表明，全球智能手机普及率约为 15%，韩国的普及率最高，5000 万居民中有 67% 的人拥有智能手机；巴西奢侈品消费者使用社交媒体的频率已经超过了发达国家。于是，各大品牌都开始利用这个显而易见的发展良机。在其他新兴市场，例如中国，消费者对新科技的接受度和使用率高得惊人。截至 2013 年，中国网民超过 7.2 亿人，被誉为“中国 Twitter”的新浪微博一直是中国最受欢迎的社交平台，拥有 5 亿多注册用户。不过新浪微博也迎来了全新的竞争对手——微信，也许在不久的将来，微信用户将超过新浪微博。在如此广袤的大地上，社交网络覆盖了如此大量的用户，寻找高净值人群的工作变得异常艰难，如同大海捞针！

意大利和法国奢侈品公司一直被“诟病”使用网络技术过于滞后。因此，在最初的踯躅之后，它们也开始通过智能手机和平板电脑接触数以万计的潜在顾客。数字化转型并没有看起来那么容易。如果奢侈品品牌的数字化转型与品牌战略不一致并导致失败，那么互联网全民化效应将起到副作用，反而会侵蚀品牌世代传承下来的排他性光环。奢侈品品牌需要三思而后行，寻求合适的传播策略和社交媒体平台，以此吸引潜在顾客。数字化策略必须对移动端的消费者展现原真性、体验性和相关性。博柏利、古驰和拉夫劳伦是采用数字化策略的三大领军奢侈品品牌。虽然它们并没有持续地开展数字化活动，但效果已十分显著。博柏利的数字化转型已经成为其品牌文化的一部分，并且由内而外地传播这种理念。古驰已经在奢侈品电商业务方面一马当先；拉夫劳伦也始终采用最具创新力的营销手段；路易威登后发制人，积极地采用了与品牌战略相一致的数字化策略，将品牌传播的重心放在了旅行艺术上。

由于互联网（尤其是移动互联网）是发展最快的零售渠道，未来一定会出现从实体零售到在线零售的结构性转变，这是奢侈品公司无法回避的问题。随着智能手机和平板电脑在全球的销量激增，一种全新的购物方式诞生了。更年轻的一代消费者会更习惯于点击屏幕完成购物。这是一种低接触[①]的奢侈品购物方式，它的发展正对人们的购物方式产生重大影响。

线上线下一体化的两难困境

世界在不断变化，奢侈品行业也同样如此。线上线下一体化的两难困境源于21世纪初电商业务带来的挑战。持续的新冠疫情“火上浇油”，迫使奢侈品行业快速进行调整，将数字化建设进程加速到下一个阶段。为了在当下奢侈品行业中取得成功，快速构建并完成线下和线上一体化的整合是不可避免的任务。大多数奢侈品品牌陷入了前所未有的管理困境：一方面，品牌需要具有永恒性、正统性和排他性；另一方面，品牌也需要追求时尚、全民化和创新。这组矛盾关系需要成功地融合并达到一种平衡状态，从而接触到年轻、时尚、富有的全球消费者，在竞争激烈的全球市场环境中提高销售额，并强有力地推动业务发展、提升盈利能力。

一方面，数字技术是吸引更广泛消费者群体的一种手段；另一方面，数字化也正在蚕食实体店销售业绩，鼓动品牌开展打折促销活动，还增加了网购到假货的风险。例如，在线销售中自称爱马仕品牌的产品约80%是假货。

奢侈品品牌可能已经不足以吸引新一代的消费者，千禧一代和Z世代想要的

① 在销售理论中，低接触（low-touch）指交易型销售，高接触（high-touch）指顾问式销售，非接触（no-touch）指自助服务。——译者注

不仅仅是产品本身，还希望同时在线下门店和数字世界里接触并体验产品。因此，电影、时装秀直播、微信小插件、互动屏、移动端应用程序、数字镜像、增强现实技术、小游戏、Snapchat 朋友圈、播客讲故事、人工智能聊天机器人、社交零售和二维码扫描等正以前所未有的方式受到各个品牌的追捧。奢侈品品牌借助现代艺术、大屏幕投放，以及其他任何可以引起消费者内心欲望的手段吸引他们进入门店。即使是在数字虚拟世界，也要让他们沉浸在品牌的魔力中，最后买下产品。不过，奢侈品品牌必须在实体店和在线体验之间找到平衡。

奢侈品消费占全球消费品市场规模的 5%。那么奢侈品公司是否应该开拓剩余的 95% 市场呢？这个问题值得商榷。不过，奢侈品公司必须要让不同文化背景、不同市场的新消费者对其品牌有所认知。有研究表明，94% 左右的超级富豪会通过数字技术和在线搜索了解产品信息。因此，奢侈品品牌需要时刻与顾客保持紧密的联系，如推出一款手机端应用程序——这已经是品牌必须要做的工作，而不是可选的方案。

博柏利是最早开启数字化进程的传统奢侈品品牌之一，近期在深圳开设了一家集互动与沉浸式体验为一体的社交零售精品店，创新性地融合了线下和线上平台，改变了原有门店的购物和陈列方式。时任博柏利品牌创意总监里卡多·提西（Ricardo Tisci）认为顾客在社交媒体上的表现是未来零售渠道设计的关键所在。他说："我们创造的社交零售概念正是为下一步向品牌社群提供真正个性化的奢华体验打下基础。让我感到异常激动的是，（我们的顾客）会在线下和线上同时体验博柏利的世界。"博柏利的伦敦旗舰店重新营业，增加了门店的数字化体验，顾客可以使用各种交互式设备访问这家精品店——无线互联创造了博柏利品牌的个性化定制体验。在门店营业时，很多产品绑在金色氦气球上，布满整个店内；墙面电子屏成为一块全身镜；有些产品自带芯片，当它们靠近电子屏时，屏幕上会显示该产品所有信息，包括在时装秀舞台上的风采。门店内没有一台收银机，只有面容姣好的店员手持 iPad 四处走动。这种转型发生在伦敦，发生在博柏利品牌上，这个以军用雨衣闻名全球的品牌还能时不时刮起数字化旋风。

越来越多的消费者学会了在线购物，奢侈品品牌吸引顾客进入线下实体店的难度越来越高。除了在各个城市新开旗舰店以外，路易威登、雨果博斯和古驰等品牌也发布了在线购物网站。一些品牌迅速意识到了数字空间的重要性，成长为奢侈品行业数字媒体应用的领导者。拉夫劳伦、汤丽柏琦（Tory Burch）、雅诗兰黛、蔻驰，以及古驰、路易威登和卡地亚等奢侈品大牌在数字媒体方面打开了一片天地，思琳、迪奥和香奈儿也做得比较成功。

4.4 讨论

新冠疫情让世人意识到数字化的必要性。数字化为人们创造了一个表达和交换个人信息的开放空间，也有助于将品牌故事推送给消费者，从而增加品牌与顾客的互动交流。奢侈品消费者强烈地渴望了解奢侈品品牌及其产品，并与人交流。当社交媒体出现后，当下的消费者能以前所未有的方式获得有关品牌和产品的信息，并近乎自由地表达自己的感受和评论。社交媒体可以即时满足大量受众的需求。人们不需要再排几个小时的长队去看一眼路易威登或香奈儿的最新产品，而是可以随时随地在电脑、平板或手机上查看他们最喜欢品牌的一切信息。人们可以在决定下单前一遍又一遍地确认信息，即使离得再远的女观众也可以通过在线视频观看时装周走秀活动，就像坐在秀场前排的贵宾一般。奢侈品品牌可以通过不同社交媒体平台的用户统计数据以及搜索与信息浏览的偏好来合理、精准地锁定潜在顾客，并提升这些顾客的基数。由几十亿网民组成的互联网社交圈与纸媒等传统社交渠道完全不同，消费者可以随时随地找到需求和兴趣爱好近似的同道中人。

4.5 小结

奢侈品行业存在很多矛盾关系，如“传统”与“创新”。在奢侈品这个行业内可以找到两者的共通之处。年代久远的品牌创始人、履新上任的艺术总监、精明能干的品牌管理者和推陈出新的产品款式共同谱写了品牌魔力。

奢侈品品牌创建及塑造的核心是创造一个梦想——由品牌与消费者之间的联系形成的梦想。消费者钟爱这个品牌，喜欢产品的体验，从而愿意支付更高的价格。让人们迷恋一个品牌称得上是一种魔术，但欲速则不达——如果操之过急，则会毁掉消费者的梦想。因此，奢侈品行业里没有捷径可走。

创建一个品牌需要投入时间、资源和耐心。然而，投资者往往缺乏耐心，他们希望每份季报的数据都十分可观，不仅关注业绩增长，还看重盈利能力。

白手起家的手工艺人正是通过极致的创新及对品质的关注，摇身一变建立了身家巨万的商业帝国。

亚当·斯密（Adam Smith）提出了生产要素理论，定义了生产的四大要素：劳动（labor）、土地（land）、资本（capital）和企业家精神（entrepreneurship）。①**卡尔·马克思（Karl Marx）认为劳动是最基本的生产要素。资本主义的实质是通过压榨劳动者的剩余价值来获取利润最大化。奢侈品最注重的是手工工艺，这才是产品价值所在。**

品牌应该意识到：在全面了解自身发展历史前，需要先认清自身。因此，奢侈品品牌经久不衰的存在理由和价值观必须与创始人创建品牌的初衷保持高度一致。过去和未来之间总是存在一种对立关系，正是这种对立性与差异性使奢侈品品牌在追本溯源的同时不断创新。这种对立关系也必须保持下去。假如某天这组对立关系的平衡被打破，并且这个奢侈品品牌无源可溯时，它将彻底陨落。

奢侈品品牌只有汲取消费者的人生经历和成长故事，才能更好地理解世界、开拓视野、进行创新。奢侈品世界已经不再是一个只有专属会员才能进入、门禁森严的俱乐部，也并不是只有出身高贵的人才能拥有奢侈品。

一些品牌从来不会大规模销售，但这却是品牌吸引人之处。只要品牌想推出新产品，就必须投入大量时间、金钱、工作、人力，并塑造形象、整合资源。如果新产品没有成功，那不如直接放弃，否则与品牌调性不符将极大地损害品牌形象。一致性管理是世界上最难完成的工作，任何损害品牌形象的行为都会让业绩随之失色。假如一个品牌违背了一致性原则，它也就失去了立足市场的理由。

一个奢侈品品牌越受欢迎，它卖得就越多；但是，它卖得越多，反而就越不受欢迎！

图 4-3 总结了奢侈品品牌在创建及塑造过程中与高端品牌的差异。

---

① 亚当·斯密在其著作《国富论》(*An Inquiry into the Nature and Causes ofthe Wealth of Nations*) 中只提出生产三要素，即劳动、土地和资本。此后，让-巴蒂斯特·萨伊（Jean-Baptiste Say）在其著作《政治经济学概论》(*Traité d'économie Politique*) 中加入了“企业家精神”，补充为生产四要素。此处保留作者观点。——译者注

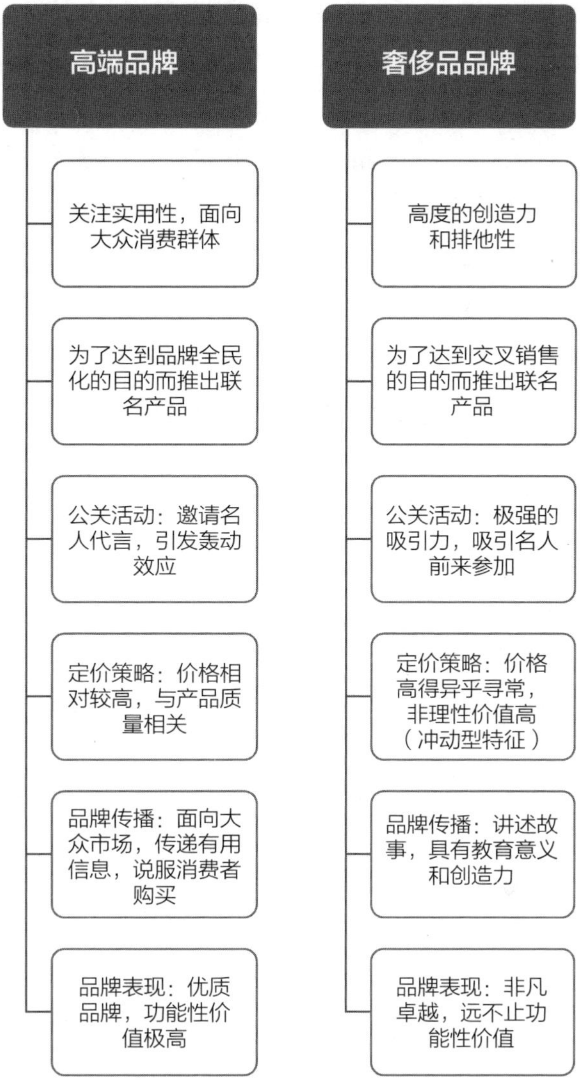

图 4-3　奢侈品品牌在创建及塑造过程中与高端品牌的差异

注释

[1] MENKES S.A jewel of a fairy tale[EB/OL].Vogue,（2014-7-1）[2022-11-27]. https: //www. vogue. fr/suzy-menkes/suzy-menkes-column/articles/a-jewel-of-a-fairy-tale/23165.

[2] WHITE S. Pierre Cardin, French fashion legend, dies at 98[EB/OL]. Business of Fashion,（2020–12–29）[2022–12–27]. https: //www. businessoffashion. com/news/news–analysis/pierre–cardin–dies–at–98/.

[3] WILLIAMS R. Can "new Bottega" balance hype, heritage and rapid growth?[EB/OL]. Business of Fashion,（2020–10–29）[2022–11–28]. https: //www. businessoffashion. com/articles/luxury/bottega–veneta–ceo–bartolomeo–rongone–interview–kering–daniel–lee/.

[4] Christopher Bailey：Biography[EB/OL]. Business of Fashion, [2022–11–18]. https: //www. businessoffashion. com/community/people/christopher–bailey.

第 5 章 品牌识别、品牌气质与奢侈品顾客

小男孩正蹒跚学步，他的祖父陪在他身边慢慢地走着，一边守护着他，一边鼓励他。

两人走在毗邻香榭丽舍大道的公园里，离蒙田大道和圣-奥诺雷街这两个奢侈品圣地仅几步之遥。

公园每周日都会上演木偶戏，这周是《吉尼奥尔》[①]最后一次演出。祖孙两人在前排长椅上找了位子坐下来观看。

剧情中，吉尼奥尔打了小偷的头，这让男孩开怀大笑，老人也不由得露出笑容。老人在想些什么呢？显然不是在想奢侈品。在这个珍贵的时刻，奢侈品对他来说毫无意义——他正在享受生活，享受祖孙之间亲情的温暖。他们相依相伴，亲密无间，不用殚精竭虑地反思人生。木偶戏结束了，祖孙俩又向旋转木马走去。

这时，男孩说话了：他看到了什么，领悟到了什么。他看到的东西十分纯粹、简单、直截了当。

他不喜欢他面前的女人，因为她“衣衫褴褛”。

他也不喜欢旋转木马老气的灰色，十分难看！

孩子的观察力也是一种奢侈品，他们会不假思索、无拘无束地做出自

①《吉尼奥尔》（Guignol）是法国最具国际影响力的儿童木偶剧。——译者注

发的行为。孩子的视角能够引导创作者尽可能地贴近简约、真实，以及经常隐藏在伪装之下的真理。

老人的内心也十分清楚这一点——孩子的视角才是奢侈品的关键。

5.1　品牌识别

品牌识别反映的是产品存在的理由，言下之意即：消费者和竞争品牌对这个品牌的感知，以及该品牌代表的意义、独特之处、给出的承诺及其对顾客的价值。品牌识别体现了品牌历史、工艺水准和成功奥秘。我们从构成品牌识别的所有要素中可以感知品牌的特殊性和独创性。奢侈品品牌蕴含了价值和永恒的本质，品牌识别的核心与消费者的品牌感知密切相关。这个核心不易改变，也不会经常改变。这些内在价值可以让一个品牌变得独特、价值不菲、稀有、难以模仿。品牌还因其发展根源、历史顾客及其偏好与原始欲望，以及顾客在使用一段时间后对品牌的感知而具备了文化表征。借用让-保罗·高缇耶的话来说，“爱马仕的非凡境界就是爱马仕本身！我喜欢稍稍改变一下爱马仕几个世纪以来形成的风格，再融入一些我自己的风格。在我设计的第一个系列里，皮制的外穿胸衣就配有类似凯莉手袋的经典搭扣。”

古往今来，品牌在打造过程中都蕴含了强烈的文化内涵（文化融合积聚了整个社会共享的意义、习俗、准则和传统）。由此，奢侈品品牌决定了消费者对不同活动、故事、产品和原始欲望的全部渴求。奢侈品品牌的识别与相关背景和事物的叙述方式紧密相关。对背景的叙述牵涉到时间、地点、生活方式、创始人或某个集团，对事物的描述则通常与人物原型、工艺技术、材料工艺或成分有关。例如，博柏利与英格兰军用雨衣有关；说到劳力士，人们会联想到体育赛事、坚持不懈的精神和计时仪器；爱马仕代表了马鞍和皮革内饰；路易威登则阐释了行李箱和旅行的意义。

我喜欢把玩那些古典的东西，并让它们焕发新生。就比如路易威登的标志性图案——花押字，已经有一百多年历史了，但你仍然可以随意发挥，创造出全新的设计。

——路易威登前设计总监马克·雅各布（Marc Jacobs）

路易威登是财富、自由和旅行的象征。旅行意味着一个旅行者踏上征途，去发现自我、寻找他人、了解世界、感悟生命的意义。路易威登代表了法国丰厚的传承、财富、成就、工艺、品质、旅行、永恒、细致和创新特质。在这些描述中，最引人注目的是“旅行的艺术”。

品牌可以从很多角度来定义。海盗船在桅杆上升起独有的旗帜，这种令人胆寒、十分可怕的死亡符号会让受害者抱头逃窜或原地投降。近年来，品牌是作为一个整体来打造的，社交媒体、线上和线下广告、公关活动、新闻报道、产品设计、顾客体验都传递了品牌信息。那么，奢侈品品牌与其他标志性品牌到底有什么不同？

大多数奢侈品品牌经历了漫长的时间沉淀，以一个人物、一件产品、一种符号、一家公司或这些元素的组合作为参照物打造而成。这是因为我们可以通过这些元素和图案清晰、丰富的形象辨别出品牌。例如，这个人物可以是可可·香奈儿、拉夫·劳伦或伊夫·圣罗兰；这件产品可以带来很多联想，如产品范畴、产品相关属性、品质、价值、与某个国家或地区的关联（譬如瑞士腕表、法国香水），或巴黎蒙田大道、左岸地区等场景；这种符号可以是香奈儿的“双 C”印花。一件标志性产品的作用已经类似于品牌，如路易威登的旅行箱，香奈儿的 2.55 皮质手袋、小黑裙，爱马仕的凯莉手袋，迪奥的马鞍手袋和“Bar Suit”经典套装，博柏利风衣，古驰乐福鞋、竹节手袋等。一家公司的元素并不是指具体属性，而是公司内部高管团队的文化与管理风格。这种元素在化妆品行业十分突出，如欧莱雅集团和雅诗兰黛集团。

打造并发展一个奢侈品品牌的关键在于管理好重要的矛盾关系：其一，管理一个品牌的**永恒性**（timelessness）和**现代性**（modernity）；其二，在**排他性**（exclusivity）和**易得性**（accessibility）之间做出权衡；其三，提升**品牌知名度**（brand awareness）、**品牌神秘感**（brand mystery）和**品牌肖像**（brand likeness），然后综合在一起管理；其四，在**美学**（aesthetics）和**经济价值**（economic value）之间做出权衡；其五，在明确新兴市场的社会、文化、政治和经济趋势的同时，维护好有历史渊源的品牌识别。其六，管理好线上与线下的矛盾关系，即品牌所有线上和线下触点的一致性及独特性。下面这段话揭示了上述矛盾关系的一些关键本质：

> 我不是一个追求时尚的人。我反对时尚。我不喜欢被时尚牵着鼻子走，它简直是瞬息万变。我从来没有受到时尚的影响。我对持久、永恒、风格感兴趣，而不是时尚。
>
> ——拉尔·劳伦，拉夫劳伦品牌创始人

许多研究者试图采用不同的框架对品牌识别进行分类和定义，从而阐述品牌的代表意义和矛盾关系的管理方法。例如，让-诺埃尔·卡普费雷（Jean-Noël Kapferer）提出了一个六边形识别棱镜模型，用于说明品牌识别的六个方面：①**物体本身**（physique），即有形表现；②**个性**（personality），即内在来源；③**文化**（culture），即品牌根源及其传播方式；④**关系**（realtionship），即品牌与消费者之间的关系；⑤**反映**（reflection），即消费者对品牌的感知；⑥**自我形象**（self-image），即消费者穿戴或拥有品牌后的自我感觉。这六个方面可以归纳为信息发送、信息接收、外化和内化的过程场景。[1] 在奢侈品行业，"竞争对手"这一概念并没有那么重要，奢侈品品牌专注讲述自己的故事——要么像可可·香奈儿和法国鳄鱼的创始人瑞恩·拉克斯特（René Lacoste）一样基于真实生活讲述奇闻轶事，要么像拉夫·劳伦一样完全虚构故事情节。这些故事都创造了品牌识别和品牌与消费者的关系。图 5-1 列举了香奈儿品牌识别棱镜的例子。

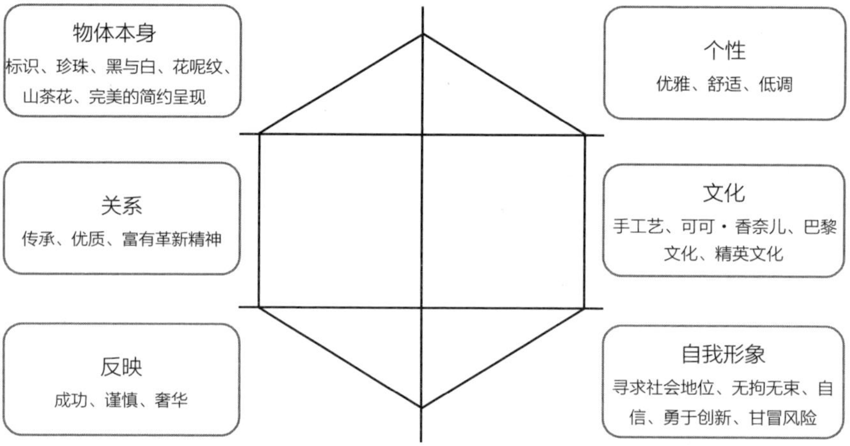

图 5-1　香奈儿的品牌识别棱镜

正如其品牌识别所描述的那样，香奈儿展现了努力进入上层社会的女性形象。这也是嘉柏丽尔·香奈儿自己的故事。她的出身并不显赫，但当大多数女性还未出人头地之时，她已经登上了社会阶层的顶峰。这就是香奈儿品牌识别的一部分。为了展现品牌这一核心识别，香奈儿在世界各个零售店都设计了雄伟的楼梯，并且通常粉刷成白色，象征品牌创始人一直勇于向社会上层攀登。香奈儿女士还将女性从紧身胸衣中解放出来。她的想法是为那些喜欢便利、舒适、时尚的女性设计服装。由此，她掀起了一场革命，彻底改变了女性的着装风格。第一次世界大战也许助推了这场变革，也催生了嘉柏丽尔·香奈儿的魅力。战争过后，女性需要工作，也需要穿着舒适。直至今日，香奈儿时装的风格依然是时尚、便于穿戴。香奈儿套装这一永恒经典是优雅和舒适的典范。香奈儿帝国的另一个重要符号是黑与白的运用。从符号含义上而言，黑色代表男性气质，白色代表女性魅力。作为时尚先驱的嘉柏丽尔·香奈儿将男性和女性特质混合在一起，开创了一个时代。整个 20 世纪，无论在时尚界还是社会行为上，人们都跟随着香奈儿的潮流。再提一下香奈儿品牌的根源，嘉柏丽尔·香奈儿向世人展现了传统男性和传统女性的混合特质，即她的意志力、努力进入上层社会的坚定决心，以及一位独立、自信女性的个人风格。香奈儿的很多照片是坐在楼梯上拍摄的。香奈儿的顾客通常是女性，非常认同这些代表了意志力和成功的符号。她们是公司高管，成功且具备强大的影响力，或者说她们渴望成为香奈儿这样。这与广告中香奈儿女性的形象是一致的。香奈儿女性给人的印象总是她能够认清自我，能得到她想要的东西。香奈儿符号背后的象征是这位时尚女王，她看上去自信、无畏、自由、受人尊敬、敢于冒险、成就满满、具有智慧创新精神，崇尚精英主义，具备了强大的影响力。她的一举一动展示着力量和信心。这就是可可·香奈儿的模样，或者说是她希望展示给别人看的样子，也是香奈儿顾客认同的形象。因此，像香奈儿这样的奢侈品品牌面临的关键挑战是如何保持数十年前即已形成的品牌识别。在当下社会文化氛围中，要维护品牌识别，品牌必须有意义、有吸引力、激发灵感。此外，品牌在具备排他性的同时，也需要让消费者买得到，这样才能实现业绩增长。奢侈品公司在传统市场实现业绩增长的同时进入一个全新市场，需要在不同文化环境中输出品牌基因，在保持传统美学的同时吸引新顾客，从而创造经济价值。图 5–2 总结了“品牌–顾客–员工”的三角关系，即 BCE 模型。

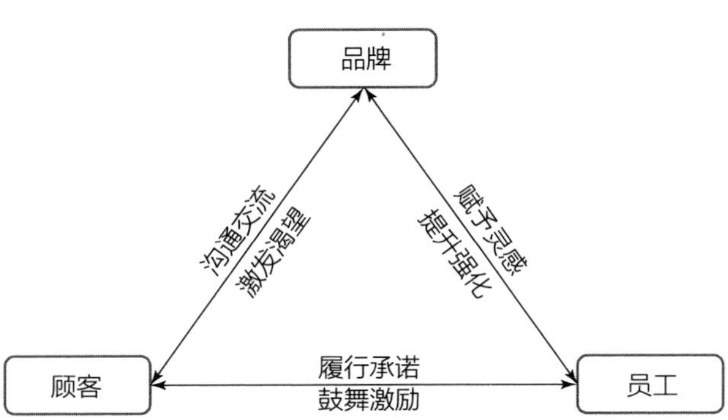

图 5–2 “品牌–顾客–员工”三角关系：BCE 模型

在处理上述对立关系时，品牌核心识别的另一个关键词是**品牌境界**（brand nirvana）。以美国品牌为例，拉夫劳伦的价值观包括持久、风格、东海岸文化、波士顿人的梦想、美国传统、美国梦和永恒。其中，该品牌的境界（即核心价值主张）是“波士顿人的梦想”。蔻驰的品牌特征包括年轻、乐趣、时尚、独立、可爱、多彩、互动、开放、广为人知、积极响应、适应潮流。蔻驰的品牌境界是“让我自由”和“纽约梦”，这是基于“乐趣”和“时尚”的价值。蔻驰的品牌识别强烈地传递了品牌传统：蔻驰起源于纽约曼哈顿的麦迪逊大道，与众不同。蔻驰注重独特性和时尚性，这就是蔻驰有别于其他品牌的特征。尼曼百货①创始人斯坦利·马库斯（Stanley Marcus）认为，每件商品都有合适的顾客前来购买，零售商的任务就是正确地将商品与顾客一一配对。尼曼百货追求的品牌价值观是卓越服务、正确服务、职业精神、专业、时尚、高品位、顾客满意、永不满足的好奇心，以及激情。其中，尼曼百货的品牌境界是“正确服务”，因此，它真正要做的是帮助顾客做出正确的购物选择。

奢侈品品牌还善于利用形象的对立关系，如男性化和女性化的对立。在各种各样的品牌识别中，奢侈品展现的是独一无二、极具创造力的特质，彰显了创作者的内心激情。

> 品牌形象是自生的，而非通过调研挖掘小众、细分的商业机会后打造而成。品牌形象与创作者的自我识别、出身背景和特有风格同时产生。[2]

以香奈儿女士和阿玛尼先生为例，他们都寻求中性化设计。可可·香奈儿以焕发精神的全新设计将女性从象征禁锢和束缚的紧身胸衣中解放出来。她具有创新精神，充满智慧，认为一个女孩既要优雅又要出色。她并没有提及男性气质。反观阿玛尼先生这位时尚界专才，他老练、富有、追求自由、优雅、热爱运动、功成名就。阿玛尼品牌像乔治·阿玛尼本人一样，代表了一个在生活中取得成功并追求梦想、冒险和真爱的人。阿玛尼先生投射出睿智、专业的形象，他很清楚人们活着想要获得什么。

营销专家善于通过单独估算品牌本身创造的额外净现金流来计算品牌价值。这

---

① 尼曼百货（Neiman Marcus）在新冠疫情期间申请破产。——作者注

些额外的现金流说明：即使其他品牌价格更便宜，顾客也愿意购买本品牌而不是其他品牌。竞争理论认为，品牌可以通过营销手段在消费者心智中逐渐形成信念和联结，从而产生差异化特征。因此，顾客资产其实就是财务资产。品牌之所以具有财务价值，是因为它在员工、顾客、分销商、订购者、意见领袖的心智中创造了无形资产。这些资产包括他们对品牌的认知、获得价值利益时引发的排他性和优越感，以及对品牌产生的情感联结。这些无形资产又与品牌识别紧密联系在一起，可参考图 5-3 所示的品牌基因圆环模型。

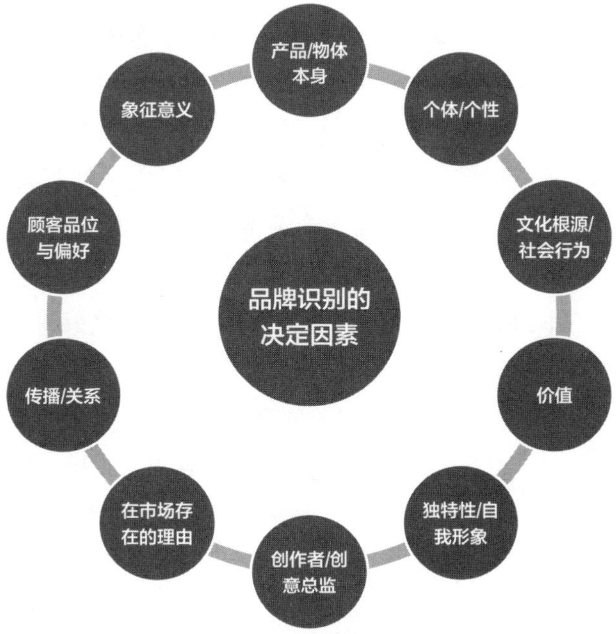

图 5-3　品牌基因圆环模型

5.2　品牌气质

上一节让读者更系统、详细地了解了品牌识别的本质和性质，本节将介绍奢侈品与其他产品的差异。奢侈品并不迎合基本需求；换言之，它们是“非必需品”。因此，奢侈品的生产和分销模式在很大程度上取决于一家公司是否有能力吸引消费者，围绕产品向消费者灌输一种梦想，创造他们对奢侈品的渴望。“梦想”的创造与品牌基因的营销手段和传播方式密切相关，这样才能形成独一无二、深入人心的品牌识别。在法国或意大利本土创造梦想并不难，但在当下市场全球化背景下，梦想必须跨越国界和文化。然而，不同的文化有不同的梦想，消费者的愿望也不尽相同。因此，讲述故事是创造梦想的关键推动力。一个品牌的故事建立于它的气质之上，即品牌的神话与历史。戴比尔斯的广告标语是一个典型范例。早在 1947 年，戴比尔斯就提出了这样的广告文案："钻石恒久远。除了它，还有什么能让两个月的薪水永存？"这句广告词由费城艾尔父子广告公司（N. W. Ayer& Son）的文案专员玛丽·弗朗西斯·格雷蒂（Mary Frances Gerety）创作，在几十年后依然广为流传。这则广告也是 20 世纪最佳广告之一，定义了订婚戒指以及钻石与爱情、婚姻关系的现代概念。另一个例子是玛丽莲·梦露和香奈儿 5 号香水的亲密历史故事。香奈儿用一段两分半钟的视频吸引了消费者，视频中展示了玛丽莲·梦露在 20 世纪 50 年代初出现在杂志《生活》（*Life*）和《现代银幕》（*Modern Screen*）上的照片，以及她那句只喷香奈儿 5 号香水入睡的名言。迪奥的真我（J'Adore）系列香水在广告短片《迪奥真我香水》中讲述了它的创作故事。短片强调了这款香水由世界各地的鲜花制作而成，混合了大马士革蔷薇、阿拉伯茉莉和印度晚香玉的香气，而香水瓶在意大利穆拉诺岛（Murano）吹制而成。

品牌诞生故事、品牌创始人和经过时间沉淀形成的品牌识别都可以传递品牌气质。当创始人用自己的名字来命名品牌时，他们的性格、思维、信仰、审美、兴趣和个人风格形成了品牌气质。例如，尽管路易威登已经将产品延伸至探险、时装和配饰，但它仍然坚持将带有标志性"LV"印花的皮质行李箱作为品牌气质的代表产品。虽然说品牌气质反映了品牌核心识别，但对不同的购买者而言，品牌传递的意义可能不同。例如，路易威登行李箱对印度新娘代表的是婚礼上收到的昂贵礼物；对日本人来说是一个制作精美、功能齐全、携带方便的旅行配件；对另外一些人而言，可能只是一个价格过高、没有必要购买的行李箱。[3]

当品牌创始人还在世时，如拉夫·劳伦、乔治·阿玛尼，品牌反映了其创始人和掌管人的气质。但是，一旦品牌如纪梵希、法国娇兰、尚美巴黎、迪奥、梵克雅宝等发生变革或被大型集团收购，这个结论就不一定成立了。反映品牌核心识别的品牌气质依旧不变，但新上任的创意总监可能会带来一些全新的理念，调整品牌的正统性范畴，从汤姆·福特和多梅尼科·德索尔掌管古驰的前后变化中就不难发现这种现象。

接下来我们探讨一下圣罗兰的品牌气质。该品牌一直被视为法国最伟大的时装品牌之一，伊夫·圣罗兰在合作伙伴皮埃尔·贝尔热（Pierre Bergé）的帮助下于1962年创立了同名品牌伊夫圣罗兰。他凭借烟装[①]、狩猎装和披头族造型[②]等标志性创意彻底改变了时装界。1966年，他推出了品牌首个成衣系列——“左岸”（Rive Gauche），让时装行业在普通百姓生活中普及。在整个20世纪70至80年代，这个著名的时装品牌名噪一时。伊夫圣罗兰成了举世闻名的高级定制时装和成衣品牌。伊夫·圣罗兰喜欢与女性为伴，经常被女星团团包围。他的设计灵感来源于很多“缪斯女神”，包括出身贵族的模特兼设计师露露·德拉法蕾斯（Loulou de la Falaise）、外交官之女兼社交名媛贝蒂·卡图（Betty Catroux），以及著名法国女影星凯瑟琳·德纳芙（Catherine Deneuve）等。圣罗兰“缪斯女神”的诞生并非巧合，她们都极具魅力，富有艺术气息，不会循规蹈矩，敢于挑战规则。这也是巴黎左岸诠释的精神。说到魅力，她们都精通时尚、风情万种，装作纯情的模样，却喜欢嬉闹玩乐。伊夫·圣罗兰为女性设计了燕尾服，并推出了其他一些加入男性元素的女性服装，如休闲西装外套、狩猎装等。事实上，这些设计的原型来源于巴黎那些时尚精致却不落俗套的女强人形象。

然而，20世纪90年代，伊夫圣罗兰先后被制药公司赛诺菲（Sanofi）和古驰集团收购。伊夫·圣罗兰继续担任高级定制时装系列的设计师，但汤姆·福特接管了左岸系列成衣的设计工作。后者给品牌注入了“情色时尚”的美学元素，最终导致伊夫圣罗兰的忠实顾客对这个面目全非的品牌感到异常陌生。2002年，伊夫·圣罗兰因个人原因无法继续完成设计工作，伊夫圣罗兰高级定制时装屋因此关闭，只剩下左岸系列仍在古驰集团的掌管下。2004年，汤姆·福特离开了古驰集团，曾在伊夫圣罗兰担任汤姆·福特助手的斯特凡诺·皮拉蒂（Stefano Pilati）成了左岸系列的设计师。2010年，皮拉蒂宣布在巴黎黄金地段蒙田大道新开一家三层楼高的旗舰店，毗邻著名的迪奥旗舰店。自从汤姆·福特离职后，伊夫圣罗兰一直注重回归品牌根源，多年来都没有针对零售市场进行扩张。

此外，伊夫圣罗兰的产品系列已经延伸至盈利能力更强的品类，如皮具、配

---

① 烟装（le smoking）是把男士礼服经典的设计和细节与女性高雅、柔美等元素结合的中性风格服装，主要表现为硬挺、有金属光泽感的质感面料和整体宛如一支纤长香烟的I型轮廓。——译者注

② 披头族造型（Beatnik look）代表了青春四溢、行为举止不合常规，具有反抗气质的形象与特质。——译者注

饰和化妆品。虽然该品牌逐渐偏离了成衣业务的根源，但在保持品牌识别的前提下开发了其他品类，也实现了盈利。在皮拉蒂的领导下，伊夫圣罗兰回归了其时尚引领者和品位创造者的本源与气质，推出了缪斯女神露露系列手袋（Loulou Handbag）、Tribute 系列鞋履等爆款，堪与品牌历史上标志性的烟装和狩猎装相提并论。

2011 年，伊夫圣罗兰时装公司考虑将时装业务品牌名从“伊夫圣罗兰”（Yves Saint Laurent，业界人士简称为“YSL”）改为“巴黎圣罗兰”（Saint Laurent Paris）。该决定最终由 2012 年上任的创意总监艾迪·斯理曼（Hedi Slimane）做出。采用新名字是为了将品牌回归到“真实性、纯粹性和本质性，并将其带入一个新时代”。自从皮埃尔·贝尔热和伊夫·圣罗兰将品牌出售以来，伊夫圣罗兰已经亏损了多年。有些人可能会认为伊夫圣罗兰需要重新定义品牌气质。这个决定瞬间引起了很多人的批评和愤怒，这位创意总监似乎伤害了品牌的拥护者，侵犯了对他们来说神圣的品牌。人们很快发现品牌名字也是伊夫圣罗兰品牌气质的一部分。事实上，对于品牌名的重要性，熟悉这个品牌、懂得品牌体现其创始人个性的消费者并不会感到奇怪。一些忠实顾客反应激烈，甚至新创了一个品牌标识来表达他们对新品牌名的厌恶。如今，“巴黎圣罗兰”这个品牌名已经不复存在，圣罗兰公司可能已经彻底将它抹去了。2016 年，艾迪·斯理曼离开了圣罗兰，前往思琳任职。比利时人安东尼·瓦卡雷洛（Anthony Vaccarello）接任艾迪·斯理曼，成为新一任的创意总监。圣罗兰总裁兼首席执行官弗朗西斯卡·贝莱蒂尼（Francesca Bellettini）公开表示：“安东尼·瓦卡雷洛展现的现代、纯粹的美学与品牌完美契合。他在造型设计中无可挑剔地平衡了女性的性感符号和鲜明的男性元素。他是伊夫圣罗兰品牌设计师的不二人选，完美地诠释了这个品牌的本质。我对与安东尼·瓦卡雷洛共同开启新时代充满热情，希望让公司更上一层楼。”开云集团董事会主席兼首席执行官弗朗索瓦-亨利·皮诺补充道：“我非常自豪，欢迎时装界中这位活力满满的年轻力量（当时瓦卡雷洛年仅 36 岁）加入伊夫圣罗兰的家庭中。”值得一提的是，“巴黎圣罗兰”这个名字后来又改回了“伊夫圣罗兰”。[①] 这个小插曲表明一个品牌的名称（以及品牌气质）对该品牌的忠实顾客来说是多么珍贵。

---

① 事实上，此后“巴黎圣罗兰”改名为“圣罗兰”（Saint Laurent），并使用至今；高级定制时装系列和化妆品系列依然沿用“伊夫圣罗兰”（Yves Saint Laurent）的品牌名。——译者注

圣罗兰的故事说明了品牌气质是一个强有力的工具，可以让潜在顾客将自己置身于该品牌打造、传承的世界中。这个世界包含了品牌识别的所有构成元素。一个品牌“吆喝”的其实是一系列错综复杂的品牌识别，包括创始人、创作者、品牌诞生年代、来源地、工艺技术、专业技能、老客户等等。这些品牌识别不仅仅代表了产品本身，更体现了品牌气质。总之，品牌气质在本质上对消费者而言是不可见的，它不是指颜色、质地、形状或大小，不能通过五官来感受。因此，针对奢侈品顾客，尤其是新兴市场的新顾客，当今的奢侈品品牌需要使用可见的元素重新定义它们的美学，并向外界展示，让消费者识别并感受到品牌的气质。

开云集团 2020 年的财报显示，圣罗兰的营业收入从 2013 年的 5 亿欧元增长到 20.5 亿欧元。[4] 实现营收增长的同时，其利润率几乎翻了一番，从 2013 年的 13.8% 增至 2019 年的 27%。圣罗兰已经成为开云集团旗下仅次于古驰的第二大明星品牌①。

5.3 奢侈品顾客

上一节介绍了品牌识别的重要性和奢侈品品牌的气质。本节将探讨这些因素与消费者之间的关系。品牌一旦占据了潜在顾客的心智，他们就会与品牌产生共鸣，最终成为忠实的消费者。

奢侈品消费并非完全出于理性的决策，感性比理性更占据主导。品牌的个性和本质创造了一种魔力，能诱使消费者失去理性，屈从于他们自己的欲望。不过，品牌必须管理好排他性和易得性（即实现业绩增长）这对矛盾关系。因此，品牌如何吸引顾客成了最重要的问题。

现有文献将奢侈品消费者分为若干种类型。这里的划分通过两根坐标轴体现，其中一根轴是“富有—贫穷”，另一根轴是“寻求社会影响力 / 买给他人看—对地位毫不关心 / 买给自己用”。图 5–4 简要概述了不同类型的消费者。

① 疫情暴发前，古驰的年营业收入为 96.3 亿欧元。——作者注

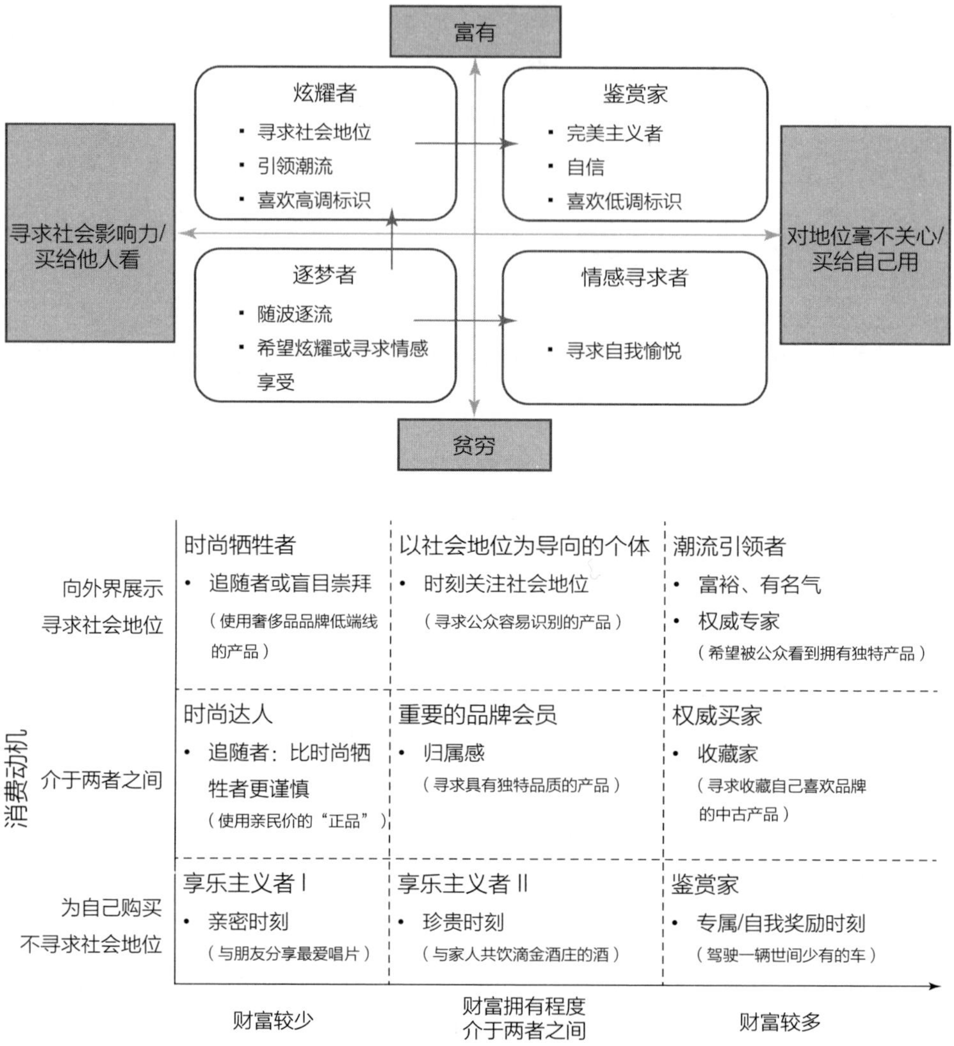

图 5-4　不同类型的消费者

消费者特征

考虑到消费者在奢侈品购买过程中的参与程度和购买动机，研究人员尝试从“财富拥有程度”（即较多和较少）和“是否寻求社会地位”两个维度细分奢侈品消费者。

第一类消费者是**奢侈品享乐主义者**。这类人群通常是成功的年轻人，对生活保持乐观态度，他们的购买动机并不是寻求社会地位。他们寻求快乐，喜欢过帝王般的奢华生活，善于将旅行与丰富的社交活动联系在一起。他们紧跟最新潮流，喜欢以一种没有负罪感的方式消费购物。他们兴趣广泛，将奢侈品品牌作为一种向世人表达自己的工具，喜欢的品牌包括莫杰、迈克高仕等。

第二类是**典型的奢侈品消费者**。他们对品牌忠诚，深谙时尚精髓并且富有。他们往往心理比较成熟，大多数是男性，年龄较大（如日本消费者）。他们往往是**追逐梦想的消费者**（逐梦者），为了追求生活品质和永恒才为自己购买奢侈品，不会一味地关注媒体上关于奢侈品的新闻，更多是通过口碑相传来了解这个奢侈品品牌和流行趋势。

第三类是**奢侈品权威买家和鉴赏家**。他们是最富有、受教育程度最高的那一群人（如法国和意大利消费者），极具创造力和洞察力，思想开放，对新人群、新文化、新思想持包容的态度。对他们而言，奢侈品的本质是低调的，而不是浮夸的。他们十分关注产品本身，重视产品的卓越品质和精湛工艺，不会把购买奢侈品作为社会地位的象征。他们更喜欢天然、有机的产品，偏爱爱马仕、香奈儿、宾利等品牌。

第四类是**炫耀者**。他们热衷于**寻求社会地位**，当然也是潮流的引领者（如中国消费者）。他们在经济上比较拮据，通过存钱来购买奢侈品，但有时会发现这样很难满足他们对奢侈品的渴望。他们希望出国旅游并购物消费。这类消费者无论男女都非常时尚，对品牌及其标识异常敏感。同时，他们也注重健康，会花很多时间打扮自己。他们更喜欢阿玛尼、古驰、普拉达、宝马等品牌。

综上所述，奢侈品消费者可按品位与偏好、财富性质两大基本特征来划分。

1. 品位与偏好

消费者可以分为典型的奢侈品消费者（如社会精英、鉴赏家等，信任爱马仕或劳力士等知名品牌）和平民消费者（或可称为“奢侈品新消费者”，如果某个新品牌更令人满意，他们就会毫不犹豫地购买）。这些消费者清楚地知道他们想要什么，不会因为传统或惯例购买不合适的品牌。他们认为所有人都可以使用奢侈品，从而推动了奢侈品的全民化趋势。

2. 财富性质

富有并不是奢侈品消费的首要因素，时间才是。此处“时间”并不是一个计量单位，而是指拥有财富的长久程度。例如，在20世纪变得富有的那些演员、体育明星和企业家与经历千辛万苦才获得财富的人有着不同的消费模式。同样，那些继承家产的人与工薪阶层（如公司高管等）的消费模式也存在差异。

这些年来，不同类型的顾客也发生了改变。例如，消费者很可能不再是某个品牌的忠实拥护者，不会全身上下都穿戴同一个品牌的产品，在选择服装搭配时更具慧眼。此外，服装产品确实出现了趋同现象。如今，不同年龄的女性都打扮得非常类似，年长一些的女士总有办法让自己看起来更年轻，不管是什么年龄段，每个人看上去都大同小异。以下介绍当今奢侈品消费者的特征画像。

（1）**洞察敏锐**。他们经常旅行，熟悉不同的文化，思维敏捷，更加善于捕捉产品之间的细微差别。他们对产品特性了如指掌，明白真正的品牌推广活动和营销噱头之间的区别，质疑品牌收取的溢价，并拒绝购买看似不值得的产品。例如，路威酩轩集团一直努力尝试在印度市场销售迪奥和泰格豪雅腕表，但大多数印度顾客发现国内市场不能及时地推出腕表新品，并且售价更贵，因此都到国外去购买。印度消费者对全球价格对比的洞察力十分敏锐，因此路威酩轩集团等奢侈品公司在最近十年仍未打开印度市场，但正努力迎合这个潜力巨大的消费市场。

（2）**产生影响**。在奢侈品行业发展初期，奢侈品品牌数量有限，顾客的高需求使得奢侈品品牌在供求关系上占据了主导地位。随着奢侈品行业竞争加剧，主导权如今转移到了消费者身上。由于每个品牌都在延伸产品，品牌之间的转换成本也随之降低，消费者在产品、品牌、支付方式和购买渠道之间有了更多选择。

（3）**独一无二**。如今的消费者都了解自己，也知道自己想要什么。每个女性都成了自己的时装设计师，拥有自己的想法，不会盲目地听从品牌传递的信息。她们会大胆地将香奈儿与古驰，或奢侈品与街头风格的服装搭配在一起。她们知道不了解她们的人会根据衣品对其做出判断，因此必须确保购买的产品符合自己的个性。

（4）**挑剔苛刻**。消费者想要的产品必须品质完美、服务优质、工艺精湛。如果产品不是最好的，他们不愿意做出让步。他们渴望定制产品，期待引领潮流的时尚品牌，希望品牌能在他们表达自己想法之前就洞察他们的时尚需求。他们希望品牌具备创造性和原真性。日益增长的定制奢侈品市场凸显了消费者挑剔、苛刻的特质，每一件商品都由消费者自己精心挑选。诸如蒂芙尼和劳力士等品牌正通过腕表定制服务满足这些消费者的需求。

（5）**喜新厌旧**。消费者热衷于追求时尚，频繁地购买新衣服、新鞋和新配饰。品牌也会定期推出新品，鼓励消费者经常更换他们的穿搭。

（6）**关注伦理道德和可持续发展**。他们想购买具备社会责任感的品牌，不愿穿发展中国家童工制作的鞋子，或者以破坏环境的方式生产的服装。他们喜欢把自己与参加社会公益的品牌联系在一起，也偏爱与消费者共享价值观的品牌。例如，一些女性消费者购买魅可 Viva Glam 系列口红，不仅因为时尚，还为了支持抗击艾滋病的公益事业。

5.4 章中探讨

前文从购买参与程度和偏好两大维度细分了奢侈品消费者的类型，但要切记，奢侈品消费也包含了文化因素。文化对消费者类型（需求层面）和原产国品牌类型（供给层面）都产生了影响。每个国家都代表了一种特定气质，如法式经典、德式务实、意式格调、日式激情等公认的特质。奢侈品自带国家国民的特性也同样在发生演变。当人们购买某个奢侈品品牌时，他们也认同这个品牌所属的国家文化。爱马仕购买者认同法式风情，博柏利购买者认同英伦气质，拉夫劳伦的消费者与美国梦产生共鸣。在汽车行业，法拉利、兰博基尼、玛莎拉蒂等豪华汽车拥有最前沿的设计和最现代的技术，无一例外都是意大利品牌；而像保时捷、宝马和梅赛德斯-奔驰是品质、高效、舒适的代名词，这些汽车都是德国品牌。被印度塔塔集团旗下塔塔汽车集团收购的捷豹，以及宾利、劳斯莱斯都代表了英伦传统和生活方式。

事实上，来自不同文化的消费者有自己特定的行为模式。尽管品牌销售的是相同的产品，但消费者的购买行为因文化而异，购买的品牌不同，使用奢侈品的方式也存在差异。例如，人们可以通过佩戴珠宝的方式来判断一个人来自哪个国家。法国人佩戴珠宝比较低调，总是担心自己看起来太庸俗或格格不入；意大利人追求动感，喜欢流线型的首饰；德国人用积蓄的薪水购买珠宝，佩戴时自然而然地表现出自豪感，珠宝的设计也显得大胆、厚重；印度人以佩戴黄金闻名于世，不仅在婚礼上，在日常生活中也会佩戴。再以香水为例，香水在法国市场的销售方式完全不同于在日本或中国。日本人更注重自然香气。日本人认为香水对婴幼儿的健康会造成不利影响，新生母亲都会避免使用香水，只有非常淡雅的香水才可能得到日本人的青睐。在其他国家，尤其在中东和北美市场，浓香水则畅销得多。中国是新兴的香水市场。近年来，随着中国女性意识的觉醒，香水成为中国独立女性表达自我、犒赏自我的工具。与此同时，中国男性消费者也倾向于用香水来展示他们的品位和精致。[5] 总之，尽管产品完全相同，但在世界不同市场的销售方式可能不尽相同。这也与产品定价密切相关。

5.5 奢侈品定价

在经济学理论中，价格上升代表需求曲线向下倾斜，需求量减少。传统营销理论以需求为导向，奢侈品却以供给为导向，即产品为王。奢侈品公司根据产品风格和品质、市场认知，以及产品生产所需的时间、资源和相关成本进行定价。一件产品的奢侈感越高，价格也越高。因此，奢侈品行业是违背传统经济学理论的。众所周知，奢侈品行业会产生“凡勃伦效应”（Veblen Effect），即价格上升会刺激消费者对奢侈品的需求。

研究人员最近发表的一项研究表明，影响奢侈品定价的四大主要因素分别是：产品成本、顾客感知价值、旧款系列价格和竞品价格。研究结果还表明，生产成本和旧款系列价格对定价决策的影响超过了 50%，竞品价格水平约 20%，顾客感知价值大约为 30%。根据这项研究结果，奢侈品公司的管理者认为奢侈品价格的重要性排在品牌及其形象、产品品质和产品设计之后，这也在某种程度上揭示了奢侈品定价的基本逻辑。

与人们的直觉截然相反，消费者愿意支付相对较高的价格购买奢侈品的主要原因并非从中获得功能性效用①，而是顾客感知价值。奢侈品象征性效用或美学效用占价格的比例远高于普通产品。换言之，消费者通过奢侈品消费满足了社会地位的获得感，或表达了自己的个性，这些比花费的金钱更有价值。

---

① 效用（utility）为经济学常用术语，表示消费者拥有或消费商品及服务对欲望的满足程度。——译者注

除此之外，奢侈品定价的与众不同在于其神秘感、传承性和品牌形象的联想。几乎没有奢侈品品牌会公开宣布每一件在售产品的价格，但它们一定会密切关注对标竞品的价格。例如，只要葆蝶家采用了世界上最柔软的皮革制作手袋，购买者就不在乎这件顶级奢侈品到底有多贵。消费者也认为，一件奢侈品的价格与他们在产品使用情境中所获得效用的相关性并不高。

尽管如此，价格的作用也不容忽视。只有当产品供求曲线到达了某一价格点时（即价格弹性发生作用），才会产生凡勃伦效应。需求价格弹性（price elasticity of demand，以下简称“价格弹性”）定义为市场商品需求量对价格变动做出反应的敏感程度，即价格发生变动时，产品需求量可能上升、下降或者不受影响。因此，价格弹性可能小于零、大于零或等于零（如图 5–5 所示）。当价格弹性小于零时，企业会推出新品或扩大产品线，以刺激消费者需求，从而提升业绩。价格弹性等于零时，定价对产品需求不会产生任何影响。当价格弹性大于零时，价格上升表明产品需求会增加，因此公司会不断提升产品定价（如图 5–6 所示）。

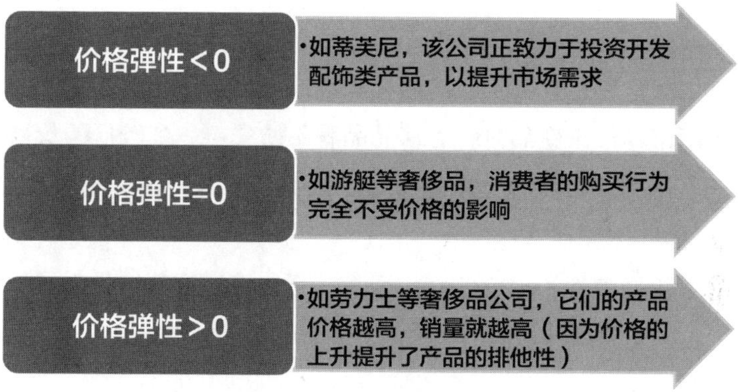

图 5–5　品牌与价格弹性

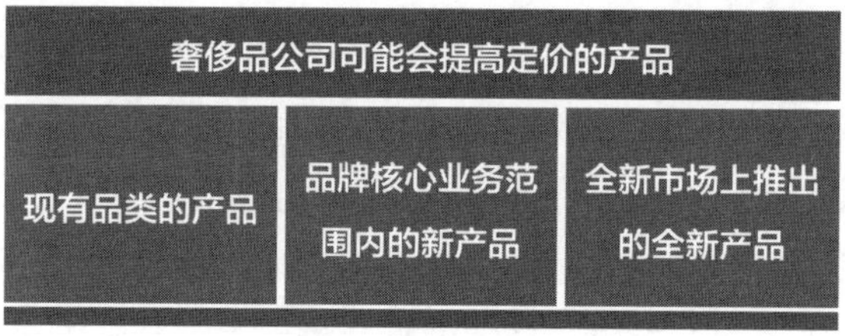

图 5–6　奢侈品公司会提高定价的三类产品

传统企业试图利用规模经济降低成本，并选择降价来提升产品需求，还希望通过价格优势增加产品辐射范围内的消费者数量。反观奢侈品公司，它们会逐渐提升产品定价，尝试在产品辐射范围内增加富裕消费者的数量。

在过去的几年里，每年奢侈品品牌往往会提价两次，每次价格提升的幅度至少在 10% 左右。涨价已经成为奢侈品行业的趋势，因此奢侈品品牌无须再像过去那样寻找提价的正当理由。不过，在没有明确理由的情况下提高产品价格可能会让传统顾客难以接受，在这种情况下，凡勃伦效应不会起到作用。向顾客解释涨价的理由肯定不会错。例如，一些大牌奢侈品品牌会让顾客意识到：如果汇率发生变动，那么利润率将受到影响；或者门店因新冠疫情关门歇业，不得不提高价格。2021 年，诸如路易威登、迪奥、香奈儿等品牌纷纷提高了产品定价。

奢侈品品牌推出新品的目的应该是“产品升级”，而不是自降身份。升级的目的是增加品牌的吸引力，并非滥用品牌的地位象征。因此，奢侈品品牌往往以高于之前产品价格区间的定价推出新品。此外，消费者会认为新品在各个方面都要优于之前的产品系列，产品的生产成本必然更高，这样就证明了新品价格更高的合理性。宝格丽和蒂芙尼都是通过提升产品中黄金和钻石的含量来提升定价，从而向消费者表明品牌的奢华定位。同理，产品稀缺性的提高必然导致定价的上升。

在一个全新市场推出新品时，奢侈品品牌不妨先定一个较低的价格，然后逐步提高定价。这是因为面对一个全新的市场，品牌首先需要提高产品的试用率（trial rate）。

前文探讨了价格弹性和定价的影响因素，下文将讨论奢侈品公司如何管理产品定价。产品定价主要有两种不同的策略，分别是基于供给的定价和基于需求的定价。

1. 基于供给的定价

在这种情况下，公司会根据它认为合适的价格来确定产品定价。消费者只能选择是否购买。由于产品定价划定了品牌的价格区间，公司的责任是确保定价随着产品供给情况做出正确的改变。此外，公司必须谨慎地设定产品在全球范围内的定价，最大限度地减少套利可能，保证合理的利润空间。

公司可以通过以下两种方式制定产品的全球价格。

第一种是“成本叠加”策略。两国产品的价格差异与运输成本、海关关税、汇率波动和当地分销成本有关。在这种策略下，每个国家产品的定价可以有所不同，以使利润率保持稳定。

第二种是设定一个较高的全球统一价格。这种情况下，出国旅游或分销成本可忽略不计，基本不会对公司利润率造成影响。全球统一定价也可以阻止套利的所有可能。

2. 基于需求的定价

在奢侈品行业发展初期，价格往往由顾客决定。在这种定价模式下，可行的策略是提供一次性折扣和优惠来吸引顾客。收益管理（yield management）理论认为，一次性降低价格是比较合理的，可以促进顾客在未来购买更多产品。不过，品牌必须牢记以下原则。其一，降价不能影响服务质量，否则会损害品牌的声誉。其二，不能让老顾客觉得自己上当受骗——他们之前以更高的价格消费，却看到其他人以更低的价格获得了同样的产品。基于需求的定价意味着公司应该试图获得全部消费者剩余（consumer surplus，即通过差异化定价收取消费者愿意支付的全部金额）。不过，奢侈品公司万万不能以清仓价处理货品，否则会严重削弱品牌声誉。图 5–7 归纳了奢侈品的溢价逻辑。

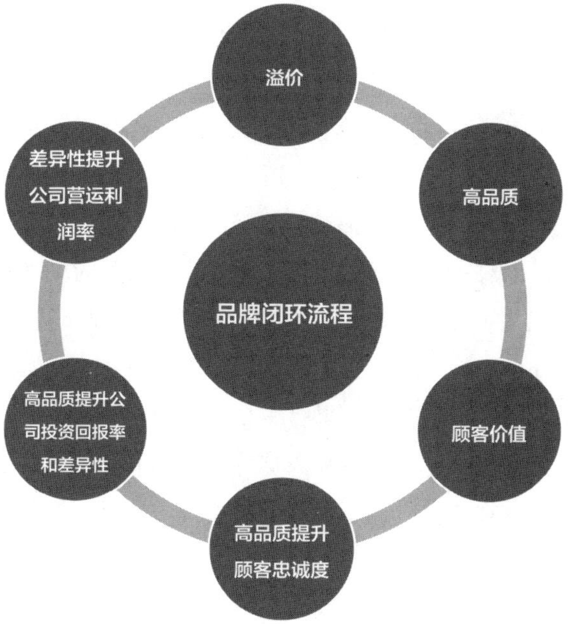

图 5–7　溢价逻辑

5.6 小结

将产品打造为品牌时需要注意以下几个方面。其一，产品必须拥有卓越的品质。人们往往会忘记产品价格，但绝对不会忘记产品质量。其二，产品必须富有创意，这样才能保持领先并不断创新。在创新过程中，设计师会重新诠释产品的每一次改进，从而确保产品始终与品牌基因保持一致。其三，取悦每个消费者几乎是不现实的，要打造一个成功的品牌，设计师几乎从不刻意取悦某些人群。

建立品牌识别需要时间的沉淀。在奢侈品行业，罗马绝不是一天建成的。创造品牌可靠、正统、原真的形象需要极其漫长的时间。许多人往往没有理解建立品牌识别、打造品牌气质、忠于顾客为何需要投入如此漫长的时间。无论哪种定价模型都不会将时间因素考虑在内。打造一个知名品牌不是一门科学，而是一门艺术。奢侈品公司内外都需要明确品牌的意义和内涵，定义品牌符号——品牌是什么？代表了什么？为什么存在？举例而言，如果一个人买到了一件配饰，那么说明这个品牌是买得到的；如果一个人买了某个品牌的商品，说明他属于一个特定人群；如果一件奢侈品过于昂贵，那么这个品牌很快会被人们忘记。奢侈品需要通过合适的方式、合理的角度向众人展示，但展示的不应是产品价格。奢侈品品牌需要让消费者认为他们有可能买到这个产品，并梦想有一天能拥有这个产品。这就是世界始终在变化的原因，每个人都拥有自己的梦想，每个人的梦想都因人而异。让人们心怀梦想且做出正确的决定需要时间和勇气。一旦一个人开始怀有梦想，那么他会如同一张白纸那样透明。此时，品牌符号趋向永恒、现代、风格清晰。人们可能需要经历多年才能真正感受到这些特征。与品牌联系紧密的人由于经常可以看到这个品牌，因此会很快感受到；但对一个外行人而言，需要花费很长时间才能感知。

这就是为何讲述品牌故事可能是向顾客传达品牌识别和品牌气质的最佳方式。人们最想了解的不外乎品牌正在发生的故事、名人轶事、与品牌相关的人分享的经历等等。人们不会忘记这些故事。如果将一个品牌与一个人生命中的重要时刻联系在一起，那么他会更容易牢记这个品牌。这种记忆比简单地向顾客介绍产品要深刻得多。不管怎么说，最重要的是人们喜欢这个品牌。

注释

[1] KAPFERER J-N, BASTIEN V. The Luxury Strategy: Break the Rules of Marketing to Build Luxury Brands[M]. Kogan Page Publishers, 2012.

[2] KAPFERER J-N, BASTIEN V. The specificity of luxury management: Turning marketing upside down[J]. Journal of Brand Management, 2009, 16（5）: 311-322

[3] BERTHON P, PITT L, PARENT M, et al. Aesthetics and ephemerality: Observing and preserving the luxury brand. California Management Review, 2009, 52（1）: 45-66.

[4] How Anthony Vaccarello and Francesca Bellettini took Saint Laurent to € 2bn[EB/OL]. Financial Times,（2020-2-15）[2022-11-6]. https: //www.ft. com/content/7d7c7f3e-4cc4-11ea-95a0-43d18ec715f5.

[5] LI E.Bulgari's latest collection conquers China with its customizable scents[EB/OL].（2021-1-28）[2022-11-6]. https: //jingdaily. com/bvlgari-allegra-perfume-china-jackson-yee/.

第二篇

奢侈品公司管理与奢侈品市场

THE
ROAD TO
LUXURY

第 6 章

家族企业、公司化运营与新锐品牌

40 年前，法国的奢侈品行业完全由家族企业主导。这些家族成员之间相互了解、志同道合。他们会在夏天前往摩纳哥蒙特卡洛，冬天前往瑞士采尔马特（Zermatt）度假。他们的办公室不是在旺多姆广场、圣-奥诺雷街，就是在蒙田大道。

这些都是奢侈品行业发展的必然结果。法国奢侈品家族企业的大名都如雷贯耳、历史悠久、享有盛誉，并且赢得了顾客的信任。

然而，尚美巴黎事件却破坏了这个"太平盛景"，这家珠宝及腕表商的陨落开启了奢侈品行业天翻地覆的序章。究竟什么事可以引发如此大规模的变革？尚美巴黎事件是否存在一些不为人知的内幕？这件事还需要回溯至 20 世纪 80 年代，时任尚美巴黎掌门人的雅克·尚美（Jacques Chaumet）和皮埃尔·尚美（Pierre Chaumet）兄弟走上了一条不归路，导致公司信誉一败涂地。[①] 很多顾客被骗取了积攒下来的身家，却都保持了沉默。这些顾客只是为了避免陷入丑闻或纠纷，只能任其宰割，给他们的生活带来了沉重的负担。尚美巴黎的祖传珠宝业务也被卷入了

① 在雅克和皮埃尔执掌尚美巴黎期间，曾多次参与金融诈骗和高利贷犯罪行为，最终导致公司于 1987 年负债 14 亿法郎，申请破产；两兄弟也因诈骗罪、非法集资罪分别被判处 5 年和 4 年监禁。——译者注

无以复加的风暴——尚美两兄弟祖母[①]传承下来的钻石被倒卖了两次，名贵的祖母绿宝石也几经辗转。所幸，当时这件丑闻并没有公诸于世，但一贯低调、谨慎的奢侈品行业根基出现了动摇。

奢侈品行业经受了此次动荡后，根基其实逐渐在崩塌。

不少创始家族的兄弟姊妹和第二代见证了创始人优渥的生活条件，但享受不到任何分红的福利，导致他们之间的财富差距越拉越大！

当营收处处受限之时，创始人不得不“省吃俭用”。然而，当利润不断提升时，他们的野心也随之膨胀。这些创始人开始追求特权和自身利益，将财富牢牢掌控在自己手中，家族中其他人往往分不到一杯羹。

诚然，一些家族同辈或下一代人成长得非常迅速，也在公司占有一席之地，但报酬实在微不足道。

紧接着，家族的分崩离析开始上演。虽然随着奢侈品行业逐渐复苏，原本小富即安的家族企业变得十分富有，但家族成员之间却反目成仇，最终分道扬镳。

一些善于投机、贪得无厌的家族看到奢侈品行业进入黄金发展时期，受到资本的诱惑和压力迅速出售了家业；一些家族坚持保持独立；其他家族则彻底消失在众人眼中。

近 20 年来，绝大多数奢侈品品牌的创始家族已然退隐，如宝诗龙（Boucheron）家族、娇兰（Guerlain）家族、尚美（Chaumet）家族、浪凡（Lanvin）家族、斐登（Fred）家族、高田贤三（Kenzo）家族、纪梵希（Givenchy）家族、古驰（Gucci）家族、卡地亚（Cartier）家族、雅宝（Arpels）家族、库克（Krug）家族、轩尼诗（Hennessy）家族，以及博艺府家（Puiforcat）家族、卡诺瓦斯

---

① 1780 年，马利–艾虔·尼铎（Marie–Étienne Nitot）在巴黎开了一家珠宝店，凭借精湛的制作工艺和别出心裁的设计赢得了一众名媛和贵族的追捧。马利–艾虔去世后，其子弗朗索瓦–勒尼奥·尼铎（François–Regnault Nitot）继承家业，为法国皇室制作珠宝。由于法国国内的动乱，弗朗索瓦–勒尼奥将公司交给珠宝匠让–巴蒂斯特·福辛（Jean–Baptiste Fossin）和朱尔斯·福辛（Jules Fossin）父子掌管。此后，公司又传承给让–瓦伦丁·莫莱勒（Jean–Valentin Morel）和普罗斯佩·莫莱勒（Prosper Morel）父子。1885 年，约瑟夫·尚美（Joseph Chaumet）迎娶了普罗斯佩·莫莱勒之女玛丽·莫莱勒（Marie Morel），并担任这家珠宝公司的品牌总监，将品牌命名为“尚美巴黎”。1928 年，约瑟夫之子马塞尔·尚美（Marcel Chaumet）继承父业。1958 年，马塞尔之子雅克和皮埃尔共同执掌公司。文中的“祖母”即指玛丽·莫莱勒。——译者注

（Canovas）家族、德默里（Demery）家族[1]、巴杜（Patou）家族和威登（Vuitton）家族等，全都出售了自己的家业。

此外，泰廷爵（Taittinger）家族也出售了巴卡拉（Baccarat）、安霓可·古特尔（Annick Goutal）、克利翁酒店（Hôtel de Crillon）[2]、戛纳马丁内斯酒店（Hôtel Martinez）和协和酒店集团（Concorde Hotels）；布耶（Bouilhet）家族将昆庭（Christofle）出售给家族侄辈博莱蒂（Borletti），博莱蒂又立即将该品牌转售给沙卢布（Chalhoub）家族；甚至连亚历山大·吕萨吕斯伯爵（Alexandre de Lur Saluces）也没能把滴金酒庄（Château d'Yquem）留在家族成员手中。无独有偶，拥有白马酒庄的家族[3]也把品牌出售给了阿尔诺家族。

不过幸运的是，皮埃尔·弗雷（Pierre Frey）家族、爱马仕家族、罗斯柴尔德（Rothschild）家族、持有罗兰百悦香槟（Laurent-Perrier）的诺南库尔（Nonancourt）家族、掌管巴黎 Taillevent 餐厅的卡尼尔（Gardinier）家族、拥有香奈儿的韦特海默家族、拥有人头马君度（Rémy Cointreau）的艾利亚·杜波利埃（Hériard Dubreuil）家族、米歇尔·盖哈（Michel Guérard）家族、德利尔（Delisle）家族、拥有路易王妃香槟（Louis Roederer）的鲁佐（Rouzaud）家族、拥有白雪香槟（Piper-Heidsieck）的海德西克（Heidsieck）家族、威斯顿（Weston）家族、掌管博普缇（Bonpoint）的德库尔（Descour）家族、拥有萧邦（Chopard）的舍费尔（Scheufele）家族，以及持有百达翡丽的斯登（Stern）家族等依然维系着奢侈品世家的传承。

在奢侈品行业历经翻天覆地的大洗牌之后，一些大型公司随之诞生，将很多奢侈品品牌收入麾下，如路威酩轩集团、开云集团、历峰集团和欧莱雅集团等。

然而，很多品牌自此销声匿迹。谁还会记得名噪一时的手套生产商 Roger Faré 或曾风靡全球的打印机品牌德尔格（Dräger）？谁还知道 Gelot、Jansen、Rouard、Paul Portes、Bianchini-Férier、Barroux、Leleu、Richard de Bas、Bagués、Jean Dessès 和 Jean Prud'Homme 等品牌在世间留下了什么痕迹？上述品牌曾经威名赫赫，如今却鲜有耳闻！

---

① 查尔斯·德默里于 1939 年创建了一家名为“Souleiado”的棉花纺织工厂。——译者注

② 即现在的巴黎瑰丽酒店（Hôtel de Crillon A Rosewood Hotel）。——译者注

③ 白马酒庄的创始家族为富卡尔（Fourcard）家族。——译者注

如今，那些存活下来的家族企业正扩大它们的规模，被视为奢侈品行业大动荡的幸存者，但几乎都没有留在法国、意大利或美国。

它们还能继续坚持下去吗？

过去25年，由于外部环境和欧洲家族企业的演化与变革，意大利和法国奢侈品行业不得不直面转型。家族传承在奢侈品行业举足轻重，因为奢侈品行业原本就起源于小规模的家族企业——尤其是在第二次世界大战之前，纯正的家族血统比法律或法规重要得多。

在20世纪90年代之前，奢侈品行业（尤其是高端时装行业）几乎都由私人企业组成，这些品牌由创始人或其后代运营管理。不过，其中大多数品牌由于经营不善或受到60年代文化及社会动荡的冲击而陷入泥淖。自此，奢侈品行业变得脆弱不堪。80年代，奢侈品行业迎来了发展新机遇，包括更加有利的人口结构、全新的社会经济环境，以及文化突围的趋势等。因此，在20世纪后半叶，随着人们财富的不断积聚，传统家族模式衰落，生活方式出现多元化变革，奢侈品行业呈现出高度异质性和个性化的特征。

进入21世纪后，奢侈品行业率先出现了重大变革，此后整个全球经济也发生了重要改变。许多奢侈品公司由小且封闭的家族企业转型为规模更大、产品更加多元化的家族管控公司，或转型为由职业经理人运营的上市公司，又或被大型奢侈品集团收购成为旗下一员。客观地说，奢侈品行业已经从过去家族集权的创意管理模式转型为管理权更加分散的职业经理人委派模式。

至此，奢侈品世家在奢侈品行业中的作用由品牌创始人或设计师转变成为品牌识别和品牌个性的象征——与《作者之死》一文中表达的思想不谋而合①。在小规模奢侈品家族企业逐渐演变为十亿欧元级国际化大公司的过程中，家族姓名不仅代表了个人，更作为品牌名称保留了下来。当下奢侈品行业始终在努力维持手工艺传承与销售盈利之间的平衡，正是个人与家族的联结才能保障两者的和谐。

为了让读者了解奢侈品行业越来越凸显的发展趋势，本书将探讨家族企业不同的管理模式，以及有效实现业绩提升的一体化策略的具体措施。

---

① 法国著名哲学家罗兰·巴特（Roland Barthes）在《作者之死》（*La mort de l'auteur*，1967）一文中强烈反对文学研究中以“作者为中心”的思想，强调颠覆作者的中心地位，实现文本的独立和读者的自由。——译者注

6.1 什么是家族企业

家族企业是世界历史上最悠久、最常见的公司组织类型，在一些国家甚至可占所有企业数量的 70% 以上。

家族企业指某一家族所有成员共同持有超过 50% 股权的公司，也可以被定义为从家族某一代传承到下一代的企业（传承到旁系家族成员的情况也包括在内）。有时，传承可能出现跨代的情况。

在奢侈品行业，家族企业规模大小不一——从中小型奢侈品公司到世界各地运营多种业务的大型奢侈品集团（如图 6–1 所示）。

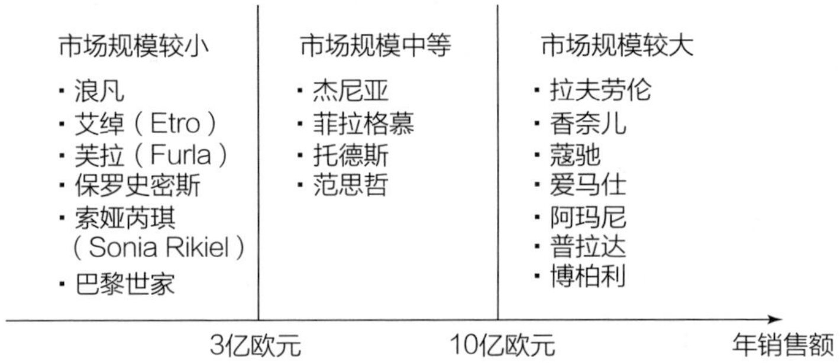

图 6–1　不同市场规模的奢侈品品牌

不过，大多数家族企业的寿命不长。95% 的家族企业在传承到第三代之后就宣告破产。现有文献表明，很多继承人没有做好融入管理层的充分准备，并且公司缺乏长期生存所需的治理结构。

6.1.1 家族企业的发展周期

人们普遍观察到，家族企业的公司治理结构随着发展阶段和家族持股比例的改变而发生变化。一家公司最初的组织架构（在创始人经营业务时）与家族下一代掌管时会存在差异，这又与家族全资拥有公司的情况不尽相同。家族企业的演变一般经历三个阶段。首先是初创期：所有事务都由一个或几个家族，甚至创始人自己做出决策；其后是成长期：公司不断发展壮大，公司所有权移交至家族下一代；最后是成熟期：公司凭借不断创新、螺旋上升的策略和焕然一新的具体措施变得更加成熟稳重。

6.1.2　家族企业的特征

前文已经揭示了时间在家族企业演变中的重要地位，阐述了家族企业在不同发展阶段面临的特定、独一无二的挑战。

首先，家族企业需要做到**长期关注**某一目标，并对消费者**提供承诺**。其中，奢侈品品牌必须坚定地承诺给消费者提供优质的产品和服务，背后的原因在于家族姓氏、传统与产品本身密不可分。直白地说，家族姓氏就是这个产品闪耀光芒的主要原因之一。因此，家族成员与股东的长期关注点并不相同，前者不会过度关注财报的业绩目标，而是想方设法地塑造品牌本身，为品牌长远的利益考虑。

其次，家族企业（尤其是奢侈品公司）十分注重员工的忠诚与承诺。我们可以发现，这些家族企业的整体人事变动率相对较低。家族企业在工作中更讲究人文关怀，员工会被当作大家庭的一员。这种对员工的关心与呵护是家族企业最突出的文化之一。不过，家族企业高管层的人事变动频率会比较高，非家族成员的高管会遇到很多无形障碍。职业经理人往往只能做到某一层级的管理者，最高层的职位几乎永远都为家族成员保留。因此，家族企业很难吸引到最顶尖的专业人才。不过换一个角度思考，职业经理人由于受到家族成员的压力，反而会更积极地与企业领导者亲密合作。另一种观点认为，家族企业的最终决策由家族成员做出，这往往会扼杀创意或造成“一言堂”现象。不过，当公司制定了十分明确的目标后，人们可以发现，奢侈品公司能够在家族成员和职业经理人的共同领导下取得卓越成就。本书第 8 章将深入探讨奢侈品行业的人才问题。图 6–2 简要归纳了为何在 20 世纪 80 年代前奢侈品家族企业会比大型集团公司发展得更好。

奢侈品行业见证了太多品牌未能一代又一代地传承下去。产生这一现象的原因有如下几个。首先，随着市场全球化和新兴市场的崛起，家族企业领导者可能**对组织的生存能力缺乏掌控**，也没有**足够的资金发展品牌**。其次，企业掌管人萌生退意或者寿终正寝，接班人方案始终难产，这可能是同族同辈之间的明争暗斗、内讧夺权，也可能是后代接班人**无意接手**公司的结果。还有一个小概率原因是接班人**碌碌无为**，损害了家族企业的价值。**接班人方案**始终是家族企业的头等大事。一些无望掌管公司的家族成员不愿留在公司，另一些家族成员非常反感谈论生老病死或家族财产的话题。也许这些就是全球平均超过 70% 的家族企业在传承到第二代时就迅速消亡的原因。图 6–3 简要总结了奢侈品家族企业在 20 世纪 80 年代后会被大型集团公司收购接管的原因。

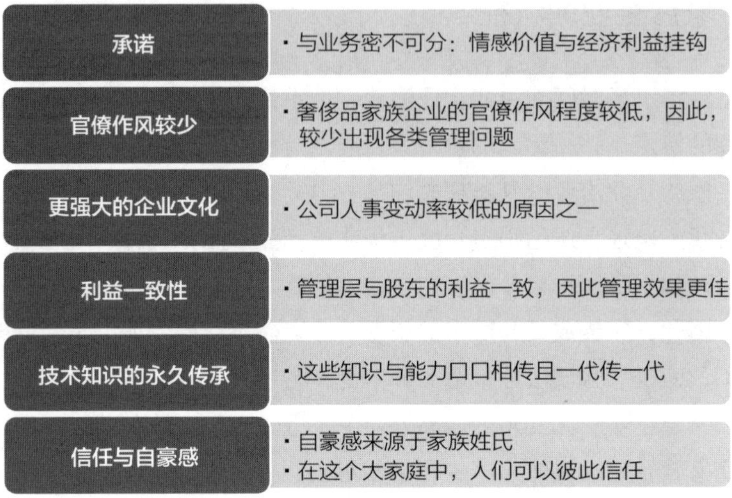

图 6-2　奢侈品家族企业能够在 20 世纪 80 年代前屹立不倒的原因

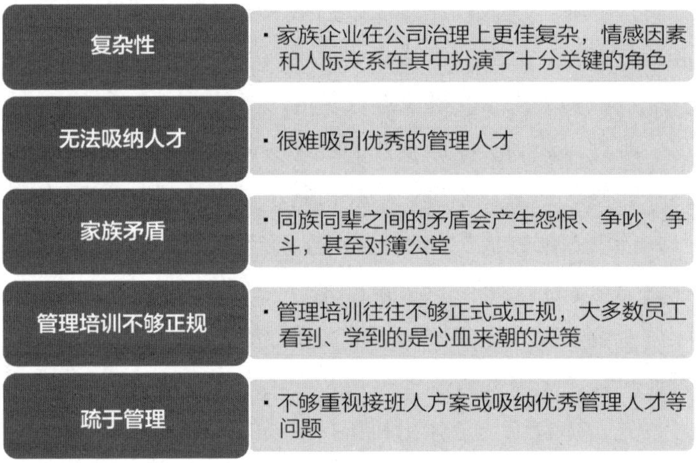

图 6-3　奢侈品家族企业在 20 世纪 80 年代后被大型集团公司收购接管的原因

在过去，奢侈品品牌为王室成员和其他特殊顾客提供产品。

很早以前，一名举世闻名的工匠（为王室提供产品）或一家享有盛名的公司［如镜子制造商圣戈班（Saint-Gobain）］都能与某个独特的时尚行业产生交集。甚至仅提供一个单品也能成功，如哥白林工厂（Gobelin）制作的壁饰挂毯）。这种现象一直延续到第一次世界大战之前的“美好年

> 代”。在这个时代，爱马仕家族只是马具商，威登家族只是皮箱和行李箱的生产商，查尔斯·克里斯托弗还是一名金匠。一切在第一次世界大战后发生了巨变：一些大型奢侈品公司开始生产原本它们不会想到去做的产品，或把家族姓氏印在这些产品上。[1]

总而言之，奢侈品家族企业深远的历史发展背景与当地文化紧密相关。那些生存了半个多世纪的奢侈品世家成了国家文化传承的一部分。人们因这些家族的名字而自豪。

6.1.3 法国时装屋的演变过程

时装界（尤其是高级时装行业）的演变趋势很难被捕捉到。高级定制时装部门一直称得上是真正的手工作坊，无论从经济成本角度还是地理布局角度，都与其他奢侈品行业完全不同。然而到 20 世纪 90 年代，除了高级定制时装部门外，法国大多数奢侈品公司只剩下香水部门和成衣部门。高级定制时装是奢侈品行业的起源和主要发展推动力。那些收购了主流奢侈品品牌的投资者越来越不愿意在设计师身上投资，不愿承担每一季时装可能遭遇的失败风险。

从 19 世纪末起，经营香水业务的娇兰家族和掌管高级定制时装的沃斯（Worth）家族唤醒了法国奢侈品行业，改变了传统消费者的喜好。随即，“奢侈品”的全新定义诞生，“时装艺术”（arts of fashion）的概念风靡全球。自此，人们开始通过全新的社会地位符号（如汽车或香水、服装等新识别元素）展示自身的财富水平。第一次世界大战后，一些新生的设计师陆续出现在时装界舞台上，包括保罗·波烈（Paul Poiret）、嘉柏丽尔·香奈儿、艾尔莎·夏帕瑞丽（Elsa Schiaparelli）等，他们将行业发展元素融入自己的创意作品中，成为法式生活艺术的标志人物。

好景不长，1929 年经济大萧条让时装界陷入困顿。然而，包括香奈儿在内的一些奢侈品公司并没有受到经济衰退的影响，反而不断提升品牌业绩。第二次世界大战后，设计师们为自己的作品和品牌投资，从而开启了奢侈品行业欣欣向荣的序幕。1954 年，以时装大师吕西安·勒隆（Lucien Lelong）和香水师雅克·娇兰（Jacques Guerlain）为首的设计师们共同创立了法国精品行业联合会（Comité

Colbert)。该协会的创立彰显了奢侈品界行业化改革的趋势。此后 50 年间，越来越多的奢侈品品牌诞生。然而，一些大型奢侈品集团先后创立，独立的奢侈品品牌数量却不断下降。自 70 年代初起，奢侈品品牌创始人从创意总监或艺术总监的角色转变为“奢侈品行业的推动者”。这个全新概念的推出使得奢侈品行业面临一个重要的挑战：如何平衡奢侈品品牌的特征元素（如传承、技术知识、珍稀材料、稀缺性、手工艺、原真性、正统性、可信赖度等）和营收需求（如规模生产效应、成本问题、规模经济等）？

时装行业是 20 世纪 30 年代经济复苏发展的主要受益者。这标志着一个全新时代的开启，各类年轻设计师纷纷效仿香奈儿创建了自己的时装屋，往往得到了投资者的支持。其中，经典的例子莫过于 1945 年诞生的巴尔曼、1947 年的迪奥、1953 年的纪梵希、1957 年的姬龙雪（Guy Laroche）和 1964 年的活希源（André Courrèges）。时装屋的庞大数量[①]、高质量的产品和国际媒体持续不断的支持赋予了法国时装界经久不衰的名望。此外，在 20 世纪 30 年代的经济危机和 40 年代的能源危机后，人们对美好事物的需求激增，造就了成衣和香水市场的成功。在奢侈品行业，香水最先采取了大规模生产的做法，将分销网络扩展至香水厂，并进一步在机场免税店内销售。这也进一步推动了奢侈品的全民化步伐——更多消费者可以购买到奢侈品。20 世纪 80 年代初的经济危机给奢侈品行业带来了巨大冲击，尤其在 60 年代末社会发生变革，全新的生活方式诞生，企业国际化程度越来越高，一些深陷困境的时装屋未能存活下去。

1970—1990 年，奢侈品行业一直在经历动荡。很多人曾认为奢侈品行业一定会持续繁荣下去并且收益颇丰，但事实证明他们都错了——相反，奢侈品行业发展越来越艰难。以贝尔纳·塔皮（Bernard Tapie）、阿兰·舍瓦利耶和亨利·拉卡米耶为代表的商人开始为创建新集团而决定在奢侈品行业进行投资。然而，他们的尝试都没有成功，主要原因在于运营奢侈品公司的成本过于高昂。1989 年，路易威登和酩悦轩尼诗合并，诞生了第一个大型奢侈品集团，由此开启了奢侈品行业的新篇章。这次合并完全颠覆了奢侈品行业，引领了大型奢侈品集团下各品牌公司化运营、收购和家族业务扩张的浪潮。20 世纪末，弗朗索瓦·皮诺也创建了一家大型奢侈品集团，欲与路威酩轩集团一争高下。与此同时，爱马仕集团开始实施业务多

① 截至 20 世纪 40 年代末，法国拥有 106 家高级定制时装屋。——作者注

元化战略；历峰集团旗下的梵敦奢侈品集团（拥有梵克雅宝、卡地亚、伯爵、蔻依、兰姿、万宝龙等品牌）也在法国奢侈品行业扮演了重要角色。截至2002年，法国精品行业联合会的77个成员中有12个隶属于路威酩轩集团，超过半数的成员已经被大型奢侈品集团收购。1989年，见证了行业剧变的法国精品行业联合会主席描述了奢侈品行业的“六大主要特征，分别是：管理的国际化视野，高质量的产品，强有力且一致的品牌形象（往往蕴含了生活艺术的特征），更加亲民的定价，创造力与创新，以及精挑细选、完全掌控并管理的分销渠道。”

6.1.4 意大利奢侈品品牌的演变过程

在历史长河中，意大利始终是各行各业创业成功的代表性国度。除了时装、艺术、文学和音乐以外，意大利还因其他大量顶尖产品而闻名全球，如托斯卡纳的橄榄油、雷焦艾米利亚小镇（Reggio Emilia）的芝士、摩德纳小镇的食醋等等。创业家及其家族企业屹立于意大利经济的舞台中央，极大地影响了意大利人的商业视角。意大利各行各业里中等规模的公司拥有不少相似之处。这些共同特征清晰地揭示了意大利经济演变的历史动态过程。家族企业掌舵人希望将家业传承万代，因此往往更加关注长远目标和市场生存能力，而非短期利益。不过，也有部分原因阻碍了意大利家族企业成长，导致它们无法做到关注创新、预判市场趋势或生产高质量产品。例如，很多意大利家族企业创始人缺少战略眼光，家族成员之间无法有效沟通，公司管控力度也过大，并且家族成员经常因业务发展方向而争执，甚至针锋相对。

大部分意大利中小企业的起源在全国各个地区、各个行业都有迹可循。这些企业主要涉及纺织、服饰、家具、鞋履等业务，企业家们成功地在当地调配资源为己所用，如果条件允许，他们还会通过更广泛的分销网络扩大公司规模。小型企业最后发展演变成为当今中等规模的公司。最典型的例子是迪亚戈·德拉·瓦莱一手打造的集团。这个集团诞生于意大利中东部马尔凯大区的鞋履一条街，以托德斯等奢侈品品牌闻名全球。在20世纪60至70年代，或多或少类似的家族创业环境先后催生了贝纳通集团（Benetton Group）、迪赛集团（Diesel Group）等家族企业。上述案例印证了中等规模的家族企业与其所处环境之间的重要关系，尤其是与当地生产体系构成的产业区。

随着冷战时期意大利原本高度封闭的市场对外开放，亚洲国家制造的产品数量激增以及欧元的诞生，意大利公司不得不改变它们的策略，迎头赶超全球竞争对手，组织架构也随之做出调整。意大利家族企业几乎不约而同地采取了垂直一体化策略，试图完全控制价值链。自此，一种新兴的组织架构模式出现，更适用于在全球各地独立生产产品的家族企业（通常是以与当地公司组成合资公司的形式）。这些小微跨国企业正是管理及协调成本最小化策略的产物。小型作坊演变成为中小企业带来了企业管理模式的变革，这种变革通常出现在创始人的第二代或第三代接班人时期。一般而言，更年轻的一代人比先祖一代接受了更高水准的教育，后者往往没有正儿八经地上过多少学，只得通过对公司投入高度的精力和热情来弥补自身的短板。随着公司规模不断扩大，且采用了更加复杂的组织架构，公司决策流程也必须发生改变。这意味着决策需要更多人参与其中，尤其是委派的职业经理人或行业专家。然而，意大利家族企业仍然保留了过去的决策流程和家族传承策略，尤其在考虑接班人问题时，家族主义思想①依然占据主导。

在“9·11”事件发生后，意大利奢侈品家族企业陷入了一段时期的低谷。奢侈品公司非常依赖旅游业，尤其是到欧洲国家游玩的亚洲旅客。然而，随着互联网泡沫的破裂、“9·11”事件的暴发、SARS 疫情和伊拉克战争等极大地挫伤了消费者信心，也瞬间降低了人们对国际旅游的热情。此后的新冠疫情几乎让奢侈品行业完全停滞。

相比之下，2008 年金融危机对意大利奢侈品行业影响较小，那些在全球各个国家完成布局的意大利奢侈品公司很快从这次金融危机中脱困而出。2008 年后，意大利与法国的奢侈品公司竞争愈发激烈。其中，法国奢侈品公司足足占据了全球奢侈品行业 36% 的市场份额。

2009—2020 年掀起了意大利奢侈品家族企业被收购的热潮。诸如宝格丽、布里奥尼、诺悠翩雅等意大利家族企业被法国大型奢侈品集团收购。不过，仍有部分意大利奢侈品家族企业始终保持独立，如杰尼亚、菲拉格慕、陆逊梯卡、盟可睐、普拉达、阿玛尼和托德斯等。这些家族企业面临的主要挑战是如何在激烈的竞争环境中保持盈利能力不断提升。公司发展取决于营收的增加和市场规模的扩大。尤其在亚太地区，新一代的奢侈品消费者人数急速上升。奢侈品公司必须考虑接班人方案以及未来的发展战略。各个品牌都有不尽相同的组织架构和管理模式，拥有自身

① 家族主义是指家族与企业之间存在强烈的关联感，公司采用的所有目标和战略、策略必须把家族整体利益视为最根本的利益。——作者注

独特的优势和劣势，无法用一句话来概括。事实上，意大利奢侈品公司的核心优势正是管理结构的多样化。

年销售额在 2000 万—4000 万美元的意大利小型奢侈品家族企业面临更严峻的挑战，它们始终希望能够突破 2 亿美元的营收大关。因此，它们往往十分依赖美国、欧洲以及一些成熟的亚洲市场（如日本），将业务扩展至这些地区，与百货公司、分销商、高净值消费者建立了密切的关系。不过，进入发展中地区市场（如亚太地区的前沿市场、俄罗斯、拉丁美洲地区等）的情况相对比较复杂，这些市场缺乏消费品零售的基础条件。此外，消费者对意大利奢侈品的需求从成衣转向了皮具和配饰。下文将介绍一些经典的意大利奢侈品公司。

1. 普拉达

1913 年，马里奥·普拉达（Mario Prada）创立了普达拉品牌，第一家门店位于米兰伊曼纽尔二世拱廊，销售手袋、行李箱和小型配饰等皮具，以及化妆盒等产品。1919 年，普达拉名声渐起，以精湛的手工艺和独家设计闻名于世。普达拉也因此成为意大利王室的指定供应商。

第二次世界大战后，马里奥对家业失去了兴趣，普拉达公司沉寂了一段时间。1958 年，马里奥之女路易莎·比安奇（Luisa Bianchi）接管了公司。然而此后的 20 年间，普拉达取得的成就依然乏善可陈。1978 年，路易莎之女缪西娅·比安奇·普拉达（Miuccia Bianchi Prada）接管了公司，一切都改观了。

1979 年，缪西娅与托斯卡纳某皮具制造商帕特里奇欧·贝尔特利（Patrizio Bertelli）成为商业伙伴。他们的合作演变成为一段浪漫姻缘——1987 年，两人喜结连理。在两人的共同努力下，普拉达成为一家主营皮具和配饰的奢侈品公司。1993 年，他们创立了普拉达的延伸品牌缪缪（Miu Miu），专注为女性打造时装及配饰。缪西娅主导普拉达的所有创意设计，而帕特里奇欧管理业务发展。在帕特里奇欧的带领下，普拉达的营收从 1991 年的 2500 万美元一跃至 1997 年的 7.5 亿美元。20 世纪末，帕特里奇欧利用了古驰与路威酩轩集团之争，于 1999 年将原本属于古驰集团的 10% 股权出售给了路威酩轩集团，交易价格为 1.4 亿美元。就在转移公司股权的半年内，帕特里奇欧开始着手大力发展普拉达集团。他收购了三家公司，分别为 Helmut Lang、吉尔桑德（Jil Sander）和 Church & Co.，把普拉达成功打造为一家完全私人持股的奢侈品集团。然而，帕特里奇欧的大手笔投资导致普达拉集团在21世纪初的负债水平剧增。截至2001年11月，公司负债近17亿美元，相当于一年的营业收入。更糟糕的是，吉尔桑德的首席执行官和设计师由于种种原因一同离职。

经历此次变局之后，普达拉集团开始筹备上市。然而，“9·11”事件延缓了这一进程。普拉达集团不得不剥离吉尔桑德和Helmut Lang两个品牌，迎难而上。幸运的是，普拉达集团开始复苏，之后甚至收购了Car Shoe品牌。2011年6月，普拉达集团启动了IPO，共募集了21.4亿美元，不久其股票在香港证券交易所成功上市。这对普达拉集团而言无疑是一针强心剂，当时公司已经负债累累。尽管已经上市，普拉达集团仍然固守着家族企业的身份——多数股权依然由普达拉家族持有。回顾历史，普拉达集团的发展速度并不快，直到缪西娅和帕特里奇欧联手后才有所起色。他们动用了家族资金，把一家小型家族企业打造发展成为当下奢侈品行业的领军者之一。普拉达集团已经发展得足够强大，不会重蹈那些小型奢侈品家族企业的覆辙——或消亡殆尽，或被大型奢侈品集团收购。普达拉集团继续专注于收购，并不断提升普拉达品牌自身的实力。帕特里奇欧和缪西娅联手打造了奢侈品行业的代表性公司。他们成功的原因在于积极进取的收购以及对核心品牌的重视。在香港上市为普拉达集团解了燃眉之急，它可以进一步扩大市场规模了。如今，该集团旗下的品牌包括普拉达、缪缪、Car Shoe、Church’s，以及2014年收购的米兰糕点店Pasticceria Marchesi。截至2019年（即新冠疫情暴发之前），普拉达的品牌价值约为48亿美元。2020年，普达拉集团任命前迪奥创意总监、比利时设计师拉夫·西蒙（Raf Simons）担任普拉达联席创意总监。截至2020年，普拉达集团营收录得30亿美元。自疫情暴发后，该集团营收已经下滑近40%，但2021年在中国市场取得了强势反弹的业绩。

2. 菲拉格慕

在设计师鞋履品牌中，菲拉格慕无疑是一颗璀璨的明星。萨尔瓦多·菲拉格慕（Salvatore Ferragamo）在20世纪20年代移居好莱坞，为影视明星定制鞋履后一举成名。1923年，萨尔瓦多收购了位于加州的好莱坞靴店（Hollywood Boot Shop），被世人称为“明星们的鞋匠”。1927年，他回到了文艺复兴的发源地佛罗伦萨。1936年，萨尔瓦多租借了历史悠久的斯皮尼弗罗尼宫（Palazzo Spini Feroni），并开设了第一家菲拉格慕门店。第二次世界大战后，菲拉格慕公司出现起色，工匠数量达到了 700 人，每天都能手工生产 350 双皮鞋。1960 年，萨尔瓦多逝世，终年 62 岁。在他去世之后，妻子万达（Wanda）及其六位子女 [即菲亚玛（Fiamma）、乔万娜（Giovanna）、费鲁奇奥（Ferruccio）、富拉维亚（Fulvia）、莱昂纳多（Leonardo）和马西莫（Massimo）] 共同接掌家业，使之发展成为一家国际性的奢侈品公司。

菲拉格慕是第一批进入亚洲市场的奢侈品品牌。1986 年，香港第一家菲拉格慕门店开张营业，这是该集团进驻东亚市场的里程碑时刻。1998 年，菲拉格慕将眼镜业务交由陆逊梯卡集团特许经营。2001 年，菲拉格慕推出了第一款香氛产品。2007 年，菲拉格慕将腕表业务交由天美时公司（Timex）特许经营。2011 年，菲拉格慕与宝格丽创始人之孙、著名珠宝设计师詹尼・宝格丽（Gianni Bulgari）合作推出了第一个珠宝产品系列。同年，该公司在意大利成功上市，弥补了 2006 年上市失败的缺憾。如今，菲拉格慕家族已经打造出一个奢侈品时尚帝国，经营的业务还拓展至书籍、博物馆、酒店和餐厅。1995 年，菲拉格慕在公司总部所在地斯皮尼弗罗尼宫建设了一座博物馆，详细展示了品牌创始人的成长历程和著名的鞋履作品。这座博物馆的名声直追巴黎卢浮宫或伦敦维多利亚与艾尔伯特博物馆（Victoria and Albert Museum）。

数十年来，菲拉格慕一直由家族成员管理运营。直到 2006 年，米歇尔・诺尔萨（Michele Norsa）被任命为首席执行官。这也是该公司历史上首位非家族人士的首席执行官。米歇尔曾在多个意大利家族企业担任首席执行官长达 35 年之久，涉及不同行业，包括时装（贝纳通集团）、出版业（Rizzoli 出版社）和奢侈品（华伦天奴）等。米歇尔成功统筹策划了菲拉格慕上市，与多年之前在华伦天奴所取得的成就如出一辙。他动用了 22% 的公司流动资金在全球各地开设了 25 家门店（其中 10 家在中国），使门店总数达到了 66 家。他还重新修缮了伦敦和纽约的旗舰店。截至 2014 年，菲拉格慕已经将业务从当初单一的奢华鞋履扩展至手袋、眼镜、丝制配饰、腕表、珠宝、香氛和成衣。

2014 年，米歇尔任命了马西米兰诺·乔尼蒂（Massimiliano Giornetti）担任品牌创意总监。在他们的精诚合作下，菲拉格慕的业务遍及全球。2016 年，米歇尔离职，成为竞争对手米索尼公司的董事会副主席。2018 年，保罗・安德鲁（Paul Andrew）和米凯拉・勒迪维尔・莱米（Micaela Le Divelec Lemmi）分别被任命为品牌创意总监和首席执行官。

菲拉格慕开设了旅游零售店，在亚洲主要机场内销售免税产品。该品牌尤其关注中国市场和中国消费者，2019 财年，菲拉格慕营收达 13.77 亿欧元。2020 年，新冠疫情重创了旅游零售业，菲拉格慕当年营收下降了 30%。因此，米歇尔·诺尔萨被请回了菲拉格慕，担任董事会执行副主席一职，帮助品牌渡过疫情难关。董事会主席费鲁奇奥·菲拉格慕和家族控股子公司 Ferragamo Rinanziaria 决定将公司经营权完全交给米歇尔。2021 年年中，菲拉格慕宣布博柏利首席执行官马尔科·高伯蒂（Marco Gobbetti）于 2022 年起担任公司首席执行官。

3. 阿玛尼

乔治阿玛尼又是一个经典的意大利奢侈品品牌。伟大的创始人不仅是公司的重要资产，也能对品牌强大的影响力起到举足轻重的作用。乔治·阿玛尼本人不仅是位设计师，也是一名商人。他一手打造了阿玛尼帝国，使乔治阿玛尼成为意大利最杰出的奢侈品品牌之一。阿玛尼先生十分讲究细节，坚定不移地投入到打造阿玛尼世界的工作中，为消费者提供了经久不衰的意式生活方式。阿玛尼集团业务最初只有时装，此后逐渐延伸至化妆品和家居。阿玛尼源源不断的活力和商业视角使之成为奢侈品行业最具影响力的公司。

阿玛尼集团旗下共有约 15 个产品线（含奥特莱斯产品线）。公司业务从时装起家，随后延伸到运动产品、配饰、化妆品、家居乃至酒店。时装最初主要是男士西服套装，但阿玛尼先生在推出新时装产品系列时始终致力于维持男装和女装的平衡。此外，在“平价奢侈品”（mass-tige）的概念出现在奢侈品行业之前，阿玛尼先生就已经开创性地推出了价格亲民的产品系列。诚然，这是阿玛尼集团的巨大成就，不同性别、年龄或社会阶层的消费者都买得起阿玛尼的产品。特许经营模式是一家企业将产品推向全球各地的重要成功因素之一。一些公司由于资金有限，一开始就被迫采用特许经营的模式。然而，从阿玛尼集团的发展历程上看，它主动地拥抱了特许经营模式，并始终保持成功。阿玛尼集团找到了合适的合作伙伴和分销商，并严格地管控品牌，如聘用意大利制造商，以保证“意大利制造”的血统。阿玛尼的特许经营业务从服饰到酒店都有涉猎。例如，欧莱雅集团是阿玛尼集团香水业务的特许经营合作伙伴；阿玛尼也与富思集团（Fossil Group）和陆逊梯卡集团分别签订了腕表和眼镜业务的特许生产协议。截至 2020 财年（即新冠疫情暴发前），阿玛尼集团的营收约为 21 亿欧元。

4. 杰尼亚

一个伟大的家族造就了一家伟大的企业，一家伟大的企业反过来又成就了一个伟大的家族……让我们互相照料，共克时艰。

——杰尼亚集团创始人之孙、首席执行官吉尔多·杰尼亚[①]

以及杰尼亚家族第三代成员

杰尼亚是男装行业的佼佼者。该品牌始终选用上乘的面料，在价值链上的每个阶段都维持王者地位，无论是原材料的选取还是客户关系的创新发展。吉尔多的祖父为他的意大利同胞打下了一系列与商业密切相关的基建设施。例如，他建设了通往学校的道路，并始终关注自己羊毛厂员工的工资福利。他强烈的社会责任意识（向人们的承诺）成为杰尼亚家族的处事原则。在此基础上，杰尼亚集团不断扩大自身的知名度。如今，杰尼亚家族仍致力于一些重大城市基建项目，打造了十分卓越的社会公民形象。这些行为和举措一直伴随着杰尼亚家族的历史。杰尼亚家族的新一代继承了祖父的遗愿，在过去辉煌成就的基础上编织更美好的未来。截至2020财年（即新冠疫情暴发前），杰尼亚集团的营收为10亿欧元。

5. 托德斯

托德斯集团主营鞋履和皮具的生产及销售，旗下品牌包括托德斯、Hogan、Fay和罗杰维维亚（Roger Vivier）。Hogan的产品包括女士鞋履、男士鞋履和童鞋；Fay主营休闲时装，产品涵盖当季的男士成衣、女士成衣和童装。托德斯集团总部位于意大利圣埃尔皮迪奥阿马雷（Sant'Elpidio a Mare），零售店遍及全球。意大利著名企业家迪亚戈·德拉·瓦莱掌管这个集团。

20世纪20年代末，多里诺·德拉·瓦莱（Dorino Della Valle）走向社会，开启了鞋匠的工作生涯。多里诺的长子迪亚戈扩大了鞋履工坊的规模，在70年代打造出一家大型制鞋工厂，并为美国百货公司提供鞋类产品。80年代初，迪亚戈采

① 杰尼亚集团创始人及其孙子的姓名均为埃尔梅内吉尔多·杰尼亚（Ermenegildo Zegna），为示区分，一般简称其孙子为吉尔多·杰尼亚（Gildo Zegna）。——译者注

取了创新的营销策略，在维持产品手工制作的同时，创立了一系列生活方式品牌，如托德斯、Hogan 和 Fay。90 年代中期，他收购了顶级奢华鞋履品牌罗杰维维亚，并在 21 世纪成功地将该品牌发展壮大。2003 年，意大利设计师布鲁诺·弗里索尼（Bruno Frisoni）成为罗杰维维亚的创意总监。德拉·瓦莱家族除了对托德斯集团控股外，还持有 RCS 传媒集团和佛罗伦萨足球俱乐部等的股权。家族所有成员都出生于马尔凯大区，很多人至今仍定居于此。截至目前，托德斯集团在全球 41 个国家共开设了 404 家门店（包括直营店和授权经销店）。截至 2020 财年（即新冠疫情暴发前），托德斯集团的营收为 9.16 亿欧元，但在疫情暴发后下降了 44%。一些报道称德拉·瓦莱家族欲将公司出售给路威酩轩集团，而后者在 2021 年将持股比例提升至 10%。

6. 范思哲

1978 年，詹尼·范思哲（Gianni Versace）创立了意大利标志性的奢侈品品牌范思哲。虽然范思哲家族出生于意大利南部城市雷焦卡拉布里亚（Reggio Calabria），但首家范思哲门店在创立之年设立于米兰著名的史皮卡大道（Via della Spiga），随即迅速走红。如今，范思哲已经成为全球顶级时装品牌之一，负责产品的设计、推广和销售，业务涉及高级时装、配饰、香氛、美妆、家具等。1997 年 7 月 15 日，詹尼被安德鲁·库纳南（Andrew Cunanan）刺杀身亡。詹尼之妹、时任董事会副主席的多纳泰拉·范思哲（Donatella Versace）接任品牌创意总监，而詹尼兄长桑托·范思哲（Santo Versace）成为首席执行官。根据詹尼的生前意愿，自 2004 年起，多纳泰拉之女阿莱格拉·范思哲（Allegra Versace）应持有 50% 的范思哲公司股份。范思哲的款式设计部门招纳了一大批设计师和造型师，并组成设计小组。每个小组专门设计一个时装系列，并且始终在多纳泰拉的管控和指导之下完成。范思哲拥有以下品类：时装、高级定制、高级珠宝、家居、童装、牛仔、香氛、腕表和眼镜。除此之外，范思哲公司旗下还有一家范思哲宫殿酒店（Palazzo Versace）。

范思哲旗下有一条名为“Versace Couture”的产品线，向消费者提供高端（往往是手工制作的）服饰、珠宝、腕表、香氛、化妆品、手袋、鞋履和家居产品。在过去，这条产品线一般只在米兰时装周舞台上展示，但是近年来范思哲改变了这一做法。“Versace Couture”的女装定价约为 1 万美元，西服套装售价在 5000 美元左右。多纳泰拉直接负责这条产品线，并设计了大量单品。“Versace Collection”是仅次于“Versace Couture”的高端产品线，目标顾客是更年轻、更懂得时尚的消费者。该产品线的标识比较低调：其中一种标识是经典的希腊建筑雕带花纹围成一个圈，圈内是字母“V”；另一种标识是字体较小的黑色英文单词“Collection”印在带轮廓或白色品牌名“Versace”之下。“Versace Sport”产品涵盖运动服装及配饰，但由于饱受仿冒产品的困扰而下线，否则会大大损害范思哲的品牌形象。“Versace Jeans Couture”的产品主要是休闲服饰，包括休闲成衣、高端牛仔和经典范思哲印花T恤。该系列产品在全球56家精品店及旗舰店、1800家多品牌销售点和互联网平台上销售，价格相对比较亲民，很多消费者有能力购买，但在美国大部分地区已经停止销售。

范思哲公司曾在2006年计划上市，但并未成功。2011年，范思哲公司实现了净盈利。2014年，范思哲公司向黑石集团（Blackstone Group）出售了20%的股权，总价约2.1亿美元。在获得这笔资金后，该公司拥有了资金拓展市场，为下一次上市尝试做了充分准备。2018年9月，范思哲公司宣布旗下及黑石集团持有的所有股份被迈克高仕公司收购，后者随即更名为Capri集团。自此，Capri集团成为一个全新的全球奢侈品时尚公司，旗下拥有范思哲、迈克高仕和吉米周三大品牌。2020财年，范思哲营收为8.43亿美元；受到新冠疫情的影响，Capri集团发布公告称：该品牌的营业收入可能下滑30%。

6.2 家族企业在危机中的运营

即使路威酩轩集团和开云集团等法国大型奢侈品公司主导了奢侈品行业，但一些家族企业不仅成功地生存了下来，还成为它们强大的竞争对手。尽管诸多原因会令家族企业快速成长并高速发展，但有学者研究了全球各类家族企业后表示，家族企业成功最关键的因素在于：在处理业务发展和管控过程中，家族成员制定了协调一致、可持续、长期的发展战略。这包括了很多举措，如在投资过程中保持耐心，在公司低谷时期留住人才，保证人才的长期发展，关注核心业务，保持强大且持久的价值观，以及注重长期业绩而非短期收益。

可以看到，奢侈品家族企业相对那些大型奢侈品集团能更快地渡过危机。一些专家认为，这主要是因为在面临经济挑战时，家族企业家拥有更长远的战略眼光——这才是家族企业真正的竞争优势。

此外，由团队或家族成员经营的企业往往比其他类型的公司更具备抗压能力，更容易取得成功，因为这些企业拥有一个毋庸讳言的决定性特质——家族价值观，而其他企业往往只有浮于表面的公司文化。由于家族企业的名号和声望与其提供的产品及服务息息相关，它们始终努力提升产品和服务的质量，并与商业伙伴维持良好的合作关系。一些研究结果表明，在销售额、利润等公司发展指标方面，家族企业确实比同体量的公司表现得更加出色。

无论是多年以前还是近年来危机发生之时，人们都在争论一个话题：1989 年成立的路威酩轩集团是否会让奢侈品行业的家族企业彻底消失。竞争已经遍及全球市场，并且变得越来越猝不及防。一些学者提出的观点基于多元化经营和协同效应的角度，认为独立的家族品牌在失去协同效应后将最终失去市场份额，进而导致利润大幅下降。他们认为，保持奢侈品零售的特质需要一个统一的模式和强大的供应链来提供支持。因此，多个品牌的组合才能做好面对挑战的充分准备，不仅是为了提高顾客份额①，更是为了在商业地产、供应链、资源获取等方面产生协同效应。

6.3 家族企业的未来趋势：公司化运营

随着人们迈进 21 世纪，家族企业将继续在世界经济中发挥越来越大的作用。数据显示，超过 50% 的美国家族企业领导者认为，他们的企业将至少由两位子女持有和管理。本节就这个话题探讨两个品牌：吉米周（Jimmy Choo）和古奇拉利（Brunello Cucinelli）。

1. 吉米周

吉米周是奢侈品行业新崛起的品牌，1996 年由塔玛拉 · 梅隆（Tamara Mellon）

① 在零售业中，顾客份额（share of wallet，SOW）指一个企业为某一顾客提供的产品和服务在该顾客同类产品和服务消费总支出中所占的百分比。——译者注

和在英国奋斗的高级鞋匠周仰杰（Jimmy Choo）共同创立。吉米周已经成为伦敦地区著名的手工定制鞋履品牌，而周仰杰也因出色的手工艺和一众明星及王室的光顾而闻名于世。塔玛拉·梅隆扮演了投资者的角色，而周仰杰以他的英文名命名了品牌。然而，两位合伙人却互生嫌隙，在塔玛拉的要求下，周仰杰不得不尝试从高级定制鞋向量产成品鞋转型，但并未成功。此后，他的内侄女蔡姗卓（Sandra Choi）接任公司的创意总监。

2001 年，周仰杰和塔玛拉终于分道扬镳。周仰杰持有的 51% 股份被凤凰私募基金公司（Phoenix Equity Partners）旗下 Equinox 奢侈品控股公司收购，交易价格约为 1060 万美元。Equinox 公司的股东之一、前路威酩轩集团高管罗伯特·本苏桑（Robert Bensoussan）成为吉米周的首席执行官。塔玛拉继续持有吉米周公司 49% 的股权，而蔡姗卓继续担任品牌创意总监。

2004 年，Equinox 公司将所持有的股份以 1.01 亿英镑的价格出售给 Hicks, Muse, Tate & Furst 投资公司，但本苏桑的职位和塔玛拉持有的股权保持不变。2004—2007 年，吉米周以惊人的速度开拓市场，门店数从 23 家迅猛增长至 60 家。此后，Hicks, Muse, Tate & Furst 的欧洲分公司更名为狮王资本（Lion Capital），它联合了几家私募基金公司共同投资吉米周品牌。在这个时期，吉米周的融资不成问题，该品牌始终拥有足够强劲的资本投入来保障市场的顺利开拓。

2007 年，狮王资本决定出售持有的所有吉米周股份。一家名为“陶尔布鲁克资本”（TowerBrook Capital Partners）的国际私募基金公司以 1.85 亿英镑的价格收购了吉米周 51% 的股份。可见，短短三年内，狮王资本通过买卖交易赚取了近 8500 万英镑。此后，吉米周品牌依然不断发展，并开始提供多元化产品，如手袋和小型皮具等。就在陶尔布鲁克资本收购吉米周后不久，本苏桑离职，乔舒亚·舒尔曼（Joshua Schulman）继任首席执行官。即便如此，塔玛拉仍然持有公司 41% 的股权，并担任公司董事会主席。

2010 年，陶尔布鲁克资本宣布正在寻求出售旗下鞋履和配饰业务。当时，吉米周的营收已经较 2007 年被收购时翻了一番有余。2011 年 5 月，陶尔布鲁克资本和塔玛拉将持有的所有吉米周股份以 5 亿英镑（约合 8.11 亿美元）的价格出售给德国奢侈品集团 Labelux。虽然持有的股份被收购，但塔玛拉继续留在公司，担任首席创意官，舒尔曼也继续留任首席执行官，蔡姗卓继续担任创意总监。在外人看来，这家公司似乎没有发生任何变化。然而，2011 年 11 月，塔玛拉宣布将离开公司，舒尔曼也宣称因公司组织架构调整行将离职。2012 年，吉米周公司聘用前路威酩轩集团高管皮埃尔·丹尼斯（Pierre Denis）接任首席执行官。

作为奢侈品行业的后起之秀，吉米周多年来受益于多家私募基金公司的支持，才能够以独立公司的姿态存活于市场。塔玛拉和周仰杰共同创立了吉米周，很快发展成为一家上市公司。事实上，吉米周从来不是一个家族企业。塔玛拉只是联合创始人之一，持有最多的公司股权。除她以外，公司一直依靠职业经理人打理业务运营。公司的业绩目标始终是为私募基金投资者取得不错的投资回报率。在每次股权交接的过程中，吉米周都能获得新一轮投资，这是公司能够不断发展壮大的原因之一。虽然公司股权结构一直在发生变化，但并没有影响吉米周的业绩，原因在于灵魂人物塔玛拉·梅隆还留在公司。持续获得资金投入保证了吉米周公司可以投资于零售市场，更重要的是，公司无须担心能否获得下一轮融资。迄今为止，吉米周已经完成了四次杠杆收购交易。

2014 年，吉米周公司在伦敦证券交易市场的 IPO 中，以每股约 2.24 美元的价格出售 25% 的公司股份，估值约 8.7 亿美元。这也使得吉米周成为全球第一个上市的奢华鞋履品牌。2017 年 7 月，Capri 集团的前身迈克高仕公司以 12 亿美元的价格全资收购了吉米周，后者退市。蔡姗卓继续担任品牌创意总监。2020 年，吉米周营收录得 5.55 亿美元，同比下降约 10%。

2. 古奇拉利

古奇拉利是一个意大利时装品牌，生产高级羊绒服装及配饰。该品牌掌控整个价值链——从设计到生产，再到分销。古奇拉利凭借其意大利文化传承、绝无仅有的品质、卓越的工匠技艺和非凡的创造力，成长为一个具有强大品牌识别的顶级奢侈品品牌。古奇拉利创建于 1978 年。当时，羊绒制品只有纯天然色，但品牌创始人布内罗·古奇拉利（Brunello Cucinelli）察觉到缤纷多彩的羊绒产品也许是这个行业的重要突破口。因此，他在佩鲁贾省科尔恰诺镇（Ellera di Corciano）开设了第一家羊绒纺织厂。公司推行多品牌批发及分销策略，古奇拉利产品开始向各个市场扩张。首先，该公司于 20 世纪 90 年代中期收购了一家名为“Rivamonti”的羊毛织品设计及生产商。此后，布内罗又收购了 Gunex 公司①，将产品线延伸至女式上衣和裤装。与此同时，该公司在美国设立了分公司，负责美国市场羊绒针织衫的进口和销售。1994 年，布内罗推出了男装系列，在意大利撒丁岛著名度假胜地切尔沃港（Porto Cervo）开设了首家精品店。自 2005 年起，古奇拉利在米兰、巴黎、纽约、迈阿密新开了直营店，在伦敦、东京、莫斯科、圣彼得堡、德国叙尔特岛（Sylt）、意大利科尔蒂纳（Cortina）、法国圣特罗佩（Saint Tropez）开设了授权经销店。这些门店都位于意大利国内外大型城市的主要商业街或顶级旅游度假胜地。

古奇拉利产品的主要原材料是一种十分稀有的特种动物纤维——羊绒。为了确保最佳的羊绒品质，古奇拉利公司与意大利最负盛名的羊绒纺织厂合作，签订了长期协议，后者为古奇拉利提供顶级品质的羊绒纱线。协议条款中规定，双方每三年需要重新签订一次协议，以此保证品质稳定、质地柔软的羊绒原材料可以不间断供应。

古奇拉利的所有产品都在意大利生产，非常依赖人才和手工艺的国际化。为了在生产的各个阶段全力保证高品质、追求所有细节，古奇拉利公司掌控了从原材料到成品的全生产流程。布内罗聘请了这个行业最顶尖的手工匠，以此保证产品的高品质和高度的创意。对新产品原型样品的研究和对生产流程的长期承诺使得古奇拉利公司能够有效管控其价值链。

该公司采用了多种渠道销售产品，如零售分销、单一品牌批发渠道、多品牌批发渠道等。截至 2019 年，古奇拉利公司的零售分销渠道包括 77 家直营店、29 家百货公司销售点，均由公司直接运营与管理。直营销售点分布在日本、加拿大、中国和欧洲市场。截至 2019 年，古奇拉利公司营收达 6.08 亿欧元，零售分销贡献了其中的 55.8%。多品牌批发渠道由独立的多品牌集合店和百货公司店中店组成，贡献了 38.8% 的营收。单一品牌批发渠道包括 30 家由分销商运营的独立品牌门店，占总营收的 5.4%。[2]

---

① Gunex 公司由意大利女设计师乔凡娜·曼弗雷迪（Giovanna Manfredi）创立。前身是以她姓氏命名的成衣设计屋“Le Manfredi”。1992 年，她与布内罗·古奇拉利合作，并将公司名改为 Gunex 责任有限公司，负责古奇拉利品牌 Gunex 产品线的设计工作。Gunex 被古奇拉利公司收购后，乔凡娜成为品牌女装设计总监。——译者注

布内罗严格地挑选分销商，他认为只有了解品牌的分销商才能与品牌合作。这些分销商不仅需要领悟品牌的真正价值观，还要有能力在当地市场提升品牌形象。由此，古奇拉利维护了品牌的排他性特质。古奇拉利在全球各个奢侈品商圈共开设了 59 家门店，向消费者传递品牌识别、文化内涵和生活方式。在多品牌销售渠道（尤其是顶级百货公司）内，古奇拉利的门店往往位于十分隐蔽、低调的位置或店中店内。

2012 年，为了保证资金稳定、提升品牌影响力，并为国际市场扩张打下人才基础，古奇拉利公司在米兰证券交易所上市。与普拉达公司在香港上市不同，布内罗选择在米兰上市出于他对祖国的自信，也是对身为意大利人的自豪。上市后，公司多数股权依然掌握在古奇拉利家族成员手中。虽然古奇拉利公司并没有利用好亚洲市场，但布内罗对未来的全球发展十分乐观，认为公司上市明显提升了品牌影响力和资金获取能力。

此后多年，古奇拉利公司稳步发展，但新冠疫情和经济危机给品牌带来了巨大冲击。2020 年上半年，由于古奇拉利大量门店因全球范围的疫情封控而关闭，公司营收较 2019 年同期下降了 29.6%。

为了在疫情结束后复苏，布内罗采取了以下几方面的策略：

首先，继续保持在零售和技术方面的投资。其次，继续关注**人文主义**，重视人际关系和交往的重要意义，这是品牌文化的立足之本。这意味着品牌需要达到**回报**与**付出**的平衡。在布内罗看来，这些价值观有助于奢侈品行业的复苏，因此公司必须加大投资，将这些价值观融入企业文化，并传授给所有员工。

因此，与大多数同行的观点不同，布内罗认为：在当下和未来，员工在面对不确定性极大的后疫情时代时，最需要掌握的关键技能无疑是人际交往能力，需要具有同理心和交流技巧，具备较高的情商和创造性思维，懂得去倾听，掌握优雅、精致的技艺。在疫情暴发期间，古奇拉利公司提出了一项名为“人类支持计划”（Project in Support of Mankind）的倡议，捐献了价值 3000 万欧元的非流通股份。这个举措印证了公司可持续发展的愿景。布内罗对此评论道：“这反映了人类崇高的精神，是为了向所有生产服装的工匠们表达敬意……我们要乐观积极地看待 2020 年，需要明白，这一年发生的所有事都值得人们去研精覃思。不过，我们公司 2019—2022 的四年计划和 2019—2028 的十年规划不会有任何改变，我们的营收将会增长一倍，盈利情况会变得更加合理、均衡和可持续。”2020年，受到疫情的影响，古奇拉利公司净营收额由2019年的6.08亿欧元下降至5.44亿欧元，跌幅约10%。

6.4 家族企业的公司化转型：商业模式的改变

自大型奢侈品集团诞生之日起，其商业模式的可持续性就饱受质疑。路威酩轩集团的创建、发展和成功为那些每况愈下的奢侈品家族企业提供了重生的机遇，它们寄希望于被收购，然后在集团的庇护下运营。大型奢侈品集团的出现彻底改变了原有的奢侈品行业运作模式。一个又一个奢侈品家族企业或设计师品牌相继被收购，避免了破产的厄运，如纪梵希、圣路易（Saint-Louis）、思琳和凯卓。如此多奢侈品品牌先后涅槃重生，悠久历史也因此能够延续下去，这些引人入胜的奇闻佳话在商界广为传颂。这些品牌通过重生、新产品发布、市场扩张，以及利用集团内部协同效应实现了扭亏为盈的“奇迹”。由于收购模式大获成功，历峰集团、开云集团等大型奢侈品公司随之诞生，而时装、珠宝、化妆品等行业的知名品牌又进入了新一轮的收购浪潮之中。一个越来越明显的事实是，这些奢侈品集团利用规模效应，通过各种方式促进了品牌发展、产品多元化和业务协同，也获得了更多机遇，更有效地实现了纵向一体化。这些都是品牌成功发展的必备因素。然而，一个小型品牌却很难融入一个大型奢侈品集团中。虽然每个品牌都能保持独立运营的自由，但严苛的业绩指标迫使它们必须快速对市场做出反应。产品需要市场份额，而市场也需要渴望购买这些产品的消费者。

并非所有品牌都被大型集团收购了。一些规模较小的家族企业和设计师品牌依然保持独立，坚持原有的市场定位，面向小众市场和消费者，专注于核心业务，强调手工艺和创造力的重要性。这些品牌并不多见，但都有足够的实力抵制大型奢侈品集团的收购邀约。其中一些独立品牌发展态势甚佳，如爱马仕、香奈儿，以及一些意大利奢侈品品牌。这些品牌的财务报表十分健康，消费者对它们的认可也达到了前所未有的高度。如爱马仕，人们一致认为它是价值最高的奢侈品品牌之一，虽然商业模式十分传统，但行之有效，具有十分强劲的市场竞争力。

图 6–4 阐述了奢侈品公司发展的关键驱动力。

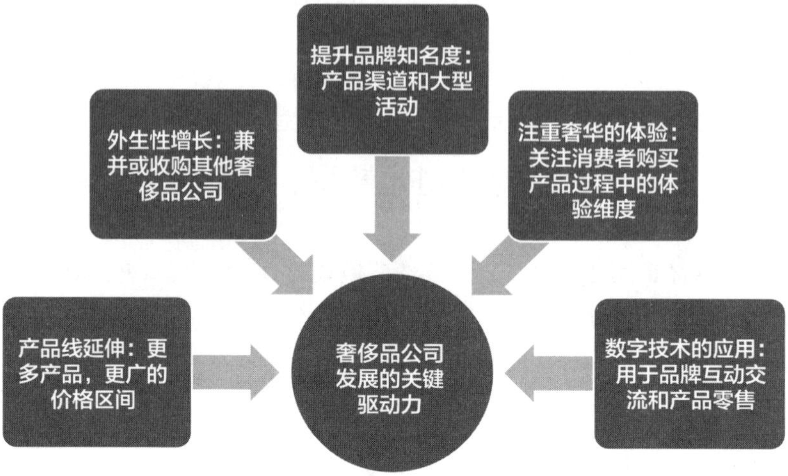

图 6–4　奢侈品公司发展的关键驱动力

不过，家族企业在转型过程中与大型奢侈品集团竞争、为可持续发展计划融资依然是面临的巨大挑战。大部分家族企业不得不通过上市来为全球市场扩张筹集必要的资金。20 世纪 90 年代，如拉夫劳伦集团、托德斯集团和爱马仕集团等奢侈品公司纷纷上市。2021 年，新一轮上市浪潮和并购交易开启。如果公司上市后的多数股权仍然由家族成员持有，那么上市能带来很多好处：公司承受来自股东的压力要比“寄人篱下”小很多。另一方面，并购意味着家族企业被一家大型集团或私募基金公司吞并，或公司自己发展成为一家大型集团。例如，添柏岚（Timberland）、范斯（Vans）和乐斯菲斯（The North Face）的母公司 VF 集团收购了街头潮牌苏博瑞，交易价格为 21 亿美元；盟可睐集团以 14 亿美元的价格收购了男装品牌石头岛（Stone Island）；路威酩轩集团斥资 158 亿美元将蒂芙尼纳入版图。又如，电商平台黛立夏（Mytheresa）成功上市；美国二手电商平台 Poshmark 和 ThreadUp 也正在计划上市。[①] 在转型过程中，家族企业与大型集团获得的竞争优势有不少相同之处，如表 6–1 所示。

① 2021 年 1 月 14 日，Poshmark 在美国纳斯达克上市，发行价为每股 42 美元；同年 3 月 26 日，ThreadUp 也登陆了纳斯达克，发行价为每股 14 美元。——译者注

表 6-1 大型集团和家族企业的竞争优势

大型集团竞争优势	家族企业竞争优势
战略层面：	战略层面：
· 不同品牌在全球市场上的定位	· 家族创造的共享价值观（而非股东）
· 可获得战略资源	· 更坚定的承诺
· 规模经济和范围经济	· 忠诚
· 协同效应	· 稳定
· 国际市场扩张	· 市场扩张（基于业务层战略）
	· 强调价值的长期创造，而非短期效益
组织层面：	组织层面：
· 管理质量	· 更灵活、更谨慎的决策
· 组织架构设计	· 企业内部文化相一致
· 共享研究结果，共同发展	· 人才的长期发展
· 共同并入精品零售	
运营层面：	运营层面：
· 产品策划专业知识	· 与供应商的合作关系
· 产品线延伸	
· 库存管理	
· 采购与供应链一体化	
财务层面：	财务层面：
· 财务纪律保障	· 无须每季度向股东汇报财务情况
· 营销预算之间的协同	· 可以制定一致认同的决策
· 更高的议价能力（广告投入及广告位预留空间）	· 办事稳重，不急不躁

接班人方案

在家族企业向公司转型的过程中，另一个需要解决的关键问题是接班人方案。家族企业的创始人大都才华横溢、富有创意、魅力超凡，他们以自己的名字命名了其创造的商业帝国。如果他们退休了该怎么办？在奢侈品行业，无论是家族企业还是大型集团，业务都是由那些极具热情的个人主导运营的。

一篇研究家族企业的文献表明，70% 的家族企业传到第二代时就宣告失败，只有 10% 能坚持到家族第三代。换言之，这些数据表明家族企业很难实现多代经营。从前文中不难发现，大部分奢侈品品牌的创建时间不早于 19 世纪，创建之时只是小型家族企业，其中大多数品牌如今由家族第二或第三代成员管理。

图 6-5 归纳阐述了奢侈品家族企业公司化转型采用的策略。

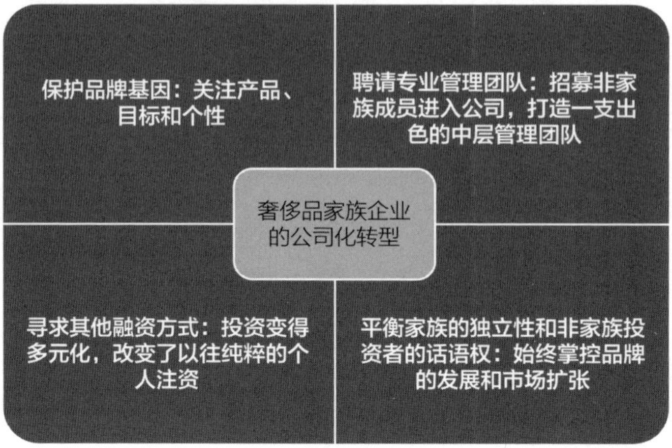

图 6-5　奢侈品家族企业的公司化运营转型

阿玛尼集团就是一个值得探讨的例子。其实，阿玛尼集团是一个非常特殊的例子。在奢侈品行业中，虽然很多重要人物去世了，但他们的影响力却丝毫不减。乔治阿玛尼的品牌基础十分坚实，这与创始人阿玛尼先生密切相关。不过，一旦阿玛尼先生退居二线，该品牌可能难以独立地保持现有势头。后阿玛尼先生时代的阿玛尼集团会是什么景象？它会继续发展还是逐渐衰败？如果创始人的姓名比公司名更让人牢记，那该如何是好？乔治阿玛尼的业务遍及全球，但十分仰赖阿玛尼先生本人的亲力亲为。假如阿玛尼先生离开了，又会发生什么？换句话说，下一代掌管者如何维护阿玛尼的品牌识别并实现盈利？

6.5　创业家与现有市场的新锐品牌

当下奢侈品行业出现了一个日益普遍的趋势：设计师创建了同名品牌，并实现了数十亿美元量级的营收。这些品牌都是奢侈品行业的新锐。本节将讨论两个新锐品牌的设计师，他们都创立了自己的同名品牌。一个是汤姆·福特（Tom Ford），另一个是路威酩轩集团倾力支持的马克·雅各布（Marc Jacobs）。

6.5.1 汤姆·福特

汤姆·福特全名为托马斯·卡莱尔·“汤姆”·福特（Thomas Carlyle “Tom” Ford），是美国时装设计师、导演、电影制片人。1990年，汤姆·福特加入古驰，担任其女士成衣产品的首席设计师。当时，古驰的品牌形象非常模糊，就如时任品牌创意总监唐·梅洛（Dawn Mello）所述，“没有人会想到去穿古驰的衣服”。因此，古驰正努力重振其在女装界的地位。1992年，汤姆·福特取代理查德·兰伯森（Richard Lambertson）担任古驰设计总监，执掌成衣和香氛业务，全权负责品牌形象、广告投放和产品视觉陈列。1994年，汤姆·福特晋升为古驰创意总监。1995年，他与法国造型师卡琳·洛菲德（Carine Roitfeld）和摄影师马里奥·特斯蒂诺（Mario Testino）合作，拍摄了一系列全新时尚广告宣传片。1995—1996年间，古驰的销售额增长了90%。1995年年初，路威酩轩集团竞标出价，意欲收购古驰集团，[①] 但汤姆·福特和时任古驰首席执行官的多梅尼科·德索尔并不认同贝尔纳·阿尔诺的管理风格。因此，他们与皮诺–春天–雷都集团（即开云集团的前身）取得了联系。皮诺—春天—雷都集团的创始人弗朗索瓦·皮诺随即同意收购古驰集团发行的3900万股新股，相当于42%的股权，而阿尔诺持有的股权瞬间被稀释到20%。与此同时，汤姆·福特也成为古驰集团最大的个人股东。汤姆·福特还支持古驰集团收购伊夫圣罗兰。2000年，汤姆·福特兼任伊夫圣罗兰的创意总监。在汤姆·福特担任创意总监的十年间，古驰的销售额从1994年的2.3亿美元迅速增至2003年的近30亿美元，一跃成为全球销售额最高、盈利能力最强的奢侈品品牌之一。2004年，汤姆·福特离职，当时古驰集团的市值高达100亿美元。

2005年4月，汤姆·福特创立了同名品牌。由于他在古驰任职期间已经远近闻名，他的时装新品牌甫一面世便大获成功。多梅尼科·德索尔也加入了汤姆·福特的新公司，担任董事会主席。同年，汤姆·福特与马可林集团（Marcolin）签订了合作协议，后者负责生产并分销汤姆福特的镜框和太阳镜产品。同时，他还与雅诗兰黛集团合作，推出了汤姆福特美妆业务，他亲自负责同名香水产品的广告投放。汤姆·福特凭借自身的名人效应，使得眼镜和美妆产品业绩斐然。因此，他也

---

① 1995年，古驰集团在阿姆斯特丹上市，贝尔纳·阿尔诺在短短20天内斥资约14亿美元，共收购了古驰集团约34.4%的股份。——译者注

拥有了足够的现金流推出第一个奢华男装系列。汤姆福特的策略是专注于高级时装设计和奢侈品业务，强调细节和“意大利制造”。2006年2月，汤姆福特的成衣、珠宝、鞋履和配饰等业务以特许经营的形式交由杰尼亚集团负责。2007年4月，汤姆福特在纽约麦迪逊大道845号开设了首家旗舰店，专售奢华男装、定制成衣、鞋履和配饰。2010年秋，汤姆·福特终于推出了备受期待的女装系列。他在加州比弗利山庄举办了女装发布会，随即开设了首家同时销售男装和女装的门店。截至2017年，汤姆福特在全球直营的独立门店共49家，百货公司店中店共77家。该品牌销售总额（包括眼镜、香氛、化妆品、成衣、男士及女士配饰）达到了20亿美元。如今，汤姆福特正面向更加多元的市场和消费群，并致力于提升其彩妆产品在全球市场的影响力。

6.5.2 马克·雅各布

1963年4月9日，天才设计师马克·雅各布出生于美国纽约市。1981年从纽约艺术及设计高中毕业后，他进入著名的帕森斯设计学院（Parsons School of Design）就读设计专业。在攻读过程中，马克结识了Ruben Thomas公司的资深高管罗伯特·达菲（Robert Duffy），并向他展示了自己的高级时装设计作品。看过马克的设计后，达菲便鼓动他共同推出一个名为“Sketchbook”的成衣系列。

此后，两人创建了一家名为“Jacobs Duffy Designs”的合伙公司。公司主要理念是热爱时尚、承诺高品质。1986年，在樫山定制集团（Kashiyama）美国分公司的支持下，马克推出了首个同名时装系列“Marc Jacobs”，中文名为莫杰。翌年，马克荣获“美国时装设计师协会派瑞·艾力斯时装新秀大奖”（Council of Fashion Designers of America Perry Ellis Award for New Fashion Talent）。1989年，达菲和马克加盟派瑞·艾力斯公司（Perry Ellis），分别担任女装设计部门的总裁与副总裁。在派瑞·艾力斯公司任职期间，马克推出了一个设计师系列，并负责各类女装特许经营业务的管理。1992年，美国时装设计师协会再次给马克颁发了“年度最佳女装设计师”大奖。1993年秋，Jacobs Duffy Designs公司宣布成立一家全新的有限合伙公司：莫杰国际公司（Marc Jacobs International），负责特许经营和设计业务。1994年，该公司分别与日本Renown Look公司和三菱集团签订了特许经营协议和分销协议，后者负责莫杰在日本市场的设计师系列产品。紧接着，莫杰国际公司授权意大利鞋履制造商 Iris 生产品牌所有的鞋履产品。1995 年，马克推出了他个人第一个男装成衣系列。

1997 年，马克的公司陷入困境。贝尔纳·阿尔诺瞅准时机向马克提出了一个极具诱惑的工作邀请：考虑到路易威登品牌威名赫赫，但产品却稍显古板，路威酩轩集团聘请马克出任路易威登的设计师，并收购马克的设计公司。由此，马克和达菲加盟了路易威登，分别担任该品牌艺术总监和设计工作室总监。在任职期间，马克为这个法国奢侈品品牌推出了多条产品线，包括手袋、男士和女士成衣、鞋履和小型皮具。马克精妙绝伦的设计让路易威登的销售额飙升至 38 亿欧元，其营业利润占路威酩轩集团的 60%。与此同时，路威酩轩集团收购了莫杰品牌 50% 的股权，莫杰的销售额也提升至 7500 万美元。2000 年 8 月，莫杰在旧金山少女巷（Maiden Lane）开设了一家新门店；9 月，莫杰在纽约布利克街（Bleecker Street）开设了一家独立男装店，标志着该品牌已经在著名的时尚街区崭露头角。同年秋季，莫杰推出了首个手袋系列产品，同时与位于米兰城外的意大利 L. S. A 公司签订了特许经营协议，后者负责生产莫杰的领带和围巾产品。2001 春夏时装周期间，马克还推出了副牌“莫杰之马克”（Marc by Marc Jacobs），产品涵盖鞋履、手袋和其他经典配饰。2001 年，马克与一家名为“Calza Turificio Rossimoda”的公司签订了特许经营协议，后者负责生产所有莫杰之马克的鞋履产品。同年 9 月，莫杰推出了第一款“莫杰香氛”，产品灵感来源于水中的栀子花。该产品的发布会在哈德逊河 54 号码头举办，并为纽约市区十余个慈善机构做义卖活动。2003 年，科蒂集团（Coty Group）收购了莫杰香水的美国分公司，由旗下奢侈品业务子公司美国兰嘉丝汀集团（Lancaster Group）负责研发、生产所有莫杰香氛产品。莫杰的眼镜业务由意大利霞飞诺公司（Safilo）生产。

2004 年，莫杰与俊思控股公司[①] 签署了分销协议，后者负责莫杰在中国内地和中国香港市场的分销；7 月，莫杰在波士顿纽伯里街（Newbury Street）开设了第一家在美国的多品牌集合店；8 月，莫杰在上海开设了第一家旗舰店，同时在北京和成都也开设了门店。2005 年 3 月，马克在洛杉矶新开了两家门店，分别为梅尔罗斯广场（Melrose Place）8400 号的莫杰精品店和 8410 号的莫杰之马克专卖

① 俊思控股公司（ImagineX Holdings）隶属于连卡佛俊思集团（Lane Crawford Joyce Group），该集团旗下还有奢侈品百货公司连卡佛、前沿时尚精品店 Joyce 等。——作者注

店；当月月底，莫杰在迈阿密巴尔港购物中心（Bal Harbor Mall）新开了一家专卖店。同年，莫杰与富思集团合作，在巴黎推出了第一款腕表产品，并新建了一家精品店。2008 年 1 月，莫杰之马克在芝加哥巴克镇（Bucktown）开设了一家精品店，并发布了若干款限量版香氛。当年秋天，莫杰之马克分别在巴黎、伦敦、马德里、伊斯坦布尔和雅典开设了当地首家门店。2009 年，马克与日本住友商事集团（Sumitomo Corporation）合作成立一家新公司，掀开了莫杰在日本市场发展的新篇章。

莫杰之马克的零售收入占整个莫杰品牌的 80%，但 2015 年，该副牌的业绩出现了问题，随即与主品牌合并，所有莫杰之马克的门店全部关闭。然而，莫杰的发展依旧不尽如人意，销售额不涨反跌。频繁的人事变动也给这个品牌雪上加霜：作为莫杰品牌的联合创始人、总裁，罗伯特·达菲在 2015 年离职；2017 年，前凯卓首席执行官埃里克·马勒查勒（Eric Marechalle）接任塞巴斯蒂安·苏尔（Sebastian Suhl）成为莫杰首席执行官；2018 年 2 月，马勒查勒邀请美国服装品牌 Baja East 设计师约翰·塔尔贡（John Targon）及其团队为莫杰开发一条全新的亲民产品线；但仅仅两个月后，塔尔贡离职，这意味着莫杰必须努力回到品牌创建的初衷。2018 年 10 月，莫杰关闭了在伦敦的最后一家门店。2019 年，莫杰再次推出了亲民的产品系列“The Marc Jacobs”。当年 4 月，科蒂集团宣布完成了莫杰香水业务特许经营协议的续约工作。根据美妆媒体 Glossy 的报道，莫杰的营收主要依靠科蒂集团的特许经营业务和清仓销售苦苦维持。[3]

6.6 关于发展趋势的探讨

随着全球经济衰退、政治不稳定因素（如中美贸易争端等）和新冠疫情暴发，中小型家族企业正面临严峻的全球化挑战，这波及 90% 的意大利家族企业和 60% 的法国家族企业。它们遇到的威胁源于相对较弱的资金实力。这些奢侈品家族企业在经受危机考验的同时，还需要在国际市场上扩张——一方面为了抵御大型奢侈品集团的竞争，另一方面为了吸引更多消费者购买它们的产品。疫情结束后，奢侈品行业可能会出现更多收购交易。大型奢侈品集团拥有足够的自由现金流收购处于低谷的奢侈品品牌，这样会导致强者愈强。不过，也有很多经济学家乐观地认为，意大利和法国的奢侈品公司可以通过推广精湛的手工技艺反映品牌的美感与风格，从而获得足够的资金与资本。

前文探讨了各个市场的发展与盈利情况，不难发现，全球化给奢侈品行业提出了全新的要求，即使是奢侈品大牌也必须认识到，仅仅维持高净值顾客的传统策略也可能会失败。奢侈品公司不仅要吸引本国消费者购买产品，还要走向国外市场，接触其他成熟市场和新兴市场的高净值人群，尤其是没有护照或不如欧洲人那么频繁旅游出行的消费者。亚洲（尤其是中国）已经是最大的奢侈品消费地区。因此，奢侈品家族企业需要解决的关键问题在于：如何走出国门？到哪些国家拓宽市场？

纵观历史，品牌全球化一般采取如下三种策略。这些策略都是促进奢侈品公司发展的关键推动力。

其一是外生性增长，即收购奢侈品家族企业。路威酩轩集团、开云集团和历峰集团都采取了这种策略。其二是产品线延伸，即给顾客提供不同价位的产品。例如，阿玛尼集团推出了很多时装和奢华产品线，雨果博斯拥有红标、黑标等不同产品线，其他品牌也同时定位于不同的顾客群体。其三是通过渠道管理、大型活动、广告投放等提升顾客的品牌认知度。综上，奢侈品家族企业发展的总体趋势是根据可用资源的规模采取最合适的策略。

大型集团发展模式越来越受欢迎，但奢侈品家族企业发展、家族继承人管理、发展单一品牌的路径并没有一成不变的最优解。最优方案总是由公司及其产品、目标、特征来决定。不过，奢侈品家族企业的发展策略也存在一些普适的指导原则。投资者希望看到家族企业可以在现有的商业模式中融入其他元素，并认为家族企业一定需要能力突出的中层管理者。他们也建议家族企业保护好品牌基因，尽可能地找到最专业的管理方式。家族企业在推行国际化和业务扩张时面临的关键问题之一依然是品牌掌控权。例如，总部位于米兰的时装及家纺家族品牌艾绰（Etro）成功地在保持品牌独立的同时实现了业务的国际化扩张。数年来，艾绰的业绩缓慢但平稳、健康地增长，并实现了创始人与家族下一代掌权人之间的顺利过渡。艾绰雄厚的资金实力和团结的家族成员保证了品牌可以长期保持独立性。

然而，并非所有奢侈品家族企业都能像艾绰一样幸运。过去，奢侈品公司的资金多来源于家族个人投资，但如今，这些掌门人已经意识到，如果要在全球市场竞争、进入新的市场，公司需要寻找其他融资渠道，这意味着公司可能需要完全放弃或部分放弃家族对公司的所有权。

根据上述分析，奢侈品家族企业已经在朝公司化运营方向发展，大型奢侈品集团陆续诞生，这些演变都导致了纵向一体化趋势。大多数奢侈品公司（尤其是家族企业）面临的挑战在于：在打击赝品的同时，如何提供品牌延伸的资金支持，如何管控生产流程，如何保护价值链，如何推广传播品牌的核心价值观。例如，路易威登的策略是纵向一体化和扩大市场规模，它要求必须不断发展公司，并在不同市场上成长。路易威登的关键成功因素是产品多元化、纵向一体化、供应链管控。对于大型奢侈品集团而言，大部分生产和零售渠道是自有的，能够形成协同效应，共享现有资源，利用采购和广告投放的积累优势，提升供应链效率，并实现规模经济。大型奢侈品集团旗下品牌众多，在零售渠道、奢侈品购物中心和商圈等拥有更高的议价能力。反观新锐品牌，尤其在没有大型集团或外部投资者支持的情况下，它们必须更快地适应环境变化。例如，吉米周由于资金基础雄厚，成功地实现了两位数增长。此外，从阿玛尼集团的案例中可以看到，长期困扰奢侈品家族企业的难题之一是接班人方案。

如今，年营收规模在 2000 万—5000 万欧元的小型奢侈品公司越来越少。这些小型公司面临的最大挑战是缺乏市场扩张资金。诸如普拉达、爱马仕等公司选择了上市，但并不代表家族失去了对公司的控制权。这些奢侈品公司的最大股东仍然是家族成员，但他们需要向其他股东汇报每个季度的盈利情况。那些自力更生取得成功的奢侈品家族企业也聘请了职业经理人。

近年来，奢侈品行业涌现了很多新锐品牌，但大多数品牌隶属于某个大型奢侈品集团，很少独立运营。这些大型集团收购或培育了很多新锐品牌，如开云集团旗下的亚历山大麦昆和丝黛拉麦卡妮。有了集团的资金支持意味着这些品牌从创立伊始就由专业人士掌控，并且拥有足够的财力资本在这个竞争极其激烈的行业中一争高下。此外，它们还能依靠集团旗下的强势品牌，获得更多零售空间与广告位的谈判话语权，并共享其部分供应链，从而大大降低运营成本，扬长避短。新锐品牌获得的机遇总是少得可怜，因此引发的问题探讨从未盖棺定论，只有时间才能给出最终答案。例如，独立的小型奢侈品品牌在当下的奢侈品行业是否还有生存空间？如果有，那么它们如何在保持完全独立的同时还能在竞争如此激烈的环境中占有一席之地？

一方面，维护品牌传承与提高盈利能力是奢侈品行业普遍存在的矛盾关系。即使是大型奢侈品集团也无法仅靠较高的市场规模解决这个难题。虽然大型集团创新性地利用了品牌之间的协同效应，但并非每次都能奏效。例如，集团旗下的一些品牌（即所谓的“明星品牌”）盈利能力很强，但另一些品牌则入不敷出。不过，当下亏损的品牌也许在将来能够成为明星品牌。投资组合理论认为利润的起伏是十分常见的现象，但大型奢侈品集团旗下的某一两个品牌往往才是利润的主要来源，并且那些业绩低迷的品牌通常会对其他品牌的盈利能力产生负面影响。

图 6-6 归纳了奢侈品家族企业面临的多方面挑战。

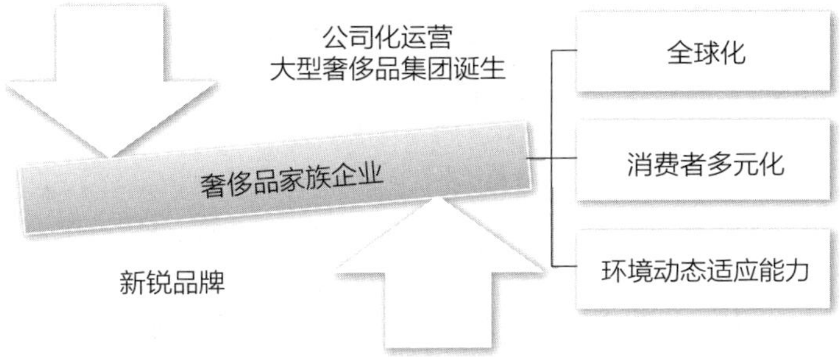

图 6-6　奢侈品家族企业面临的多种挑战

总而言之，在奢侈品行业中，影响家族企业发展、公司化运营转型、大型奢侈品公司及新锐品牌诞生的三大关键趋势是：全球化、消费者高度多元化，以及环境动态适应能力。这三大趋势有助于奢侈品公司接受新兴文化，保持自身的价值观和传承，从而提升品牌的竞争优势。

6.7　小结

显然，如果历史上没有成功的奢侈品家族企业，那么大型奢侈品集团也不会发展成为当下的形态。这些大型集团依赖于被收购的家族企业带来的传承与传统，为其在奢侈品行业立足提供了正当的理由。大型奢侈品公司在奢侈品行业中的确拥有存在的意义，它们需要大量的营销预算推动销售，并提升产品的表现力，但旗下每个品牌的基因传承才是集团立足市场的根本。由此可见，从某种角度而言，奢侈品家族企业比大型奢侈品集团更加强大，它们更有能力为未来发展铺平道路。即使奢侈品行业未来的主流趋势是“报团取暖”，但家族企业依然能够闪耀，它们更能创造奢侈品背后独特的手工艺神话与神秘感。

随着奢侈品市场竞争的加剧，家族企业和新锐品牌创始人面临的一个关键问题是：如何充分利用业绩的快速增长，并保持品牌运营的独立性。也许加入大型奢侈品集团是家族企业解决难题的万能钥匙，但在某种程度上，成为大型集团的一员可能会面临“灭顶之灾”，或变为无人问津的“孤儿”。因此，是否要“寄人篱下”需要奢侈品家族企业三思而后行。有时，被大型奢侈品集团收购是生存的唯一解决方案；有时，它们在资本市场可以找到“白马骑士”。此时，公司未来发展的关键问题变成：如何在股东压力下平衡长期发展和短期业绩增长之间的关系？无论如何，这个难题依然没有解决，那么奢侈品品牌的发展一定会长期保持下去吗？

注释

[1] KAPFERER J-N, BASTIEN V. The Luxury Strategy: Break the Rules of Marketing to Build Luxury Brands[M]. 2nd ed.London: Kogan Page, 2012.

[2] Consolidated financial statements at 31st December 2019[R]. Brunello Cucinelli, 2020.

[3] MILNES H. “It cut itself off at the legs” : What happened to Marc Jacobs?[EB/OL].（2018-4-19）. [2023-1-24]. https: //www. glossy. co/fashion/it-cut-itself-off-at-the-legs-what-happened-to-marc-jacobs/.

第 7 章 奢侈品行业的管理风格

奢侈品行业的管理人员通常被称为“奢侈品专家”（homoluxus）。他们在各大社会圈层极其有名，无论是街角报摊的杂志里，还是大都市最豪华的街道上，都能找到他们的名字或者他们掌管的公司名。他们衣着光鲜地出入各大社交场合，被各路明星团团包围。他们也很乐意谈论自己的品牌，喜欢记者的采访。虽然这些人极力否认喜欢与记者打交道，声称非常讨厌在公共场合谈论自己，但又喜欢不断向他人阐述自己的观点。那么，这些人到底是如何做到无所畏惧的呢？

这些奢侈品专家非常自信，自认为已经掌握了打造自己品牌的真理秘籍。他们自诩喜欢团队协作，但人们总能看到他们在唱“独角戏”，或者借助自己的权威向他人强加一己之见。他们自以为战略高度能触及天空，然而现实却是截然不同。

这些奢侈品专家似乎涉猎各行各业，但实际上在任何一个行业都不能立足；他们四处奔波，却还喜欢假装自己在踏踏实实做事。他们永远不会承认错误，因为他们觉得自己毫无必要认错。在他们看来，错误从来不是由自己造成的，而是外界因素，如危机暴发、创意总监失误、股东问题等等。他们一直对外声称自己关注事物矛盾或对立的关系，但事实绝非如此。这些奢侈品专家生活在矛盾之中：作为事实上“微不足道”的人物，他们却名声显赫；平时表面上态度谦和，但私底下内心却极度膨胀。另外，他们始终坚信自己不可能把事情搞砸。

不过，有些奢侈品专家的表现要好不少，水平最高的那些专家总是不断质问自己下一步该做什么——是否需要更进一步，与谁一起做下一步工作等等。他们如同领袖人物，和追随者们一同奋勇前行。他们会担心错失目标、定位错误、定价不合理、指派错误的设计总监，会意识到奢侈品品牌往往“转瞬即逝”，有时瞬间就淡出了人们的视野。他们并不会过度关注公司季度财报，而是更关注产品质量和长期目标。他们在面对财务压力时依然能够安神定气地专注于产品，这样的管理者极其罕见。

正如本书第 3 章所述，大部分有代表性的奢侈品品牌创立于一百多年前，最初由家族拥有和经营。在法国，这些奢侈品公司被称为“（世）家”（maison），或“精品屋”（house）。从 20 世纪 80 年代起，路威酩轩集团的贝尔纳·阿尔诺、开云集团的弗朗索瓦–亨利·皮诺和历峰集团的约翰·鲁伯特，到后来的普拉达集团、托德斯集团，以及近年来才诞生的大型奢侈品集团，如拥有蔻驰、凯特丝蓓（Kate Spade）、思缇韦曼（Stuart Weitzman）的泰佩思琦集团（Tapestry Inc.），拥有迈克高仕、范思哲、吉米周的 Capri 集团和总部位于卡塔尔的 Mayhoola 集团［旗下包括巴尔曼、华伦天奴和伯爵莱利（Pal Zileri）］，开始将大型跨国公司的战略应用于奢侈品行业。路威酩轩集团、开云集团和历峰集团这三大奢侈品集团是通过收购许多世家经营的奢侈品品牌创立而成，将奢侈品行业重塑为一个非常细分的行业，并且每个品牌都有各自的管理者。

过去，奢侈品行业只面向一小部分精英消费者。20 世纪末，随着人们越来越容易接触到奢侈品，奢侈品行业逐渐普及到普通消费者。许多公司开始对奢侈品业务进行延伸（如延伸到眼镜和香水），从而吸引了更多（以及更年轻）的受众。奢侈品行业发生的另外一个趋势是：2000—2021 年间，大部分奢侈品品牌向新兴市场扩张，主要聚焦于亚洲市场——更确切地说是中国市场。根据贝恩公司公布的数据，2020 年，中国消费者为全球奢侈品市场增长的贡献率达 90%，消费额占总额的 35%。随着熟练掌握数字技术的 Z 世代逐渐成为奢侈品稳定的消费者，奢侈品在线业务的市场份额保持增长态势。

奢侈品的概念建立在一些特定的行为准则基础上。这些准则既不能被忽视，也不能做出妥协。这些行为准则是一种文化和理念，其复杂性和出现过程在本质上不同于其他产品，因此，在进行商业活动之前，管理者必须透彻地理解这种文化和理念。奢侈品行业的发展路径依赖于文化、传承和风格，管理者需要先领悟这些要素，才能敏锐且自发地进行后续的商业活动。

7.1 路径依赖及其对管理风格的影响

创作者：一位创作者调制出了顶级的橄榄油，装进漂亮、优雅的瓶子里，计划在熟食店内出售。毫无疑问，他会大获成功。创作者精力旺盛，品位高雅，天赋异禀，并且极具耐心。

另一位创作者喜爱珠宝，用不知道从哪里找来的石头制作了一副绝无仅有的首饰。他还把各种颜色混合在一起，搭配不同的材质，制作了形状与众不同的项链。

还有一名创作者曾担任奢侈品公司的设计师，但在公司倒闭后失业了。随后，他开了一家小型精品店，但生意并不红火，事实证明他不是一名合格的管理者——他只能创作，不懂商业运作。

此外，还有一些制作凉鞋或女装的创作者，他们尚未正式踏入奢侈品行业的门槛，正走在不断努力的道路上。

创作者往往容易遭人误解。一些人误以为奢侈品设计师可以为所欲为，事实上大错特错！创作者的自由必须建立在规则和知识的基础上，否则不会有所成就。

言下之意，现实中奢侈品行业的金科玉律是确保创作者尽可能少地承担管理职责，以便让他们能够自由发挥才华。事实上，只有那些出人意料、出其不意的奢侈品才能一举成功。

如果产品设计变得标准化，奢侈品将无法与批量生产的商品区分开来，没有机会让顾客感到惊喜，也就无法达成交易。只有具备了艺术灵感和创造性，奢侈品市场才能欣欣向荣。

从定义来看，创作已经超越了系统化、约定俗成的工作内容。奢侈品公司的组织架构必须考虑到这一点。当然，创作者可能是没有自控力的自大狂，要求苛刻，令人讨厌，但这都是他们的天性。我们只能接受这些事实，何况奢侈品也离不开这些艺术家。创作者推动了奢侈品行业的发展，因此，理性有时必须让位于想象，现实必须让位于非理性，真相必须屈从于梦想！这就是奢侈品的意义所在——至少应是如此。

香奈儿、纪梵希、圣罗兰和迪奥的共通点是什么？上述这些是设计师的姓氏还是品牌名？这个问题很少见，怎么回答都不能算错，因为这些设计师是以自己名字命名的品牌。在奢侈品行业发展的早期，设计师是奢侈品品牌的代名词，每个品牌都展示了设计师的癖好、神秘感和个性。设计师给品牌赋予了识别要素，让自己和品牌变得不可分离，这点至今依然对奢侈品品牌非常重要。因此，对奢侈品品牌而言，创作者等同于品牌实际掌管者。然而，疑问也随之产生：创作者真的能成功运作全球业务吗？他们能管理好业务价值链吗？如果他们离开了这个品牌，公司会发生什么？最关键的一个问题是，当创作者离开自己的品牌时，谁有资格销售它的产品？

店长：玛莎（Martha）一定有 50 岁上下了，但这并不重要，重要的是她充满活力。

她令人感到惊艳——神态优雅，身材颀长，拥有一头飘逸的长发。她有力的步态传达出她的活力，并立即给人留下好印象，吸引来客。

玛莎是个很棒的销售员。她知道这一点，并为此感到自豪。

她微微晒黑的皮肤和脸上散落的雀斑给她一种神秘的特质，传达出她的自由神韵。显然，玛莎是一个非常有主见的女人。

这天早上，她穿着一件让-保罗·高缇耶设计的爱马仕蓝色长裙，美得无可挑剔——不咄咄逼人，恬然自安。她的眼神，还有她的衣服、身高和肤色都十分亮眼。

毋庸置疑的是，玛莎的气质十分高雅。

她不会受到嘲讽或蔑视。从艰难的谈判到棘手的问题，再到意想不到的争论，她准备好了一切。

玛莎擅长销售，因为她喜欢这一切。

她很喜欢工作的挑战和这里的产品。她承担了自己对品牌的责任。她只卖她知道的东西。

玛莎过去是一名销售员，后来被提升为主管，现在成了店长。她正在管理一支由不同员工组成的庞大团队。这些员工形形色色，很难被领导，但她居然能把自己的观点输送给他们，这令人感到十分惊讶。

她观察周围所有的一切。当顾客走进商店和销售员对话时，玛莎从远处观察他们——推销商品的售货员，以及优雅或不雅地触摸、掂量、细看，并将贵重货品放回原处的顾客。

玛莎十分机敏，因为她对商店有全方位的了解。她像雷达一样，什么都逃不过她的眼睛。她总是选择合适、有利的位置来观察店里发生的一切。突然之间，她迅速地向男士专柜走去，她听到一位恼怒的顾客准备离开。这位顾客急切地希望销售员回答他的问题。玛莎看到：为他服务的销售员动作太慢了；另外两位销售员在角落里窃窃私语（她知道这些话肯定与工作无关），像女学生一样傻笑，非常不合时宜。玛莎将鞋子送到这位顾客面前，试穿后发现尺码不对。玛莎预料到了这一点，赶紧安抚了这位男顾客，又给另一位耐心等待的女士端上咖啡。

玛莎就像一位仙女。她挥舞着魔法棒，给她的门店赋予了一种基调，一种节奏，一种非她莫属的风格。

她挑选鲜花，整理，重新折叠衬衫，移动放错位置的领带，低声指示，给出建议，捡起乱丢的纸，送顾客到门口，问候“早上好”和“谢谢”。她通常承担起女主人、老板或是护士和心理学家的角色。一位销售员泪流满面，因为一名顾客说她“太穷了，根本买不起这样的包给自己”。

这句刻薄话使女孩猝不及防，她崩溃了。玛莎帮助她解惑，让她放心。女孩的心灵伤口被“包扎”好后，立即回到了自己的“舞台”。

玛莎指挥着一个“话剧团”——她就是这样称呼她的团队的。门店是她们的舞台，她们的角色是“带来快乐”。玛莎有她的烦恼：母亲瘫痪，父亲患有阿尔茨海默病，儿子因冲刺 A 等业绩经受巨大压力，女儿马上面对多门考试，但她把这些烦恼都留在了家里。

玛莎决定，上班时必须把烦恼放在一边，去做一个梦想创造者。她就像一位强大的海军上将在指挥一场战斗，在“甲板”上管理她的商店，保持井然有序的状态。

玛莎非常认真地对待她的领导角色。她喜欢激励她的团队，吸引顾客，不断磨炼销售艺术。

玛莎本质上扮演了演员的角色。她寡言少语，但无论说什么，总是心平气和。除此之外，保持身材、做好自我是她的必备素养。因为她是一位店长。

正如本书第 2 章所述，40 年前，奢侈品行业几乎完全由家族企业模式主导。然而，贝尔纳·阿尔诺与路易威登家族继承人亨利·拉卡米耶和时任酩悦轩尼诗公司掌门人阿兰·舍瓦利耶之间的较量促生了一个大型奢侈品集团，即路威酩轩集团。这个集团的诞生使得奢侈品行业发生了历史性的结构转变，每个奢侈品公司都希望通过业务发展和并购掌控市场的主动权。结果，奢侈品公司开始合并，除了一小部分法国和意大利奢侈品公司（如爱马仕集团、韦特海默家族掌管下的香奈儿集团、阿玛尼集团和托德斯集团等）外，很多奢侈品家族企业无法在市场上生存，不得已被并入几个大型多品牌奢侈品集团中。这种从家族企业模式走向集团公司的结构性转变使得奢侈品行业逐渐远离了之前传承下来的管理风格，成功关键因素（key success factors，KSF）不再是以家族业务为导向，取而代之的是关注财务管理和股东价值。奢侈品行业不再是小型作坊的天下，而是大型奢侈品公司的舞台。小型作坊主的管理思维已经完全无法适应全球化业务战略的执行了。

为了了解奢侈品行业的管理风格，我们需要先了解管理者扮演的角色以及管理风格的类型。

管理者的基本职能是计划（plan）、组织（organize）、领导（lead）、控制（control）。管理者在公司战略决策过程中扮演多个角色，他们完成上述基本职能的方式取决于他们的管理风格。图 7–1 阐述了战略制定的两种方式，即“将战略视为设计”或“将战略视为流程”。

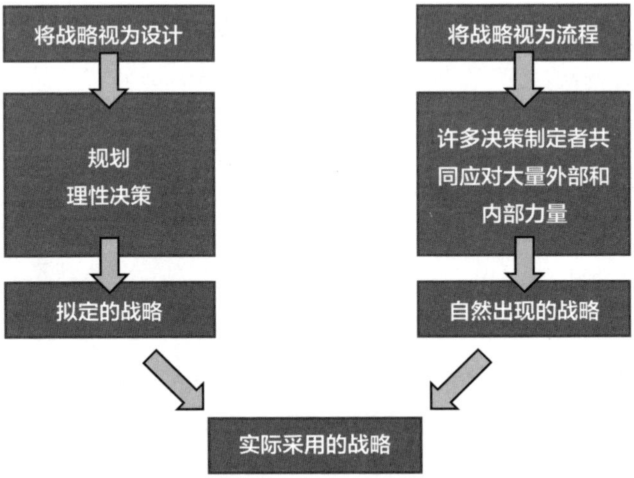

图 7–1　战略制定：将战略视为设计还是流程？

在其他条件相同的情况下，领导者需要扮演的角色是不同的。他们要制定公司的未来发展和愿景，鼓舞、激励员工，使公司充满活力，更具创造力。通常情况下，奢侈品公司的战略决策过程更多取决于高层管理者的管理风格。

近 70 年来的相关文献都阐述了以下观点：管理风格既要包括决策制定的内容，也要包括决策制定的流程，必须与目标制定、战略规划、战略实施保持一致。管理风格也深受公司运营过程中内部独特的**社会文化环境**和氛围的影响。管理者在公司中扮演不同角色的独特方式决定了他们的管理风格。核心管理风格通过公司氛围和文化的价值观与规范来体现。文献中通常会分析三个管理风格因素：①决策制定管控程度，① 即管理风格可从高度专制到高度民主的跨度中选取；②关注生产（或任务）和员工（或关系）的程度；[1] ③社会导向（与知识紧密联系的人力资本）和顾客导向程度。核心管理风格可能有多种，包括**保守型**、**创业型**、**专业型**、**官僚型**、**组织型**、**独裁型**、**参与型**、**直觉型**、**随意型**、**无私型**、**创新型**等。考虑到已有如此多的风格可供管理者选择，实际商业运营中的管理风格更是不计其数。为简便起见，本书将重点关注奢侈品行业中的四大基本管理风格：独裁型、民主型、参与型和放任型。

7.2 管理中的矛盾关系

正如本书第 4 章所述，奢侈品行业的矛盾关系随处可见，如何管理该行业的人力资源同样面临矛盾。

7.2.1 心灵手巧的奢侈品管理者

在古老的神话故事中，众男神、女神，以及魔族都拥有好几个脑袋、很多双眼睛，这样在做事时可以各司其职。印度教三大主神之一梵天（Brahma）也是一位创作者，他拥有四个脑袋，可以眼观四路耳听八方，创作了印度教古老的宗教圣典《吠陀经》（*Veda*）。类似的还有古罗马神雅努斯（Janus），他拥有两双眼睛，一双看着过去，一双看着未来。

---

① 美国著名企业治理学家罗伯特·坦南鲍姆（Robert Tannenbaum）和管理学家沃伦·施密特（Warren Schmidt）在 1958 年提出了“领导力连续统理论”（Leadership Continuum Theory）。——作者注

1. 左脑与右脑的结合

左脑运用逻辑思维，注重事实与科学，更加务实，负责策略制定；右脑拥有创造力、想象力和感知力，乐于冒险，更加关注大局。奢侈品行业的管理人员必须懂得奢华体验的独特性，管理好极富创意的员工，实施严格的管理条例，并且对全球业务发展过程中涉及的文化差异保持高度的警觉。

2. 讲究速度还是需要时间沉淀

奢侈品公司管理者必须处理好“永恒”与“新颖”的关系，即奢侈品公司如何在当下现代化的市场中盈利。例如，爱马仕和香奈儿或许自称不会关注短期利润，但每个财季它们都会密切关注营收情况，因为这决定了公司下一步业务发展规划和投资计划。如今，那些总是亏损的顶级品牌也开始关注盈利情况了。国际财务报告准则（International Financial Report Standard，IFRS）和跨境交易法案的引入也迫使大型奢侈品集团提升财务报表的透明度。品牌发展速度和提升盈利能力所需的时间对公司人才管理产生了直接的影响。一方面，奢侈品公司必须培育能够理解并对外传递品牌故事、产品特征、永恒特质、产品质量、服务体验的人才；另一方面，奢侈品公司又必须满足国际市场对营销、销售和售后的速度要求。

3. 无处不在还是无迹可寻

奢侈品管理人员在深圳、圣保罗、新加坡或旧金山销售产品时，也必须懂得法式和意式的管理手段。尽管很多外派员工不会说当地语言，但是让外派员工管理门店是一个不错的现实选择。一些管理者或许资历深厚，但带着任务外派到远方市场（distant market）后却发现，自己对当地文化的差异知之甚少，失败也在所难免。从咨询公司 Martens & Heads! 的调研结果中不难发现，负责实际运营的首席执行官只有不足 15% 是当地管理者。该咨询公司首席执行官玛克辛·马滕斯（Maxine Martens）也提出疑问：“对于那些在亚洲市场拥有 30% 及以上业务的法国或意大利奢侈品公司，到底有多少家高管的亚洲人比例达到了 30%？”[2] 一些人认为，随着奢侈品行业向全球化和集团公司化发展，奢侈品公司也应该遵循全球化公司的发展路径，在远方市场雇用更多当地人才；同时，公司总部也需要吸纳更多来自新兴市场的专业人士。

4. 行业内招募还是行业外聘请

第一个问题是：那些心灵手巧的奢侈品公司管理者到底应该从行业内招募还是行业外聘请呢？有研究表明，它们更倾向于从行业外聘请高管，因为这些人在处理危机和拓展远方市场方面更有经验。就致力于在全球市场提升运营效果的奢侈品公司而言，拥有丰富品牌管理经验和国际化视野的行业外高管是极其宝贵的人才。

第二个问题是：如何挖掘杰出的品牌领导者？这些领导者需要给品牌带来新技巧，给公司一个焕然一新的发展前景，适应奢侈品行业的独特风格，与产品和消费者共鸣，管理好整个创意过程，将麾下现有人才的能力发挥到极致，处理好运营中的复杂问题，缩短生产周期，还要灵活变通地应对并实现新的设想。

然而，让员工自己积极主动地学习、掌握经验是一个循序渐进的过程，因此，那些等不及的奢侈品公司就会另辟蹊径招聘行业外的人才。例如，罗伯特·波莱在 2004 年加入古驰前是联合利华冰淇淋及冷冻食品部总裁。路威酩轩集团也招揽了多位行业外人才担任公司品牌领导者，包括曾在宝洁任职的托尼·贝洛尼（Toni Belloni）和克里斯·德·拉普恩特（Chris de Lapuente），以及曾在联合利华就职的罗兰·布瓦洛（Laurent Boillot）。杰弗洛伊·德·拉·布尔唐纳耶（Geoffroy de la Bourdonnaye）在加入路威酩轩集团前在迪士尼公司工作了多年，离开路威酩轩集团后又到英国利伯提（Liberty）精品百货公司任职。布鲁诺·萨尔泽博士（Bruno Sälzer）先后在拜尔斯道夫公司（Beiersdorf）和施华蔻公司（Schwarzkopf）任职，然后到雨果博斯公司出任首席执行官。邓阁士（Stanislas de Quercize）加入卡地亚和梵克雅宝前在宝洁公司任职。

不过，路威酩轩集团、开云集团和历峰集团虽然也公开招聘极具潜力的行业外人才，但无疑更愿意培育公司内部员工或行业内人才。目前，三大奢侈品集团都大力投资于人力资源，以培养集团未来的领导者。

5. 大集团还是小公司

三大奢侈品集团这些年已经成功转型为跨文化的多品牌大型奢侈品公司。虽说不能一概而论，但大集团在行业外招聘管理者的效果要比小公司更好。从企业文化等方面而言，大集团更容易同化外部人才。不过，这并不代表小公司在招聘其他行业拥有领导天赋和全球市场经验的人才后起不到任何作用。所有奢侈品大集团和小公司面临的难题是如何找到对市场感知极其敏锐、懂得维护品牌内在价值重要意义的品牌领导者。

6. 国际化还是本地化

奢侈品行业正处于不断发展变化的时期，未来的前景尚难定论。即使在学术界，人们也很难就如何实现奢侈品行业的现代化发展达成共识。不过，新冠疫情的暴发反而永久改变了奢侈品公司正面临的两难困局。那些致力于维持排他性和一致性的品牌也开始热衷于迎合并满足远方市场的需求。有些人认为当地分销是奢侈品公司成功的关键因素，数字营销和电商等新业务模式也非常重要，但他们极力反对采用大众市场的营销策略，担心奢侈品品牌的排他性和奢华感等重要特性被稀释。因此，当奢侈品管理者身处更加艰难、充满竞争的商业环境时，要特别善于处理在拓展新市场、开发全新分销渠道、适应多元文化期望、维护品牌排他性和一致性时出现的似乎相互矛盾的元素。但问题是：这些管理人才在哪里？

7. 管理数字人才还是坚守传统理念

数字化时代的奢侈品和传统奢侈品行业对人才能力的要求不尽相同。在奢侈品行业，如何成为心灵手巧的人才是一大挑战——既要拥有纯粹的技术能力，也要掌握创造内心欲望的艺术。这十年来，很多奢侈品公司在数字化转型方面陷于困境，但博柏利和拉夫劳伦却游刃有余。例如，博柏利已经被人们视为奢侈品行业数字化转型的标杆——这是时任首席执行官安吉拉·阿伦茨（Angela Ahrendts）和时任创意总监克里斯托弗·贝利（Christopher Bailey）的光辉成就。博柏利公司已经将创造力、技术、管理融合在一起，通过数字化项目触发了众多消费者对产品的浓厚兴趣。阿伦茨和贝利推出了名为“风衣艺术展”（Art of Trench）的众包网站，上演 3D 直播秀，此后还开展了一场互动式的数字广告活动。通过这些活动，阿伦茨和贝利推动了各职能部门间的合作，激励所有员工共同努力推动数字创新。另一个例子发生在 2021 年，历峰集团支持的 AZ Factory 品牌诞生。该品牌由设计师阿尔伯·埃尔巴茨（Alber Elbaz）创立，“A”代表阿尔伯，“Z”代表埃尔巴茨。它代表了线上数字化和线下实体化达到一种平衡的时尚概念。

一位心灵手巧的奢侈品管理者需要拥有多种技能，这样才能在奢侈品行业立足。图 7–2 诠释了决策流程中心灵手巧的管理风格的本质。

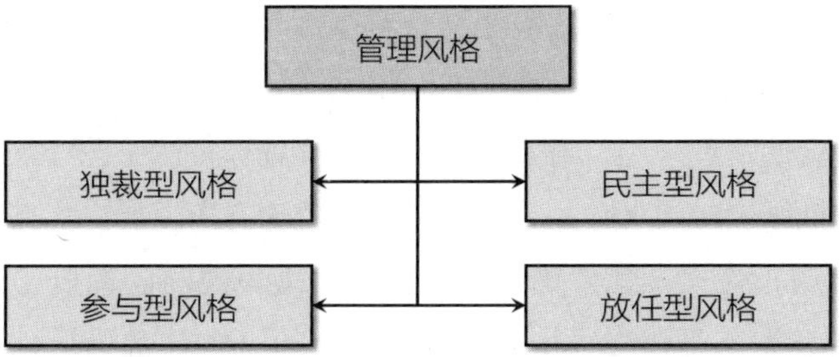

管理风格	优势	劣势
独裁型风格	· 指令非常强有力 · 更容易快速决策 · 员工之间交流较少，执行起来反而不容易偏离轨道 · 新政策或新变革可以快速执行	· 员工的想法不被采纳，他们会失去动力 · 员工不受重视，公司不会喜欢他们的创新想法 · 缺乏交流，将对团队工作产生负面影响 · 员工都在等待指令，造成工作进度停滞 · 团队成员缺少主动性
民主型风格	· 鼓励小组讨论 · 每个员工都可以表达自己的想法 · 认为员工的想法十分重要且产生了附加价值 · 减少了实施过程中的冲突	· 制定的决策可能不是最优方案 · 十分耗时 · 互助小组和非互助小组之间产生冲突 · 员工可能没有足够的能力做出决策
参与型风格	· 提升了员工的精神面貌 · 产生创意 · 团队之间形成了关系网 · 员工之间形成友好关系 · 减少了实施过程中的冲突	· 十分耗时 · 如果员工的想法没有被采纳，他们会感到被冒犯 · 如果员工的想法没有被采纳，那么之前的讨论环节有时看上去像走形式，并非真心征求意见
放任型风格	· 最大程度放权 · 管理者可以在战略制定上投入更多时间 · 公司形成了学习和知识创造的氛围 · 授权员工 · 不同子公司之间可以产生协同效应	· 管控程度较弱 · 难以形成信任感 · 较难实现整体目标 · 紧急情况下决策十分耗时

图 7-2　管理风格的差异

一种特定的管理风格不可能适用于所有行业。在过去三十多年时间内，随着内外部环境的变化，奢侈品行业经历了重大变革，顶层管理风格不断发生演变。变革带来的独特性对管理风格和公司治理产生了深远的影响。

7.2.2　家族自治

法国精品行业联合会前主席伊丽莎白·蓬索勒（Élisabeth Ponsolle）曾经说："法国奢侈品行业的特征就是家族企业。"1954 年，法国精品行业联合会由让–雅克·娇兰先生率领14个品牌共同创立，至今已经发展成为拥有84个法国精品世家的协会。每个精品世家的历史渊源、文化传统、业绩规模和管理模式各不相同，但都遵循了协会的治理规则，愿意共同推广价值观和技术工艺。法国精品行业联合会所理解的“世家”与“奢侈品公司成员”的概念有所差异，它阐述的是其发展历程，见证了家族一代又一代传承技术工艺，而每一代的创意奥秘都蕴含其中。事实上，大多数家族企业和法国精品行业联合会的家族首席执行官都称对方为“家长”，而非董事长或首席执行官。顾名思义，“家长”们拥有完全的自主权，掌管公司并做出决策。例如，浪凡于1889年由珍妮·浪凡（Jeanne Lanvin）创立。这个时装世家创始人的侄孙贝尔纳·浪凡（Bernard Lanvin）始终坚决反对移交家族时装、成衣和香氛业务的掌控权。浪凡此后被复星国际公司收购，后者是中国最大的民营企业之一，旗下拥有地中海俱乐部（Club Med）和卡鲁索（Caruso）等品牌。类似的世家还有皮埃尔·弗雷（Pierre Frey），他于1935年创立了自己的制造工坊，其子帕特里克·弗雷（Patrick Frey）自1978年成为公司掌门人，至今品牌依然完全由家族控股。帕特里克·弗雷成功地掌舵，并将业务拓展至全球市场。

一般而言，奢侈品公司可以分为三类：第一类是经几代人传承下来的奢侈品世家，至今依然由创始人后代掌权运营，如雅诗兰黛、爱马仕等；第二类是在创始人健在时就被某个富裕家族收购的奢侈品公司，至今仍由后者家族所有，如韦特海默家族掌管的香奈儿、路威酩轩集团旗下的法国娇兰；第三类是奢侈品集团，旗下众多的奢侈品品牌都拥有自己的组织架构，并锁定各自特定的奢侈品市场，如复朗集团（旗下拥有浪凡）、Capri集团（旗下拥有范思哲和吉米周）。

家族企业有能力也有意愿管理好世家品牌，它的盈利能力往往强于上市公司，并且善于在竞争中生存。原因之一是管理风格和原则的差异，家族企业的志向更长远，更关注员工、员工与顾客的关系，以及品牌的价值和形象（前文探讨最多的内容就是品牌名称）。另一个原因是，没有上市的家族企业不需要披露财务数据或发展战略，这种“自由”使得它们在实施一致的战略和掌控品牌方面较为自主，从而可以注重品牌长期定位，而非受限于短期的盈利目标（例如季度业绩）。

7.2.3 承受财务压力和股东压力

一些奢侈品世家仍然保持独立，如爱马仕家族、韦特海默家族（掌管香奈儿品牌）、弗雷家族（拥有 Pierre Frey 品牌）、特里布亚尔家族（Tribouillard Family，拥有逦媛纳品牌）等诸多法国家族。在意大利，同样有阿玛尼集团、托德斯集团等。每个家族都创造了商业模式，围绕具有强大影响力的独立品牌实现盈利目标，保持低负债和稳定的成本支出。路易威登、古驰、爱马仕就非常成功，2021 年的品牌价值分别达到 470 亿美元、230 亿美元和 220 亿美元。这三个品牌都严格限制了分销渠道，创造排他性，并管控营销活动，而它们大多数品类的产品每年都可以录得两位数的业绩增长。爱马仕集团董事会执行主席阿克塞尔·杜马（Axel Dumas）对此评论道："我们突出的业绩增长不仅反映了爱马仕的创意本质和卓越的工艺技术，还揭示了爱马仕手工作坊模式的重要意义——有助于加强当地资源的整合。"

路易威登和爱马仕在全球分别开设了 460 家和 310 家独家精品店，每年门店增长数基本控制在三家左右。爱马仕的腕表、香氛、餐具产品也在专卖店和机场免税店内销售，不过路易威登从不在机场开设免税专卖店。

爱马仕和普拉达是盈利能力最强的两个奢侈品品牌。这就是为何爱马仕不需要任何外部资金的支持。就因为爱马仕在法国国内外市场都取得了史无前例的成功，它在长时间内一直是路威酩轩集团觊觎的目标。路威酩轩集团持续多年在证券市场大量购入爱马仕的债券和股票。分析师认为，路威酩轩集团如此强势地介入爱马仕集团股权结构，这种做法只会给爱马仕带来麻烦，毫无积极作用。然而，路威酩轩集团一意孤行地增持爱马仕股权，一度超过了 20%。为了抵御如此恶意的收购行为，爱马仕家族创立了一个家族控股公司，掌控了集团 50% 以上的股权。在此期间，爱马仕集团首席执行官（也是公司第一位非家族出身的首席执行官）帕特里克·托马斯（Patrick Thomas）评论道："爱马仕的管理不是只关注财务，而是用最好的原材料、最具有创造力的方式制作出最好的手工作品，从而吸引顾客来到我们的门店，顾客从中可以看到爱马仕风格强烈的价值主张。"他还表示："我前面说的这些特征与一个成立得比爱马仕晚得多、本质上只采用金融手段的集团毫不相容。如果你让一些财团掌控你的业绩，这些投资者只关心短期数据，那么他们会彻底扼杀你的业务发展。金融手段应该是发展业务的工具，而不是目标。"他的话清晰地表达了集团的态度。2014 年 9 月，阿克塞尔·杜马和贝尔纳·阿尔诺达成了和解。双方协议，路威酩轩集团只保留爱马仕集团 8.5% 的股权，而爱马仕家族将直接拥有 70% 的股份。爱马仕最终成功地保持了公司的独立性，但路威酩轩集团也从这桩交易中赚了 30 多亿欧元。

其他一些奢侈品世家也成功地保住了独立性。这些公司各自围绕旗下具有影响力的独立品牌创建了盈利模式，几乎没有负债，固定支出也很少，从而可以保持公司独立，由家族完全掌控品牌。

逦媛纳是由丹尼尔·特里布亚尔（Daniel Tribouillard）于 1958 年创建的法国品牌。该品牌采取的是市场扩张策略，它在日本市场的知名度甚至超过了法国。自 20 世纪 70 年代首家巴黎门店营业起，"丝绸印花"的简约设计成为该品牌的标志性符号。这一切都源于 1958 年。丹尼尔·特里布亚尔将自己的设计理念付诸现实，成功地创建了这个以时尚印花套衫闻名的品牌。不久，他就被称为"鲜花背后的男人"。丹尼尔是品牌的掌控者，拒绝将品牌出售给大集团公司。在亚洲，印花图案依然十分流行，逦媛纳的创意令消费者惊叹。从帆布到服装设计，逦媛纳的创意过程在法国时装界独一无二。尽管该品牌在过去取得了骄人业绩，不过未来的成功取决于是否能够保护好品牌识别。逦媛纳是法国仅存为数不多的家族成衣品牌之一，丹尼尔携其女娜塔莉·特里布亚尔（Nathalie Tribouillard）在法国和亚洲国家之间往返穿梭数百回，使得这个法国时装屋和日本市场的联系越来越紧密。如今，逦媛纳 80% 的销售收入源于法国市场之外，其中 60% 来自亚洲市场。此外，该品牌在日本开放了大量特许经营店，显然将品牌战略重心向亚洲市场转移，但它始终保留了法国品牌的根基。

7.2.4 奢侈品集团：独立品牌的战略组合

然而，在过去十年的全球化进程中，奢侈品家族企业越来越缺少资金，很难进行必要的业务扩张和品牌传播活动。多品牌的大型奢侈品集团由此应运而生。

在过去 10 年内，总部位于巴黎的路威酩轩集团和开云集团，以及瑞士历峰集团这三大奢侈品巨头的全球奢侈品总市场份额增加了三倍。2021 年，三大集团的销售业绩总和已达 720 亿美元。

如前文所述，这些奢侈品集团旗下拥有多个品牌、多个产品，市场规模庞大，年营业收入超过了100亿欧元。相比规模较小的奢侈品公司，路威酩轩集团、开云集团、历峰集团和斯沃琪集团等大型奢侈品集团的业务多元化程度要高出很多。

7.3 八家奢侈品公司的管理风格

不同国家的奢侈品公司通常有不同的管理风格。

7.3.1 法国奢侈品公司

法国是奢侈品王国的代表。

路易威登、香奈儿、爱马仕、圣罗兰、卡地亚、迪奥、巴卡拉等众人熟知的品牌都来自法国。

想象一下法国奢侈品品牌参加“阅兵仪式”时的壮观景象：高级时装像是在风中飘扬的旗帜，宣布香氛、服装、葡萄酒及烈酒、酒店、配饰、鞋履、手袋等品牌一一入场。过去是电视机，如今是直播流媒体，向公众转播这一场景。法国奢侈品的出席场面让人如痴如醉。

包括蔻依、索尼娅·里基尔（Sonia Rykiel）、浪凡、珑骧（Longchamp）、雅昵斯比（Agnès B.）、逦媛纳、柏图（Bernardaud）、博普缇、纪梵希等顶级奢侈品构成了“法国海军舰队”；由蒂芙尼、拉夫劳伦、唐娜卡兰、卡尔文克莱恩组成的“美国海军舰队”与之抗衡，而“英国海军舰队”有登喜路、博柏利和保罗史密斯（Paul Smith）。“德国海军舰队”也不甘落后，艾斯卡达（Escada）、雨果博斯、吉尔桑达（Jil Sander）等位列其中。

马丁马吉拉（Martin Margiela）、德赖斯范诺顿（Dries Van Noten）和安迪穆拉米斯特（Ann Demeulemeester）等品牌引领了比利时奢侈品行业的创新潮流。

奢侈品行业存在这么多的利益，因此所有行业都想跻身于此，分一杯羹。

即便如此，法国仍然占据了全球奢侈品市场的半壁江山。

珠宝市场竞争相对激烈，卡地亚、蒂芙尼、海瑞温斯顿、梵克雅宝、宝格丽、宝诗龙、斐登、萧邦、H. 斯特恩（H.Stern）等品牌竞相角逐。可以看到，法国珠宝品牌仍处于一流行列。

在腕表市场，借助于路威酩轩集团的收购，法国才重新获得与占有统治地位的瑞士腕表品牌［包括劳力士、欧米茄、积家、名士、百年灵（Breitling）、百达翡丽、爱彼（Audemars Piguet）、宝玑、江诗丹顿、芝柏、宝珀等］一争高下的资本。

从销售收入方面看，诸如路易威登、爱马仕、轩尼诗、卡地亚、酩悦香槟、香奈儿、迪奥、人头马（Rémy Martin）和法国鳄鱼（Lacoste）等法国明星品牌一统奢侈品江山。可以说，法国引领了奢侈品行业。此外，法国顶级酒店和阿兰杜卡斯（Alain Ducasse）等星级餐厅也在给法国奢侈品行业添砖加瓦。

自然而然的是，法国政府始终不遗余力地推动本国奢侈品公司向全球市场发展。因此，在法国投资奢侈品行业无疑是明智之举——不仅可以盈利，还能得到庇护。

1. 贝尔纳·阿尔诺的路威酩轩集团

贝尔纳·阿尔诺说他喜欢深度参与到创意过程中去，参与程度比其他同行高得多。他认为在强调创意且季节性极强的时装行业，如何将行动高效的首席执行官与反复多变的设计师团队完美地搭配在一起决定了品牌的成败。他深信，"一支团队拥有卓越的基因是极其可贵的，可以说是奇迹。"在过去四十多年里，阿尔诺打造了多支关系紧密且富有创造力的"设计师—管理者"组合，被业界称为"亿万富翁的红娘"。他的一席话揭示了他对奢侈品时尚行业的远见卓识："这个行业与创造力有关，与艺术也联系紧密，我非常喜欢。你必须要和设计师、创作者打成一片。你也必须懂得欣赏这个图案。这些都是取得成功的关键所在。与此同时，你也必须懂得如何在全球市场规划业务。"

成功的关键还取决于能否打造出一支"梦之队"。这需要首席执行官和创意总监的通力合作。"梦之队"的管理者必须打破常规，创造一种新的管理风格。他需要给创意总监自主权，还需要处理各种悖论问题、矛盾关系，以及不确定性因素。

> 艺术家们必须完全脱离财务焦虑和商业压力，让他们做最擅长的工作。就像没有人能够"掌控"列奥纳多·达·芬奇[①]和弗兰克·劳埃

① 列奥纳多·达·芬奇（Leonardo da Vinci）是"文艺复兴后三杰"之一，他在绘画、雕刻、发明、建筑上均有建树，通晓数学、生物学、物理学、天文学、地质学等学科，是人类历史上少见的全才。其最大的成就是绘画，有《蒙娜丽莎》和《最后的晚餐》等杰作传世。——译者注

德·赖特[1]一样，你也不能去“掌控”约翰·加利亚诺[2]。

——贝尔纳·阿尔诺

路威酩轩集团在完成对品牌的收购后，几乎都会留下原班创作团队，形成一个独立的人才梯队，起初并不要求产品线或品牌之间产生协同效应。不过近年来，这种资源获取方式慢慢向集中化管理转型，通过集中招聘人才的体系降低成本并产生协同效应。一篇文章引用了阿尔诺的名言，“如果你像一个传统的管理者那样思考问题并付诸行动，针对那些创意人才制定各种规矩、政策，给他们参考各种关于消费者偏好的数据等等，你会发现，他们的才华很快就被你扼杀了。”

综上，贝尔纳·阿尔诺并不认可所谓的管理限定。2000 年，加利亚诺在高级定制时装秀的舞台上让模特身穿报纸做的女装。假如当初公司强力反对这个设计方案的话，设计师将会遭受巨大打击。事实上，迪奥制作的这款报纸印花图案的时装上市伊始就瞬间售罄。这是迪奥历史上的一次巨大成功。

由此可见，奢侈品公司首席执行官的管理风格相比其他所有行业明显不同。他们需要在一个充满艺术气息的世界中完成环境特征截然相反的商业运作。

贝尔纳·阿尔诺在接受访谈时说：推动奢侈品品牌成长和盈利最重要的因素就是创新。“我们公司所有业务发展的基础是向艺术家和设计师提供绝对的自由，不会去限制他们的创作灵感。”言下之意，如果一个公司希望创建一个既富有创意又严格遵循行业原则的工作环境，那么人力资源及其管理就显得至关重要。然而，当今市场的品牌非常多元化、多样化，因此品牌在保持其一致性的过程中遇到了重重困难。

品牌面临的另一个顾虑是不得不关注盈亏情况。路威酩轩集团始终打着逐利的旗号。只要盈利情况超过规定数额，管理者就能得到集团的支持。按贝尔纳的话来说，“只要你达到了预期目标，你就能获得自主权；一旦你没有实现目标……那么你再也没有任何自主权可言。”例如，路威酩轩集团在 1988 年收购了法国品

---

① 弗兰克·劳埃德·赖特（Frank Lloyd Wright）是全球四大现代建筑师之一，著名建筑学派“田园学派”（Prairie School）的代表人物，代表作包括宾夕法尼亚州的流水别墅（Fallingwater）和芝加哥大学内的罗比宅（Robie House）。——译者注

② 约翰·加利亚诺（John Galliano）出生于直布罗陀，毕业于中央圣马丁艺术与设计学院，分别在 1995—1996 年和 1996—2011 年担任路威酩轩集团旗下品牌纪梵希和迪奥的创意总监。——译者注

牌思琳（Celine）。该品牌于1945年由思琳·薇皮娅娜（Céline Vipiana）创建，但收购前该品牌呈现出日薄西山之势。2008年，阿尔诺找到了蔻依前创意总监菲比·费罗（Phoebe Philo），立刻认定她是掌管思琳品牌的最佳人选。阿尔诺任命她为思琳的新任首席创意总监，全力支持，并给她足够的自主权。接下来的两年内，在菲比·费罗的要求下，思琳淘汰了所有过时的产品系列，关闭了运营不善的门店，翻修了主要门店，并将品牌总部迁往伦敦。这两年内，路威酩轩集团斥巨资于思琳，费用支出非常高，但菲比·费罗证明了自己的才华，使思琳得以涅槃重生，如今已成为盈利能力最强、最受顾客欢迎的奢侈品品牌之一。从各方面说，菲比·费罗用自己的方式诠释了思琳品牌，重塑了思琳。她在思琳任职的十年里，品牌的营业收入增长了近20倍，接近10亿欧元的水平。[3]2018年，当艾迪·斯理曼接任菲比·费罗成为创意总监时，贝尔纳就给艾迪制定了十分现实的要求："他的目标就是在五年内把思琳销售收入至少提升到20亿—30亿欧元，甚至更高。"贝尔纳对艾迪的期望并不让人感到突然。艾迪在圣罗兰任职的四年内，将品牌销售收入从4亿欧元提升到10亿欧元，一举超越葆蝶家，成为开云集团旗下第二大时尚品牌。

然而，奢侈品业界认为，由贝尔纳这样如此看重财务指标的人来掌管公司全局，也存在一定的弊端。他十分看重盈利能力。如果某个业务板块或公司发生亏损，它们会立即收到警告，集团对其进行管理层换血，甚至出售、剥离。这种方式与那些充满创造力的传统高级定制时装屋的做法大相径庭。高定时装品牌会耐心地看待产品系列的销售不力，会等待一段时间直到市场接受了品牌的设计创意。话虽如此，但在过去的30年内，路威酩轩集团每个季度的业绩都超过了专业分析师的预期。

推出新品、开设新店、加大品牌传播方面的投资都使路威酩轩集团巩固了行业领先的地位。不过，如今看来，更值得载入史册的成功因素是贝尔纳本人以及他对奢侈品公司管理风格合理采用的独特看法。2019年，路威酩轩集团的经常性营业收入和利润都实现了两位数增长，取得了创纪录的业绩。贝尔纳将成功归因为"路威酩轩集团旗下品牌的吸引力，产品的创造力和品质，提供给消费者的独特体验，以及我们团队的天赋和奉献精神——这些都是集团的优势"。未来，他将致力于"把公司长期愿景与集团所有行为的责任感联系到一起，尤其是对环境保护、可持续发展和包容性的承诺"。

2. 让–路易·杜马的爱马仕集团

保持自然，说你想说的。

——让–路易·杜马（Jean-Louis Dumas）

他让很多人充满活力。

——让–路易·杜马的侄女帕斯卡·穆萨德（Pascale Mussard）

爱马仕家族的让–路易·杜马凭借自身的能力成为奢侈品行业中的标杆人物。很多人认为他是一个传奇。让–路易·杜马自1978年起便执掌爱马仕，而当时的爱马仕正处于历史的低谷期。在担任集团首席执行官的近30年内，他将爱马仕打造为世界上最成功的奢侈品品牌之一。让–路易不仅是关注业务的首席执行官，还是艺术总监。他非常善于打破常规，为公司培育了很多创意人才，创造了卓越的手工技艺。他的目光十分长远，专注对人类、美学、旅行和文化的热爱。他让爱马仕超越了“奢侈品”品牌的范畴。事实上，让–路易从不用“奢侈品”一词。他创造了“家”（maison）的概念，融入了人才、卓越、手工艺和创造力。他甚至从未想过要达到什么目标，却成功地将爱马仕打造成世界上最奢华的品牌。一些人认为爱马仕可能是“唯一真正的奢侈品品牌”。

我们必须忠于自我，但又必须不断做出改变。这组对立关系就是爱马仕的核心。你必须做出反应，必须让世人惊叹，也必须惊艳到自己，始终保持高度专注与兴奋。

——让–路易·杜马

他不喜欢拘束，有时甚至十分大胆。他会聘请富有激情的新设计师，延伸公司的产品线，受到女影星兼歌手简·铂金（Jane Birkin）的影响创造出诸如铂金手袋（Birkin Bag）等标志性产品，还将业务向全球拓展，进入中国等新兴市场——这些都是他做出的改变。他也投资收购了一些公司，如水晶制品公司圣路易（Saint-Louis）、餐具公司博艺府家（Puiforcat）、时装品牌高缇耶（Jean Paul Gaultier）。2003年，让–路易聘请了让·保罗·高缇耶（Jean Paul Gaultier）担任创意总监[①]，

① 当时，让–路易已经聘用了马丁·马吉拉（Martin Margiela）。——作者注

再一次震惊了奢侈品界。

> 我很愿意为爱马仕工作。在那里没有约束，可以自由尽情地发挥创意。
>
> ——让·保罗·高缇耶

让–路易的管理风格与其他人都不同。法国文化部部长弗雷德里克·密特朗（Frédéric Mitterrand）描述道："让–路易·杜马是一个卓尔不凡的人物，他将个人魅力完全奉献给了创意和打造卓越的产品。他的名字、他的为人、他的幽默感已经与爱马仕这个举世闻名的'家'密不可分了。他的品位高雅，极具文化素养，热爱绘画。他懂得如何友善地对待设计师，让他们获得值得拥有的尊重。他在做出大胆决定时从不犹豫，就像他聘请让·保罗·高缇耶来重新打造爱马仕成衣系列一样。他把毕生的精力都投入到这个伟大的家和法式创意中去了，凭借无穷的创造力和远见卓识，他成功地革新了爱马仕和法式创意的方式与传统。"

爱马仕集团的管理风格十分明确。只有堪当此任，家族成员才能在公司担任职务。假如家族外的人才能力更强，那么他们也能为爱马仕工作。当让–路易提拔他的侄女帕斯卡·穆萨德到广告与公关部任职时，她起初十分诧异，认为自己生性腼腆，无法确定自己能否胜任这份工作。让–路易告诉她："保持自然，说你想说的。"他十分相信帕斯卡的工作能力。帕斯卡说："他让很多人充满活力。"

让–路易在爱马仕集团任职期间，公司的核心策略是采用传统手工艺和皮革、丝绸等最佳天然材料制作出品质无与伦比的产品。爱马仕因卓越、原真的手工技艺成功至今，以打造优雅、永恒、高品质产品的核心价值观为豪。爱马仕的战略是在保持品牌根源的前提下不断扩展、革新它的产品系列，并持续地制作出不朽的作品。例如，凯莉手袋和丝巾等经典传奇款式，从不显得过时，至今仍在生产。

爱马仕集团重要的管理风格之一是维持极高水准的内部生产，并给员工极高的待遇。爱马仕超过 2/3 的产品由内部生产，生产工厂在法国有三十多家，英国、意大利、瑞士、美国各一家。为了满足生产需求，近年来爱马仕集团进一步扩张了生产能力。在新冠疫情期间，爱马仕仍然宣布在法国建设的第 21 座皮具生产工厂即将投入运营。第 20 座工厂在诺曼底投入运营；最近一座工厂位于法国中部奥弗涅大区（Auvergne Region），将于 2023 年运营，届时将提供 250 个工作岗位。

爱马仕集团另一个重要的管理风格是严格控制产品外包，针对性地审查以保证供应商完全符合集团的要求。在一些情况下，为了确保合作关系的稳定，爱马仕集团会谨慎地收购严格挑选的公司。爱马仕集团始终坚持管控工艺技术和分销渠道的长期战略，持续地投资项目，从而扩大不同业务的生产能力。作为让–路易的接班人，非爱马仕家族的帕特里克·托马斯（Patrick Thomas）沿袭了他的管理风格，并将爱马仕的销量和盈利能力提升到了前所未有的高度。2014 年，阿克塞尔·杜马成为新一任首席执行官，让–路易之子皮埃尔–阿莱克西斯·杜马（Pierre-Alexis Dumas）、侄子纪尧姆·德塞恩斯（Guillaume de Seynes）、堂兄弟亨利–路易·鲍尔（Henri-Louis Bauer）组成了全新的管理层。

爱马仕的管理风格侧重于两大方面：其一是追求极致品质和手工艺的独特定位，其二是关注业绩增长。它的核心策略在于“完全掌控价值链，只开设专营店，不采用特许经营模式，反对生产‘非本地化’策略；此外，它还致力于形成产品推崇，产品部分通过手工制作，重视创意，利用传承和悠久历史的优势”。[4]

这支爱马仕家族“梦之队”将在未来全力推进这一核心策略。

7.3.2 瑞士奢侈品公司

瑞士以钟表业闻名于世。诞生于瑞士的斯沃琪集团是全球排名首位的腕表制造商。该集团不仅制造腕表成品，还涉及珠宝、腕表机芯、腕表组件的生产业务。1983 年，第一枚斯沃琪腕表诞生的同时，斯沃琪集团也拉开了历史的帷幕。此后的时光见证了瑞士制表业的振兴，也见证了斯沃琪集团从瑞士钟表市场走向全球，作为腕表行业的领导者成功发展为具有强大影响力的业务多元化集团。腕表行业是瑞士第三大出口行业，仅次于机械和化学品。全球大部分知名腕表品牌首选瑞士开设零售店并经营，苏黎世班霍夫大街（Bahnhofstrasse）和日内瓦“奢侈品一条街”罗讷街（Rue du Rhône）都可以找到这些门店的身影。

巴塞尔国际钟表珠宝展（Baselworld，以下简称“巴塞尔展”）正是展示瑞士钟表的舞台。该展会始于 1917 年，当时众多瑞士钟表商合作组织了一场钟表展，向世界展示精致的钟表制作工艺，试图提高“瑞士制造”（Swiss Made）的价值。极具影响力的独立钟表商包括劳力士、百达翡丽和爱彼。其他品牌则隶属于几个多品牌奢侈品集团，如隶属于路威酩轩集团的泰格豪雅，隶属于历峰集团的万国表、积家、沛纳海和江诗丹顿，以及隶属于斯沃琪集团的宝玑、海瑞温斯顿、宝珀和欧米茄。不过，巴塞尔展面临了很多不确定性因素，在新冠疫情暴发之后更是如此。由于疫情原因，2020年巴塞尔展最初推迟到2021年初举办，之后不得不正式取消。巴塞尔展总经理米歇尔·洛里-梅利科夫（Michel Loris-Melikoff）表示，他们正与参展商和参观者共同全力明确、商议展会的需求，并探讨新展会平台的可选方案，采用新的理念重新打造曾经辉煌一时的巴塞尔展。

1. 约翰·鲁伯特的历峰集团

> 如今，历峰集团已经走出了经济危机带来的阴影，资金实力雄厚。我们在未来还会遇到很多挑战，但是我们有信心，历峰集团旗下的各个品牌都能克服困难。
>
> ——历峰集团首席执行官约翰·鲁伯特（Johann Rupert）

约翰·鲁伯特称他的管理风格为“袖手旁观”（hands off）型，说他经常乔装打扮到集团旗下的品牌精品店视察。他说：“我不会担心运营方面出现问题，我知道我可以完全信任我的同事们。我不会再插手管理供应链和IT基建，甚至也不会涉足财务管理。我们已经有了专人做这些事情。你今天能委派下属做一些事，就不要拖到明天。”

诚然，历峰集团已经不仅仅是一家掌控了众多品牌的控股公司了。约翰说：“多年之前，我决定我们将尽可能地去进行上下游收购。即使收购的对象不是最受欢迎的，不是盈利能力很强的，也不是最顶级的，但我会保证每个品牌都能独立生产，独立运作，每个品牌都拥有自主权。”有意思的是，历峰集团采用这种管理方式十分有效，但路威酩轩集团在效仿时却处处碰壁。背后的原因也许是历峰集团旗下品牌的业务范围相比之下要窄得多，相关度也高得多。此外，尽管历峰集团旗下各个品牌都拥有自主权，但它们之间仍然可以产生协同效应。鲁伯特从一开始就推行了公司结构上的变革，从而旗下各个被称为“世家”的品牌在产品、战略及策略、传播方面都可以保持独立。很多竞争对手效仿了他的做法，其中最有名的就是路威酩轩集团。不过，诸如斯沃琪集团和其他围绕品牌创始人（如乔治·阿玛尼先生）运营的集团显然不会采用这种管理风格，它们在管理上会更加独裁。

历峰集团的品牌管控由产品及传播战略委员会掌握，鲁伯特称之为“品牌的终极守护者”（the ultimate brand guardian）。“多年来，我们采用了一种十分学院派的管理风格，大家都拥有非常丰富的经验。我们就是历峰集团的组织记忆[①]。”

作为一位杰出的商人，鲁伯特为人坦诚，展示出友善的管理风格，因此获得了全世界的尊敬。他也曾暗示过，在个人方面会与奢侈品以及奢侈品行业的社交圈保持一定的距离。“在奢侈品这个不乏高调领导者的行业，约翰·鲁伯特绝对称得上是个例外。不像路威酩轩集团的董事会主席兼首席执行官，也不像开云集团或斯沃琪集团那样父子组合闪亮登场，鲁伯特这位历峰集团的掌舵人甘愿退居幕后，甚至淡出公众视野。历峰集团从不召开新闻发布会，鲁伯特也几乎不接受采访。”

历峰集团始终默默地在背后支持品牌的发展。鲁伯特说：“我甚至会打消同事想经常在报纸上抛头露面的念头。我十分反感将商人打造成‘教主’这种风气。”鲁伯特的美好愿景铿锵有力：“我们所做的一切是保持产品和信息的一致性。只要我们走在正确的道路上，业绩也一定十分出色。”

2. 汉斯·威尔斯多夫的劳力士集团

劳力士是一家私人企业。自成立之日起，劳力士的发展历程就格外平稳，与创始人的初心保持了高度的一致性。在创立后的第一个百年内，劳力士一共经历过三任首席执行官。由于劳力士是私人企业，因此公司可以做到完全掌控，并做出革新。每一任领导者都会进行大胆创新，努力进步，在必要时打破传统，从而保证公司的成功发展。劳力士从未迷失方向，它始终只关注与公司基因紧密相关的三大核心价值观：永恒、运动及冒险、可靠性，将品牌打造成“极限运动员、赛车手、潜水员的成就标志”。劳力士的战略也始终围绕这三个核心价值观实施。劳力士从未延伸品牌，只有腕表业务。

1905年，汉斯·威尔斯多夫（Hans Wilsdorf）创立了劳力士公司。在怀表盛行的时代，他就构想出了腕表。当时，男性将大表盘怀表作为时尚，而对钟表十分痴迷的汉斯沉浸在创造小尺寸机芯腕表的乐趣中。他拥有高瞻远瞩的智慧，认为可靠、走时精准的腕表一定可以颠覆钟表市场。

---

① 组织记忆（institutional memory）指组织储存的能对现在的决策产生影响的信息。组织的各种活动涉及大量信息，这些信息借助于组织成员的个人记忆和共同的解释，作为决策执行的结果被储存起来，成为组织决策的重要依据。当组织需要做出新决策时，有关信息将被重新提取，从而对组织决策产生影响。——译者注

此后，海尼格家族（Heiniger Family）接任汉斯·威尔斯多夫，掌管劳力士近半个世纪。1960 年，汉斯去世。两天后，安德烈·海尼格（André Heiniger）出任劳力士总经理。安德烈是一位名副其实、具有战略眼光的商业奇才，他工作时带着灵感和热情，并且始终保持低调。和汉斯一样，安德烈也颇具远见卓识，并且不断追求完美，称得上是当代钟表制作历史上最有远见的人之一。例如，他坚持制作机械腕表，这是劳力士最重要的决策之一。他还与世界知名体育赛事和名流建立了良好的合作关系。在安德烈的领导下，劳力士投入到了慈善公益活动，设立了“劳力士雄才伟略大奖”（Rolex Awards for Enterprise），奖励并支持为社区以及社会做出重要贡献的先进个人。此外，安德烈实现了业务扩张，将劳力士带到了一个全新的高度，明确了品牌营销愿景，提升了消费者对品牌的认可度，为公司下一历史阶段的发展打牢了基础。

1992 年，安德烈之子帕特里克·海尼格（Patrick Heiniger）继任劳力士首席执行官。帕特里克将工作重心放在提升劳力士在世界范围内的品牌力，并且做出了更重要的基本战略决策——纵向整合劳力士的生产要素。完全掌控价值链意味着劳力士可以掌控腕表品牌关键零部件的生产，从而确保品牌的自主权。帕特里克因此成功地掌控了产品质量，提升了生产效率。2008 年，帕特里克离职，但仍然担任劳力士的品牌顾问。他的继任者是迈雅诺（Bruno Meier），这是劳力士集团第一位既非威尔斯多夫家族也非海尼格家族的公司领导者。

2011 年，劳力士意大利分公司前总裁里卡多·马里尼（Riccardo Marini）接替了迈雅诺之位。2015 年，里卡多被任命为董事会一员，让–弗雷德里克·杜弗尔（Jean–Frédéric Dufour）成为新一任首席执行官。杜弗尔在此前成功地让真力时品牌重生。他深刻地认识到全球化战略带来的诸多挑战，因此，他谨慎地在传承劳力士品牌和不断变化的需求之间寻求平衡，从而让劳力士更上一层楼。在杜弗尔的领导下，劳力士持续优化了公司业态结构，更加追求创新、完美和目标实现。

7.3.3 意大利奢侈品公司

尽管意大利的成衣行业起步比法国晚，但成衣销量始终独占鳌头。和法国相比，意大利奢侈品行业的优势在于设计新颖、多元化程度高、品类广。值得一提的是，意大利品牌最显著的特征之一在于：很多伟大的意大利设计师大都从做配饰起家，如古驰最开始制作手袋，芬迪最初的业务是皮草，普拉达以鞋履业务为主营。不过，当这些品牌逐步涉足成衣业务时，它们的产品随即在女性顾客中引起轰动。尽管意大利品牌从未推广“高级定制时装”概念（这显然是法国时装业独有的概念），但它们从不担心自己最新的时装系列无法在巴黎时装周上成为众人的关注焦点。

米兰时装周是你不容错过的舞台。

意大利和法国都是奢侈品帝国。在这两个国家，你随处可以看到时尚品牌，包括时装、葡萄酒和酒店。意大利诞生了不计其数的奢侈品品牌，如阿玛尼、普拉达、芙拉（Furla）、古驰、宝格丽、范思哲、盟可睐、菲拉格慕等等……但人们提到奢侈品，第一个想到的还是法国。

阿玛尼集团建立了一个帝国，从太阳眼镜到高级定制时装和奢华酒店，甚至还有电视机、钢笔、珠宝，以及各种各样的配饰，简直无所不包。看似杂乱无章，有种“意大利版皮尔卡丹”的感觉，但实际上，阿玛尼充满了魅力，并且一如既往地成功。在奢侈品行业里，阿玛尼的名字无处不在，一会儿用阿玛尼集团的公司名，一会儿用副牌名，一会儿又用别的名字（如安普里奥·阿玛尼、阿玛尼家具、阿玛尼精选系列、阿玛尼酒店等），都包装得恰如其分。那么，阿玛尼下次会再推出什么呢？阿玛尼集团未来的发展是怎么样的？

奇安弗兰科·费雷（Gianfranco Ferré）去世了；华伦天奴逐渐淡出了人们的视野；范思哲品牌经历了坎坷多舛的命运，迫使多娜泰拉·范思哲（Donetella Versace）将公司投入了 Capri 集团的怀抱①……但范思哲家族依然十分精通奢侈品行业。

托德斯算得上是奢侈品行业的佼佼者。品牌创始人迪亚戈·德拉·瓦莱（Diego Della Valle）是各家媒体的宠儿。托德斯的发展就是一则成功的励志故事，作为奢侈品和创造力最具代表性的意大利品牌，它象征了不畏

---

① 乔瓦尼·詹尼·范思哲（Giovanni Gianni Versace）于 1978 年创立了范思哲品牌，但 1997 年在其迈阿密豪宅门前被枪杀。随后，他的妹妹多娜泰拉·范思哲接管品牌。2018 年，迈克高仕母公司美国 Capri 集团宣布以 20 亿美元收购范思哲。——译者注

艰险、勇于创新的精神。

低调的陆逊梯卡集团旗下拥有雷朋（Ray–ban），生产太阳眼镜，还为香奈儿、范思哲、普拉达、宝格丽、蒂芙尼、保罗史密斯、菲拉格慕等品牌制作眼镜，拥有 6 万多名员工，在三大洲生产了超过 4000 万副眼镜。这家全球排名第一的眼镜制造商也是意大利著名的奢侈品家族企业，年销售额超过 70 亿欧元，其创始人是莱昂纳多·戴尔·维吉奥（Leonardo Del Vecchio）。2018 年，该集团与法国依视路集团（Essilor）合并，组建成全新的依视路陆逊梯卡集团（Essilor Luxottica）①。[8]

意大利的奢侈品品牌数不胜数，例如阿玛尼、盟可睐、普拉达、古驰、璞琪（Emilio Pucci）、范思哲、朱塞佩萨诺第（Giuseppe Zanotti）、华伦天奴、芙拉、芬迪、宝格丽、菲拉格慕、罗伯图卡维里、塞乔罗西（Sergio Rossi）等，当然还有法拉利和其他品牌。

如果说意大利是设计之国，那么都灵就是设计之都。意大利人经常与家族其他成员一起运营出口业务，不过，他们是否会像法国人那样组建一个大型集团公司来应对未来的竞争格局呢？另外，这些品牌会不会因为创始人的去世而日渐式微？

法国人始终认为：意大利人非常羡慕路威酩轩集团或开云集团，不得不承认他们无法创建一个包罗万象的大型奢侈品集团。不过，现在应该是做出变革的最佳时机。由于很多意大利家族企业没有做好未来接班人方案，它们在面临未来业务发展的挑战时只能选择自身自灭。阿玛尼、菲拉格慕、普拉达等集团能找到未来的解决方案吗？这些公司是否会因为家族争斗、继承人规划不当而分崩离析？

和法国奢侈品公司相比，意大利奢侈品公司在处理公司继承人方面显得过于落后，它们始终没能提前做好规划。因此，一些顶级意大利品牌离开本国，就像古驰和璞琪等品牌一样，加入了法国路威酩轩集团或开云集团。要知道，其他品牌也会纷纷效仿！未来，意大利人能否学会如何维护他们的奢侈品世家呢？或者法国奢侈品公司能否成为法意混血儿？如果能

---

① 自此，依视路陆逊梯卡集团成为集验眼透镜、光学设备、验光眼镜、太阳眼镜业务为一体的全球领先公司，旗下拥有雷朋、欧克利（Oakley）、迈克高仕、亮视点（Lens Crafters）等超过 20 个高端品牌。2021 年，该集团的营业收入为 160 亿欧元，市值为 500 亿欧元。——作者注

够做到，对意大利奢侈品公司而言无疑是最好的选择。显然，如果能够存活下去，意大利奢侈品品牌一定倾向于投入法国公司的怀抱。双方都能接受这样的结果。这种做法的最终结果是欧洲可以维持奢侈品行业的领导地位，而法意强强联合也会所向披靡，走在时代的前列。

1. 乔治·阿玛尼的阿玛尼集团

当人们停下脚步，问我要亲笔签名时，我听到的最多的话是："阿玛尼先生，您做的东西真的很美，但是我更喜欢您的为人。您真的太好了，特别真实。"这些话就是对我的奖励。名声在外往往意味着你需要牺牲个人隐私，还有别人的隐私。不过，我从来不会这么做。我在工作中学会了如何取得现在的成就，但我学得很慢。我并不知道我是否可以一直成功下去，所以我正在不断提升自己的能力。我还得再补充一句，这在当下对我这个"不老翁"来说是十分迫切的，对管理整个公司也是十分迫切的。

——乔治·阿玛尼

乔治·阿玛尼认为自己身兼天才设计师、偶像、名人、明星等多重角色。他是那种喜欢掌控所有细节的领导者。他白手起家，一手将自己的公司打造为一个成功的商业帝国。很多艰辛的工作都由他亲自完成，由此完全掌控自己的公司。这就是关于乔治·阿玛尼的一切，他像一名"不老翁"一样始终经营着他的商业帝国。他监管着所有业务的方方面面，并亲自做出每一个决策。在"平价奢侈品"这个概念诞生前很久，乔治·阿玛尼就已经向消费者推出了价格亲民的奢侈品。早在1979年，乔治·阿玛尼首先在美国市场推出了阿玛尼精选系列，一年后将这个系列推向全球其他市场。1981年，他有了更具创意的构思——打造一个属于安普里奥·阿玛尼的世界。这个品牌不仅和乔治·阿玛尼品牌一样有价值、有影响力，而且价格更亲民，产品更具创造力和时尚感。他的想法就是推出大多数人消费得起的时尚产品。这在当时是一个十分超前的理念，因为安普里奥·阿玛尼依然定位为奢侈品品牌，其分销渠道策略始终限制为开设独立精品店或入驻高档百货公司。阿玛尼集团成功的关键因素之一是：无论是从乔治·阿玛尼品牌到安普里奥·阿玛尼，还是从阿玛尼精选系列到阿玛尼牛仔系列，阿玛尼先生和他的设计师团队对所有产品系列的开发都赋予了激情、专业和一致性。阿玛尼先生总是掌控每个产品系列的每处细节。对他本人而言，是乔治·阿玛尼还是阿玛尼牛仔的产品，是西装还是牛仔裤，都不会带来任何影响，产品在得到认可之前都会由他本人一以贯之地进行检验、管控。阿玛尼集团旗下品牌如此之多，产品线如此之广，合作伙伴更是来自各行各业，因此，阿玛尼先生的管控力度对维持品牌识别的一致性至关重要。

> 毫无疑问，时尚和奢侈品市场经历了很多艰难时刻。不过，阿玛尼集团取得了不错的业绩，还加入了 YNAP 平台发展电商业务，一次又一次地见证了我们品牌的实力，也进一步证实了我们的商业模式是成功有效的。我们依然会相信我们的愿景、我们的目标、我们的战略决策，这种信念会推动我们在做任何事情时都能保持长远的眼光。
>
> ——乔治·阿玛尼

2. 多支梦幻组合打造的古驰

多梅尼科·德索尔和汤姆·福特是商业史上有名的“多汤”梦幻二人组。他们成功地将古驰从一个深陷困境的皮具公司，蜕变为世界上最炙手可热的奢侈品公司之一。

这支梦幻组合成功的一个重要因素是互相尊重、彼此信任。多梅尼科·德索尔相信汤姆·福特是创意天才，他给予后者自由的工作空间；汤姆·福特也相信首席执行官多梅尼科·德索尔的管理技巧和能力。就如汤姆·福特曾经说的：“我们互相尊重，完全相信对方的能力，这就是我们成功的关键。”

在“多汤”二人组后，古驰迎来了另一支梦幻组合——帕特里奇欧·迪马尔科和弗里达·詹尼尼。迪马尔科曾说过：“我不需要安排弗里达做任何事，她只要做自己就好。她自始至终都能设计出十分漂亮的产品。”在过去，迪马尔科曾经给予了爱马仕前设计师托马斯·迈耶（Thomas Meier）完全的创意自由，一举让葆蝶家华丽重生。2015 年，迪马尔科和詹尼尼离开了古驰。在他们执掌之下，古驰的盈利能力达到了空前的高度，成为奢侈品行业业绩最突出的品牌之一。

马尔科·比萨里后来接任首席执行官。他于 2005 年加入开云集团，曾担任丝黛拉麦卡妮和葆蝶家的首席执行官。他任命亚力山卓·米开理担任古驰创意总监，由此打造了又一支梦幻组合。亚力山卓·米开理奇特怪诞、性别模糊的设计风格吸引了一大批全新的古驰年轻消费者。2016—2021 年，在亚力山卓的创意和马尔科的管理下，古驰品牌的发展达到了鼎盛。在 2020 年新冠疫情暴发前，年销售收入几乎达到了 100 亿欧元。

3. 帕特里奇欧·贝尔特利和缪西娅·普拉达执掌下的普拉达集团

普拉达是一个意大利家族品牌。长期以来，它始终以帕特里奇欧·贝尔特利和缪西娅·普拉达的强势管理而闻名于世。这对组合是普拉达集团过去 25 年作为一个家族企业不断发展壮大的核心。贝尔特利、普拉达和她的同族兄弟姐妹共同拥有公司近 95% 的股权。贝尔特利担任首席执行官，普拉达担任董事会主席。贝尔特利在管理业务时与普拉达掌管创意设计一样强势。历任高管都将他们形容为永不知疲倦、魅力非凡的老板。无论鞋履的缝合线还是普拉达精品店内壁纸的颜色，他们对公司的方方面面都了如指掌。贝尔特利对雇用多少员工、给一个手袋产品系列配置多少珍稀皮料都拥有最终的决定权。好几位高管因与贝尔特利意见不合而决定离职。当有人离职时，贝尔特利经常临时接管离职高管的职位。在得到他的认同之前，高管们不愿做出任何决策，也几乎不敢提出任何反对意见。前范思哲首席执行官吉安·贾科莫·费拉里斯（Gian Giacomo Ferraris）若干年前曾在普拉达集团任职，他评论道："这就是丛林法则。他对自己期望极高，因此对员工也是如此。你要么符合他的标准，要么等着被他炒鱿鱼。"有一个例子可以充分说明贝尔特利的独裁管理和暴躁脾气。1997 年，贝尔特利去视察一家缪缪曼哈顿新店的装修情况。他觉得店内的一面镜子把顾客照得很胖，非常不满意，随即把这面镜子砸了。贝尔特利非常热衷于独裁管理以及对创意设计师的完全掌控。他认为品牌的创意需求和商业需求同等重要，两者之间必须达成同步，这才是公司真正成功的关键要义。因此，设计师必须对创造性思维和管理要求之间的平衡达成共识。这两个方面的冲突已经引发过一些重大事件。例如，1999 年，普拉达集团收购了吉尔桑达。由于意见不合，创立了这个同名品牌的德国设计师愤然离开了自己的公司。

贝尔特利和普拉达是公司的决策制定者，这对公司发展至关重要。当初普拉达集团在筹划上市时，投行顾问认为，假如公司发生了两人不再共事等不测之事，那么投资者将面临"风险"。普拉达集团首席运营官塞巴斯蒂安·苏尔（Sebastian Suhl）对此回应道："他们不是管理层，而是公司的所有者和创始人，他们本身就代表了普拉达这个品牌！"2020 年，拉夫·西蒙（Raf Simons）被任命为普拉达的联席创意总监。

7.3.4 美国奢侈品公司[1]

路·法兰克福和里德·克拉考夫治下的蔻驰

> 在每次行动前，路·法兰克福（Lew Frankfort）都会制订方案。他喜欢确定一个长远的构想，判断未来的发展方向，再把他的预期告诉他的员工和其他人。
>
> ——《投资者报》（*Investor*）记者玛丽莲·马奇（Marilyn Much）

路·法兰克福自1979年起就开始为蔻驰工作，如今是公司的董事会主席。他将蔻驰从一个市值仅1900万美元的公司发展成为36亿美元的国际化大集团。那么，他对这个品牌做过怎样长远的构想呢？

> 我意识到我们的发展停滞了。我也认识到我需要先转变自己的理念，之前我们认为蔻驰始终会是一个成功的美国皮具品牌，现在我们认为蔻驰……（需要）演变为一个时尚、代表美式生活方式的配饰品牌。同时，我心里也很清楚，我必须说服消费者接受蔻驰的改变。
>
> ——路·法兰克福

路·法兰克福决定聘请里德·克拉考夫（Reed Krakoff）担任蔻驰总裁，并兼任创意总监。克拉考夫把蔻驰原先每半年上架一次配饰等新品的频率提升到每月一次，并且通过与亚洲供应商的合作，提高了公司的盈利能力。

> 他们（即法兰克福和克拉考夫）之间非常契合，这点十分关键。一个人善于运营公司，另一个人善于发挥创意，这种组合是很少见的。
>
> ——Ferris Baker Watts 公司分析师戴维·拉默（David Lamer）

两人之间非常契合，而且认可对方的能力。路·法兰克福更关注公司运营，而

---

① 原文并没有该三级标题，为了保持体例的统一，译者特此补充。——译者注

里德·克拉考夫更关注业务中的创意部分。两人都把对方视作合作伙伴，彼此开明、坦诚，直言心中所想，给公司其他员工树立了杰出的榜样。互相信任也是公司成功的重要因素。

> 我们扮演的是合伙人角色，共同运营公司……我们有话直说，这给公司其他员工树立了一个好榜样。我们甚至很少争论，但如果真有什么问题发生争执，我们信任彼此。你不仅需要了解你的业务和你的顾客，需要懂得业务的核心要义，还需要做到快速调整。我坚信因地制宜的领导方式，也就是说，我会根据同事的技能和工作经验调整我的领导风格，只有这样才能恰如其分地向他们“讲述、分派、合作或授权”我手上的项目。其实，一方面我渴望做出卓越业绩，另一方面我也害怕失败。
>
> ——路·法兰克福

路·法兰克福的领导力在奢侈品行业已经成为传奇。里德·克拉考夫评价路·法兰克福的远见卓识、细致计划、对未来的判断、沟通方式、管理员工和他人期望的手段时说：“路是一位活力十足、懂得鼓舞人心的领袖。他成功的关键在于能够精心策划好每一次决策过程，兼收并蓄、一针见血。”

路·法兰克福为人谦虚，不怕承认错误，并引以为豪。他认为最好的管理者一定都经历过成功和失败。他将每次失败作为宝贵的学习经验，并一直追求卓越。他还会根据同事的特点调整自己的领导风格。

> 我做事比较灵活，不会深陷自己的设计作品无法自拔…… 我宁愿不去推出一只所谓的“必备款”包。我一直对我们的业务保持谦逊的态度。如果没有一个人讨论（我在办公室里拎的一只敞口手袋），那么我就明白这款手袋并不怎么样。但是，如果采编部员工与我擦肩而过时惊呼：“我的天，这款包什么时候可以上市？”你就知道你的产品很有水准。我们的工作不是收税，而是做手袋，这一定是非常感性的。
>
> ——里德·克拉考夫

蔻驰始终以顾客为中心。客户关系管理为蔻驰的成功立下了汗马功劳。设计师要将自尊心放在一边，兼顾消费者调研和创意设计，这并非易事。为了不断创新，克拉考夫始终保持谦恭的心态，关注业务发展的同时也聚焦创意设计。

2009年，克拉考夫还在蔻驰任职时推出了一个同名产品系列。2013年，克拉考夫离开了蔻驰公司。2014年，维克托·路易斯（Victor Luis）接任了路·法兰克福的职位，后者随即晋升为蔻驰公司董事会执行主席。路·法兰克福在接受采访时说道："我没有确切的退休计划。"在维克托·路易斯的执掌下，蔻驰公司更名为Tapestry控股集团，旗下拥有蔻驰、鞋履品牌思缇韦曼，以及千禧一代关注的品牌凯特丝蓓，旨在吸引全新的顾客群体。2019年，公司遇到了品牌协同发展的瓶颈，为了紧跟市场趋势，杰德·泽特林（Jide Zeitlin）被任命为新一任首席执行官。然而一年后，他就辞职离开了公司。爱芙趣（Abercrombie & Fitch）前高管、蔻驰首席财务官乔安妮·克雷沃塞拉（Joanne Crevoiserat）被任命为临时首席执行官。

7.4 分析

前文探讨的这些奢侈品公司（如路威酩轩集团、爱马仕集团、历峰集团、劳力士集团、阿玛尼集团、古驰集团、普拉达集团和蔻驰公司）尽管风格各异，但更能说明什么才是出色的管理风格。它们在2010—2020年的营业收入都有所增长，佐证了这些公司在应对全球金融危机时表现出来的强大恢复力。其中，最成功的奢侈品公司无疑是路威酩轩集团、爱马仕集团、历峰集团、劳力士集团和古驰集团。路威酩轩集团、开云集团和历峰集团都成功地培育了明星品牌，包括路易威登、迪奥、轩尼诗、古驰、巴黎世家、圣罗兰、卡地亚等，盈利能力始终名列前茅。其中，古驰取得了史诗级的业绩增长，它全新的设计风格在亚洲市场和千禧一代之中引发了轰动。然而，阿玛尼集团和蔻驰公司由于公司结构调整而使业绩有所下滑。阿玛尼先生创立了同名基金会，并表示这个慈善机构将接管他的高端时装帝国部分控制权，但他仍然没有指定未来的继承人。蔻驰公司的高管层发生了一些变动，正面临收购带来的整合难题，以及收购后品牌发展的瓶颈。

成功管理一个奢侈品品牌的另一个公认标准是品牌识别。这对奢侈品短期发展和长远成功的影响都十分显著。前文分析的每个奢侈品公司都有强大的品牌识别。

这些公司都十分重视传承与原真性，极其关注产品品质、服务质量、创造力和创新，并且强烈地意识到精准的品牌定位和卓越的品牌形象对品牌在全球市场的表现力起到了至关重要的作用。不过，我们有必要探究评估每个奢侈品公司实现这些目标的能力。

多年来，家族企业一直以自己的节奏成功发展。经过 170 年岁月的洗礼，很少还有公司能秉持创业初心。创始家族保留最多的公司股权，并仍然负责公司发展理念的塑造和业绩表现。爱马仕集团就是范例。爱马仕家族关注的是价值，而非销量。他们向手工匠人承诺给予最大效度的自由，从而尽可能地激发这些艺术大师的创新力和创造力。马术主题与爱马仕传统始终紧密相连，并延续多代，但爱马仕也在不断创新，融入一些令人惊喜的元素。爱马仕在推出新品的同时，仍在销售经典的热门产品系列。爱马仕家族的座右铭“一切都在改变，但爱马仕始终如一”完美地体现了这个品牌的本质。爱马仕慢而有节奏，会留出时间让梦想不断发酵、绽放。它能这样做的唯一原因是它始终是一个家族企业。正因为此，爱马仕拉长了品牌构建、制造生产、营销销售的整个流程，营造了永恒的光环形象，塑造了爱马仕品品牌的重要特征。

普拉达集团同样以自己的节奏慢慢发展品牌。马里奥·普拉达（Mario Prada）兄弟俩一直以他们的节奏经营公司。此后，马里奥之女路易莎·普拉达（Luisa Prada）接管了这个商业帝国。后来，路易莎之女缪西娅·普拉达进入公司，并于 1978 年接替了母亲的职位。贝尔特利作为业务主管陪伴缪西娅左右。从那时起，缪西娅就开始有条不紊地将她的创造力转化为作品设计。显然，正是自由的氛围和对创新与创造力的推崇才使得普拉达发展成为一个成功的奢侈品品牌。“创意使普拉达一举成为时尚界最具影响力的品牌。”[5] 普拉达集团十分尊重技术工艺和对员工的承诺，为留住人才提供了很多奖项和职业发展机会。他们始终忠于传承，坚持使用最好的原材料，以精致的技艺制作旅行用品和配饰，在延伸产品范围的过程中不忘品牌创建的初衷。联席首席执行官贝尔特利之子洛伦佐·贝尔特利（Lorenzo Bertelli）作为未来的接班人，已经在营销部门、传播部门和集团企业社会责任部门任职。他过去只是一名赛车手，几乎没有业务管理的经验。进入公司后，洛伦佐将电商业务和可持续发展提上了议程。除了在数字化转型方面的投入，他还加大了对环保面料的投资，如生产的尼龙产品以可循环的海洋塑料、渔网、废旧纺织品为原材料。他的这些举措非常有利于普拉达集团的转型。

相比之下，那些隶属于大型奢侈品集团的成功品牌始终在追求业绩增长和盈利能力。这些奢侈品集团希望旗下的明星品牌成为它的现金牛①，而这些品牌获得的现金流可以用于支持集团的其他品牌和收购活动。例如，路威酩轩集团就是如此管理路易威登、迪奥、轩尼诗，以及最近势头迅猛的丝芙兰的。这些品牌在中国市场发展，它们如何为集团继续提供现金流还需要拭目以待。奢侈品集团旗下一些强势品牌优先获得了更多资源，从而变得更加强势，与消费者共同创造了很多业绩的奇迹。反观那些集团旗下并不突出的品牌，它们未能获得足够的发展时间和关注度，在一些明星品牌②的映衬下黯然失色。设计师迈克·高仕先生的故事就是一个典型的例子③。他在一次采访时说："我受到了不公正的待遇吗？并没有。但我是不是没有被重视？确实是这样。我从来没有觉得路威酩轩集团让设计师们互相掐架，或者品牌之间互相争斗，只是觉得集团根本没有人会来关心我们这些小品牌，所有人都把目光投向了集团的两大亲生宝贝——路易威登和迪奥。在某种程度上，如果你是一个很乖的小孩，没有人会注意到你；反而，如果你是一个坏小孩，大家都宠着你。"[6]

开云集团的明星品牌是古驰。在汤姆·福特执掌的时代，古驰完全偏离了传统，再也看不到品牌与马之间的关联——品牌传递了一种极其强烈的性感和魅力。人们一度认为古驰已经褪去了光环，失去了品牌的原始根基。汤姆·福特离职后，古驰陷入困境。汤姆·福特的继任者弗里达·詹尼尼必须回到古驰的历史档案中寻找灵感，重拾品牌的传统。古驰的故事说明了奢侈品品牌需要大量时间才能打造自己的形象和识别。有时，母公司介入其中进行管理的方式是不可取的。管理风格是发展品牌、理解品牌内涵的关键。另一个经验是，品牌本身比创作者和管理者重要得多。汤姆·福特和多梅尼科·德索尔离职后，古驰品牌并没有一直衰落下去，而是发展壮大。在前几个梦幻组合后，古驰又迎来了马尔科·比萨里和亚力山卓·米开理这对黄金二人组，他们很有效地应对了品牌危机。他们通过对文化的认同和对

---

① 现金牛（cash cow）的概念由波士顿咨询公司提出，指处于低增长率、高市场占有率的产品群。这些产品的特征是销售量大、产品利润率高、负债率低，可以为企业提 供现金流，并支持其他产品的创新和研发。——译者注

② 此处的明星品牌（star brand）定义为"永恒、时尚、快速发展、盈利能力强的品牌"。——作者注

③ 迈克·高仕于1998—2004年担任路威酩轩集团旗下法国品牌思琳的创意总监。——译者注

历史符号的独特理解，完全重塑了古驰这个品牌。自 2015 年掌管古驰起，他们将目标顾客重新锁定为千禧一代消费者，注重顾客交流和创意合作，将古驰的包容性、多元性、自我表达、致力于可持续发展等多种品牌根源的展现方式传递给下一代消费者。

上文提到了诸多奢侈品世家、品牌和大型奢侈品集团的领导者及管理者。他们的共同特征是甘愿为实现公司的愿景奉献自我、始终如一，对奢侈品行业和掌管的品牌投入了饱满的热情，不断创作，不断创新，并且将品牌推向全球市场。这些人都懂得高水准内部生产的必要性，严格控制供应商，从而保证产品的高质量。此外，他们都知晓强而有效的分销网络多么重要，明白具有强大全球表现力的必要性（特别是在亚洲的新兴市场，尤其是中国），也清楚需要尽可能地改善上述工作的方方面面。

综上所述，奢侈品行业主流的管理风格介于独裁型和放任型之间。可以肯定的是，所有奢侈品公司都拥有自己独特的管理风格。独裁但不干涉也许是放任型风格的变体，管理者精通奢侈品行业的管理方法，他们不会被动地让员工决定方案，而是带领他们做出决策。大型奢侈品公司每个季度都会面临利益相关者带来的营收压力，而家族企业却没有，它们可以一步一个脚印地关注公司的长期发展。不过，这也导致家族企业在应对外界环境变化时低效且缓慢。归根结底，奢侈品公司都希望盈利，在市场上生存。与此同时，奢侈品公司要保护好工匠和艺术家，从而保护好他们的手工技艺和其他专长技能，并进一步培育、推动、发展。只有这样，奢侈品公司才有足够的创新能力和创造力来满足全球日益增加的富裕人群对奢侈品的需求。

7.5 小结

奢侈品市场复杂且多元。无论是多品牌的全球奢侈品集团，还是家族小规模运营的品牌世家，每个公司都有各自的管理方式。正如前文所述，没有一种管理方式是完美无缺的。如今，一些品牌在大型奢侈品集团旗下运营得十分成功，但也有一些应该重视的问题被忽视了，这些问题将来也还会成为隐患。与此同时，强强联合带来的低风险和稳定性让很多独一无二的标杆品牌摒弃了传统奢侈品品牌塑造的理念，转而通过并购实现过于商业化的全球业务扩张。即便奢侈品行业的趋势是如此，但爱马仕、香奈儿等奢侈品世家仍然保持独立，蓬勃发展。这就是领袖品牌起到的引领作用。找到品牌未来的发展方向依然是奢侈品公司最重要的任务。

奢侈品行业非常关注细节，细节决定成败。品牌管理者在工作风格和道德伦理中也不能忽视细节。奢侈品公司要想成功，公司高管必须采用亲力亲为的管理风格。管理者想做到目光长远，就需要了解品牌的一切——一方面，不可忽视国内市场的情形；另一方面，还要重视在不同市场实行全球化战略的重要性。

就算是行业外人士，在奢侈品行业也可以取得成功，并且不乏成功的案例[①]。一个**奢侈品行业管理者**的必备素养是：心灵手巧；扎根欧洲文化、懂得多元文化管理；通晓法语或意大利语；能适应各个国家的工作环境；能够管理创意人才。一名出色的管理者还要善于听取国内外团队或顾客的想法，并与他们交流。这不是让一名管理者锦上添花的能力，而是达成目标、取得成功的必备素质。

管理者想要获得成功必须牢记这句话：在奢侈品行业，“绝对不可能坐享其成”。设计师和管理者只是品牌历史长河中的流星，只有品牌本身才是源远流长的。像“惩奸除恶”的斗士一样指导路易威登、香奈儿、爱马仕等拥有百年历史的品牌如何运营、管理，显然毫无作用。管理者首先需要倾听内外界的声音，掌握奢侈品行业每一处“游戏规则”的细节，让创作者自由发挥，理解产品内涵，花时间管理好门店，并不断改进商业模式和业务流程。管理者必须调整自己的观念，站在品牌的立场，了解内部员工和外部顾客的需求，观察不同国家消费者的反应，然后仔细

---

① 在当下的奢侈品行业，管理者取代了以前“家长”的角色。管理者可以来自社会各行各业。例如，路易威登的伊夫·卡塞勒之前在获康家纺（Descamps）任职；兰姿的西德尼·托勒达诺（Sydney Toledano）之前为佐比博（Zorbibe）兄弟工作多年；帕特里克·托马斯之前在法国著名的保丽乐加集团任职，此后被杜马聘用，管理爱马仕集团。20世纪90年代，杜马聘请了多位业外人士管理爱马仕集团，包括米雷耶·莫利（Mireille Maury）、吉尔·杜瓦尔（Gilles Duval）、克里斯蒂安·布朗卡特（Christian Blackaert）和帕特里克·托马斯。这些人此前都没有奢侈品行业的经验。莫利之前在法国圣戈班集团（Saint-Gobain），杜瓦尔之前负责大众市场产品的分销，布朗卡特之前在法国汤姆逊集团（Thomson）工作。在皮诺家族执掌的开云集团，曾掌管古驰集团的万斯杰（Serge Weinberg）最开始是一名公务员，后来加入非洲著名经销公司CFAO集团担任首席执行官。弗朗索瓦·皮诺（François Pinault）也聘请了多位奢侈品业外的管理者，包括他的儿子。古驰的罗伯特·波莱之前在一家大型食品公司工作。这些管理者都很成功，但是也有反例。例如，曾在欧莱雅集团工作的法布里斯·博-德瑞弗斯（Fabrice Boe-Dreyfus）只担任了几个月的爱马仕集团总经理；又如，管理能力突出的维罗妮可·莫拉利（Veronique Morali）无法在香奈儿集团找到合适的职位。——作者注

思考。了解品牌是一个非常漫长的过程，需要花费时间，需要保持谦逊和幽默的心态，需要坚定不移地掌握每一处细节。

不同的奢侈品世家、奢侈品品牌和奢侈品集团都采用了不同的管理风格，这取决于领导者的个性、公司运营的内外部环境、品牌面临的现状，以及其他需要考量的特征，如市场规模、市场扩张、零售网络等。有一些成功的管理案例确实值得参考，但在奢侈品行业，从来没有所谓最好的管理风格。在实施特定战略、解决特定问题或处理复杂情况时，公司可能需要采用好几种管理风格。

然而，人为因素也会给品牌带来挑战。一些员工在公司里工作了数十年之久，品牌经历了两次世界大战和多次国家财政危机，但仍然成功地树立并维护了品牌形象。经济危机或新冠疫情都不会抹去创始家族或品牌标识创作者赋予品牌的价值观、原则和标准。

每个品牌都知道在保持盈利的同时维护品牌识别和品牌形象的重要性。在这个由强势、独特的领导者、管理者和公司所有者主导的行业中，管理好创意人才和管理好成本支出无疑是两大首要任务。这两大任务有时会产生冲突，因此这个行业催生出“奢侈品专家”。

1930 年，嘉柏丽尔·香奈儿与塞缪尔·高德温（Samuel Goldwyn）签约，专为联美电影公司（United Artist）的女星设计服装。葛洛丽亚·斯旺森（Gloria Swanson）就是身穿香奈儿时装的美国女星之一。

香奈儿女士的设计总是十分大胆，她敢于使用针织绵布这种比较廉价的面料。在当时，她始终没有动摇为职场女性设计套装的想法。她为自己设计的粗花呢服装在苏格兰定制打造。几乎与此同时，香奈儿开始设计时装珠宝。她始终认为时装需要出现在街头小巷，因此她勇于改变现状。

嘉柏丽尔·香奈儿、伊夫·圣罗兰、皮尔·卡丹、安德烈·库雷热（André Courrèges）都敢于创新，不会在意别人的所做所想。奢侈品行业不乏这些大胆创新、无拘无束、独立自主的人才。他们坚持做自己的主人，设计让他们自己满意的作品。图 7–3 概括了奢侈品行业领导者具备的特点。

这样的人才在奢侈品行业随处可见。自由的设计并不专属于某个细分领域，而是遍布所有奢侈品行业，从香槟到时装，从法国白兰地到酒店、腕表，都需要设计的自由空间。

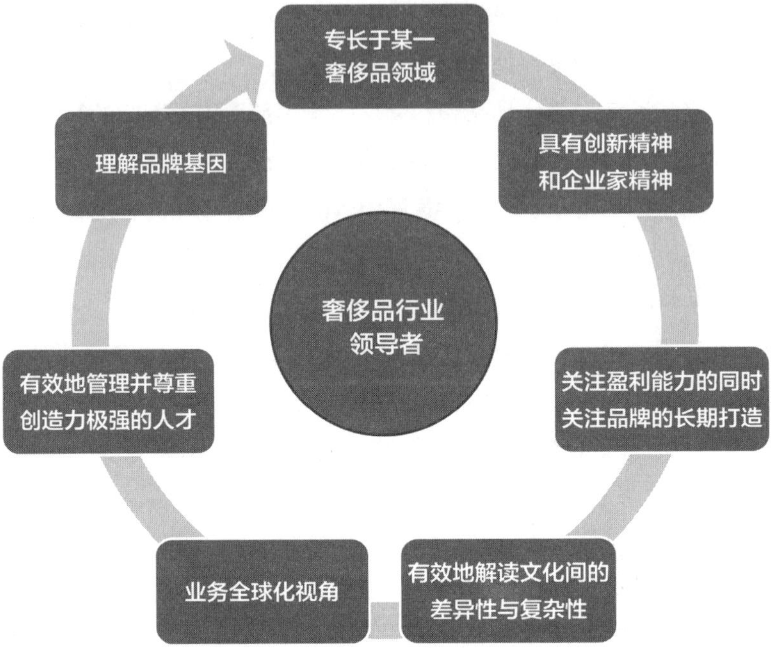

图 7-3　奢侈品行业领导者具备的特点

因此，每个领域的奢侈品只需要像斯特拉迪瓦里小提琴[①]一样，做到独一无二、卓越非凡。这点至关重要。

注释

[1] BLAKE R R, MOUTON J S.Theory and research for developing a science of leadership[J]. The Journal ofApplied Behavioral Science. 1982, 18（3）: 275–291.

[2] LUXURY SOCIETY. The talent agenda: A state-of-the-industry briefing on people and HR Management[R]. 2010-6.

[3] FURY A. Celine's next step[EB/OL]. Financial Times,（2019-1-18）[2022-11-2]. https: //www. ft. com/content/e8a5bd80-d2d5-11e8-9a3c-5d5eac8f1ab4.

① 斯特拉迪瓦里小提琴（Stradivarius violin）由意大利著名提琴制作师安东尼奥·斯特拉迪瓦里（Antonio Stradivari）打造而成，是世界乐器中的绝对瑰宝，流传至今只有六百余件。从 17 世纪以来，斯特拉迪瓦里小提琴为人们所渴求，被银行、基金会和富有的收藏家收购。任何领域的卓越品质都被冠以“斯特拉迪瓦里”的名头。——译者注

[4] KAPFERER J-N, TABATONI O. Is the luxury industry really a financier's dream? CORE Working Paper, 2010-6-29: 17.

[5] Prada, designer, products[EB/OL]. Life in Italy,(2021-8-4) [2022-11-4]. https: //lifeinitaly. com/prada-designer-products/.

[6] A last exit for Kors at Celine[EB/OL]. Women's Wear Daily,(2004-3-4) [2022-11-4]. https: //wwd. com/fashion-news/fashion-fe

第 8 章

员工技能

手工匠是奢侈品行业隐藏在幕后的重要参与者。他们的出身背景各不相同，但都热衷于工作，以自身的非凡技艺为豪。他们追求极致美感，追求完美主义，善于精雕细琢，掌握出色的手艺，这些都是工匠事业的源动力。

他们知道自己是世界上仅存的手工艺人，并热衷于此。有些工匠在工作中接受培训，有些在学校内深造技能，有些是上一代手工匠的子女——归根到底都是一类人。“手工艺人”（craftsman）一词包含了“手工”（craft）之义，“工匠”（worker）说明了他们的“工作”（work）属性——为艺术而努力。手工艺人和工匠都属于艺术家，他们会在自己的作品上打上印记。奢侈品行业的手工艺人完全投入在创作过程中——在产品上留下独特的印记，并精益求精。

手工匠通过见习不断积累知识，而非纸上谈兵。他们会言传身教，教学相长。

出色的手工匠还懂得如何与顾客相处，或在社交场合上表现得体。他们知道如何讲解、倾听，表现自己，总是充满激情、要求苛刻。

如果手工匠不仅懂得如何工作，还深谙处世之道，那么他们很可能被一家顶级奢侈品公司看中，收入旗下；但如果一贯我行我素，他们的职业生涯很可能会黯淡无光。奢侈品工匠是一个完整团队中的一员，他们会认为学无止境，必须适应工作的新模式、新环境和新上司。他们会到各处旅行，与人交谈，从中学习。他们的一生代表了不断探索的旅程，是奢侈品行业真正的代表性职业，手持开启财富的金钥匙——专业技能。

成为一名成功、优秀的手工匠需要时间的积累，刻苦学习、训练技能、听取意见、学会观察、不断尝试。一件艺术作品需要大量时间创作，而培养一名奢侈品手工匠更需要长期投资。

如第 4 章所述，现代经济学之父亚当·斯密定义了生产的四大要素：劳动、土地、资本和企业家精神[①]。劳动是最基本的生产要素；一直以来，资本主义都致力于优化资源的利用和配置。原始资源是资本（本书理解为**物质资本**，如工厂、机器等）和劳动（如**人力**或雇员）。这个体系以（资本和劳动的）产出及利润[②]的最大化为原则，保障地球上所有经济活动的正常运转。一方面，奢侈品行业也遵循产出及利润的最大化原则；另一方面，由于该行业具有独特的性质（如手工匠十分稀缺，很难被其他员工或机器取代），奢侈品公司与劳动力的关系就变得与众不同。在分析奢侈品定价时，这种独特关系也成为需要考量的因素之一。稀缺性提升了商品（内在或货币性）价值，供远小于求的特性（考虑到艺术品手工匠的短缺）反过来又放大了商品的稀缺性。当消费者对一件商品的需求增加（如寻求个人专属物）时，价格一定会上升。这一经济学逻辑适用于大多数奢侈品及服务——无论是爱马仕凯莉手袋还是前往南极洲的庞洛邮轮（Ponant）。总之，包括奢侈品行业在内的资本市场都会通过压榨劳动者剩余来实现利润最大化，但奢侈品公司尊重手工艺，以此表明奢侈品高价格有其正当理由。

随着大型奢侈品集团的崛起、全球富裕人数的不断增多，尤其在新兴的远方市场，奢侈品行业在过去 30 年经历了一个惊人的增长阶段。奢侈品行业在法国以外的市场快速成长，经营规模不断扩大，从规模经济与范围经济的角度而言，生产诸如奢侈品这些精致商品的技能已经成为十分稀缺的资源。为了取得规模经济与范围经济效应，人们都希望知道如何获取如下四类具有特殊技能的人才：①能完全领会品牌基因的手工匠；②在创作过程中尊重品牌基因的设计师；③善于向越来越多来自不同文化、不同国家或地域的消费者讲述品牌故事的销售员；④有能力在国内外市场运营业务的职业经理人。

这四类人才都善于有效使用自己的左右脑。如本书第 7 章所述，左脑运用逻

---

① 相关解释可参考 124 页脚注。——译者注

② 一家企业商品价值超过成本价格的余额，即资本家销售商品后所得价格总额超过其预付资本量的余额。——作者注

辑思维，注重细节、事实、数据，关注当下和过去，处理复杂事务。因此，左脑会接受现实，呈现出策略性、务实性和稳定性的特征。而右脑与感官、创造力和想象力有关，注重事物的整体概貌、图像和符号，关注当下和未来，与哲学和艺术相关，具备空间感知能力，善于领悟知识，乐于接受事物的多种可能性，并具有冒险精神。在奢侈品行业，手工匠必须懂得如何平衡左右脑的功能。在一定程度上，设计师需要具备强大的右脑。在此重复强调一次，销售员也需要同时开发左脑和右脑。不过，管理者稍有不同，他们在具备一定右脑功能的同时，需要一个强大的左脑。左右脑平衡很难实现，尤其在奢侈品行业快速扩张、发展的当下，这种平衡变得更具有挑战性。

奢侈品行业在最近数十年内实现了“现象级”的发展，一些大型奢侈品集团不得不将国外部分业务活动外包给当地具备专业技能的劳动力。由于这些国家的劳动力成本较低，外包无疑可以提高公司的盈利能力。因此，奢侈品行业经历了一个转型换代的阶段，但消费者依然渴求“法国制造”“意大利制造”的奢侈品，或“瑞士制造”的腕表。由此引发了以下若干个亟待解决的问题：如何管理当下奢侈品行业“现象级”的发展？如何在工匠人才短缺的原产国扩大产量的同时，还能保持完整的品牌基因？

葆蝶家的成功能够带来一些启示。该品牌前设计总监托马斯·迈耶在任期间始终致力于保护品牌的专业技艺，在公司起源地保留了一些工作岗位，从而确保一些濒临消失的技艺得以传世。为此，他积极地在威尼斯城周边地区创办皮革编织学院。在不懈努力下，他终于成功地将可持续发展的理念塑造成为葆蝶家的品牌理念之一。换言之，葆蝶家正努力成为一个业务发展与人才发展兼容并包的品牌，远远超出了品牌短期规划和眼前利益的范畴。

香奈儿也是如此。1997 年，香奈儿集团成立了一家名为“Paraffection”的子公司，旨在保护时装艺术工坊的传承、手工技术和生产工艺，并推而广之。自 2002 年以来，除了传统时装发布会，每年香奈儿还会额外举办一场高级手工坊系列（Métiers d’Art）发布会，向其工艺合作伙伴的精湛工艺表示敬意。每年的高级手工坊系列发布会在不同城市举办，但无论在哪里举办，各路媒体都会蜂拥而至。这个系列的发布会是香奈儿用来表达对手工艺执着追求的方式。2019 年，香奈儿集团在巴黎东北部郊区启动了高级手工坊系列时装工作室新址的开工建设。Paraffection 公司旗下拥有 26 个专业工作室，大部分坐落于此，如珠宝工坊

Desrues、羽饰工坊 Lemarié、刺绣工坊 Maison Lesage 和 Atelier Montex、鞋履工坊 Massaro、女帽工坊 Maison Michel 和羊绒专业工作室 Barrie 等。奢侈品行业也不再局限于当地市场，采用过去本地业务的运营模式。曾几何时，奢侈品公司只需要在法国或意大利的不同地区开设几家门店即可，但这种现象已经一去不复返了。新一代的奢侈品消费者受过良好的教育，精通数字技术，了解产品与服务的设计、推广和分销，以及消费方式的变化。奢侈品行业的一个显著优势在于奢侈品品牌的传承与核心价值观能够吸引那些充满热情和耐心的消费个体。这些消费者懂得欣赏奢侈品行业的创造力、手工艺和名望。不过，仅有这些完全不够。为了在当前变革时期（尤其是后疫情时代）继续保持高速发展，奢侈品行业正在寻找具有特殊技艺（对奢侈品行业而言全新的技能）的突破创新型人才，同时保证现有人才梯队适应时代变化，快速做出改变，保持人才的兴奋度和工作动力。

当新冠疫情肆虐时，奢侈品公司的管理层亟须重新制定人才战略，启动“全才计划”（Complete Talents）。其中，“全才”指一个员工需要在各种不同的应用场景（即不限于某一种专业技能场景）下具备其业务类型要求的所有技能，随时做好充分准备。

事实上，奢侈品行业的发展趋势要求工坊必须面对新形势，保持工作的灵活性，重塑业务价值链的每一个环节。这样做不仅是为了生存，更是为那些已经准备好迎接全新时代的核心顾客和潜在消费者创造品牌新体验。因此，奢侈品公司需要深入了解当地的社会文化背景，通晓民族主义的思潮，并充分利用当下数字化时代的特质——一些见多识广的消费者早已熟练掌握了全新的数字技术。

8.1 历史上的工匠精神

> 工艺是奢华的秘诀。我认为这个时代已经回溯本源：注重手工匠专业技能的价值，并在过去坚实的基础上创造全新的作品。
>
> ——富拉维亚·菲拉格慕（Fulvia Ferragamo）

奢侈品已经存在了好几个世纪。世界各地的王室和贵族曾经一掷千金，追求奢华的手工定制服饰。大部分享有盛名的奢侈品品牌已经拥有了一两百年的发展历史。然而，奢侈品市场成为一个行业仅仅发生在几十年前。大多数服饰、珠宝及腕表品牌（如香奈儿、路易威登、爱马仕、宝诗龙、卡地亚、普拉达和范思哲等）都是从法国或意大利小型家族业务起步，围绕创始人、创意总监或一种原材料打造而成。彼时，从事奢侈品工作所需的技能既简单又有限：这些家族企业的业务基本是为了满足当地顾客的需求，有时会服务于一些其他地区的顾客或特殊定制的订单。员工所需的技能主要包括卓越手工艺和创意设计，从而形成产品标志性的差异化。尚美巴黎和瑞士钟表业的故事揭示了历史在奢侈品品牌和奢侈品行业中起到的重要作用。

案例研究：尚美巴黎

尚美巴黎创立于1780年，甚至早于卡地亚、梵克雅宝和宝格丽等声名显赫的珠宝品牌。它的历史发展可以分为五个时期：尼铎时期（1780—1815）、福辛和莫莱勒时期（1815—1885）、尚美巴黎装饰艺术时期（1885—1944）、复苏时期（1944—1987）和隶属路威酩轩集团时期（1987年至今）。[1]

马利-艾虔·尼铎最初是一名珠宝商的学徒，此后成了玛丽-安托瓦内特皇后（Queen Marie-Antoinette）的珠宝商，并于1780年定居巴黎。他的贵族客户始终对他青睐有加。1789年，法国大革命暴发。1802年，尼铎成为拿破仑一世的御用珠宝商，其珠宝店从此开始真正腾飞。在其子弗朗索瓦-勒尼奥·尼铎的帮助下，尼铎先后为拿破仑一世与约瑟芬皇后、玛丽·路易丝皇后的婚礼设计了珠宝。此外，他还设计了拿破仑的加冕皇冠、加冕之剑和许多其他宫廷珠宝。1815年，法兰西第一帝国覆灭，拿破仑一世被迫流亡，坚定的保皇派弗朗索瓦-勒尼奥也离开了珠宝店，把它出售给了珠宝匠下属让-巴蒂斯特·福辛。

在儿子朱尔斯·福辛的帮助下，让-巴蒂斯特的优雅设计为他赢得了法国奥尔良王朝路易·菲利普一世（1830—1848）家族和贝里公爵夫人玛丽·路易丝·伊丽莎白·德奥尔良（Marie Louise Élisabeth d'Orléans）的青睐。该品牌的贵族客户还包括俄罗斯王子阿纳托尔·德米多夫（Anatole Demidoff）和许多法国国内外艺术家。1848年，法国“二月革命”暴发，法国商业发展随即减缓。瓦伦丁·莫莱勒前往伦敦市场开设分店。1851年，这个珠宝品牌为伦敦世博会制作了珐琅底座的顽石酒杯[①]。

1885年，约瑟夫·尚美成为该珠宝品牌的总监，“尚美巴黎”品牌由此得名。头饰在当时十分流行，约瑟夫将其作为尚美巴黎的特色。自创立时算起，尚美巴黎为王公贵胄及其家族制作了2000多顶冠冕。1928年，约瑟夫之子马塞尔·尚美继承父业。当时，装饰艺术正值鼎盛时期。尚美巴黎成为潮流的领导者，并于1925年参加了巴黎博览会。尚美巴黎在第二次世界大战暴发前业绩始终出色，但战争导致该品牌关门歇业。在战后岁月里，尚美巴黎作为先驱者脱颖而出，体现了巴黎女性的品位和创造力。它的设计以独创性和标新立异的组合为特色。

如第6章所述，1987年，尚美巴黎负债累累，申请破产。更严重的是，品牌执掌人雅克·尚美和皮埃尔·尚美被判入狱。此后，尚美巴黎被巴林主权基金收购。1999年，路威酩轩集团将该品牌收入囊中。

在路威酩轩集团旗下的珠宝品牌中，尚美巴黎拥有最悠久的历史，并享有诸多美誉，如“拿破仑的珠宝商”“丰富的艺术遗产”“精湛工艺”等。尚美巴黎称得上是一位“睡美人”，它的传承是该品牌始终追溯并参考的宝贵财富和灵感源泉。随着品牌形象的创新和重新诠释，尚美巴黎具备了再创辉煌的潜力。

不过，尚美巴黎在美国市场的尝试遭遇了挫败。20世纪90年代末，巴黎尚美进入亚洲市场，开设门店以提升业绩。2007年，该品牌进入中国，但远远迟于1992年便入驻中国市场的卡地亚，2002年的蒂芙尼和2003年的宝格丽。毋庸置疑的是，市场先入者在市场业绩和品牌知名度上具有绝对优势，但市场风云变幻，包括珠宝在内的所有奢侈品公司都需要妥善处理传承与市场趋势之间的矛盾关系。尚美巴黎做出了突破性的改变，邀请华特·迪士尼出品的影片《花木兰》(*Mulan*)女主角刘亦菲担任品牌大使，为该品牌带来了广泛的曝光率和市场关注。

一般而言，一张特殊订单或商品制作需要500—1500工时才能完成。换言之，时间跨度往往长达2—6 个月。例如，一副头饰制作过程包含很多步骤，如起版、拆解、配石、抛光、钻石重新切割、镶嵌、印记、錾

① 顽石（hard stone）为岩石学专用术语，指坚硬程度极高的石头，包括金刚石、玉石、宝石、钻石等。——译者注

刻、全套装配、最终研磨。一件奢侈品是为了达到最高品质要求、历经千辛万苦制成的，不应受制于一时兴起的潮流或季节的影响。永恒的产品不仅展现了美感，还能讲述品牌传承和活力。

案例研究：瑞士钟表业

世界历史上第一个机械钟在14世纪中期的意大利和英国发明制作而成。最古老的钟楼甚至可以追溯到1352年。在近700年的时间里，机械钟表之都从意大利转移到德国，然后是法国、英国和日内瓦，最后坐落在瑞士汝拉山（Jura Mountains），并沿袭至今。

世界历史上第一块腕表是那不勒斯王后[①]于1810年委托亚伯拉罕-路易·宝玑（Abraham-Louis Breguet）制作而成。宝玑通常被公认为有史以来最伟大的钟表制造商。英国女王佩戴的腕表引发了从钟楼到腕表的快速革新，奠定了腕表制造业的发展。腕表的制造周期涵盖了本地专供生产、工匠之间分工制作、通用零配件的统一装配等流程。瑞士位于阿尔卑斯山地区，山高谷深，自然资源匮乏。特殊的地形和寒冷的冬季导致瑞士难以发展农业，不过，纺织、奶酪、巧克力和钟表等手工业产品却欣欣向荣，弥补了传统农业的短板。

16世纪中叶，胡格诺派（Huguenot，即长期惨遭迫害的法国新教教派，信众中有不少技艺高超的钟表师）创造了钟表制造业。这些教派难民在日内瓦（瑞士法语区）定居下来。当时，日内瓦以高级珠宝业闻名于世，又值约翰·加尔文（Jean Chauvin）在日内瓦组成政教合一的共和政权。他制定了一系列法律法规，禁止普通民众佩戴珠宝，但并没有下达不准佩戴腕表的禁令。因此，钟表师发现了眼前这个前途无量的商机，而珠宝商也预见到了行业变革的机遇。很快，1601年，世界上第一个钟表行业协会在日内瓦成立。随着时间的推移，钟表师纷纷在日内瓦聚首，不少

① 即拿破仑一世的幼妹卡洛琳·波拿巴（Caroline Bonaparte），在1808—1815年期间担任那不勒斯王后。——译者注

人将业务拓展到了汝拉山地区。

自此，日内瓦变成了一个商人的城市，他们懂贸易，善制表。1785年前后，约20 000人就职于日内瓦钟表业，每年可生产约85 000只钟表。漫长的冬季为这个地区提供了大量的闲暇时间，而牧民相对柔软的手很适合制作钟表，他们也愿意领取相对较低的薪水——与做农活相比，钟表制作的收入要高出不少。由于钟表零件十分复杂，且使用了宝石、半宝石防止磨损，因此，“钟表”与“珠宝”逐渐紧密联系在一起。法国新教难民潮不仅带来了经验丰富的工匠，还带来了出口贸易的商业网络。与此同时，德国、英国和法国卷入了两次世界大战。瑞士位于欧洲的中心，是个多语言国家，500年来始终保持中立与贸易和平，加之强大的出口能力，使得瑞士在战争暴发时也能在世界各地进行贸易。在2000年前后，瑞士已经超过了英国、法国和意大利，成为精密钟表制造业的领导国。

8.2 具有创业精神的设计师

许多创业者成功地建立了家族企业，满怀激情并坚定地推动他们的事业。例如，汉斯·威尔斯多夫对钟表充满热情——1903年，年仅22岁的汉斯就在伦敦创办了一家钟表贸易公司。其他的创业家还包括阿尔弗雷德·梵克（Alfred Van Cleef）和艾斯特尔·雅宝（Estelle Arpels）、皮埃尔–弗朗索瓦·娇兰（Pierre-François Guerlain）、约翰–约瑟夫·库克（Johann-Joseph Krug）、梅耶·罗斯柴尔德（Mayer Rothschild）、约瑟夫·尚美、嘉柏丽尔·香奈儿、亚伯拉罕–路易·宝玑等。他们在品牌创立之初没有“股东”的概念，不需要考虑股东价值最大化的商业目标。他们认为没有必要雇用财务、人力资源、零售、营销和品牌战略的主管或员工，也没有设立首席执行官、首席财务官或首席运营官等高管要职。

8.3　销售团队

奢侈品销售团队需要具备一些与众不同的特质，这导致它与其他行业明显不同。这个团队必须具备以下两种截然不同的特征。

一类员工需要接受严格的智力训练，包括研究公司财务状况、积累实际商业经验、掌握决策的战略基础、培养高度发达的左脑（代表性职业包括银行家、医生和律师）等。另一类员工需要具备创造力和艺术细胞，不仅需要纵向思维，更需要横向思维。他们通过自己的艺术天赋和想象力进行创作，拥有高度发达的右脑（代表性职业包括建筑师、音乐家和舞蹈家等）。奢侈品销售团队需要成为能解决实际问题的艺术家——乍看之下有悖常理。销售收入的重要性不容忽视，但传递品牌基因、提供高艺术品位的服务则更为关键，否则品牌难以为继。因此，奢侈品销售员必须具有战略眼光，并富有创造力——这是他们不得不处理好的矛盾关系。一名员工很难同时具备这两种技能；但即使具有，公司也很难管理好这类员工。

奢侈品销售团队面临的挑战在于：如何在不损害品牌基因的前提下实现销售业绩？如何在不稀释品牌价值的条件下增长业绩？如何在保持产品距离感的同时实现高销量？以路易威登为例。该品牌将业务扩展到了很多远方市场，如 94% 的日本女性至少拥有一只路易威登手袋，这使得品牌的排他性大大降低。再以爱马仕为例。一方面，爱马仕的利润增长潜力极高；另一方面，爱马仕通过创新和个性化定制吸引中国和日本的消费者。值得一提的是，爱马仕始终坚持品牌文化根源及传承，不会明显地表现出对市场份额的关注。爱马仕是法国贵族文化的代表，拥有浓厚的新教文化色彩①。因此，该品牌绝不会在工艺、品质或手工制作等方面做出任何妥协。爱马仕关注的是长远利益，而非短期利润——这就是爱马仕家族一贯倡导的理念。从以上两个例子不难发现，路易威登员工需掌握的技能与爱马仕有所不同。再举一个值得关注的奢侈品品牌——葆蝶家。该品牌以精湛的工艺而闻名，但品牌知名度却不如阿玛尼等竞争对手。2021 年，葆蝶家关闭了所有社交媒体渠道，彰显品牌神秘、低调的传统基因。这无疑表明了葆蝶家巨大的业绩增长潜力，也表

---

① 爱马仕家族属于新教徒，19 世纪法国暴发了对新教徒的迫害运动。爱马仕家族为了逃避这场浩劫，无奈举家搬迁到了德国。创始人蒂埃里·爱马仕就是在逃难期间出生于德国。——译者注

达了品牌态度：以精致的设计为荣。葆蝶家低调、无标识的品牌形象吸引了很多消费者，同时公司利润也快速提升。

案例研究：爱马仕——马具和马鞍

蒂埃里·爱马仕出生于德国克雷费尔德（Krefeld），父亲是法国人，母亲是德国人，他是六个孩子中最小的。1828 年，他前往巴黎并定居于此。1837 年，蒂埃里在巴黎林荫大道（Grands Boulevards）开了一家作坊，专门生产马具、双轮轻便马车、折篷轻便马车和四轮马车。爱马仕的产品灵感源于动物力量和优雅、运动和旅行、自然和户外所展示的动感美学。该品牌发明了一种著名的手工缝制法——骑缝线。这是一种精细、绘画般的缝纫针法，需要将两根穿有亚麻线的针从两端同时作业。一旦缝好，缝制处一定不会发生松动。蒂埃里的顾客都是社交名流、巴黎时尚界人士和欧洲王室成员，包括拿破仑三世及其妻子欧仁妮皇后。不过，对蒂埃里而言，他真正的顾客是马，他将所有热情倾注于完美无暇的皮饰创作，希望让马和顾客都能感到格外舒适。一匹马的一生都由顶级的皮革和优雅的马鞍陪伴，奢华气质彰显无遗。1880 年，蒂埃里宣布退休，他的儿子查尔斯-埃米尔·爱马仕（Charles-Émile Hermès）继承父业，将工坊迁移至福宝大道 24 号，为马匹和顾客定制缰绳和马鞍。

案例研究：路易威登——行李箱

1821 年，路易·威登出生于法国汝拉省的边境村庄安切（Anchay）。1837 年，年仅 16 岁的他来到巴黎，成为行李箱工匠马雷查尔（Marechal）的徒弟。当学徒期间，他学到了制作精美行李箱的艺术和技术，为巴黎上流社会家庭收拾行李。因此，他对行李行业和富裕人群的旅行需求了如指掌。1854 年，路易·威登在巴黎开设了第一家门店，专门出售路易威登品牌的行李箱。他首先设计发明了世界上第一个平盖行李箱。这种行李箱重量轻、密封性好，相比其他行李箱明显更有创意和差异化①。为了防止皮箱进水，他设计发明了标志性的灰色防水“Trianon”帆布。“Trianon”行李箱迅速成为都市生活和优雅旅行的象征。同年，路易·威登为欧仁妮皇后定制设计了礼裙衣箱。路易·威登通过名人效应精心打造了品牌。日后，这只“皇后”行李箱被公认为是该品牌奢华形象的起点。到了1860年，路易威登已经盛名在外，在塞纳河畔阿涅勒镇（Asniè res-sur-Seine）新开了一座大型工厂，以满足人们对路易威登行李箱日益增长的需求。此后十年内，路易·威登又推出了很多创新设计，如第一个衣柜式行李箱，箱内装有挂衣架和小型抽屉。

案例研究：杰尼亚

安吉洛·杰尼亚（Angelo Zegna）虽然是一名意大利钟表师，但在当时已经开始使用四台织布机编织羊毛制品。安吉洛有10个子女，最小的是出生于1892年的埃尔梅内吉尔多·杰尼亚（Ermenegildo Zegna），他在18岁时便成为一名年轻的企业家。他在意大利北部小镇比耶拉（Biella）附近、阿尔卑斯山麓小镇特里韦罗（Trivero）创建了杰尼亚羊毛厂，随后于1910年创建了杰尼亚集团。他热衷于制作出“世界上最美的”面料。凭借满腔热情，他开始生产并采购质量上乘、设计前卫的面料。埃尔梅内吉尔多很擅长采购，远远走在了时代的前列。他直接从原产国采购优质的天然面料，为祖国带来产品创新。杰尼亚采用一体化采购模式，致力于实现最高的编织品质，这为日后成为完全垂直一体化的公司和意大利最受赞誉的家族企业之一奠定了坚实的基础。此外，同样具有引领时代潮流意义的是，埃尔梅内吉尔多洞悉可持续生产的意义，以及与本土及社区建立良好关系的重要性。他深知优美的自然环境和民众的幸福不可或缺。埃尔梅内吉尔多之子小安吉洛·杰尼亚②如此评价他父亲的成就：

① 当时，绝大多数行李箱采用的是弧形盖设计，虽有助于排水，但很难在火车上堆叠。——作者注

② 与其祖父“Angelo Zegna”同名，本书称之为“小安吉洛·杰尼亚”。——译者注

"在我父亲的一生中，我看到了四种力量在起作用。首先，他出生在一个合适的环境中，商业才能得到了培养。因为在一小片区域内有各种各样的型公司互相竞争。其次，他始终坚定地希望通过提供意大利高品质的创新面料击败英国竞争对手。再次，他的思想十分开明，尤其在对待当地社会福利和工人价值再分配方面。最后，他与自然保持至关重要的关系，意识到自然资源的有限性——我们必须保护自然资源。早在'生态'一词出现之前，他就已经是一位生态学家了！"

8.4 专业的品牌管理者

到20世纪70年代末，第一代家族企业创业者和设计师已经退休，家业由子女继承或传给直系亲属。随着公司规模不断扩大，新的挑战和机遇也日益凸显。当越来越多的顾客来自远方国家时，这些品牌的工匠、设计师和掌舵人不知如何有效地拥抱全球化趋势。他们没有足够的管理经验去面对业绩增长和市场扩张，并保持盈利。这可能是20世纪70年代许多法国公司（尤其是法国时装屋）面临各种管理和所有权问题的原因。这些公司资金不足，无法大规模推广它们的产品。80年代，奢侈品行业开始复苏。原因之一是奢侈品公司开始利用名人效应提升品牌知名度，如在奥斯卡金像奖颁奖礼上展示时装设计；原因之二是外来资本流入这些奢侈品公司。引领这一潮流的人物是法国地产商贝尔纳·阿尔诺，他收购了濒临破产的博萨克纺织品集团，但只保留了该集团旗下的迪奥时装公司的控制权。随后，贝尔纳又收购了路易威登和酩悦轩尼诗集团。从1985年到2020年，贝尔纳一共成功地收购了76个品牌。其他通过收购创立的奢侈品公司包括成立于1988年的历峰集团和1999年的皮诺–雷都–春天集团（即开云集团的前身）。兼并和收购所需的独特技能与传统奢侈品行业截然不同。并购潮催生了数个大型奢侈品集团，全球化、专业化、商业化、中心化、数字化和股东利益最大化都纳入了其商业模式的考量范畴内。

为了应对这种全新的商业战略，大型奢侈品集团需要围绕品牌创建新的组织架构。它们开始聘用掌握多种技能的职业经理（过去管理快消品零售业务和员工的管理者），这些人才具有强大的领导能力、有效的沟通技巧、高效的战略制定技能和财务技能。奢侈品公司已经不再沿袭过去“家长”管理的模式，开始从其他行业引进首席执行官或其他高管，如康塞塔·朗西奥（Concetta Lanciaux）、伊夫·卡塞勒、路·法兰克福、西德尼·托莱达诺、克里斯蒂安·布朗卡特、塔玛拉·梅隆、邓阁士（Stanislas de Quercize）、丹尼尔·皮埃特（Daniel Piette）、迈克尔·伯克、拉维·达卡兰（Ravi Thakran）等。

20 世纪 80 年代中期，一批没有奢侈品行业背景的专业人士进入了奢侈品行业。他们拥有一些共同的特征和技能，如名校商学院毕业，在全方位管理、开放式交流、财会技能方面经验丰富。他们擅长招募人才，懂得通过激励手段留住人才，对市场进入、业务扩张、品牌延伸和兼并收购的变化与发展趋势拥有敏锐的洞察力，并深谙跨国市场战略制定与实施之道。在过去几十年内，这些专业的品牌管理者利用自身优势和对所在奢侈品公司的了解，在多变的环境中成功地打造了品牌。

8.5 大型奢侈品集团的人才观

本章前四节阐述了奢侈品行业重点关注的员工技能。三大奢侈品集团都取得了巨大成功，但它们所需的人才技能并非完全相同，而是各有特色。

> 路威酩轩集团的专业环境由卓越且严格的工作态度塑造而成。这反映了我们对创意魅力、独特专业技能的恒久追求。我们完全专注于奢侈品行业，特别善于唤起那些具有创造力、热情和创业精神的员工。路威酩轩集团可以说构成了一个名副其实的商业生态系统，拥有超过 10 万名经验丰富、前途无量的人才。
>
> 当人们加入路威酩轩集团时，他们便进入了一个令人神往、充满激情的工作环境，开启了一段饶有趣味、意义深刻的职业生涯。加入我们意味着成为大家庭的一员。路威酩轩集团是一个在行业中处于领先地位并享有

全球影响力的公司，是一个对美学品质和创造力赋予热情、对卓越和完美给出承诺的公司。加入我们意味着你需要在一个不断进化和自我改造的生态系统中扮演好角色，为这个富有才华、各司其职的团队做出贡献。所有员工在路威酩轩集团的工作经历都会与品牌故事联系在一起，这些财富的传承就是所谓“传统文化的未来延续”。

——尚塔尔·甘佩尔（Chantal Gaemperle）

路威酩轩集团人力资源和协作执行副总裁

路威酩轩集团的组织架构较为松散，旗下每个品牌都被授权独立管理并招聘人才，以满足品牌特定的需求。品牌对员工技能的要求多种多样，如能够将**实用主义**和**创造性思维**相结合、具有**创业精神**和**国际化视野**、熟稔奢侈品行业的**杰出**人才。一个人想要在路威酩轩集团享有盛誉的环境中实现圆满且成功的职业生涯，必须在**尊重**品牌基因的同时，坚持不懈地**追求卓越**、**预测未来**。路威酩轩集团相信人才的多元化是公司一笔巨大的财富。

历峰集团的员工技能需求与路威酩轩集团有所不同：

历峰集团及旗下品牌致力于保持创业精神、诚实守信和无穷创意等更高层面的商业价值。这些价值为人才在国内外的职业发展提供了多元化、针对性的机会。此外，历峰集团鼓励人才发挥自身优势、培养专业技能，为品牌的业绩积极地出谋划策。历峰集团渴求的是愿意为品牌添砖加瓦、追求卓越、具有长远战略眼光的人才。历峰集团要求员工尽力完成每一件工作，引导他们实现个人职业生涯的顶峰。因此，我们会努力为员工提供一个良好的工作环境。在这里，员工不仅可以不断提升业务能力，还能学习到奢侈品行业最顶尖的业务技能，同时，我们也会格外重视员工的职业发展。

历峰集团实行目标管理，赋予员工主动作为的权力，鼓励员工积极为集团做出贡献，指引他们对品牌做出承诺、对集团展现忠诚。员工需要在日常工作中保持高标准，严格自律。代表历峰集团卓越的品质、传承和声望并为之奋斗是他们的无上荣誉。

正因如此，历峰集团的每个员工都成了整个集团和旗下品牌的宣传大使，而历峰集团也通过地区子公司网络为旗下品牌提供优质的共享服务。信任、忠诚、相互尊重是公司的管理原则，赋予了员工的成功价值。在历峰集团，“工艺大师”（métier）一词用于表彰那些在奢侈品业务核心部门兢兢业业工作的专业员工。在这些岗位上，员工需要具备独特的工艺技能、专业资质和娴熟的应对能力。

历峰集团的价值观是：创业精神、创造力及创新、以客户为中心、文化输入、工匠精神。除此之外，员工还需要具备团队合作、诚实守信、自我管理、以身作则、团队管理等能力。

开云集团的人才战略如下：

我们集团最新的人才战略是保持与集团一致的愿景，以超乎想象和可持续的方式，培养员工的技巧和能力，从而开发他们的潜能和创造力。开云集团的人才战略顺应了如下三大趋势：全球化、数字化、可持续。其背后的理念是通过获取并分享人才、专业知识、行为标准、最佳实践案例等助推品牌蓬勃发展。这意味着品牌在得益于协同效应和集团指引的同时，充分发挥自主性——前半句说的“一体”，后半句则说的是“两翼”。在开云集团，员工和顾客同等重要，人才培养是集团的管理原则之一，这样才能激发并引导开云集团的领导力。

——贝伦·埃休-特鲁希略（Belén Essioux-Trujillo）

开云集团前人力资源高级副总裁

对奢侈品行业专家的访谈和调研结果显示，奢侈品公司需要具备以下四类技能的人才：①善于适应环境变化；②具有与奢侈品行业相关的右脑能力；③契合公司文化；④具有左脑能力。表 8-1 将上述四类技能简化为三类，列举了不同职位员工所应具备的相关技能。

表 8-1　奢侈品行业渴求的人才技能

职位	环境变化	与奢侈品行业相关的右脑能力	业务能力（左脑能力）
手工匠	· 专业技能培训 · 创造力 · 创新能力 · 知识储备 · 灵活、谦逊、主动学习 · 制定有效的接班人方案 · 审美水准	· 理解品牌基因 · 对业务中的创造性元素十分敏锐 · 创造力 · 自主能力 · 创业精神 · 诚实守信 · 追求卓越 · 充满激情 · 尊重公司文化	· 信守承诺 · 信任可靠 · 赤诚忠心 · 快速学习能力
设计师 / 创意总监	· 设计能力 · 适应能力 · 抗压能力 · 好奇心 · 动态调整能力 · 敏捷思维	· 理解品牌基因的本质 · 具备第六感，热爱艺术、雕塑、音乐、歌剧、文物，喜欢在街头游走 · 懂得鉴赏印式权贵、法式时装、德式缜密、日式修养、拉丁美式浮夸 · 担任品牌大使 · 懂得如何管理文化的复杂性 · 自主能力	· 全球化 · 数字化 · 可持续 · 信守承诺 · 信任可靠 · 赤诚忠心
销售员	· 敏捷思维 · 适应能力 · 好奇心 · 灵活、谦逊、主动学习	· 创业精神 · 诚实守信 · 追求卓越 · 充满激情 · 尊重公司文化 · 深刻理解品牌基因 · 对业务中的创造性元素十分敏锐 · 懂得如何在门店内吸引消费者 · 担任品牌大使 · 娴熟的语言表达能力 · 懂得如何管理文化的复杂性 · 懂得如何讲述故事，建立个性化的人际关系网络，在社交场合表现自信，知识渊博，掌握会话技巧，鉴别能力强 · 将自己视为明星	· 提升全球销售 · 管理各类精品店 · 全球化 · 数字化 · 可持续 · 快速学习能力 · 精通销售技巧 · 信守承诺 · 信任可靠 · 赤诚忠心

续表

职位	环境变化	与奢侈品行业相关的右脑能力	业务能力（左脑能力）
管理者	·敏捷思维 ·适应能力 ·乐于改变 ·灵活、谦逊、主动学习 ·抗压能力 ·好奇心 ·制定有效的接班人方案	·理解品牌基因 ·对业务中的创造性元素十分敏锐 ·与创意总监和谐相处，并有效管理创意流程 ·担任品牌大使 ·懂得如何讲述故事，建立个性化的人际关系网络，在社交场合表现自信，知识渊博，掌握会话技巧，鉴别能力强 ·将自己视为明星 ·懂得如何管理文化的复杂性 ·创业精神 ·诚实守信 ·追求卓越 ·充满激情 ·尊重公司文化 ·领导力：自我学习、寻求解决方案、多谋善断 ·思想前沿 ·善于与社会名流相处	·强烈的商业嗅觉 ·深刻理解分销体系的复杂性 ·在不同行业、不同公司、不同部门有过工作经验 ·管理各类精品店（精通零售与产品规划的知识） ·团队精神，善于指派任务 ·全球化 ·数字化 ·可持续 ·精通销售技巧 ·信守承诺 ·拥有管理者的胆略 ·不仅能在独立、混乱、合作的环境中完成工作，还能始终保证品牌架构的一致性 ·接受岗位调动 ·快速学习的能力 ·高度的员工参与度 ·信任可靠 ·赤诚忠心

8.6　人才管理

奢侈品公司领导者在 21 世纪面临的主要挑战是全球化、环境保护的压力、信息的快速传播、数字化、科技变革和社会变革等。不过，上述这些并不是管理一家全球化公司时面临的所有挑战。

根据贝恩公司的研究，2014—2021年，奢侈品行业的实际增长逐渐放缓至持平，预示了稳步增长的新常态。奢侈品公司不再受益于强劲的经济增长，而是需要时刻面对多变的市场环境。英国脱欧、美国总统大选、恐怖活动、新冠疫情等都损害了消费者的信心。2017—2019年，奢侈品市场出现了短期大幅反弹，这是由中国消费者和其他地区复苏的强势推动导致。虽然国内消费不断上升，但旅游零售业仍不可忽视。2020年，新冠肺炎疫情带来了前所未有的挑战。随着奢侈品行业出现变革，奢侈品公司首席执行官的角色也发生了改变。公司高管尝试了解奢侈品行业工作的特殊性，如：管理创意人才，加强对其自我意识的管理；严格执行管理纪律；掌握必要的软性技能，从而在指定国家更好地运营多元文化的全球性企业。然而，旅游零售业却遭受了重创，上述技能并非在奢侈品公司的各个品牌内随处可得。一些领导者始终认为奢侈品行业缺乏具备匹配技能、经验和远见的人才，拥有这些人才可以应对危机，帮助公司度过转型时期。奢侈品行业的人才储备比较有限，尤其在数字化业务领域。

8.6.1　人才储备

早在1991年，路威酩轩集团就意识到了人才储备的重要性。随着国际化进程和市场规模扩张，路威酩轩集团最关心的是如何找到合适的人才。时任路威酩轩集团人力资源总监的康塞塔·朗西奥坦言，她最关注的是“招纳最优秀的管理者——不仅了解业务，还懂得如何销售。”要满足这些条件异常困难，毕竟没有一家高校院所会专门培养企业高管来管理奢侈品品牌。大多数奢侈品公司是小型家族企业，缺少人才培养，也没有合理的接班人方案。相比之下，路威酩轩集团善于从不同行业招聘并培养人才。贝尔纳·阿尔诺对路威酩轩集团的资源配置与共享做出了如下评论：

> 放眼世界，路威酩轩集团在2003年能取得如此显著的进步，主要得益于坚实的基业和内部资源的优化配置。我们的传统优势十分突出：例如，管理者和员工人才济济，他们都立志将集团打造成一家与众不同的企业；又如，我们的主流品牌也出类拔萃，公司价值观在最艰难的时期显得

尤为重要；再如，我们产品具有绝对的创意和卓越品质，分销网络也拥有强大的掌控力。因此，我们会继续采用内生性增长的战略……在剥离非战略性资产的同时，严格秉持管理重心，将节省的成本再次用于业绩增长的投资。

8.6.2 人才获取（聘用与入职）

三大奢侈品集团制定了未来公司领导者招募的内部机制。它们都会从法国内外最好的商学院（如法国高等经济与商业学院、欧洲工商管理学院、巴黎高等商学院、欧洲高等商学院等）中挑选人才。例如，路威酩轩集团在全球范围发起多项创新项目，为奢侈品行业培养人才。正是通过这些举措，无论是广大中小学生、艺术专业生、年轻艺术家和设计师，还是更符合奢侈品公司招聘意向的大学生、更高学历的研究生或 MBA 学员，都能够从中受益。1991 年，路威酩轩集团注资 1000 万法郎（约合 150 万欧元），与总部位于巴黎的法国高等经济与商业学院合作成立了奢侈品品牌营销机构“LVMH-ESSEC Chair”。此外，路威酩轩集团也在亚洲开展了类似的合作项目。

路威酩轩集团还在全公司范围内实施了系统的入职培训和在职深造计划，向能力突出、聪明睿智的新入职员工介绍奢侈品行业。路威酩轩集团曾计划于 2020 年启动“SPRING 计划”，培养应届毕业生，但由于新冠疫情而被迫推迟。该公司还通过创意和产品的展示，鼓励员工，传授他们专业知识、技能，以及追求卓越的精神和态度，并倡导受到全世界赞誉的独特生活艺术。路威酩轩集团的重要目标之一是借助这些价值观唤醒并教导青年才俊。从外部招贤纳才是路威酩轩集团人才战略的重要支柱。

开云集团也注重加强与教育机构的合作伙伴关系，旨在吸引新型人才，同时不断调整招聘计划，从而适应当前经济环境、公司业务活动及员工需求的多样性。开云集团十分注重自身的形象，致力于成为一个备受职场青睐的雇主。开云集团及旗下品牌都针对性地选择了合适的合作机构（如高等院校及商学院等），开展了一些具体的活动项目，包括参加集团主办的论坛和会议、前沿领域的岗位招聘、简历撰写工作坊等，帮助广大学子寻找实习职位和固定工作。例如，开云集团与法国高等经济与商业学院长期合作开展“加入商学院——从我开始”（Pourquoi pas moi ？）

人才计划，旨在帮助天赋异禀但出身贫寒的年轻人接受高等教育，培养他们的社会资本和自信心。每年，开云集团总部和门店都会向参加该项目的学生开放，让他们熟悉公司的环境与相关岗位，从而帮助他们规划未来的职业生涯。

8.6.3 （高潜力）人才甄别

路威酩轩集团会聘用在其他行业（如普通消费品行业）经验丰富的“高品位”人才。康塞塔·朗西奥将工科学院和商学院作为公司两大人才来源地。1995 年，朗西奥对此解释道：“公司旗下有近 40 个品牌会相互竞争，人才招聘和日常运营变得日益复杂。在路威酩轩集团，只有自行开发并推出新产品，才能真正创造价值，获得利润。路威酩轩集团的业务核心能力在于产品创新——约 20%—30% 的营收来源于新产品。因此，我们公司的高管必须拥有强大的自主创新能力。奢侈品代表了很多消费者的梦想，因此，我们寻找的人才也应该善于管理、拥有梦想，这样才能为顾客创造梦想。”

截至 2020 年，路威酩轩集团旗下品牌共有 76 个，并开启了名为“Futur A”的全球项目，旨在搜罗行业内外潜力无穷、经验丰富的高管人才，扩大公司人才储备，培养在未来五年内能够胜任集团要职的英才。在遴选人才时，路威酩轩集团要求至少拥有 5—10 年相关工作经验，能在日益复杂的环境中快速学习并动态调整。这些“高潜力人才”是路威酩轩集团的未来领导者。公司向他们提供最优待遇，以此激励他们不断进步。

有数据显示，路威酩轩集团约 66% 的高管来源于内部人事变动或晋升，55% 的高潜力员工并不是法国人，他们或在路威酩轩集团位于伦敦的豪墅[①]内接受过高管培训，或参加过新入职高潜力管理者培训项目“LVMH Experience”。这些培训项目为他们提供了有效的管理工具和进入领导层岗位的跳板。此外，“LVMH Perspectives”项目帮助管理者快速进入角色，培养以下两个方面的能力：一是自我认知，二是应对战略挑战的敏锐性和处理能力。

在开云集团中，古驰自 2015 年起就在人才甄别方面处于行业领先地位。马尔

① 即“LVMH House”。这座位于伦敦梅费尔（Mayfair）街区中心的迷人豪墅培养了路威酩轩集团诸多高管，发掘了世界各地的精英才俊。——译者注

科·比萨里和亚力山卓·米开理组成了黄金二人组，他们在 2019 年应对新冠疫情时的妥善措施令人印象深刻。他们不仅通过对复古文艺和历史符号的独特解读成功地重塑了品牌，并关注品牌与消费者之间的交流活动和创意合作伙伴，还为古驰品牌转型奠定了基础。这在危机发生之时尤为重要。他们对古驰的全面提升基于该品牌创立至今呈现的包容性、多元化、自我表达和可持续发展承诺之上。此后，古驰与二手奢侈品电商平台 The RealReal 建立了合作关系，进一步加快了可持续发展的脚步。多年来，古驰还投资于员工的可持续发展、社交技能、情绪控制技能等。这些投资无疑反映了古驰的品牌文化，在疫情暴发期间发挥了巨大的作用。在数字技术培训和技能培养方面，古驰正在实施新一轮长期战略，已经大规模关闭批发销售网络，并面向新兴市场打造电商平台，为所有顾客提供一站式的一流购物体验（如强大的电商功能、丰富的品牌故事等），从而实现在线销售的快速增长。

为了进一步促进公司员工的职业发展，古驰与一家名为“Parks”的意大利非营利机构建立了合作关系，后者向古驰员工提供培训、教育、沟通、薪酬及福利咨询等服务，协助古驰推动多元化发展和实践，从而打造一个海纳百川的工作环境。马尔科·比萨里曾对此评论道：“我们非常自豪能加入 Parks，与这个机构合作简直是天作之合。在过去两年内，古驰实现了彻底转型，打响了‘表现自我’的品牌口号。我们的使命是在吸引、留住、选拔人才的同时，提倡种族、年龄、性别的多元化，保护不同的性取向，维护性别认同。这与我们母公司开云集团的公司愿景完全一致。”

8.6.4 人才发展（反复培训）

三大奢侈品集团都通过人才培训与教育推动公司内部变革。三者都实施了一系列人才发展计划，如“LVMH House”“LVMH Experience”“LVMH Perspectives”、开云大学（Kering University）和历峰创意学院（Richemont Creative Academy）等，以此培养管理者，帮助公司提升核心竞争力。

例如，路威酩轩集团的培训计划遍及集团总部、各业务部门和旗下各个品牌，旨在广泛培养员工的多种技能，提高各方面工作的表现。在每年的年度绩效评估工作会上，公司会确定并讨论员工的培训需求，最终形成培训计划。每个品牌都必须培养员工的技术能力，有时这类培训需要各业务部门集中进行。路威酩轩集团在管理、销售技巧、市场营销、项目管理、语言学习、文化学习等方面在全球范围内都提供了广泛的培训机会。这些项目均围绕路威酩轩集团独特的商业生态系统及其在奢侈品行业和特定客户服务方面的经验有序开展。在包括日本在内的亚洲地区、美国、法国、英国、瑞士、西班牙和意大利等地，路威酩轩旗下各品牌都组织了员工培训。

又如，开云集团创立了开云大学，自2000年起为管理者提供多种针对当下热点问题和观点的培训发展计划，从而支持推动开云集团的战略定位与部署。这些培训计划包括创立数字学院，开设国际化、绩效管理、创新与创业、领导力、变革管理、自我影响力、创新与创造力、风险管理、策略与谈判、新消费者行为等课程，有助于开云集团解决当下面临的挑战。开云大学开发的课程使开云集团现任和未来的领导者始终走在变革的前列。

再如，历峰集团通过不同形式加强员工培训。历峰集团旗下各品牌都开展了各自培训计划，如万宝龙学院（Montblanc Academy）员工零售培训项目、万国表员工培训项目、朗格制表学院、卡地亚制表学院，以及伯爵巴黎珠宝学院[①]双资助计划（得到了法国珠宝行业的支持）等。历峰集团还支持了其他培训项目，如日内瓦高级钟表园区、米兰创意学院[②]、历峰（上海）零售学堂等。历峰（上海）零售学堂还在纽约、香港、上海、东京和伦敦等城市与瑞士制表师培训及教育中心（WOSTEP）开展合作项目。

8.6.5 人才绩效（绩效评估）

路威酩轩集团不仅致力于培养设计团队的创造力，还注重发展公司专业人才的创造力。路威酩轩集团一位执行副总裁非常认同这种做法，他喻之为“调制一杯完美无瑕的鸡尾酒”。路威酩轩集团试图营造一个激发创造力的工作环境，同时还能严格遵守公司纪律。尚塔尔·甘佩尔对此解释说，组织年度管理评估意义非凡，能有效地甄别人才、制定接班人方案。这个动态过程对于判断员工贡献和才能至关重

① 巴黎珠宝学院（Haute École de Joaillerie Paris）原名卢浮宫艺术学校（École de la Rue du Louvre），在法国珠宝领域享有崇高地位。——译者注

② 米兰创意学院（Milan Creative Academy）开设艺术及设计硕士项目，提供应用艺术设计方面的专业培训，尤其针对珠宝、制表和时装配饰等领域。——作者注

要。绩效评估有助于确定关键职位，调配内部资源，优化人才梯队，进而完善公司内部组织架构，推动公司持续发展。同时，运营管理与定期的绩效评估工作相结合，能够评估员工的优势和晋升机会，更清晰地指明员工的个人目标。这个评估体系基于日常具体工作，有助于员工实现其职业目标。路威酩轩集团的人才管理重视公司内部员工的调整（包括工作地点和工作职能的调整），在集团的统筹下，帮助员工在公司商业生态系统内取长补短，提升职业发展空间。

历峰集团非常注重对员工学习与职业发展的投资，集团人力资源部门与各品牌管理层通力合作，为员工在旗下各品牌之间轮岗调动提供机会。这种内部员工调动大有益处——一方面，员工获得了更好的职业发展机会；另一方面，公司留住了专业技能和人才。历峰集团会定期评估员工的绩效和个人发展规划，核心目的是保留人才、激励员工、培养员工，同时有利于发现人才、甄别人才、奖励人才。历峰集团还为管理层制定了具体的绩效管理学习与发展计划，帮助他们在团队内部落实各项绩效评估工作。因此，人才绩效评估工作是公司持续、渐进提升的学习之路，有助于留住并融合高潜力的管理者。

8.6.6 人才保留与融入（薪酬与福利）

路威酩轩集团收购了大量奢侈品品牌，不断扩大公司的实力，不仅带来了机遇，也迎来了挑战。一方面，公司需要保护好被收购的品牌本身；另一方面，在该品牌业绩复苏之前，公司还需要吸纳和保留原所有者和管理者，并使之融入公司团队。因此，路威酩轩集团对待每次收购都十分慎重，往往以融合的心态达成目标。康塞塔·朗西奥对此评论道："首先，这关乎尊重、理解并保护对方的所有资产，并非盲目地改变一切，不可强行将我们的文化灌输给对方。很多公司犯过这种错误。我们收购品牌的初衷是助其更好地发展，而发展的当务之急是充分理解这个品牌取得如此成就背后的原因。一般而言，成功的背后有很多人的贡献，但往往肉眼难寻…… 我们必须找到这些原因，让这些做出卓越贡献的人站到台前。这样我们才能保护好这些品牌的完整性。我们的商业风格不是取而代之，而且永远不会。"业内人士透露，路威酩轩集团高管和高潜力人才的薪资待遇远高于行业平均水平。

历峰集团各职能部门高管、各区域主管和旗下各品牌高管负责员工的绩效考核。他们遵循公司的绩效管理流程，从明晰的工作职责、年度个人战略目标和个人能力发展三个方面做出公正、透明的薪酬与奖惩决策。历峰集团几乎每位员工都先接受正式的绩效管理评估，然后制定个人职业发展计划。

为了保障不同工种员工的公平待遇，历峰集团人力资源部门做了大量内外部基准调研，比较了行业内外的薪酬奖惩现状，据此制定了年度薪资考核体系，确保员工待遇的公平。历峰集团员工的薪酬待遇相比同行同辈更具有竞争优势。

总之，奢侈品行业的人才管理需要创造力。奢侈品公司不仅需要管理好管理人才，还要管理好设计师和创意人才。

图 8-1 归纳总结了人才培养的循环过程。

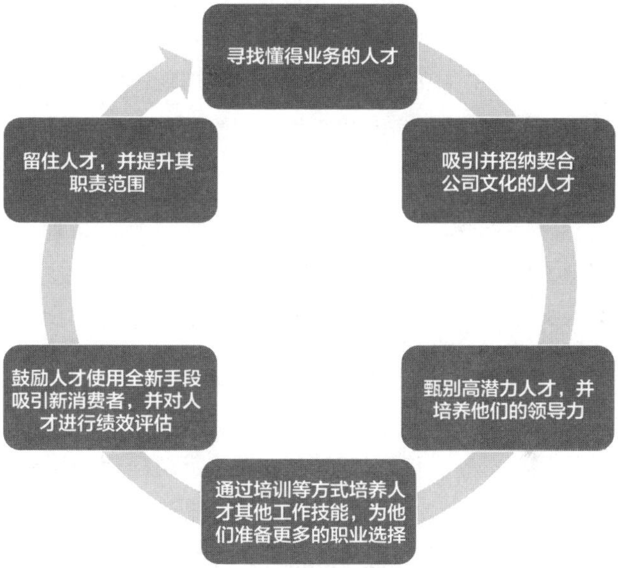

图 8-1　人才培养循环体系

8.6.7　人才流动（适当裁员）

人事变动一直是奢侈品行业的关键问题之一。事实上，奢侈品行业规模并不大，若不计豪华汽车、奢华酒店、游艇等市场，一共只有约 110 个品牌。很多人才从一家奢侈品公司跳槽到另一家。“晋升或走人”（Up or Out）的职场法则在此被普遍采用。奢侈品行业的员工必须不断改造自己，保持创造性、敏捷性和出色绩效。因此，三大奢侈品集团也需要精准且专业地制定接班人方案，明确离职的相关政策。例如，路威酩轩集团需要找到 75 名首席执行官和 75 位创意总监，管理好他们，并制定合理的接班人方案。若考虑不周，公司可能会遇到巨大挑战。

一些研究和数据显示，领导层的管理者普遍认为，大型奢侈品集团必须在内部共享专业知识，并且鼓励人才轮岗。一名高管可能会在某一品牌、某一时刻遇到职业发展的瓶颈，那么将其调动到集团旗下其他品牌，总比迫使其加入竞争对手要好得多。因此，路威酩轩集团经常将离职员工重新招入麾下，这在其他大型奢侈品集团并不常见。

历峰集团旗下拥有 18 个品牌和两个电商平台，密切监控各市场、各品牌、各职能部门、各类型员工的流动率和保有率数据。公司高管从以下四大指标评估下属的能力：①思维敏捷性（即基本智力）；②结果导向（实现目标的能力）；③变革管理（将公司引向新发展方向的能力）；④员工管理（领导他人的基本技能）。[2] 员工流动率受到品牌特征、所在国家和职能范围等因素的影响。此处考虑五大部门范围，分别是生产、设计及创意、营销、零售、品牌管理。例如，一些二手数据的分析结果表明：历峰集团近 1/3 的员工长期在瑞士工作，他们的员工流动率低于 10%，与奢侈品行业的平均水平一致。在以零售部门为主的地区（如中国内地和中国香港），员工流动率普遍较高。历峰集团认为，只要持续开展全公司新员工入职培训计划，坚持绩效管理，实施人才保留策略，这些地区的员工流动率将保持在行业平均水平之下。

2019 年，历峰集团公布了转型战略，反映了公司渴望采用更契合社会责任意识、可持续发展的奢侈品生产方式。这也是一项保护手工艺的终身学习计划，有助于提升人才的职业素养，增强团队的多元化、包容性和幸福感。同年，历峰集团开始格外重视技术手段，让员工能够随时随地获取公司信息、获得发展机会、学会使用管理工具。历峰集团很早就投资并使用了数字化基础设施，旗下电商平台 YNAP 在中国市场与阿里巴巴集团、发发奇联手。在疫情暴发期间，这些数字化基础帮助公司员工完成了日常工作。员工是历峰集团打造学习管理平台不可或缺的组成部分。该平台在一个名为“Yammer”的企业社交网络上建立了 700 多个活跃社群，拥有超过 22 500 名 SharePoint 用户。历峰集团还启动了一项名为“氧气”（Oxygen）的全新计划，旨在采用更加现代化的方式让全球员工提升工作体验。该计划允许新员工通过全程在线的方式入职，也能使用全球调研平台加强信息反馈与数据分析。此外，历峰集团还透露，公司已经在疫情暴发期间推行了一些关于数字技能的提升计划，“重点关注人力资源和生产部门，在集团范围内开设在线认证课程、编程工作坊和高级培训班”。

8.7 小结

正如许多其他行业一样，近年来奢侈品行业的员工特征和技能都发生了变化：过去几十年从未出现的新角色诞生了，而某些工作却完全消失了。这都归结于技术、消费趋势、消费者偏好和公司商业模式出现的巨大变革。

在新冠疫情的影响下，奢侈品公司管理层时刻准备着重新设计人才战略，关注那些当今最值得培养的员工新技能。它们还在思考这样一个问题：一旦经济复苏，哪些员工技能是公司最需要的？一些研究结果显示，奢侈品公司领导者希望培养员工在数字化、认知、社交、情感掌控、适应能力和调整能力等方面的技能。74%受访的中国奢侈品消费者表示，他们不会在商场重新开业后的几周内前去购物。[3]换言之，一些线下销售可能永远转移到了线上渠道。因此，员工的**数字技能**变得越来越重要。这也意味着员工需要培养**社交和情感掌控**技能，从而确保合作的有效性，培养远距离的顾客关系，并满足独特且不断变化的顾客需求。例如，路易威登的销售员可以在线完成销售，与过去他们在实体店内的做法几乎一样。这也意味着：要在疫情暴发的特殊环境中提升业绩，员工不仅需要动态地适应工作节奏，还要适应新趋势、新文化和新习惯。疫情引发了一些市场当地消费的增长，尤其在亚洲国家。当下的新环境需要员工**管理好所有利益相关者并适应新文化**，因此，高情商和快速适应能力变得必不可少。

奢侈品行业越来越需要综合能力，这反映了这个行业的诸多新动态，如数字化革命、全球化、更快且更优质的顾客反馈、行业结构变化、新商业模式、民族自豪感、国家政府间关系等。因此不难预见，员工的学习动力和新技能掌握能力将成为职场上最重要的技能优势。

那么，奢侈品公司最理想的领导者应该具备什么特征？这个话题历来争论不休。他们应该来自业内还是业外？正规教育是否绝对必要？仅仅天赋异禀可以吗？他们来自哪个国家很重要吗？文化呢？

有关奢侈品行业的问题

奢侈品公司领导者必须具备奢侈品行业的工作背景吗？答案是否定的。毋庸置疑的是，拥有奢侈品行业工作背景有助于了解这个行业。不过，一个行业外领导者也能成为品牌的特有优势。正是因为他对这个行业知之甚少，所以经常能跳出思维定式，带来全新的管理视角。这些管理者并不会一成不变地看待事物发展，可以为公司注入新的活力。总之，大多数领导者确实始终只在奢侈品行业就职，但只要天赋异禀，任何人在职业生涯的任何阶段都能在奢侈品行业大展身手。

有关家族治理的问题

既然很多奢侈品品牌仍由家族控制，如百达翡丽、历峰集团、香奈儿、爱马仕、托德斯、阿玛尼、米索尼，甚至路威酩轩集团和开云集团等也依然遵循由子女继承家业的传统，那么，担任一家奢侈品公司的领导者是否必须是奢侈品家族的成员？答案也是否定的。各位读者必须牢记：这些奢侈品帝国最初都是由毫无背景的创业者白手起家打造而成。例如，历峰集团由约翰·鲁伯特的父亲安顿·鲁伯特于1941 年一手建立。他在南非以干洗业务起家，随后进军烟草行业。而约翰原本对家业并无兴趣，最初在大通银行曼哈顿分行担任投资分析师。从历峰集团的故事中不难看出，父亲并没有建立起一个奢侈品帝国，儿子却最终继承家业获得成功。因此，一个人可以在任何情况下成功地领导一家奢侈品公司。路威酩轩集团也是如此。贝尔纳·阿尔诺承认进入奢侈品行业是出于家庭原因——家族先辈收购了一家创立不久的公司，迪奥这颗明珠随之被收入囊中。贝尔纳长女和三个儿子如今都在路威酩轩集团旗下不同品牌担任要职，分别是路易威登、伯尔鲁帝、泰格豪雅，以及刚收购不久的蒂芙尼。

有关文化的问题

为了维护品牌基因，奢侈品公司必须任命一位扎根于品牌文化的领导者吗？法国奢侈品公司必须由法国人领导吗？假设一名印度人掌管爱马仕，爱马仕是否会因此失去很多法兰西元素？

此处举一个案例。1989 年，意大利人奇安弗兰科·费雷被任命为迪奥创意总监。这次人事变动在法国高定界掀起了轩然大波[1]，备受诟病，因为他们无法容忍一个外籍人士掌管法国时装品牌，认为这侮辱了法国人引以为傲的创造力。然而，他们很快意识到，时装是一种人类可以理解的共通语言。在当今这个全球化的世界，意大利人和法国人可以互相欣赏对方的时装作品。

在奢侈品行业取得成功所需的技能正在迅速变化。图 8-2 总结了奢侈品公司领导者的必备技能。

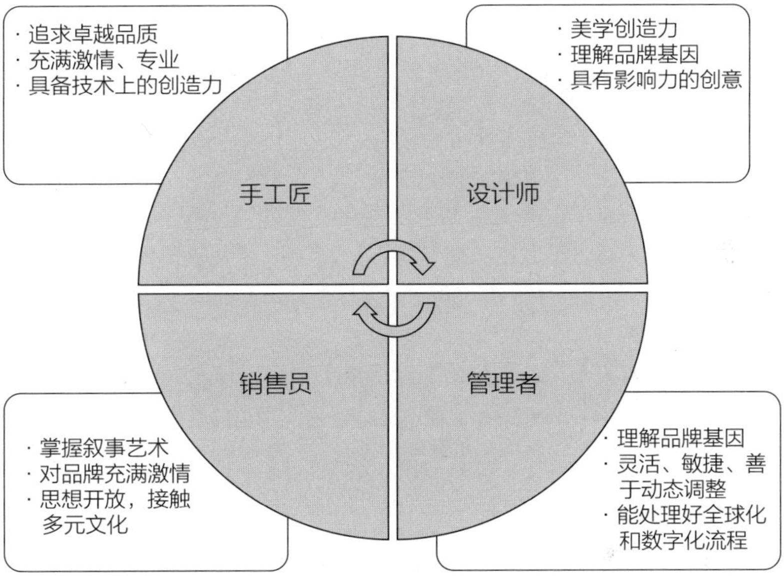

图 8-2　奢侈品公司领导者的必备技能

除了上述这些技能之外，人们还必须意识到，来自新兴市场的挑战者在奢侈品行业也扮演了非常重要的角色。这些挑战者迅速将业务推向全球市场，并与传统奢侈品公司在国内外争夺市场份额、资源和人才。很多奢侈品家族企业开始迅速衰落：它们大多数不是被大型奢侈品集团吞噬，就是被私募基金或其他大型家族企业收购。

例如，路威酩轩集团收购了宝格丽和诺悠翩雅，开云集团收购了古驰和布里奥尼。又如，印度投资者梅格·米塔尔（Megha Mittal）收购了艾斯卡达，她花

① 迪奥创立于 1946 年，作为法国历史上最伟大的时装品牌之一，至 1989 年的历任创意总监都是法国人，分别是创始人克里斯汀·迪奥（1946—1957）、伊夫·圣罗兰（1957—1960）和马克·博昂（Marc Bohan，1961—1989）。——译者注

费了10年之久试图扭转这个德国品牌的颓势，但最终不得不将其出售给美国私募基金公司Regent。再如，德国奢侈品集团Labelux收购了吉米周，后者最后成为迈克高仕品牌的母公司Capri集团的旗下品牌；欧瑞泽投资集团（Eurazeo）曾收购盟可睐的部分股权，随后全部出售；卡塔尔基金会通过旗下王室家族投资公司Mayhoola收购了哈罗德百货、巴黎春天百货以及巴尔曼等品牌。

从上述例子中不难发现，奢侈品行业呈现了数字化和全民化趋势，远方市场也正在崛起。过去，追求少而精的奢侈品品牌可能实现不错的业绩，即使扩大规模后业绩不佳也能存活，但现在却已行不通。这些品牌最终都会被收购，因为创建一个奢侈品品牌需要极长的时间沉淀。

那么，奢侈品行业的未来发展是由那些拥有传统技能的创意天才来掌控，还是由拥有领导力和战略洞察力等新技能的商业天才来领导呢？让我们拭目以待。

注释

[1] History. [EB/OL]. https: //en. wikipedia. org/wiki/Chaumet.

[2] SHIPILOV A, GODART F. Luxury's talent factories: How companies like LVMH, Kering, and Richemont groom designers and managers[J]. Harvard Business Review, 2015, 93(6): 98–104.

[3] ACHILLE A, BALLOCH C, et al. China Consumer Report 2021(Special Edition)–Understanding Chinese Consumers: Growth Engine of the World[R]. McKinsey, 2020-11-5.

第 9 章 奢侈品行业运营与供应链管理

新冠疫情在全球暴发，使得奢侈品公司后端的管理及运营面临了史无前例的挑战。即使在疫情暴发之前，由于奢侈品行业极其复杂的商业特性，在欧洲的奢侈品独家经销商和北美的大型奢侈品百货商店已经举步维艰。为了应对这些挑战，大型奢侈品集团开始着手进行供应链体系一体化，并管控电商业务。

全球各大城市都笼罩在封控的阴影之下。奢侈品公司面对着太多困境，如供应链延迟、工厂与门店关闭、展会与时装秀取消。不仅如此，还有电商崛起、旅游零售业急速衰落、业务合作长期协议（尤其是地产业）出现问题等现象发生。包括跨地域性供求关系在内的诸多不确定性引发了多米诺效应（Domino Effect）：零售业绩下滑导致公司向供应商付款延迟；工厂关闭引发了订单取消；最终，整个供应链体系瓦解。在这种情况下，小公司和供应链上游企业都遭遇了灭顶之灾。

这场危机使得一些奢侈品公司陷入了艰难境地：产生冗员，面临破产。一些品牌没有完成分销模式的垂直一体化，一些品牌需要通过经销渠道吸引新顾客并投入资金才能发展，它们都经受了此次危机的摧残。经销商为了生存，往往采用了激进的商业手段和折扣政策，但在短期内严重损害了奢侈品品牌的至高定位。

世界已经改变了。在 20 世纪的大多数时间内，每家奢侈品公司只需经营管理至多三家门店。奢侈品的诞生源于当地手工艺人不可思议的能力与才智，而这些工匠基本来自法国和意大利。过去，奢侈品是小型“手工作坊”（ateliers）和“工厂”（façonneries）的代名词：工匠在门店楼上或地下室的作坊里工作；原材料就近加工并储存，最后直接将成品运送到门店内销售。小作坊主全程监控整个价值链流程——从寻找供应商到货品销售。事实上，他们也是设计师，监督运营与生产流程。当他们的好友或好友的朋友到店内购物时，他们会下楼介绍产品，并亲自完成销售工作。小作坊主们亲自上阵确保了向顾客出售其独家制作的产品时，提供了最优质的服务。事实上，顾客可以参观作坊，观赏精细复杂的产品制作过程，甚至可以与工匠们交流探讨。这些工匠有时会制作顾客特殊定制的材料。然而如今，这种模式已经一去不复返。

过去几十年，奢侈品需求大幅增长，因此商品产量变得格外重要，仅仅依靠此前的本地手工作坊模式进行运营已经不再现实。全球化的奢侈品集团开始构建手工作坊及本地供应商的网络，以此应对消费者的新需求。奢侈品行业并购活动与消费主义（consumerism）的崛起进一步加快了奢侈品公司构建网络的步伐，并注重成本效率[①]、更高的产量，以及新市场开发。为了应对上述挑战，大型奢侈品集团和其他奢侈品公司都开始考虑全新策略，如大众消费市场采用的境外生产和外包等。

大多数奢侈品在法国或意大利生产，但外包现象也很常见。奢侈品公司利用最好的全球产品及服务网络制作它们的独家产品。这种策略已经采用了很多年。例如，它们将刺绣工艺外包到印度，将皮质配饰的装配工序外包到东欧国家。举个例子，诸如路易威登等品牌采取了一种复杂的对策，即使大部分生产在罗马尼亚完成，但产品标签上依然可以印有“意大利制造”（Made in Italy）字样。此外，外包策略已经成为奢侈品品牌更贴近最终消费者的手段之一。例如，随着全球奢侈品消费向中国市场转移，古驰考虑将部分生产流程转移到中国大陆，从而缩短交货期。这么做也是因为古驰需要达到京东平台“90分钟物流时效”的要求。

如今，消费者遍布全球各地，奢侈品公司在全世界寻找供应商采购，在意大利或法国完成生产，它们正在努力应对这些挑战。例如，从新加坡或澳大利亚的鳄鱼养殖场采购鳄鱼皮；从秘鲁羊驼农场采购羊毛；从中国内蒙古采购山羊绒。顾客都在翘首以盼买到新产品，因此所有原材料必须按时运送到工坊，成品必须按时抵达位于北京或者德里的门店，并且这些产品必须与巴黎、米兰、纽约或伦敦发布会上推出的一致。这些顾客早就通过上网查询对这些产品的信息了如指掌。“即看即买”

---

① 成本效率（cost efficiency）即反映成本支出及其效果的指标，指在一定时期内成本与产品产值的比率，或成本与销售收入的比率，或成本与资金平均占用额的比率，或成本与利润额的比率等。——译者注

（see now buy now）模式进一步加大了奢侈品销售及运营的复杂性。千禧一代消费者会对比产品，他们对这些产品的优劣已知之甚详。这些精美商品的购买者并非来自前文提到的小作坊主家族、好友或朋友关系网，而是来自日本、中国、尼日利亚或印度这些遥远的国度。

在这么短的时间内，奢侈品公司如何能把在法国、意大利或瑞士生产的产品运送到遍布全球的顾客手中呢？如何让顾客获得每年两次新品发布会的信息呢？如何追踪这些产品走向呢？举个例子，某奢侈品公司出售异常精美的粉色蟒蛇皮手袋，这绝不像洗发水，可以随处买到一模一样的产品。这款手袋当年仅生产了两只：一只被一位莫斯科政府官员收入囊中；另一只目前陈列在上海的一家门店内，不过将被带回伦敦，向科威特王室展示。

奢侈品公司面对的挑战已非同以往，需要对最先进的物流配送、供应链和客户管理系统进行管理。

9.1 面临的挑战

奢侈品行业已经演变为全球化行业，需要全球化体系和流程来管理业务。这就是管理一家全球化企业运营如此困难的原因。宝洁和联合利华在全球范围内的产品销售都非常成功，与其他公司相比，它们的差异化优势是对品牌价值的感知。品牌需要创造“欲望”（desire），从而形成“需求”（demand）；品牌和公司背后的故事也需要传递给消费者；品牌还需要密切监管产品整个生产流程，并向顾客提供优质服务和极致的产品保养。

传统策略用于满足高净值人群的消费欲望，但这些策略每天都在发生改变。奢侈品市场份额的不断扩大提升了奢侈品行业的复杂性，而如何管理全球扩张速度绝非易事。除了应对这些复杂性以外，奢侈品公司还需要面对额外的挑战：消费者品位与消费习惯多变，产品生命周期缩短，必须越来越服从国际标准，顾客对可持续发展和信息公开透明提出强烈要求等等。

因此，这些奢侈品公司必须考量多种全球化体系、战略和架构，从而创造全新的价值来源。于是，它们面临的挑战在于：在聚焦多个战略目标的同时，如何寻求具备效率、灵活性、响应能力和创造性的解决方案。奢侈品公司需要关注的一些关键要素可归纳为如下“10C”。

（1）内容（content）。从定义上来看，奢侈品富有创造性。奢侈品公司设计独特的手工艺产品并出售给消费者。实现卓越的运营水准并与顾客建立亲密关系需要奢侈品公司向消费者讲述品牌故事，并展现品牌的创意内容。

（2）定制（customization）。定制和独家产品一直是奢侈品品牌的优势之一。定制系列（自印度王公时期发展至今）、限量版系列、特殊项目系列①、国家特色系列、中国新春特别系列等产品的重磅推出，目的是让顾客感到自身与众不同、备受关注。

（3）便利（convenience）。奢侈品顾客会想方设法买下能让他们引起情感共鸣的产品。然而，他们希望买到的产品可能十分稀缺，甚至根本买不到。因此，为偏爱这款产品的顾客创造便利条件并提供增值服务尤其重要。

（4）成本（cost）**或定价中的时间价值**。消费者为购买商品产生的真实成本往往超过了价格标签上的数字。真实成本包括消费者支付的交通费、到实体店路上耗费的时间（机会成本）、停车费等。总体而言，考虑到税制差异和汇率的不断波动，人们在奢侈品公司总部所在地（如巴黎、米兰或伦敦）可以买到价格最优的产品。人们都知道一些消费者（过去是日本游客，如今是中国游客）会在香榭丽舍大道的门店外排长队购物——这无疑大大增加了购物成本。敏锐地意识到价格中的时间价值，奢侈品公司已经在着手改进和完善，迎合行业发展趋势，重点关注那些远道而来购买“梦想”的消费者。

（5）数据处理（computing）。后端系统还需要处理并生成营业额、税款、退税额等数据，并具备确认老客户、协调各职能部门、追踪产品流程（一直到出售）的功能。这样消费者才能在门店内享受到无缝连接的体验。有时，世界各地的销售员可以通过智能系统识别顾客，并从中了解到顾客的个人信息，如品位与偏好。

（6）顾客认同（customer franchise）。顾客认同指顾客购物体验后所有的正面反馈，即顾客对品牌的信任与依赖，是公司品牌战略的直接最终产物，反映了品牌在顾客心智中占据的定位与地位。这些顾客信息需要在公司内各个部门妥善留档备案，并可以随时调取，这样有助于向顾客提供更优质的服务。

---

① 如宝格丽在2009年推出的“救助儿童”（Save the Child）特别慈善系列珠宝，蒂芙尼在2017年推出的“保护野生动物”（Savethe Wild）系列珠宝，均用于社会公益项目。——译者注

（7）**顾客愉悦感**（customer delight）。顾客服务并不意味着店员只需要挺拔、礼貌地站在柜台后方就可以了。如果销售员能用顾客的母语与之交谈，那么顾客一定会感到自在、舒适。如果销售员做到了如下六个方面（如图 9–1 所示），那么顾客很容易获得愉悦感。

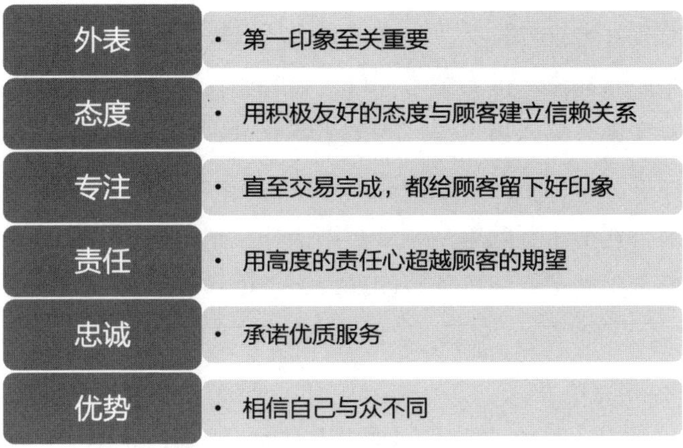

图 9–1　实现顾客愉悦的六种途径

（8）**社群**（community）。建立并维护一个忠诚顾客圈子绝非易事。奢侈品公司需要建立品牌社群，邀请顾客参加独家大型活动，经常通过邮件传递信息，及时推送新产品发布报道，并邀请顾客参加品牌推广活动。喜欢某款产品的顾客会在圈子内交流各自的体验，并从中发现同等社会地位的其他人有哪些喜好。这种体验交流可能会使一款产品热卖，也有可能使这款产品再也卖不出去。需要再次强调的是：为了有效地利用这类信息，品牌需要建立统一的后端系统，从而提升顾客的整体体验。

（9）**传播**（communication）。后端系统需要能对产品和顾客反馈信息进行编码。顾客来自不同国家，他们的期望多种多样，各不相同。建立公司与消费者之间、消费者与消费者之间的沟通渠道是奢侈品公司重要的营销投入工作。互动交流、社交媒体、顾客解决方案都可以帮助产品在顾客心智中形成印象。公司数据库中可以找到常客的购物模式。

（10）**顾客价值**（customer value）。虽说奢侈品消费者愿意花费甚多从而满足自身的情感与心理需求——远远超过他们对产品功能的需求，但他们同样希望买到的产品物有所值。消费者从购买中获得的满足感用经济学专业术语表达即“效用”

（utility）。效用揭示了消费者获得的价值。传递顾客价值的最佳途径之一是确保顾客在某个国家门店购买产品时，获得产品本身之外极佳的品牌体验。因此，销售员不仅需要精通如何提供所有品牌体验，还需要熟悉店内所有不同品类产品的特性。了解一款产品背后的故事有时还需要回顾一座历史悠久的城市（如巴黎或米兰）曾经出现的社会各界名流以及他们的生活方式。

要想同时管理好“10C”要素，这些奢侈品家族企业需要建立一个强大的机制使它们从竞争中脱颖而出。该系统不仅可以追踪到在全世界投放的产品，还可以提供相应的数据和报告，从而做出专业决策。要知道，这些决策此前都是根据人们的直觉做出的。此外，家族企业可以在总部管控公司的运营，并且对未来发展提出战略规划。奢侈品公司最重要的第一步是必须保证找到高质量的供应商，采购优质原材料，并将产品运送到远在异国他乡的新顾客手中。

9.2 全球供应链和本地供应链

新冠疫情的大暴发让商界明白了一个道理：高效的供应链管理（supply chain management，SCM）所起到的作用是不可忽视的。此前，奢侈品公司借助整合供应链生产商品，在全球各地生产配件，以达到期望的品质与排他性。这就需要大量的供应商、原材料、加工流程与分销商，目的是专注于向消费者提供最美好的体验。如前文所述，在大多数情况下，原材料在某个国家生产，在另一个国家加工，在其他国家装配，最后成品在全球市场上分销出售。戴比尔斯价值链转型是一个典型范例。它在传统供应链管理中增加了区块链技术。区块链是一种分布式账本技术，可用于改进任何物件的可追溯性。戴比尔斯推出了 Tracr™ 平台，为钻石行业打造了一个从钻石开采到顾客购买的全流程溯源区块链解决方案。这个平台可用于传输原材料数据，并跟踪供应链所有环节中的信息。所有原钻拥有一个高安全性、永久性的数字足迹（digital trail）：从开采到切割，再到抛光，最后进入珠宝商零售店。一个独一无二的全球钻石识别号（Global Diamond ID）会自动在 Tracr™ 平台上生成，伴随钻石在整个价值链上运作。该识别号通过与现有的钻石文件保管系统融合，记录下每颗钻石的参数，如克拉、净度、色泽和切工。因此，该识别号收集了每颗钻石所有阶段的数据信息，并形成一个永久性的数字足迹，从而保证了从原钻到加工抛光流程的来源与追溯性。这个系统收录了宝石图片、拟定成品图片和钻石物理特性等信息，通过数据科学与物理识别技术，可以核实并验证钻石的原真性。Tracr™ 平台对钻石价值链中每一节点上传的信息进行核实，以此保障数据的准确性与连续性。因此，该平台用户可以通过隐私控制工具全权掌控与其他用户共享的信息。区块链技术的应用不仅大大提升了消费者的信任感——每一颗在册钻石都是天然、无冲突的①，并且提高了钻石在价值链上的曝光度与运营效率。

本地与全球价值链一体化可以帮助企业在高度竞争的市场中发展成长。一个互相协同、有效实施的供应链流程可以成为企业的竞争优势之一。竞争对手很难在短期内复制一个高效的供应链。供应链的可持续竞争优势在于价值链的垂直一体化。其中，经典范例是劳力士：所有腕表的制造都在公司内部完成。劳力士在日内瓦郊外的中央实验室为三类黄金与不锈钢材料制定了独家配置标准，后者通常被称为 904L 不锈钢。考虑到金属合成是决定一款腕表美学效果与功能特性最重要的因素之一，因此，劳力士使用的所有合金都在公司内部生产。904L 不锈钢抗锈抗腐蚀，硬度也比其他类型的钢材料要强。劳力士完全实现了金属铸造、表壳制造与打磨工厂的垂直一体化；所有腕表机芯均在位于瑞士首都伯尔尼北部、汝拉山脉地区的 Bienne 实验室内生产。每一枚劳力士腕表的创意也完全从公司内部诞生，并且所有机芯都是手工制作。劳力士创建了一个独特的生产体系，它特有的零配件都由对应的机器制造。表盘制作与钻石镶嵌在劳力士位于瑞法边境的谢讷堡（Chêne-Bourg）工厂完成。表盘在该工厂完成生产、印刷，以及后续刻度镶嵌和其他特殊表盘工艺②。表盘制作通常在地下工坊完成，而宝石镶嵌则需要在阳光充足的亮白色工坊内进行。任何一个时间点都至少有 100 名工匠进行表盘处理。劳力士内部还有一个专用机器，用于对所有宝石进行筛选，剔除所有混入其中的假钻。不过，假钻出现的情况非常罕见，概率约为百万分之一。精细化生产过程完全处在劳力士的管控中。最后的装配与质量控制在劳力士日内瓦总部完成。数十位装配工在完全无尘、无湿的全新环保控制区内，其他三个工厂运送来的所有零配件都由他们完成

① 联合国提出了“无冲突钻石”（conflict-free diamond）的概念，即这些钻石不是来源于反对合法并受到国际承认的政府的军队或派别控制的区域，并用于为反对上述政府的军事行动提供资金，或违反联合国安全理事会决议的钻石。可参考：https://www.forevermark.cn/zh-cn/our-diamonds/responsibly-sourced/。——译者注

② 此处的其他特殊表盘工艺包括螺钿、鎏金、珐琅、镂空等。——译者注

操作。最后，表盘和指针装入腕表中，机芯装入表壳内，产品序列号上传至劳力士全球数据库，以备随时跟踪腕表所处状态。事实上，要保证腕表指针严格按照松紧程度和完全平行的要求正确地安装于表镜与表盘之间，这是难度极高的工艺。一旦表盘安装完毕，钟表师必须检查腕表内是否有灰尘残留。所有装配工序完成后，腕表移交至质量管控部门，做最后高强度的质量检测试验。

然而，奢侈品公司在全球范围内收购它们的供应商，并且开始采用更加科技化的生产流程。这种转型做法占据了主导地位，产品制造时间可以大大缩短，从而能够更快地在全球市场投放产品。在全球价值链中，利益相关者之间的合作与信赖显得越来越重要。

随着奢侈品公司成为全球化企业，它们不得不整合供应链管理体系以缩短产品生产周期，并降低原材料、半成品和成品等库存水平，从而精简信息流，突破内外部瓶颈，保障物流的快速与可靠（即在正确的时间和地点将货品送到顾客手中）。此外，奢侈品公司可以通过响应能力更强、效果更佳的供应链管理来提高盈利能力。

不过，诸如宝格丽和范思哲等奢侈品公司却开辟了另一条路径。它们采取了供应链本地化策略。宝格丽以源于罗马和“意大利制造”的生产模式闻名于世。2017 年，宝格丽在意大利瓦伦扎（Valenza）开设了一家占地 1.4 万平方米的珠宝工坊。宝格丽在罗马生产高级珠宝，在佛罗伦萨生产配饰，在洛迪生产香水，在科莫生产丝巾。宝格丽决定仅在意大利生产钻石珠宝是希望生产流程靠近品牌起源地，贴合传承了数百年的工艺。意大利曾是世界黄金生产的中心。宝格丽拥有完备的培训体系，致力于培育意大利最杰出的手工匠，从大量的意大利（尤其是瓦伦扎地区）珠宝与黄金工艺学院中选聘最优秀的学生。因此，瓦伦扎也成为意大利珠宝生产的圣地。

同样，范思哲也将生产流程保留在意大利境内。即使范思哲被美国 Capri 集团收购，多纳泰拉·范思哲依然宣布将在自己的祖国开设更多工厂，无意效仿 Capri 集团旗下的其他品牌，将制造工序转移到生产成本较低的国家。多纳泰拉承诺将在意大利创造更多工作机会，将生产系统留在意大利，以此表达她的爱国之情。范思哲品牌的目光更加长远，担忧“意大利制造”体系目前面临的种种困境，甚至提出了一项名为“范思哲法规“（Reguzzoni–Versace）的法案。该法案由范思哲家族在意大利议会上提出，目的是避免这样一种现象：产品多数的生产流程发生在意大利以外国家，但为了符合“意大利制造”商品标签的要求，只把最后工序放在意大利完成。这项方案规定：贴有“意大利制造”标签的产品必须在意大利完成更多生产工序。虽然这项法案最终未能在议会通过，但展现了范思哲品牌对“意大利制造”的承诺与爱国主义精神。但需要注意的是，意大利以外的消费者是否会重视范思哲品牌的爱国情怀与承诺，并愿意接受意大利制造带来的高价格，并不容易做出判断。

多年以来，高端时装品牌关注产品设计、手工艺和品牌形象的时间，远远多于关注门店内的库存是否充裕。新产品一旦上架经常马上售罄，公司往往没有做好足够的产量与配送准备。历史经验表明，随着广告投入、推广、零售店成本的增加，协同效应已经不能再保证销售的盈利能力。同样，用于衡量公司财务表现的净资产收益率（return on net assets，RONA）表明奢侈品公司必须密切关注门店的坪效指标。言下之意，门店需要时刻保证库存充裕，经常补货。

长久以来，许多品牌通过限量版系列产品提升品牌名声。这造成的后果往往是，顾客发现他们总是在候补等购这些畅销商品。这里有一则关于爱马仕铂金手袋的奇闻轶事。一位新闻记者如此写道：

> 为了区隔开顾客，爱马仕发明了一项新颖的政策，可以称之为“需求落空”和“差异对待”策略。由于铂金手袋总是供不应求，爱马仕首先告诉求购铂金手袋的顾客，可以到商店去碰碰运气。顾客只能先与爱马仕皮具专家预约到店。预约成功后，销售员会了解顾客的需求。大多数时候，铂金手袋或凯莉手袋是买不到的。如果顾客是常客，通常情况下，销售员会获取顾客的姓名信息，到本地数据库内查询核实，有时候可能会动用全球客户关系管理系统。一旦销售员确认这位顾客是高净值常客，则会建议顾客经常光临门店，运气好的话说不定可以买到想要的铂金手袋或凯莉手袋。销售员也会推荐给顾客其他可选产品。如果销售员的推荐没有满足顾客的需求，销售员会非常友善地递上个人名片。然而，当顾客通过名片上的电话联系到销售员时，只会被告知无法在电话里提供关于产品的任何信息。这种带有几分创新的营销策略迫使顾客不断地到门店去碰运气，然而顾客这么做却只是为了买到一只7000欧元的手袋！

不过，市场是不断变化的，奢侈品公司的目标仍然是保证充足的产品库存。事实上，爱马仕确实增加了铂金手袋的产量，但市场仍然处于绝对供不应求的状态。

那些快时尚的代表性品牌，如飒拉，擅长快速洞察时尚潮流，并在两周内通过高效、复杂的全球供应链将新品系列摆上货架。这是这些品牌的兴起之道。它们的成功迫使奢侈品品牌和高端品牌在市场竞争中重新审视自身的供应链模式。借鉴快时尚品牌的成功之路，大多数奢侈品品牌非常重视新品的上市速度。过去数十年，一些奢侈品时装品牌几乎完全依赖设计师的天赋，如意大利的古驰集团；但如今，它们会采用焦点小组访谈（focus group interview）的形式提前研判当下消费者的真实欲望。

越来越多的奢侈品品牌逐渐发现，其运营模式与那些成功的时尚零售店相差无几：向顾客提供更优质的服务，在门店内陈列所有热销的产品系列。奢侈品公司训练销售员更好地了解公司供应链的运作体系，包括配送体系的优化与销售员在门店向顾客提供服务的方式。

然而，随意改动产量可能会影响奢侈品品牌的形象。顾客愿意支付大量金钱购买奢侈品的原因之一就在于这些产品是能工巧匠用传统的手工艺制作而成的，顾客愿意为此买单。现实情况却有所不同。奢侈品行业的规模与产量已今非昔比，过去的生产方式已经无法应用于当今行业。如果没有稳定的流水线生产体系，没有技术娴熟的工匠和高效的供应链管理，奢侈品公司就难以向散布在全球数百家门店的顾客提供服务，无法在门店配备足够的经典系列产品和新品，也无法保证始终及时补货。

多年以来，奢侈品公司对商品供求关系持有的看法与其他消费品公司不同。对大多数行业而言，当商品需求强劲时，缺货会造成严重的损失；对一些时尚奢侈品而言，产量本来就是受限的。不过，奢侈品行业也在重新考量这种生产策略的优劣势。例如，爱马仕额外招募了 300 位工匠增加产量，从而缩短畅销单品（如价值 5000 欧元的凯莉手袋）的购买候补名单。爱马仕大多数手袋至今仍然由工匠一针一线手工缝制而成，并且在制作完成后会留下工匠的专属刻印。年销售额超过 100 亿欧元的路易威登曾经公开表示，其供应链变革可以在未来数年帮助品牌达成年销售额增长至少 10% 的业绩目标。范思哲公司和阿玛尼集团各自聘请了美国计算机科学公司（Computer Sciences Corporation）和甲骨文公司（Oracle Corporation）来提升它们的供应链效率。同样，博柏利、卡地亚和普拉达集团也与德国软件公司思爱普（SAP）保持合作关系。后文将呈现一个关于路易威登品牌的案例研究，阐述了如何通过重建流程、建立物流中心、开展培训计划、创造全新工作方式来实施全球供应链管理。

总体而言，奢侈品品牌采取了两种供应链模式。第一种模式是：奢侈品品牌通过外包部分业务并采取各种手段提升供应链管理的效率。例如，路威酩轩集团和开云集团将刺绣工序外包到印度；巴黎世家和博柏利已经在中国生产部分核心产品系列。巴黎世家标志性的 Triple S 系列运动鞋定价为 850 美元，当它被曝光该系列产品在中国生产而非意大利时，迅速成了众人关注的焦点。博柏利也因此停止了在中国生产手袋和大衣。第二种模式是：诸如香奈儿和爱马仕等奢侈品公司更倾向于采用垂直一体化与本地化策略。近年来，香奈儿通过收购欧洲各种高级皮革厂而完全掌控了其皮革原材料供应。爱马仕的生产线也靠近公司总部。爱马仕集团旗下拥有六家布料厂、四家皮革工厂，并且严格管控 11 家皮具供应商。爱马仕集团旗下的 52 家工厂有 42 家位于法国本土，非常注重原产地效应与法国工匠的能力与才智。此外，爱马仕还收购了法国丝巾生产商 Perrin 的多数股权。不过，爱马仕的成衣产品并非公司核心业务，也没有历史积淀，因此成衣全部通过外包生产。爱马仕集团首席执行官阿克塞尔·杜马称公司采取了一种“超国家战略”（meta-national strategy），即“我们会到制造工艺最原真的地方生产我们的产品”。

上述两种模式各有千秋。由于法国和意大利的劳动成本非常高，外包模式可以降低生产成本，但也降低了对品牌名声的管控力度。例如 2015 年，爱马仕被爆与一家鳄鱼皮供应商合作，后者深陷有关伦理道德的指控；香奈儿承诺会采取所有适当的措施，防止供应链中出现侵犯人权的行为，包括奴役与人口贩卖。在动物权利保护运动的要求下，香奈儿已经禁止任何产品使用皮草与稀有动物皮。不过，这种承诺会让品牌面临更大的挑战：如何满足消费者需求？如何展现品牌的创造力？即使如此，对奢侈品品牌而言，伦理道德与可持续发展的使命和目标是不可忽视或回避的。

总而言之，在新冠疫情暴发后，奢侈品公司的供应链必须呈现快速敏捷、互相衔接、适应能力强，并且彼此之间不会发生冲突的特征。供应链也需要进行整合。奢侈品公司需要同时拥有全球供应链和本地供应链。如今，爱国主义情绪在全球各地被点燃，而疫情导致的国境封锁也偶有发生，因此，本地供应链和供应商网络变得不可或缺。最后需要一提的是，那些在中国制造、但未公开披露信息或对此遮遮掩掩的奢侈品品牌必须更加坚定自身的立场。有两种方法可供选择：其一是将生产工序撤离中国，回到类似法国或意大利原产地的模式；其二是必须欣然接受“中国制造”，或以中国制造而自豪，或强调品牌引领的潮流与生活方式，从而创造更多价值。

案例研究：路易威登

路易威登隶属于路威酩轩集团，实施的是全球供应链管理模式。在麦肯锡公司的协助下，路易威登借用了汽车制造商与电子消费品公司的技术，提升了生产流程的灵活性。这种全新的生产模式被称为“Pegase”(该名起源于神话故事中的飞马[①]和路易威登的一个拉杆箱系列[②])。在这种模式下，手袋无须放置在手推车内等待从一个车间运送到另一个车间，这就是路易威登手袋装配时间大大减少的原因之一。因此，路易威登专营精品店内的产品上新周期从12周缩短为6周。

在制作方面，一只路易威登 Reade 托特手袋需要二三十名工匠共同完成。制作到约第8天时，每名工匠将各自负责的皮质外表缝合到一起，粘上内衬，并安装好手柄。遵循“Pegase”模式，6—12名工匠为一组，每名工匠身兼多道工序，每日可装配完成多只印有路易威登标识的手袋，非常精美，定价为680美元。路易威登每一季都会推出一款新手袋，但工厂一直根据长期生产计划制作产品，导致生产进度跟不上新品发布的节奏。如果一款手袋在某一季大卖，那么公司根本无法扩大产量。

路易威登的管理层因此引进了日本汽车制造商采用的精益生产流程，该流程最初为了快速应对汽车订单的变化。日本模式似乎可以直接应用于路易威登畅销手袋的生产模式转型中。然而，路易威登的生产流程并不便于提升灵活性。每个工厂约有250名员工，每名工匠只擅长一项技能，如皮革与布料剪裁，配置、粘合与缝制，制作口袋并缝合内衬，装配。皮具专家专门负责批量处理手袋。半成品会被放置在手推车内，等待工匠运送

① 在希腊神话中，美杜莎与海神波塞冬生了一只长有双翼的白马，名为“珀伽索斯”(Pegasus)，是最著名的奇幻生物之一。——译者注

② 此处指路易威登著名的 Pégase 系列拉杆箱。——译者注

到下一个装配环节处。由于工匠术业有专攻，对路易威登品牌而言，让他们迅速切换工作任务几乎是不现实的。

为了契合供应链管理方案，路易威登公司重新制定了如下生产流程：

首先，公司培训工匠有能力处理装配流程中的多个工序。例如，过去需要三名工匠通力合作的粘合、缝合和手袋翻盖边处理工作，现在只需要一名工匠完成。为了避免浪费时间，每个产品的生产流程都采用分派形式，即每名工匠在相同的时间内完成各自分配到的任务。

其次，工厂楼层布局也对应进行重组。路易威登模仿日本电子设备工厂采用的小组工作法，按照手袋或钱包制作的复杂性，将工匠分为6—12个人一组。为了使效率最大化，路易威登为这些小组提供了U型工作台，一侧放置缝纫机，另一侧放置装配台。这样，工匠可以在小组内部移交工序。如今的工匠不再像过去那样只拥有专一的工艺技能，他们可以制作更多款式的手袋，从而提升了路易威登生产环节的灵活性。

重组不局限于生产工厂。过去，位于法国的配送中心直接将产品运往世界各地的路易威登门店。如今，公司在巴黎以外设立了一个全球配送集散地，负责将产品运送至六大区域配送中心。其中，两个中心在日本，两个在亚洲其他国家，一个在美国，还有一个毗邻巴黎，专门负责欧洲市场的订单配送。当某个新品在本周五上午发布后，遍布世界各地的门店在下个周一将三天的销售信息反馈给管理团队。配送流程重组之前，工厂制定每周工作计划；重组之后，工作安排需要每日制定。

重组的最后一步在门店内实施，被称为“keepall”计划。过去，销售员向顾客推荐产品却发现店内缺货时，不得不亲自到库房内取货。如今，路易威登为每家门店配备了几名专门到库房取货的员工。在位于巴黎香榭丽舍大道的路易威登旗舰店内，每个产品都会用绵纸包装好，员工将产品从库房通过服务货梯直接送至收银台。这些重组工作在早期阶段看起来非常行之有效，因此，路易威登管理层正考虑将这种全新模式也应用于其他业务部门。

9.3　客户关系管理与顾客体验

随着全球化的发展与市场不断扩大，维护全球顾客数据库、与顾客建立密切关系、追踪顾客消费习惯成为奢侈品行业面临的重要挑战。奢侈品公司慢慢意识到客户关系管理（customer relationship management，CRM）的重要性，并十分重视。这关系到一个品牌短期和长期的成功。90% 的奢侈品公司 CRM 总监认为，以顾客为中心的管理文化与价值观是品牌得以长期发展并盈利的关键因素。奢侈品公司的当务之急是维护 CRM 系统，管理层可以通过该系统跟踪顾客保有率情况。一般而言，奢侈品公司在 CRM 系统和营销活动中最常用的数据是"RFM"，即近期消费（recency）、消费频率（frequency）和消费金额（monetary value）。如今，奢侈品品牌逐渐开展更正式的顾客行为调研。此前，奢侈品公司对顾客体验的了解多数来源于销售主管。由于需求始终大于供给，顾客都是被品牌"拉动"（pull），而奢侈品品牌不会向顾客"推销"（push）产品。不过，随着奢侈品行业在全球市场扩张，奢侈品公司必须向那些越来越富裕的新顾客传递品牌信息。因此，奢侈品品牌不仅需要进入各个市场，还需要培训员工熟悉不同市场的特征，并了解品牌背后的故事。可见，员工培训内容十分广泛。一旦培训达到预期目标，奢侈品公司就会真正地形成以顾客为中心的文化。当然，有时关键绩效指标（key performance indicators，KPI）不一定非得保持不变。

为了理解奢侈品品牌形成以顾客为中心的文化的重要性，就需要先分析近几十年来奢侈品消费环境发生了哪些变化。很久以前，每个品牌都有自身专长领域的定位，顾客总是去寻购奢侈品，如**橱柜制造商**、**家具制造商**、**木工制作的产品**，以及手工艺人专为凡尔赛宫打造的精美作品。当时根本不存在市场竞争。每位"专才"拥有自己的业务定位，如珠宝商或香水生产商。最初，奢侈品公司可以决定向消费者提供哪些产品，掌控产品价格，并监管产品质量。然而，当今市场环境已今非昔比，无论是线下还是线上购物，竞争都十分激烈，消费者的议价能力越来越强。科技的快速发展和信息渠道的增加使得消费者更容易了解产品、对比产品。

因此，在当今市场竞争环境下，奢侈品公司需要更了解目标顾客，不仅要尽可能掌握他们的消费模式，更需要懂得他们的内心期望与生活方式。此外，奢侈品公司需要获取顾客购物趋势的 RFM 数据，从而巩固品牌的顾客群基础。如今，奢侈品公司分析的就是这些数据。例如，相比从未买过产品或仅买过一两次的顾客，近期多次消费的顾客更可能再次购买，消费金额非常高的那些顾客也更可能再次购买。最有价值的顾客消费得越多，他们的价值往往会越高。顾客终身价值（lifetime value）是建立一个有效的 CRM 系统的关键。潜在高价值的顾客可能是年轻一代的专业人才，也可能是刚刚崭露头角的消费者，当他们年龄增大后可能会成为品牌拥趸，并且购买更多。有效的 CRM 可以创造并守护奢侈品消费者的"梦想"。在成熟市场，一些新技术运用于追踪品牌或集团旗下其他业务的顾客的消费模式。这些技术有助于品牌在发展忠诚顾客的过程中，大概率实现创新和生产效率提升。事实上，CRM 系统更易于应用在新兴市场。原因有两个：其一，现成的 CRM 系统已经在成熟市场经受了时间考验，购买奢侈品的国际游客往往需要提供国籍等详细信息才能获得退税服务。系统一旦完成全球信息整合，就可以形成 CRM 档案。其二，CRM 这一概念早已嵌入零售流程管理中了。

CRM 在本质上与品牌零售策略密切相关。奢侈品的零售策略需要销售员亲自与顾客高质量互动、个性化沟通，并提供卓越的服务。举个经典的案例：

> ……一名科威特王室成员是香奈儿品牌的绝对拥趸。她经常在科威特和巴林购买香奈儿产品。在这些城市的香奈儿店内，她的地位超然，不仅是品牌常客，还是花费了巨资购买香奈儿产品的忠诚顾客。一次，她前往巴黎出差，来到位于康朋街（Rue Cambon）和蒙田大道（Avenue Montaigne）的香奈儿门店。尽管她身穿一整套香奈儿服饰，但销售员并未认出她，只认为她是一位来自中东地区的有钱人。在销售员看来，本店从来不乏到巴黎购物的中东富人。于是，这位顾客感到不知所措了——过去人们从未像这样对待过她。她让她的好友提醒销售员她是香奈儿品牌的常客，想买一些独家产品。销售员确实向她提供了帮助，但并没有提供更多服务。这位顾客的姓名或护照信息均未收录在数据库中，她的朋友不得已告知店员她是科威特王室成员之一。销售员随即回到办公室向香奈儿科威特精品店核实。当得到确认后，店内的服务气氛变得格外热情。

在奢侈品店内，顾客会表现得比较低调，但他们对服务品质却抱有非常高的期望。奢侈品公司面临的挑战是如何保证每个门店的服务都符合顾客的期望。对服务中与顾客互动效果的评估也是一个关键的管理问题。消费者微观细分（microsegmentation）是奢侈品公司需要面对的另一个重要挑战。如果奢侈品公司将关注消费者的焦点从微观细分特征转向宏观细分（macro-segmentation）特征，那么在这种转移的过程中，个性化服务可能就被忽略了。

奢侈品公司 CRM 目前最高的运行水准是从各个渠道获取信息，以此发展并维护顾客忠诚。数据可以从不同来源获取，如门店销售员对顾客购买行为的反馈、在线浏览模式、跨渠道忠诚测量工具（cross-channel loyalty tools，可反映顾客及其跨渠道需求的信息）等。奢侈品公司经常采用的两大有效策略分别是：①契合顾客的喜爱与偏好；②跨渠道个性化推广。在一定程度上，这有助于评估顾客的终身价值，并了解该细分市场中品牌相对于竞争对手的比较优势。

如今，顾客的即时数据信息越来越多，奢侈品公司可以借此洞察常客和新客的内心期望与消费趋势。这些数据变得越来越重要，它们可以影响库存水平，并进一步影响整个供应链。大约只有 30% 的零售商会使用即时数据信息，并计划应用于实时追踪线下门店与在线商城流量的情况。

在奢侈品行业，每家公司都有一个商业机密，即将产品运送至各地市场的配送中心与供应链的管控方式。一个品牌的供应链模式一定是商业机密。CRM 系统反映了某个品牌管理其排他性的方式，以及提升品牌价值的决策过程。这是因为企业都十分重视对供应链和零售分销的管控。这是一种自上而下的管理模式。

从运营和系统的角度而言，奢侈品公司面临的重要挑战是如何提升顾客体验，如何根据市场需求进行产品设计，以及如何通过引领奢侈品行业的创新来维系顾客忠诚。

为了应对上述挑战，大多数奢侈品公司已经采用了集成的企业资源计划（enterprise resource planning，ERP）系统，如思爱普的 ERP 系统，帮助公司管理所有业务运营和客户关系。只要发生了购买与销售行为，CRM 的概念便应运而生。过去，这些交易数据通过日记、笔记或账本的手写形式记录在案。即使科学技术不断发展，一个有效的 CRM 关键要素也没有发生改变，即存储顾客信息。事实上，存储顾客信息是企业为了更好地管理与顾客之间的交流互动，并追踪顾客画像信息的策略，如了解顾客到门店内买了哪些产品。利用这些数据，店员可以提供消费奖励计划、产品信息，从而激发顾客需求，同时提升销售业绩。CRM 软件同样可以帮助企业管理客户关系。CRM 的关键在于如何挖掘顾客信息并妥善保管。企业对顾客了解得越多，它们就越能有效地管理产品线和产品销售。这就需要店员获取顾客的联系方式，并在整个销售过程中记录顾客信息。通过追踪这些详细数据，企业可以生成产品销售报告与数据信息。店员还可以向顾客发出感谢信、生日卡片、购物纪念卡等小礼品。在新冠疫情暴发期间，门店被迫关闭，销售员成了最重要的决策者。他们必须在社交媒体上主动与顾客保持联络，支持并鼓励这些他们。

在整个价值链上，与 CRM 连接的是准时制（just in time，JIT）生产流程。奢侈品公司需要合理地向门店供应产品，一些热销产品不应缺货，但库存也不能积累过多，否则不利于控制成本。大批量生产向个性化转型也是奢侈品公司可以采取的策略之一。订单个性化程度越高，库存管控就会越严格。诸如思爱普开发的 ERP 集成管理软件可以帮助企业根据市场现状对供应链流程做出实时处理。该软件的核心功能是追踪财务、生产、规划、销售、配送和物料管理，并将产品成本核算、人力资源需求和质量监控纳入其中。

一旦制定完成并开始实施 CRM 战略，奢侈品公司下一阶段的重点任务便是加快上市速度。无论产品在自营店还是高端百货商场内出售，产品设计的引领性与上市速度依然是让品牌脱颖而出的关键。奢侈品公司必须拥有一套高度集成、综合协调、严谨周到的规划与实施方案，才能制作出时装成衣并将产品运送到消费者手中。奢侈品零售商在小部分服装及配饰系列的管理、小批量生产[①]和流程简化方面取得了巨大成功。它们取消了大部分产品的补货，并限制产品的上架周期，从而规避风险。奢侈品零售商依然继续效仿供应链巨头飒拉的做法，严格管控产品设计、生产和以需求为导向的产品综合管理，不断突破常规市场推广速度的瓶颈。最近，飒拉采用了门店创新技术，在产品订购、配送方式决策方面，向店长赋予更多控制权，从而提升了热销产品的送货速度。这进一步缩短了产品交付周期，给飒拉的竞争对手施加了更大压力。学界和商界对飒拉在门店与公司层面的快时尚战略和 IT 技术应用都进行了广泛的研究。企业面临的挑战始终是在产品易得性和排他性之间做出权衡取舍。

使用合适的技术有助于企业加快创新步伐并洞察顾客。这是企业管理顾客体验的下一个前沿话题。奢侈品门店技术更注重流程简化，减少交易过程中的关注点，几乎不需要平板电脑等手持设备或自助服务终端等高科技支持。结账流程被大大弱化，收银台被设置在极其隐蔽的角落。菲拉格慕和葆蝶家的门店就如此布局。这些零售商将支付交易弱化到极致，从而为顾客提供舒适、专属的个人体验。不过从另

① 在面料选取、剪裁和制作上依然有极为详尽的细节要求。——作者注

一方面考虑，手持设备已经十分普及，人们都能熟练操作。因此，当销售员使用智能手机或掌上电脑获取顾客信息，并根据历史消费记录和先前采集的偏好来定制个人购物体验时，即使是奢侈品消费者也可能会感到自在、满意。

奢侈品公司管理着大量门店，正在逐渐打造一种综合性的零售体验。对零售而言，细节决定成败。一个具有强大竞争力的奢侈品零售商需要重点关注产品设计质量、上市速度、简约且舒适的购物环境，以及考虑周到、训练有素、穿着整齐且掌握多门语言的销售员。对中高端专卖店零售商和垂直一体化生厂商而言，这是值得参考的最低标准。这也印证了奢侈品品牌必须维持门店的自营权。香奈儿就是如此，所有门店员工都精心打扮，身穿香奈儿服装。菲拉格慕也采用了相同的策略，所有店员必须身穿黑色制服和菲拉格慕皮鞋。真正以需求为导向的奢侈品零售商一定会通过提供独特的服务，使自己从竞争中脱颖而出。

9.4 小结

研究者认为，在图 9–2 所示的运营流程大框架（从价值链到 CRM）下，每一个环节都需要包含顾客体验的各个方面。[1] 管理者也逐渐认识到品牌需要为顾客在购物体验中创造价值。为了有效地实施这种策略，奢侈品公司需要了解顾客从寄予厚望到评价体验的整个购物历程。现有研究表明，企业可以通过这些数据将有关体验的种种“线索”（clues）整合并融为一体，包括任何可感知、可感受或可辨认的事物，以此满足甚至超越顾客的情感需求与内心期望。这些线索代表的内在意义和价值可以为顾客带来独特的服务体验，并使顾客对该品牌不同于其他品牌的产品或服务形成根深蒂固的偏好。产品或服务会提供一系列线索，有关门店环境的线索也很多，而销售员的手势、建议、穿着、谈吐会展现更多线索。每条线索都承载着一条信息，给予顾客某种暗示。所有线索组合在一起就形成了顾客整体体验。首先，对产品实际功能的具体描述是一种线索，如讲述处理鳄鱼皮或精致蟒蛇皮鳞片过程中的复杂工艺的故事；其次，向顾客展示产品或解释陀飞轮① 腕表机芯数量极少的

① 陀飞轮（tourbillon）是瑞士钟表大师路易·宝玑（Louis Breguet）在 1795 年发明的一种钟表调速装置，用于抵消地心引力对钟表计时造成的影响。陀飞轮的工作原理是，当钟表处于垂直位置时，可以补偿地心引力的作用。陀飞轮腕表代表了机械表制造工艺的最高水平，因此机芯数量非常少。——译者注

原因等服务也是一种线索；此外，诸如气味、声音、视觉效果、品位、纹理质地，以及门店环境本身等情感与感官元素也都可以视为线索。

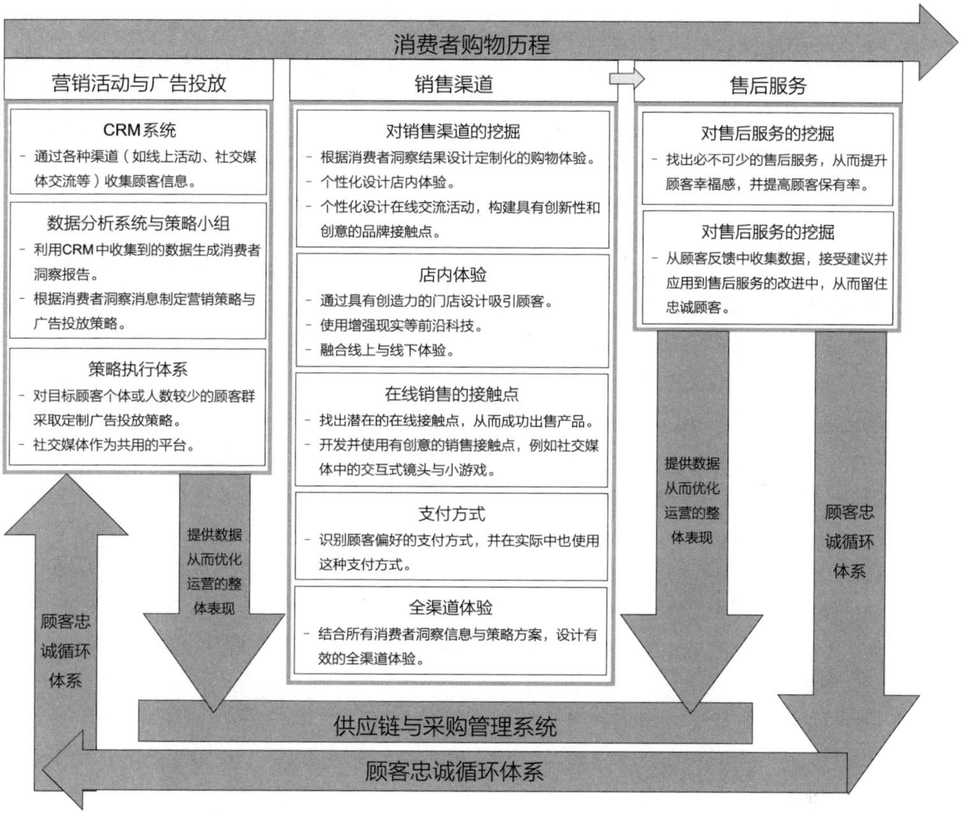

图 9-2　如何在顾客体验的运营和体系中创造价值

在路易威登香榭丽舍大道旗舰店、爱马仕福宝大道[①]旗舰店以及香奈儿康朋街旗舰店的顾客体验是完全不同的。皮质家具的触感、店员回答顾客的语调和门店装修布局都属于线索，揭示了产品及服务的功能性价值。这类线索可以分为两种：机械线索（mechanistic clues）和人文线索（humanistic clues），前者表示物件自身产生的线索，而后者表示由人发出的线索。后者往往在顾客决定是否购买时触发并影响他们的感性情绪，而非理性思考。

这种影响顾客情感的能力是一个企业需要具备的特长。奢侈品公司需要通过观

① 福宝大道（Rue du Faubourg Saint-Honoré）是爱马仕官方专用的中文译名，一般被称为“圣－奥诺雷街”。——译者注

察消费者在门店内的面部表情、手势和其他身体语言，了解他们在不同情景下的情绪状态，从而使公司拥有这种影响力。为了收集足够的信息，奢侈品公司需要与顾客和员工进行深入的访谈，从而了解每次交易过程中买卖双方对购物体验不同角度的感受，并找到随之产生的情感联结。例如，一位潜在顾客一直在中国或中东国家旅游，她是否买到了想要的东西，很容易从她越来越焦急的表现上判断出来。在这种情况下，人们往往会表现得像个小孩，心里只想着马上买到这个产品。事实上，这个产品不是她的必需品，但购物体验和产品的拥有感让她感到愉悦，她的自尊心也会飙升，并进入一种满足了“自我实现需求”① 的状态。这些顾客的经历会被奢侈品公司转化为反映核心价值观和品牌战略的基本主题，在品牌全新设计的顾客体验中起到融合所有线索的核心要素作用。

不管处于何种条件下，顾客总会拥有过往的经历：感受极佳、体验不错、难以接受或极度不满。企业如何管理顾客体验才是最重要的。同时管理顾客的功能型和情感型体验很有可能帮助奢侈品公司维系品牌与顾客之间的情感纽带。品牌与顾客之间的关系是竞争对手难以效仿或复制的长期竞争优势——罕见且殊为不易。假如没有一个统一的体系与运营管理，那么奢侈品公司根本无法让顾客对体验感到满意。至于奢侈品公司如何培养下一代顾客的忠诚度，或许是未来探讨的前沿话题了。

注释

[1] BERRY L L, CARBONE L P, HAECKEL S H. Managing the total customer experience[J]. MIT Sloan Management Review, 2002, 43（3）: 85–89.

① 美国心理学家亚伯拉罕·马斯洛（Abraham Maslow）于 1943 年提出了马斯洛需求层次理论（Maslow's Hierarchy of Needs），认为人作为一个有机整体，具有多种动机和需求，从低层次到高层次依次为：生理需求（physiological needs）、安全需求（safety needs）、爱与归属感需求（love and belonging needs）、自尊需求（esteem needs）和自我实现需求（self–actualization needs）。在该理论下，自我实现需求是人类最高层次的需求。——译者注

第 10 章

零售点服务

入店接待：好几个销售员聚在店内角落窃窃私语。这家奢侈品店内的气氛根本名不副实。更糟糕的是，这些销售员对待入店的顾客，往往目光凶狠、言语粗鲁：

“所以说，你到底想要什么？！我忙着呢！”

“你能看好自己的小孩，别让他乱摸乱碰吗？！”

“谁带了条狗进来！”

某一天，销售员正忙着整理货品，一位女顾客走入店内，等待服务。就因为她看上去不像是品牌的目标顾客，就被晾在了一边。

一位销售员嘲讽道：“你居然从来没听说过这个包？你怎么可能没看过这款包的广告？”

“天哪，这家伙也太呆了，实在蠢得要命！”

有一次，一位男顾客走进门店，发现女店员们都聚在收银台闲聊，这让他在店内不知所措。许久之后，一位售货员才略带礼貌地问道：“有什么特别需要帮忙的吗？”

“不需要，”顾客不客气地回答，“我没有特别想要的东西。”说罢，他便怒气冲冲地离开了。

还有一回，一位顾客到店里来退货，但店员大声对她说：“这件衣服你已经穿过了呀！”

“没有，”那位女士回答说，“我就是又试穿了下。”

“那没办法，你来晚了，现在退不了了。这件衣服你在哪里买的？”

“就在这里。”

“是吗？谁卖给你的？”

“我不记得了。”

这些销售员接待顾客的技巧十分拙劣，甚至根本没有技巧可言。

不过，有一些销售员截然相反，他们对待顾客如教科书一般。

在门店的入口处，一位迎宾的女店员会面带微笑地向你打招呼，带你入店，然后陪你参观。店员不会强迫顾客买东买西，孩子们也会受到欢迎。一些店员甚至会给孩子们拿玩具，连宠物狗也备受欢迎。逛店成了一次美妙的旅途。

能否接待好顾客无关收入，而是取决于店员是否具有足够的主动性和自豪感。

正是热情且不夸张的服务才使得奢侈品变得非同一般。接待好顾客并不复杂，只需要仔细观察、把顾客带到柜台或试衣间即可。需要牢记的是，店员不需要虚情假意、阿谀奉承，整个过程中只需要进行适当的交流，带一些幽默感，不要超出应有的底线。

顾客接待方式反映了奢侈品行业的特质——既要取悦顾客的内心，也要吸引顾客购买产品，同时又为产品赋能。

奢侈品门店的顾客接待可能是全世界最好的……但也可能是极其糟糕的，就像奢侈品本身一样，存在两极分化。

奢侈品曾经是“特殊人群的常用品”，但它正逐渐成为“普通人的特殊用品”。与此同时，奢侈品与服务变得不可分割、相辅相成。当今，奢侈品行业已经形成，主流奢侈品品牌已经集中关注“9P”要素，即产品、起源、稀缺性、人设、名人、定价、门店位置、宣传、线上线下一体化、品牌表现。因此，卓越的服务成为品牌差异化的重要因素，是传递品牌基因、历史和故事的最有效触点之一。

本章讨论的奢侈品服务指奢侈品品牌在购买的前、中、后三个阶段与顾客在不同直接触点进行互动的方式。零售部门和在线顾客服务团队是奢侈品公司的一线服务部门，但创意部门和生产部门，甚至包括营销、全渠道、培训和物流等后台部门也或多或少会参与到产品及服务的提供过程中。零售点（point of sale，POS）是指进行交易的渠道，包括品牌精品店、百货公司专柜或店中店，以及线上渠道。提供服务是奢侈品公司顾客管理流程的重要环节之一，与品牌和顾客之间的互动方式密切相关。

在营销学“8P 理论”① 中，“线下陈列展示”最关注的是服务环境，不仅包括品牌传播和服务表现，还涉及让潜在顾客满意的无形体验。“人才”和“流程”对顾客体验而言是直接、外显的，而“线下陈列展示”对顾客产生的影响是间接的。一般而言，品牌通过分销进入全球市场，采用的分销模式包括内部扩张（internal expansion）、并购、特许经营（licensing）、授权经销（franchising）、成立合资公司、入股分销商等。此外，开设旗舰店也是奢侈品品牌进入新市场最常用的战略手段之一。无论在哪个市场，品牌都能确保这些完全掌控的零售点为消费者提供足够的权益。因此，旗舰店和精心设计的精品店在一线员工提供服务的过程中发挥了重要作用，也能反映零售点员工在销售全流程中的工作效率。

有鉴于此，奢侈品品牌采用了一致性的策略，在所有零售点展现独特的有形特征，从而在不同市场实现品牌的差异化。例如，一些奢侈品品牌开设了快闪店（pop-up shop），目的是在消费者心智中留下难以抹去的印记。成功的例子包括爱马仕丝巾快闪店、迪奥圣诞点灯仪式、迪奥快闪店等。

与此同时，奢侈品消费者在过去几十年里也发生了改变。他们更清晰地了解自己选择的余地，比父祖辈更有学识、更喜欢旅行、更具有购物经验。他们可以轻松地获取并对比两个品牌的信息，甚至到世界各地购买钟意的奢侈品。奢侈品公司也针对品牌基因做出了延伸，使品牌变得更加多元化，布局到各个奢侈品细分市场。例如，路易威登和迪奥已将业务延伸到高级珠宝及腕表；卡地亚推出了皮具产品；伯尔鲁帝也从皮鞋和公文包扩展到成衣和定制系列。此外，一些品牌还推出了不同于主营业务目标性别的产品，如迪奥和思琳的男装、雨果博斯的女装等。

随着设计师开始涉足各个领域，奢侈品行业也向全球化（指产品）、全民化（指细分消费者）、多元化（指品类范围）和数字化（指竞品信息的对比）方向快速发展，消费者与奢侈品品牌的触点（即零售点）似乎成了这个行业最重要的影响因素。除了对顾客感知、顾客满意和顾客忠诚产生影响外，服务还起到了多层次的

① 具体可参考本书 96 页对“8P 理论”的详细阐述。——译者注

作用，如向顾客精准地传播品牌基因，迎合并满足世界各国新消费者的期望，展现设计和永恒时尚风格的差异化，保持跨地域文化的密切交流等等。

10.1 零售点引发的难题

随着奢侈品行业呈现全球化、全民化和数字化趋势，奢侈品公司管理者面临同时吸引国内外顾客的两难困境——既要从国内市场向国际市场扩张，也要欢迎远方新市场的外国消费者前来国内消费。因此，管理者不仅要管理好品牌，还要动态地管理好思维模式不同、文化取向不同、个人喜好不同、购物行为不同的消费群体。例如，新兴市场消费者经常问："它卖多少钱？"而成熟市场的消费者会问："它贵在哪儿？"虽然这两个问题的字面意思相差无几，但背后的内涵却大相径庭。零售点销售员可以根据他对价格和成本结构的了解，结合个人经验，从不同角度回答上述问题。因此，鉴于消费者呈现多元化特征，越来越多的奢侈品销售员来自新兴市场。这个简单的例子表明，文化内涵已经从根本上改变了奢侈品品牌创建和塑造的基本原理。

路易威登首席执行官兼蒂芙尼董事会主席迈克尔·伯克就新冠疫情期间的员工管理发表了评论：[1]

> ……（我们需要做的）另一件事是授权。当疫情加速蔓延时，我们能做的事（就是）授予员工足够的权力。我们在过去三四个月就是这么做的。（路易威登男装系列）上海时装秀就是由当地团队自行策划的。他们获得了我们的充分授权，不仅可以照搬原来的秀场风格，也可以原创一场时装发布会。这在疫情之前是完全无法想象的。我们过去的做法是把时装秀的所有重心都放在纽约、伦敦、巴黎或米兰，慢慢渗透到不同（市场），然后复制我们过去的成功。但现在，一切都结束了，都不一样了。我们把公司一万多名销售员都变成了店长。疫情暴发前，我们在全球开了450家门店；疫情暴发后，我们相当于有了一万多家店。我们在短短十天内赶出了一款软件，店员被封控在家时，我们授权他们使用这款软件，不仅能与顾客互动，还能完成销售指标。他们变成了顾客的一对一顾问，每

个人独立运营一家线上门店，可以访问整个地区的库存信息，还可以向任何人销售任何产品。因此，销售员变成了店长，每个人都管理一家线上门店。这就是为什么我们虽然关掉了所有线下门店，但还能达成此前 30%—40% 的销售业绩。

奢侈品品牌在创建过程中会遇到人才、流程和线下陈列展示等问题，因此，传统奢侈品品牌如今同时面临着机遇和挑战。新兴市场为奢侈品行业带来了很多高净值人群，推动了指数级增长与消费，实现了较低成本生产的可能和高科技进步等，但挑战也随之而来：在遵循发展战略、保持奢侈品品牌识别的同时，在多大程度上实现全民化（即吸引更多顾客）、数字化和全球化？

销售点（即为顾客提供服务的地方）面临的挑战在于：奢侈品品牌应该向新一代消费者展示什么类型的形象？采用局限性思维模式（parochial mindset），还是多元化思维模式（diffused mindset）或全球化思维模式（global mindset）？其中，采用局限性思维模式的管理层和零售点不会考虑市场及文化的多元性，几乎不会在国外市场使用激励机制，因地制宜地设计当地业务流程，或吸引国外消费者前往国内市场消费；多元化思维模式意味着零售点管理人员和员工能够深刻了解当地文化和市场；全球化思维是对不同文化和市场的理解与认同，并协调、利用好文化和市场多元化的思考模式。

“杜嘉班纳辱华事件”给奢侈品界敲响了警钟，充分揭示了局限性思维模式的严重弊端。杜嘉班纳原本计划于 2018 年 11 月 21 日在上海举办一场向中国致敬的时装秀，时长为一个小时，届时会有 300 多种时装造型、140 名模特登台亮相，近 1400 名观众到场。在时装秀开始前，杜嘉班纳在中国各大社交媒体上发布了三个视频广告宣传片。这些宣传片中，一名身穿杜嘉班纳红色连衣裙的年轻亚洲模特面对意大利食物（比萨、意大利面和奶油煎饼卷）不知如何下口，最终在一名男性旁白的帮助下才得以解决问题。其中，在以奶油煎饼卷为主题的视频中，旁白问模特：“它对你来说是不是太大了？”不久之后，网络上曝光了杜嘉班纳创始人之一斯蒂芬诺·嘉班纳（Stefano Gabbana）诋毁中国言论的截图，使得事件进一步升级。斯蒂芬诺以“社交账号被盗”搪塞了众人的质疑。然而，几乎所有社会名流宣布退出此次时装秀，导致杜嘉班纳不得不在时装秀开始前几小时宣布取消。这一严重事件不仅损害了消费者的信心，也影响了杜嘉班纳的销售。该品牌在天猫、京东和寺库等中国电商平台的产品全部下架。截至 2019 财年（即 2018 年 4 月至 2019 年 3 月），杜嘉班纳亚太市场营收占比从 25% 降至 22%，大中华地区的销售收入持续萎缩。2020 年，在新冠疫情暴发和香港暴乱期间，杜嘉班纳在香港开设了一家新店。奢侈品业界普遍解读其做法实为“撞大运”。该品牌某商业合作伙伴曾形容杜嘉班纳有一个控制欲极强的总部：“他们从不听取他人的想法。”公司总部深入了解每个市场或许并不现实，但随着奢侈品行业全球化，各大奢侈品品牌应意识到亟须避免思维模式的局限性。总部应引入更多国际化人才，或给予当地团队更多自主权。如果当初杜嘉班纳的中国团队能获得更多决定权，那么他们完全可以避免这一事件的发生。

相比之下，卡地亚完美地体现了突出的全球化思维模式。2019 年，卡地亚与故宫博物院合作，在北京故宫举办了一场主题为“有界之外”（Beyond Boundaries）的特展，展示了中国历朝历代和西方现代文化，将中国文化吸收进了卡地亚品牌基因。在美国，修缮后的卡地亚精品店于 2016 年重新营业，其内的房间沙龙以卡地亚历史上最著名的一些顾客命名，如伊丽莎白·泰勒①、安迪·沃霍尔②和加里·库珀③。美国消费者对这些明星十分熟悉。2017 年，卡地亚在美国最大规模的一次高级珠宝展在这座地标性建筑内举办，各个沙龙展示了与命名人相关的历史作品。在这个极其讲究商业化运作的世界里，展览早已被品牌用于提升品牌原真性，并与当地顾客建立关系中。不过，卡地亚凭借其全球化思维模式成功、有效、巧妙地举办了一场品牌展，对当地文化与顾客表达了最诚挚的敬意。消费者也十分认同卡地亚深入了解当地历史文化的方式。一家奢侈品公司的全球化思维模式会持续反映在其营销、零售等业务活动中。奢侈品品牌也应该考虑如何通过零售点服务传递其品牌基因，同时欣赏、尊重当地文化。这需要品牌开发有关全球化思维模式的人才培训课程。

在企业管理及零售点运营方面，奢侈品公司需要解决的问题是：应采取哪种战略态势，采用哪些传播手段？是采用法国或意大利公司为代表的局限性思维模

---

① 1969 年，英国著名男影星理查德·伯顿（Richard Burto）购买了重达 69.42 克拉的卡地亚梨形钻石，赠与妻子、美国著名女星伊丽莎白·泰勒（Elizabeth Taylor），轰动一时。——译者注

② 安迪·沃霍尔（Andy Warhol）是 20 世纪美国著名艺术家，波普艺术的倡导者和领袖。在很多公开场合，他表示黄金卡地亚坦克（Tank）腕表是他的最爱。——译者注

③ 加里·库珀（Gary Cooper）是美国著名男影星，也是卡地亚坦克腕表的忠实顾客。——译者注

式（销售品质最好的法国或意大利产品），还是联合利华或宝洁公司的多元化思维模式，抑或是日本公司常用的全球化思维模式（标准化、高效率的产品与市场结构）？品牌的应对措施决定了该品牌能否处理好本地响应管理和全球业务协调之间的矛盾关系，也有助于培养在全球范围内获取知识和专业技能的多元国际化（meta-national）理念。

10.2　顾客体验的维度

除产品美学外，顾客体验历程也成为奢侈品品牌在这个竞争极为激烈的行业中脱颖而出的重要因素之一。有效的顾客体验包括以下两个方面：其一，为目标顾客创造积极的情绪和记忆；其二，传递品牌价值。从顾客进店到出店的过程中，有五个要素需要注意，包括门店外观和内部装饰、产品陈列、价格、服务和自豪感（如图 10-1 所示）。许多奢侈品品牌擅长门店外观、内部装饰和产品陈列设计，然而它们的服务水准和提升顾客自豪感的能力则可能是它们的短板。众所周知，一些品牌的销售人员可能会鄙视那些看起来似乎买不起这些产品的顾客，这会导致潜在顾客的流失或对顾客需求的忽视。

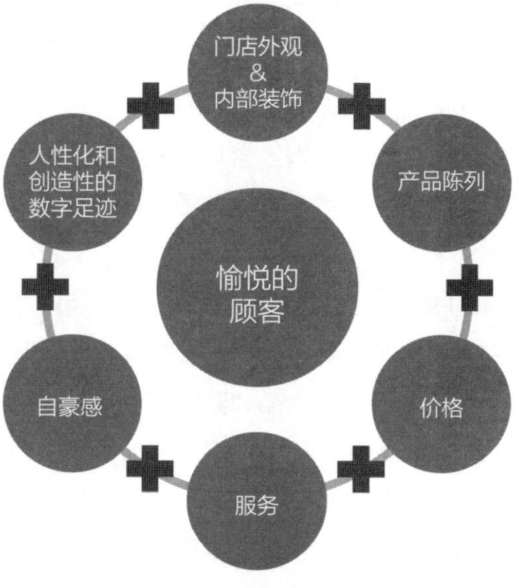

图 10-1　顾客愉悦度元素

奢侈品品牌可以提供不同类型的关系服务，以提高顾客满意度，从而提供独特的顾客购买历程。这些服务包括提高消费者的认知度，增强购物体验，给予某些消费者特权以满足他们的自豪感，提供其他增值服务并及时提供售后服务。

为了提高消费者的认知度，许多品牌采取的常见策略之一是在豪华购物中心放置临时的艺术装置，通常以快闪店形式呈现最新产品系列。选址固定的精品店线下环境对顾客的购物体验会产生重要影响，然而一个临时的艺术装置更像是一种宣言，彰显品牌的灵感，同时吸引人流进入精品店。2019 年底，迪奥在上海标志性的豪华购物中心恒隆广场建造了一棵五层楼高的猴面包树，中空的树干内设置了互动装置，顾客可以走进去游玩。同时，迪奥官方还举行了一场亮灯仪式，邀请了众多名人参加。这棵猴面包树是迪奥 2020 早春系列的灵感来源，该系列产品也在树旁快闪店内展出。非洲动物雕塑在各场景中穿插出现，为顾客创造了独特的品牌意义体系和难忘的情感体验。虽然这棵树和快闪店只经营了不到一个月，但它已经成为时尚爱好者和奢侈品购买者的热点话题。在巴黎，迪奥在极短时间内改造了蒙田大道店的外观，一棵挂着非洲动物装饰的五层圣诞树点亮了商店的外墙，带动了整个小镇的圣诞节氛围，同时也展示了迪奥早春系列的灵感。

奢侈品品牌可以通过主动与顾客互动来提升其购物体验。一方面，奢侈品品牌可以使用 CRM 工具推行顾客集体活动；另一方面，也可以与顾客进行一对一互动。根据消费者的购买历史和终身消费情况，可以把他们大致分为潜在消费者、偶尔购买者和 VIP 顾客。各品牌都有自己的细分方式。奢侈品品牌从本源上就擅长服务重要顾客——从奢侈品行业兴起以来，它们就一直在与王室成员或富有的顾客打交道。销售员记得顾客的生日、结婚纪念日、喜好与厌恶，最终让顾客获得令人惊叹的体验。对于其他消费者，品牌会通过电子邮件推送、短信推送、购买推送等方式投放广告。

在所有与顾客交互的触点上都需要考量两个方面。第一，顾客本身想要什么；第二，公司希望如何定义其产品和服务。管理服务的感知总是比管理所提供服务的实际质量更具挑战性。在这方面，奢侈品和高端行业更是如此，要把顾客当作首要考虑的对象。人员的选择、培训和发展是发挥顾客服务职能的最低要求，但它不是唯一的指标，这是因为服务质量的各个方面都会直接受到公司员工的影响。

另一个增强店内体验的策略是减少顾客排队时间或寻找特定产品的时间。在过去，重要顾客来店前会预约，作为“少数幸运儿”，他们会受到特别照顾。如今，奢侈品全民化使得消费群体显著增长，奢侈品品牌根本无法为每个人提供一流服务，引发了许多顾客的不悦感。古驰在其顾客应用程序中增加了图片扫描功能。以往，当顾客带着他们在别处看到的产品图片来到古驰门店时，销售人员通常不得不苦思冥想，询问同事和店长，如果找不到答案就会显得很无知。现在，他们只需使用安装在平板电脑上的应用程序扫描图片，就能马上找出产品来自哪个系列，哪些商店有库存，以及价格和其他详细信息。普拉达曾经推出一个系统，每个产品都带有一个 RFID 芯片，销售人员可通过蓝牙连接来跟踪产品动态。系统可以通过会员卡内的芯片激活门店数据库，向销售人员提供顾客信息。然而，消费者对于个人信息被大量收集感到不满，因此普拉达不得不停止使用该系统。尽管如此，这也是一种解决问题的创新方案。奢侈品品牌面临的挑战始终是如何更好地为那些感到不满的顾客提供服务，以维护品牌形象。

奢侈品品牌向一些消费者提供了特权，满足了他们的自尊心，并传递出品牌关心他们的信号。一些奢侈品公司推行了多等级的服务，根据顾客的忠诚度或消费额对其进行分类，以强调 VIP 顾客的重要性。这样做的目的是给予这些顾客更多的关注（与低频购买者相反），并向他们提供特权专属服务。例如，航空公司、酒店为白金卡持有人创建专属俱乐部，为这些精英会员提供附加服务。许多奢侈品品牌，尤其是硬奢品牌，都有 CRM 预算，销售员可以自行支配这些经费来取悦 VIP 顾客。奢侈品公司通常采用的方法是组织个性化旅游和购买生日礼物，路易威登甚至为金·卡戴珊设计了印有“LV”字样的专属垃圾桶！而对于潜在顾客来说，邀请他们参加品牌活动和展览是一个不错的方法。向消费者提供特权服务需关注两个要点：一方面，它能给顾客带来强烈的情感和难忘的体验；另一方面，它能为公司带来较高的投资回报率。

为了提高满意度，奢侈品品牌还提供其他增值服务。例如，品牌可以教消费者如何悬挂丝巾或如何使用化妆品。1991 年，雅诗兰黛通过提供 25 分钟的免费化妆视频来吸引顾客的注意，同时教会顾客如何把妆化得更好。玫珂菲（Make Up Forever）是一个特别的例子，在消费者心目中它是一个专业的化妆品品牌，然而没有多少人知道它在欧洲、亚洲和美国拥有化妆学院。该品牌的创始人丹妮·桑茨（Dany Sanz）曾是一名画家和雕塑家，一直热衷于讲授化妆艺术课程。2002 年，她创建了巴黎玫珂菲彩妆学院，提供认证化妆教育，并且在那之后扩展到八个城市。基于这种独特的品牌基因，玫珂菲彩妆学院得以在其官网上创作了许多化妆教程视频。这是一个基于品牌创始人基因的增值服务的例子。

售后服务一直是整个服务过程的重要组成部分，有时甚至被认为是一个品牌服务质量等级的关键。尤其在珠宝和钟表领域，顾客对售后服务中交付周期、价格、售后服务的保证都非常关心。良好的售后服务体验可以赢得顾客的忠诚，从而推动顾客回购，并传播正向的品牌口碑。售后服务的满意程度并非由品牌规模或地位决定：店内服务受店铺规模、豪华设施等诸多因素的影响，售后服务更多由品牌战略和销售员的构成决定，大大小小的品牌都有一些成功的做法可以借鉴。

例如，卡地亚的售后服务就值得一提。卡地亚作为全球高级珠宝的领导者和历峰集团的明星品牌，被誉为“珠宝之王”，然而珠宝方面的实力也给卡地亚在腕表领域带来了困难。尽管在钟表界并不完全属于“外行”，但卡地亚总被视为一个“时尚”或“珠宝”品牌，而非真正的腕表品牌。导致这种印象的另一原因就是卡地亚的腕表店经常位于珠宝区而非腕表区。然而，卡地亚比竞争对手更理解“服务”的概念，优秀的售后服务质量为其腕表业务赢得了赞誉：顾客能体验到与顶尖珠宝品牌同样的珠宝修饰服务。在腕表的售后服务中，卡地亚根据顾客的需求提供了多种选择——从35英镑的快速更换电池服务，到50英镑的简单抛光服务，再到涵盖零件维修的完整服务，如防水垫圈、抛光和机芯拆卸，起价为160英镑。此外，卡地亚还为顾客提供更具体化的服务，如提供各种各样的表带可供更换，包括各种颜色、材料、打磨技术和样式——从蜥蜴皮的哑光和抛光处理，到鳄鱼皮和凯夫拉复合材质[①]。卡地亚的服务不仅限于腕表和珠宝，还延伸到书写工具和皮具，并保证“一件卡地亚可以使用一生”。当它的竞争对手（如劳力士和伯爵）经常因昂贵的维修服务备受指责时，卡地亚的售后服务质量却大放异彩，拥有知识渊博和乐于助人的员工，服务交付周期可以得到保障，并且所有服务项目的价格均十分合理。

消费者一旦购买了一件昂贵的产品，很可能不再愿意花费大量时间和金钱来护理这个产品。例如，许多奢侈品品牌（如劳力士、爱马仕、路易威登）都会提供受到普遍认可的售后服务。劳力士会细心解答腕表爱好者在维修和保养方面经常遇到的问题，在新加坡的服务中心以速度和严谨著称；爱马仕同意顾客可以将任何一件爱马仕产品在全球任何一家爱马仕店内完成退货或护理。

① 凯夫拉（Kevlar）是美国杜邦公司研制的一种芳纶纤维材料产品。——译者注

如图 10-2 所示，顾客满意度的维度包括多个方面，奢侈品品牌应该努力在所有方面给顾客留下深刻印象。

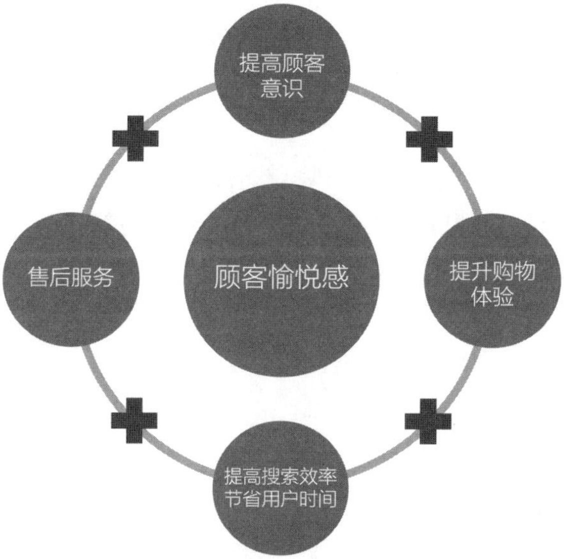

图 10-2　取悦顾客的要素

10.3　服务的维度

从历史上看，有些奢侈品公司忽视了真正意义上的服务，这么做是因为奢侈品的某些固有属性，这在第 2 章中有所解释。顾名思义，奢侈品拥有极高的品质和精湛的工艺，始终具有美感、稀有、非凡和象征性特征。奢侈品公司拥有足够高的品牌资产可以轻松售出产品。除了产品本身以外，奢侈品品牌强大的品牌力和品牌之间较低的竞争使之并不把服务作为品牌的差异化因素。然而，随着该行业的发展，以及对来自亚洲、拉丁美洲和东欧国家新消费者的竞争，人们对奢侈品的渴望已随时间而改变。

随着该行业在成熟市场和新兴市场的扩张，服务已成为关键的差异化因素。随着产品类别的多样化，越来越多的品牌认为只有触动消费者心智才能增加它们的市场份额。例如，爱马仕以马鞍闻名，而万宝龙以书写工具闻名，但如今，它们都提供皮带和腕表等配饰。为了触达所有细分市场的顾客，奢侈品品牌已经开始意识到关注顾客满意度、顾客关系和最终愉悦度的必要性。服务是一种行为与体验的维度，是一种无形、易逝、不可分割、可变的表现。服务不会影响顾客与有形产品之间的归属关系，但需要不断去付诸实践，并形成制度化。

制度化可通过调整从顾客满意度到服务质量的实践来推行。从本质上讲，要了解流程，首先要了解顾客服务的概念。奢侈品消费绝不限于产品，而是包括了整个体验流程：得知产品信息，前往展厅，筛选产品，打消疑虑，最后完成购买。同时，购买过程并未就此结束，品牌提供卓越的售后服务至关重要。没有一流的服务就没有真正的奢华感。如果服务质量不高，奢华感将不复存在。

其次，随着金融危机和接踵而来的全球新冠疫情，奢侈品公司加强了与顾客的联系，以此作为差异化的手段。这些公司回到忠实的顾客身边，关注他们的需求，并在情感层面与他们建立联系。对消费者而言，没有什么比人性关怀更让人重视的了，他们希望在门店内得到关心和照顾。

最后，顾客服务需要适应消费者行为的变化。很明显，随着知识不断增加、信息越来越容易获得，消费者将会变得越来越挑剔和苛刻，新消费者走进商店后往往会提出更多问题。过去，人们会认为奢侈品的购买完全由顾客的愉悦感驱动，不太会遇到顾客挑剔的问题；而现在顾客会想知道他们的钱究竟去了哪里。消费者会受到新闻报道、推文和博客头条的影响，一个糟糕的事件可能会对公司的服务产生不良影响。例如，美国著名脱口秀明星奥普拉·温弗瑞（Oprah Winfrey）被爱马仕巴黎旗舰店拒之门外，原因是展厅因举办私人活动而关闭，这反映出爱马仕的服务质量不佳。

服务质量指消费者受到声誉和口碑的影响，在实际接触品牌之前对其产生的感知。这是一个受文化约束的人际交往过程，与涉及品牌形象的专业礼仪有关。服务质量的概念取决于利益相关者的不同理解，通常涉及五类主要差距。第一个是管理层认知差距。这是由于消费者的期望与管理层对消费者期望的看法之间的差异而产生的认识差距。管理层揣测消费者想要什么，并提供这些东西给消费者，但实际上消费者期望的可能是完全不同的东西。第二个是质量规范差距，即管理层对消费者期望的看法与实际提供的服务质量之间的差异。管理层可能没有制定质量规范，或者制定了明确的质量规范，但它们可能无法实现。第三个是服务的交付差距，即服务质量规范与实际提供的服务之间的差异。不可预见的问题或管理激励不力可能导致服务型员工无法满足服务质量规范。这可能是由于在配送货物时出现人为错误或机械故障。第四个是传播差距，即交付服务的意图与向客户传达的服务相关内容之间的差异，比如促销活动中提供的承诺（往往承诺过头）与实际提供的服务不一致。一个典型的例子是头等舱旅行，它可能在高端旅游杂志上用光鲜亮丽的图片和信息进行宣传，但最终却低于顾客预期的服务水平。第五个是服务质量差距，出现这种情况是由于顾客体验到的服务与预期的服务不一致。

10.4 线上与线下一体化的维度

线上线下一体化仅仅表示线下和数字体验的融合，并与技术的使用相关，这让数字世界与现实世界建立了联系，其主要目标和总体目的是为消费者提供互动、独特、令人愉悦的感官体验。尤其是在疫情期间和之后，顾客无法在实体环境中触摸和感受时，零售点线下和线上环境的巧妙结合正是顾客所期待的。

在疫情暴发前，顾客体验主要依赖于店内体验及与顾客一对一关系。然而，疫情推动了数字时代的出现，这破坏了奢侈品消费排他性、个性化、体验性的基本特征。这种新出现的线上线下一体化顾客体验和销售触点可能是那些历史悠久的传统品牌最关键的成功因素之一，更加提升了品牌魅力和创新能力，搭建了永恒与现代之间的桥梁。相比之下，新兴品牌需要原真、可信、正统，品牌形象也需要随着时间推移保持一致，从而在老牌和传统“玩家”云集的市场中占据一席之地。

在 21 世纪最初的十年，奢侈品品牌为了吸引新顾客，会极其依赖中国等新兴市场。购买奢侈品的中国顾客希望获得与他们购买的产品至少同等价值的体验。随着时间的推移，顾客画像也发生了变化。根据 2021 年初的报告，千禧一代和 Y 世代（1980 年至 1995 年出生）的消费额占总体的 35%；Z 世代（1996 年至 2010 年出生）占 4%，但预计到 2035 年将达到 40%。针对 Z 世代目标年龄段，奢侈品公司可以采用数字化策略，因为他们出生在数字革命的初期，从小就沉浸在新技术中，对数字技术十分敏锐。为了与这些顾客保持关系，零售点作为与顾客的触点，无论在实体店还是在数字空间，创造出神奇的体验都很重要。线上线下一体化成为了一种资产——一种对品牌的有力支撑和辅助渠道，使奢侈品品牌能够满足顾客的期望并提供独特且强烈的体验。

线上线下一体化的挑战是如何在数字和实体环境中打造无缝切换的体验。这种新型体验的目的是在改变门店运营、办公效率和行业发展的基础上，使它们变得更智能、更个性化、更直观。许多品牌实施了不同的线上线下一体化解决方案。例如，爱马仕创建了名为“HermèsMatic”的丝巾清洗快闪店，完全依赖于数字传播，带给顾客强烈、身临其境的品牌体验。凯特丝蓓在保持一贯品牌形象的基础上，推出了网联店面，顾客可以在一小时内完成购买和交付。迪奥和古驰在社交媒体平台 Instagram、Facebook 和 Snapchat 创建了许多品牌专属滤镜，品牌爱好者可以试戴太阳镜、鞋子和帽子等服装和配饰。上述所有体验都由增强现实技术提供支持。博柏利通过谷歌搜索技术创建了增强现实购物工具，将产品虚拟地进入顾客当前的实际环境中，让他们获得真正的体验，还能与博柏利产品互动。此外，增强现实技术改善了消费者的线上搜索结果和整体购物体验。最后，奢侈品品牌可以通过增强现实创造艺术品般的体验，以此提升品牌文案和叙事效果，同时在社交媒体上进行分享，有助于快速传播和宣传。为了营造一种数字环境并让顾客在实体店获得宾至如归的体验，大多数奢侈品品牌开始在实体店中提供电子屏幕、店内开放式无线网络、可供摆放智能手机或平板电脑的支架、手持设备付费充电等。提供的服务包括通过网站、应用程序、店内顾客识别技术、O2O 无缝连接［如店内换货和退货（提前线上申请）］等。

研究表明，一些美国品牌（如拉尔劳伦、蔻驰、蒂芙尼）已经提前采用了线上线下一体化策略，紧随其后的是博柏利、路易威登和古驰等欧洲品牌。例如，拉尔劳伦的门店设有互动式试衣镜，顾客可以请求帮助，接收完整的造型建议，将选中的单品发送到自己的手机，可直接结账而不用在收银台排队。十年前在数字化应用方面处于领先地位的博柏利也已将其整个业务战略转向数字化，以确保顾客在网上和实体店都能获得丰富的体验。博柏利最近在深圳开设了最新的实体店——一家互动式沉浸式门店，即所谓的“社交零售”店，它真正改变了购物的未来，展示了博柏利在线上线下一体化创新的开拓精神。时任博柏利创意总监的里卡多·提西将顾客在社交媒体上的行为视为未来零售店设计的法宝：“我们的社交零售概念只是为我们的社区提供真正个性化奢侈品体验的下一步，真正让我觉得非常兴奋的是能够（让我们的顾客）通过线下和数字相结合的方式体验博柏利的世界。”与此同时，博柏利已建立多项合作伙伴关系（与 Snapchat、谷歌增强现实、梦工厂动画、Instagram、TikTok、微信和苹果电视），通过互动窗口和二维码加强与全球顾客的互动，为其提供有关博柏利可持续发展参与情况的咨询，并在新的实体店中为消费者提供真正个性化的互动体验。[2]

路易威登是欧洲品牌数字化转型和以顾客为中心的先驱。约十年前，这家法国巨头成为第一个为了中国消费者加入微信平台的奢侈品品牌，目的是与中国高净值消费者建立更加个性化和亲密的一对一关系。基于此，消费者可以选择直接与路易威登的销售人员实时聊天，通过发送手机消息在线订购，并直接从商店里带走买下的商品。这个举措使路易威登品牌加强了与顾客的个人联系，同时增强了“线上购物，线下提货”的智能选项，为品牌创造了一个额外的个人售后触点。[3] 路易威登最近推出了创新且灵活的订单管理技术“OneStock”，该技术允许消费者通过路易威登的电商网站查看不同商品的实时库存情况，从而为顾客提供奢华服务。消费者不仅可以选择当天送货，还可以在不到两小时内免费前往路易威登专卖店内提货。所有这些选项——从商店发货、点击提货以及店内退货——都加强了该品牌的线上线下一体化能力，并于 2020 年在整个欧洲推广。此外，Facebook Messenger 上的路易威登聊天机器人为顾客提供了更“精致、个性化、视觉化以及对话式在线购物体验”。为此，路易威登将自然语言处理技术应用到聊天机器人中，让顾客与品牌以自然的方式进行对话。在新冠疫情期间，路易威登通过推出一系列虚拟展览（访问路易威登基金会）和文化议题来为顾客提供居家体验。迈克尔·伯克对此评论道：“如今，无论顾客身在何处，都感到需要与路易威登的世界相连接。”

古驰创建了自营的电商平台，遍及 35 个市场，还借助社交媒体的购物功能来让消费者购买发布新品。2018 年，古驰通过对在线顾客体验工具的投资，对网站进行彻底重新设计，并将数字化支出增加到媒体总预算的 55%，使其在线渠道实现了 70% 的增长。古驰通过投资高度互动的数字传播技术，增加了其颂扬品牌文化基础的方式，让消费者无论身处何处，都能完全沉浸于品牌的线上环境，并在古驰和顾客之间建立情感纽带。通过这种做法，古驰成功地打破了实体店和线上平台之间的界限，并在所有渠道和触点为顾客提供真正卓越的体验，使电商平台与其精品店的卓越标准保持一致。

古驰很早就开始关注数字化，随后发展数字基础设施及内部人才，帮助古驰从疫情的影响中恢复过来。为了促进这套数字服务的交付，并为远程服务带来人情味，古驰投资了 Gucci 9 项目。该项目在 2019 年推出，包括一个新的全球顾客服务中心，总部位于意大利佛罗伦萨，在美国、韩国、日本和东南亚设有区域中心，共有 6 个服务中心和超过 350 名专门的在线客户顾问，由最新技术提供支持，通过无缝、可及个性化的体验，为顾客提供与古驰品牌社群的直接联系。销售顾问可以接听电话、收发电子邮件和实时聊天，并且接受相应培训，能够在线与来电顾客建立个人关系，就像传统门店的店员一样。这些服务中心的员工设法通过全新的视频购物服务在线复制他们的个性化店内体验，因而能通过手机和笔记本电脑将店员与消费者联系起来。这个体验平台具有类似于面对面访问的功能，顾客可以与展示实体产品的店员进行一对一互动。该项目的成功不仅需要基础设施的更新，还需要员工培养数字、社交和情感技能——用首席执行官的话来说就是："技术唤醒了人类情感。"2020 年，古驰以"终曲"（Epilogue）为系列主题，在米兰举办了一场长达 12 小时的 2021 春夏时装线上直播秀，并明确地表示这是未来该品牌时装秀的必要形式。这场时装秀的观看量达 3520 万次，创下了在线时装秀的历史纪录，也是古驰点击量最高的视频直播。此外，古驰还推出了全新的数字平台"古驰平衡计划"（Gucci Equilibrium），并在 Instagram 上强调企业社会责任，让消费者参与到这些活动中来，为了"不断地为人类和地球提供正能量"。古驰还推出了直播购物服务"Gucci Live"，顾客可以通过视频方式远程连线古驰门店销售员，足不出户就能在古驰店内购物。为了展示品牌传统和根基，古驰还为品牌爱好者提供了虚拟在线游览佛罗伦萨古驰花园的机会，让参观者可以通过数字化方式深入了解该品牌的标志性作品和文化。古驰线上线下一体化最有潜力的触点显然是应用程序，顾客可以虚拟试穿试用所有产品，包括腕表、拖鞋、唇膏、眼镜和帽子，以及古驰家居系列，同时还能收看古驰在线时装秀直播。不仅如此，古驰还推出了"古驰复古游戏厅"，通过娱乐的方式探索品牌的复古美学；在播客平台，古驰也打造了契合品牌理念的叙事方式和对话交流。古驰甚至通过其虚拟策略来销售虚拟商品以提高顾客参与度，这个做法背后的逻辑与游戏化体验有一些重要的相似之处。可以想象这样一个场景：一位消费者目前买不起他心仪的服饰，但他可能买得起虚拟产品，然后为他的线上虚拟角色进行装扮，而这个虚拟角色随后将在线上社区中大放异彩。这通常会出现在某些品牌的互动游戏中，顾客所选的虚拟角色会穿着事先买好的品牌虚拟服装。[4]

古驰首席执行官马尔科·比萨里清晰地阐述了古驰的线上线下一体化历程：

在品牌的所有触点上加深与顾客的交流，这对于长期成功不可或缺，尤其是在技术互联的社会中，身临其境和创新的数字体验对于引领潮流并与全球消费者互动至关重要。这需要我们谨慎地设计高质量文案，并实施好平台策略，如此才创造出持续引发真实情感和引人入胜的品牌故事。我们的顾客是互联、移动的，不断地在分销渠道之间切换，比如从数字平台到实体店。我们的客户关系管理体现在所有传播和分销渠道的持续性上，这种全渠道策略得到了直营门店扩张、分销协议、旅游零售、电子商务、社交媒体和数字化品牌交流的支持……我们 Gucci 9 全球服务中心的使命是为全球各地的顾客提供与古驰社区的直接连接，这是一种无缝连接、随时可用的个性化体验。我们提供的服务始终遵循古驰品牌价值观及其差异化：技术“触”动了人类最美好的情感。[5]

为了应对线上线下一体化的挑战，迪奥推出了一款虚拟现实头戴设备“Dior Eyes”，可以用于观看最新时装秀的“幕后花絮”。路威酩轩集团通过投资 Memomi Mirror 等全数字化初创企业，表现出对数字化零售点的浓厚兴趣。迪奥的数字化设备带有一块具有增强现实功能的店内数字屏幕，让顾客可以看到产品所有颜色的效果。其他较小的新锐品牌，如设计师西蒙·波特·雅克慕斯（Simon Porte Jacquemus）的同名品牌展现出强大的品牌数字化叙事和重要的数字触点，几乎相当于一本虚拟日记，记载了品牌的最新系列以及设计师的个人想法和灵感。2020 年 7 月，这位设计师在距巴黎一小时车程的麦田中组织了一场时装秀，并邀请了满座宾客。作为在疫情期间首批举办时装秀的设计师之一，他将这次活动命名为“一个神奇的时刻，没有它我们就做不到，我们都需要它。”[6] 紧接着，设计师在线下和线上都创作和发布了短片《爱》（L’Amour），展现了如何利用现实生活中的线下活动为数字世界带来最大的影响，从而培育真实的情感联结，并体现活动现场的表现力。

总而言之，线上线下一体化的顾客体验有助于奢侈品品牌吸引精通数字技术的顾客并轻松融入其品牌世界，这也是全渠道零售策略的重要组成部分。网站、电商、社交媒体以及新技术的使用已必不可少，Y 世代和 Z 世代非常期待与奢侈品品牌进行全渠道互动，这种模式也代表着奢侈品销售的未来。现实与斯望的差距可以通过线下和线上平台的品质承诺、情感共鸣和员工参与来弥补：承诺取决于员工传达信誉、激发信任和信心的能力；情感共鸣意味着要关注顾客。服务质量最终取决于一线员工能否兑现公司承诺、树立形象并推广这些服务。从这个意义上说，一线员工可以算是品牌的真实写照。研究表明，当下全新的顾客服务包括了消费者与品牌互动之前、期间和之后可以提供的整个历程。例如，之前的体验可以是网站、热线电话、品牌宣传册、设计、颜色、社交媒体、公关活动、发布会、新闻、广告投放等。博柏利和拉夫劳伦在数字领域比其他竞争品牌的步伐更快，但古驰、路易威登、迪奥等品牌正在迎头赶上。销售体验涵盖了门店设计、店内接待、产品知识、店内交流以及数字媒体展示，可以调动顾客的六种感官。这种体验涉及销售员的语言表达、眼神交流、肢体语言、特别关注等。在产品交易完成后，品牌与顾客的互动可能发生在零售点、VIP 俱乐部、虚拟社区、维修咨询、售后交流（包括交流过程本身、交流讨论时的特别提醒）等。Z 世代和千禧一代到 2025 年将成为奢侈品的主要消费者，这种线上线下一体化的顾客体验变得更加重要。这些数字原生代消费者期待数字化和人性化的顾客体验。贝恩咨询公司顾问克劳迪娅·达皮齐奥（Claudia d'Arpizio）总结了这一领域的未来前景，我们基本同意这个观点：

> 到 2025 年，所有奢侈品购买将受到数字化的影响。在这种背景下，卖方的角色将完全不同。高端门店将成为顾客与品牌之间的重要触点，是展示品牌形象的地方，也是围绕这个体系创造热情的地方；最重要的是，这是对产品的思考。因此，这是投资和寻求创新的地方。

图 10-3 总结了上述论点。

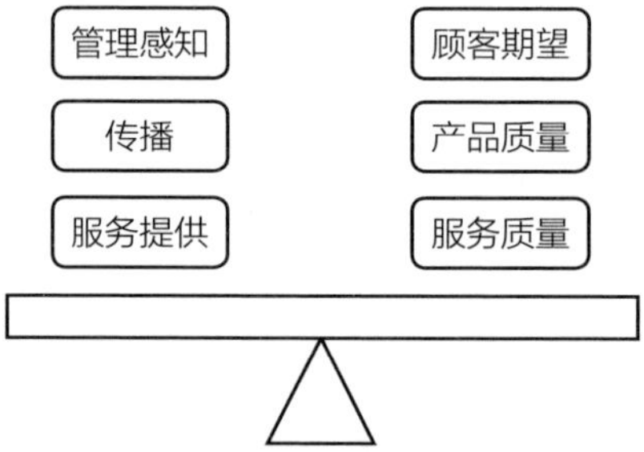

图 10-3　管理感知与顾客期望的对比

10.5　小结

由于新冠疫情暴发，全球人类的数字化连接比以往任何时候都更加紧密，一些奢侈品公司不得不走向数字化并改变它们原本的商业计划。这些计划本应花费数年时间实施，但为了避免损害公司的业务，不得不缩短到几个月，“顾客购买历程”必须被重新考量设计。线上线下一体化有助于奢侈品品牌在数字活动与线下零售点之间架起桥梁，将数字技术和方法集成到门店中。无差别地有效利用线上和线下两个触点已成为奢侈品行业的发展趋势，品牌可以更深入地洞察消费者偏好。数字化的选择有很多，各种各样的技术和工具可以创建这些线上线下一体化的体验。拉夫劳伦、博柏利、古驰、路易威登、迪奥等的尝试让业界重新思考店内体验设计和管理——但这还远远不够。

品牌必须培养敬业、知识渊博且有能力的销售人员，他们知道如何无缝地连接线下与线上的体验。销售员是品牌的代言人，他们有效的人际互动有助于促进销售。当下和未来的消费者都希望在购买的全过程，在多种环境中拥有与品牌互动的选择，希望获得不辜负他们期望的各种体验。因此，值得重复强调的是奢侈品品牌必须向消费者提供全渠道体验，并提供一致的高质量服务——但知易行难。图 10-4 描绘了目前奢侈品品牌面临的挑战、服务维度和顾客对体验的期望。

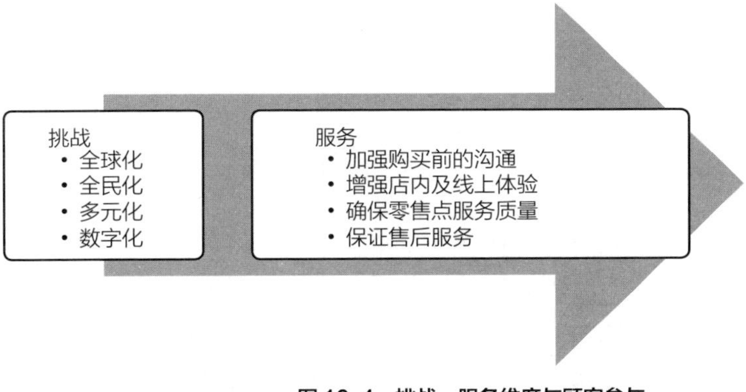

图 10-4　挑战、服务维度与顾客参与

顾客体验及顾客参与不限于 CRM，用于了解顾客购买行为的相关技术也正在开发中。由于多层面的交互性质，消费者行为也在发生变化，建立起顾客好恶的数据库对维持顾客关系有很大帮助。古驰和路易威登比其他品牌更早地明白了这一点。零售态度始终代表了一家奢侈品公司根基的核心价值观，奢侈品销售技巧与价格无关，而是帮助顾客在购买过程中通过任何渠道在线下或线上体验乐趣和享受。顾客是在购买他们想要、满足他们热情的产品；他们正在寻找一种令人享受的奢华体验；当他们进店一掷千金时，他们希望建立联系并感到自在，因此交易需要无缝进行，而不必过分担心定价和谈判。无缝销售过程非常重要，因为没有良好的顾客服务，就不存在顾客的推荐或复购。由于奢侈品都能实现消费者的梦想，消费者也能无缝切换购买另一个品牌。

销售的核心是销售团队，他们在向顾客推销产品时需要表现出热情并提供咨询。这个过程需要销售员全情参与，理想情况下应该让每个参与的人都感到有趣和兴奋，这将使销售员以及品牌与其顾客或潜在顾客保持沟通，并通过跟进和保持最新状态来建立关系。也许保持联系的最佳方式不是打扰顾客，而是让他们了解其感兴趣的事物，如追求体验的顾客需要在舒适的环境中受到欢迎。首先，如何优雅、合理地让消费者理解产品的高定价是一门艺术。其次，销售员需要做的更多的是分享经验、建立关系，并帮助实现销售。奢侈品顾客希望从销售员那里得到的不是各种推销言辞，而是帮助他们做出决定，这样顾客和销售员才配合无间。重要的是，销售员需要说服顾客买下他们的商品，并享受生活。奢侈品本身很特别，但这种特殊性与金钱无关，也与产品特性无关，密切相关的是顾客拥有产品的感受、体验和良好感觉，而购买产品的渠道也并不重要。总之，一切都是美好的——这就是奢侈品的意义所在。

案例研究：坐在轮椅上的男人——做出举手之劳

一名爱马仕销售员透过精品店内的橱窗，不经意地瞥见马路对面竞品店门前，有一个男人坐在轮椅上。

销售员判断了当前事态，决定打开精品店通往大街的侧门。

他注意到轮椅被卡住了，轮椅的主人被困在福宝大道的另一边。他穿过马路，询问这位年迈的英国游客是否需要帮助。

坐在轮椅上的男人点点头，用结结巴巴的法语回答说："啊！我很需要你帮忙。我的轮子好像坏了。"

销售员立即叫同事过来帮忙，他和另外两个人小心翼翼地将这位老先生从轮椅上抬下来，安顿在爱马仕店内的一张豪华座椅上，然后提出马上修理轮椅。

这位老先生感到难以置信。

20 分钟后，轮子修好了，老先生又安全地坐回轮椅上。

老先生向店员们道别后离开，对他们表示衷心的感谢。

一个月后，店员们收到了一封信。原来这位老先生是爱尔兰人，在信中他说自己“从未遇到过这样的事情”。他写道：“我知道爱马仕店是一个销售皮具的地方，但我以前从来没想到爱马仕不会使用任何销售话术或者其他推销手段。我很惊讶他们会付出额外的努力来帮助街对面的人，不厌其烦地把我送回商店，不询问姓名或细节，并且做了修理轮椅的准备，没有提出任何问题。在场的店员都不可能知道我一直以来就是一位忠实的爱马仕顾客。对我来说，你们的做法体现了奢侈品品牌的精髓：彰显耐心和尊重，提供帮助，从不一味地推销。”

那天，爱马仕店展示出长期以来的价值观，展现了奢侈品销售以外的不同方面。如此行事，纯粹是家族企业道德的体现。那天，福宝大道店的员工让他们的团队乃至整个公司都感到非常自豪。

他们在正确的时间以正确的态度做了正确的事。那一天，“奢侈品”这个词重新获得了它真正的深层含义。

注释

[1] AMED I. Louis Vuitton's CEO on navigating the pandemic and the future of luxury[EB/OL]. Business of Fashion,（2020–12–8）[2022–12–9]. https: //www. businessoffashion. com/articles/luxury/louis–vuittons–michael–burke–on–hardwiring–accountability–in–a–state–of–flux/? utm_source=daily–digest–newsletter&utm_campaign=1685416498668386&utm_term= 11&utm_medium=email.

[2] CHAN E. Is the "phygital" boutique the future of shopping? Burberry thinks so[EB/OL]. AD Magazine, (2020–8–2)[2022–12–9]. https: //www. admiddleeast. com/in–store/stores/burberry–store–shenzhen–phygital–boutique.

[3] ZHANG R–N. Exclusive: Louis Vuitton expands e–commerce reach to cover all of China[EB/OL]. Jing Daily,（2018–7–15）[2022–12–9]. https: //jingdaily. com/

louis-vuitton-expands-e-commerce/.

[4] COSCO A. Fashion brands selling virtual goods[EB/OL]. Electric Runway, (2020-4-28)[2022-12-9]. https: //electricrunway. com/fashion-brands-selling-virtual-goods/.

[5] Kering 2019 Financial Document[R]. Kering Group, 2019.

[6] TROCHU E. Everything to know about "L'amour" , Jacquemus's show presented in rolling wheat fields[EB/OL]. Vogue,（2020-7-17）[2022-12-9]. https: //www. vogue. fr/fashion/article/jacquemus-l-amour-spring-summer-2021-show-wheat- fields.

第三篇

奢侈品行业的当代问题与前沿市场

THE
ROAD TO
LUXURY

第 11 章

零售数字化：电商、平台与全渠道

11.1 导论

我们必须在线上和线下之间找到平衡点，但我们绝不能走平庸之路。

——历峰集团旗下品牌 AZ Factory 创始人

阿尔伯·艾尔巴茨（Alber Elbaz）

我们需要欲望，需要梦想，需要生活。欲望和梦想激发了情感。情感是我们体验的一部分。情感由“六感”带来，但无法完全通过数字技术来表达。这就是商店、音乐会和博物馆依旧存在的原因。例如，音乐会结束后，众人起立鼓掌来表达情感，那一刻是数字化无法取代的。不过，人们可以通过数字媒介来重温音乐会期间和结束后的那些情感表达——这是不同的。

——阿肖克·颂

21 世纪的商业世界在很大程度上依赖互联网与技术来促进其成长和发展。毋庸置疑的是，互联网已经成为商业战略的一部分，很多企业利用互联网提升销售并提高品牌知名度。如今企业面临的难题是如何有效地利用互联网技术实施战略。互联网提供了最具互动性和综合性的传播体系，改变了所有企业（无论是大型家族企业还是小型精品工坊）的运营规则。在某种意义上，进入互联网世界等同于实施了全球化战略。对于有钱但缺少时间的消费者来说，互联网是满足他们需求和愿望的完美渠道。

一些奢侈品公司排斥互联网，认为电子商务拉低了品牌的奢侈感，而互联网恰恰是奢华体验的基础。奢侈品不仅可以向消费者灌输排他性、丰富性、独特性、文化或品质让其获得地位或身份提升的感觉，而且代表了一种体验。对于一般的奢侈品购买者来说，线上体验必不可少。然而，仍有一小部分品牌表现出对全盘数字化强烈的抵触情绪，它们担心打破传统会损害品牌定位。事实上，数字营销已被证明不仅可以恢复下降的利润，而且有助于达成全新的目标。

由于疫情，2020 年和 2021 年对包括奢侈品公司在内的大多数企业都是挑战。不过，为了适应社交距离和健康规范的要求，数字化转型恰好帮助品牌度过了全球新冠疫情和经济放缓的困境。在疫情暴发期间进行数字化转型并尝试使用社交媒体的企业，其品牌影响力和消费者参与度都实现了大幅增长，线上顾客比以往任何时候都要多。

疫情暴发重新开启了奢侈品行业“要么拥抱数字，要么坐以待毙”的辩论。企业利用数字化和社交商务在新冠疫情期间保持蓬勃发展。托德斯集团总裁迪亚戈·德拉·瓦莱评论道：“疫情在我们的数字化转型过程中打击了我们。在当今商业世界，眼前的变化更加重要，光有传承已远远不够。品牌必须用一种特殊的语言和特定的渠道来展现传承和基因，以便与新一代的消费者沟通。他们可能沉迷于网络，却可以忽略意式生活方式，只因为著名说唱歌手穿了一件毛衣就去买它。”

这些现象加速了奢侈品公司数字化转型的需求，从而接触到更多的新消费者。它们不仅需要销售商品，更需要传播品牌形象，向消费者传递有关质量的知识，所有这些都促成了销售。如今，奢侈品公司往往采用如下两种数字化转型策略：一种是在内部建立一个数字化部门，另一种是外包。当然，从长远来看，内部解决方案将在增长、盈利和控制方面为公司带来更多的好处，但与此同时，它需要大笔的投资以及技术和数据科学方面的知识。外包可以给企业迅速带来技术和经验，但可控性较差，通常公司需要支付固定费用和一些额外费用。

在全球化的初期，即 20 世纪 90 年代初，奢侈品品牌并不能控制整个价值链，只是专注于创意和生产。因此，酒类品牌会指定商务谈判代表或批发商，腕表品牌会采用批发零售模式，皮具和配饰品牌采用特许经营或授权经销模式等。随着收入和利润的增长，奢侈品品牌在 21 世纪初开始逐渐尝试垂直整合其价值链。这意味着对整个价值链的完全控制，甚至到了购买鳄鱼养殖场以获取珍稀动物皮的程度。

疫情暴发后，奢侈品行业热议的话题立即变成数字化和如何进行数字化。

随着疫情的蔓延，奢侈品零售的数字化已经成为不可逆转的趋势：人们形成了新的消费习惯和消费模式。同时，随着Z世代逐渐成为奢侈品消费的主体，他们对在线购物的期望和评价标准也越来越高。如何在吸引新消费者的同时，保持忠诚用户的专属感，是奢侈品公司数字化体验过程的关键。此外，虽然奢侈品公司从疫情下“被迫”数字化转型中获得了快速的业绩增长，但在后疫情时代的一些可持续战略可以为品牌或企业提供长期支持。

大多数人认为：奢侈品公司需要解决的关键战略问题是如何在互联网环境中最大程度提升消费者的体验。奢侈品品牌往往十分依赖过去在实体店多年运营的经验，但线上与线下体验全然不同，这就造成了品牌是否“一刀切”的困境。语言、货币和交通问题在很大程度上得到了改善。未来还可以探索的领域包括在线一对一服务关系、社交客户关系管理、现场服务，甚至虚拟现实体验。

11.2 分销与零售的演变

从20世纪80年代末开始，随着全球化和全球富裕消费者的崛起，分销成为奢侈品行业价值链中的关键一环。在此之前，情况有所不同。大多数奢侈品生产商都始终强调梦想价值。这一切都是关于品牌，因此与产品的品牌化策略和品牌管理有关。随着消费者对奢侈品的渴望跨越地域，大多数人的关注点转移到了产品分销的效率上，而分销与执行息息相关。这些品牌必须在正确的地点、正确的时间、正确的环境，以正确的成本将产品提供给各地消费者。如何达到这些目标以及以多少成本达到这些目标是奢侈品行业最关心的关键问题。

在此期间，奢侈品公司决定将注意力集中在分销渠道上，并重新定义通过各种方式有效接触新顾客的方法。分销渠道主要包括以下五种：直营店、授权经销、批发、旅游零售和特许经营（如图11-1所示），每种渠道的管控程度、资本需求和盈利能力各有不同。直营店的维护成本最高，拥有完全的控制权，而授权经销的成本最低，但控制权可以忽略不计。当然，如果渠道的管控力度强、资金要求高，那么盈利能力也会提升。例如，路易威登、香奈儿和爱马仕都百分百控制直营店，而像卡尔文·克莱恩和法国鳄鱼这样的品牌则主要依赖特评经营业务。

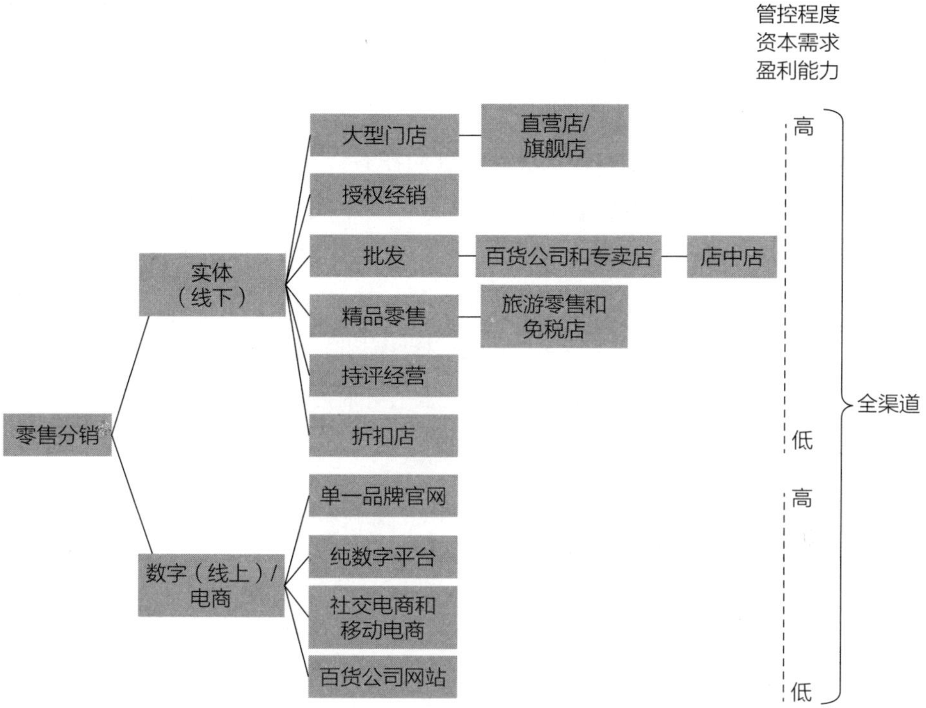

图 11-1　奢侈品公司各种分销渠道

从 20 世纪 90 年代开始，随着旅游时代的蓬勃发展，奢侈品零售业开始通过上述一种或多种方式接触消费者。奢侈品品牌通过增加直营店数量加强了分销模式，并新开设了不同类型的门店，如旗舰店、大型门店，以及大型购物中心和百货公司内的跨层门店、店中店等。为了把品牌信息传递到世界各个角落，一些奢侈品公司开发了非常简约的在线平台，在此销售部分精选产品。此外，一些品牌增加了免税店数量，为旅客提供更好的服务。为了向不同的顾客提供产品，它们必须根据已有门店数量，从生产几件变成生产数百件或数千件产品。为了与这种新模式保持一致，品牌还必须革新供应链和库存周转结构。这种结构的创新依赖于延伸产品线获得的业绩，如手袋、香水、化妆品和其他配饰。这种产品和分销策略不仅有助于品牌瞄准更广泛的顾客群，还能推动奢侈品行业全民化，并关注到未来的消费者。

许多人认为，这种对工艺品和艺术品的全球分销策略将降低人们对其排他性、美学和技术优势、卓越性和独特性的感知，并最终威胁到品牌的原真性。因此，奢侈品公司面临的挑战在于重新定义、重新思考和重新评估如何在宣传产品独特性的同时采用更广泛的分销方式。

为了在全球分销过程中解决品牌原真性问题，路易威登、迪奥和香奈儿等奢侈品品牌将基于工艺技能和专业知识的历史正统性与魅力正统性联系起来。这是基于创意总监极具魅力的人设，他们的设计作品在当下多变的环境中重新诠释了品牌历史正统性的元素。例如，魅力正统性建立在对精神领袖的杰出人格（夸张化人设）的虔诚（与崇拜），以及追随者出于对精神领袖人设的深度虔诚而遵从其使命的基础之上，例如路易威登、迪奥和香奈儿。魅力正统性与马克·雅可布为路易威登（2013 年之前）设计的创意和艺术诠释相结合；同样的例子还有约翰·加利亚诺之于迪奥（2012 年之前）和卡尔·拉格斐之于香奈儿（2019 年之前）。艺术总监对魅力正统性的解读在品牌内外部广泛传播，并在不同的分销渠道中创造了品牌营销的战略价值。

11.2.1　线下实体店与线上数字平台分销

新冠疫情见证了消费者行为的演变，这意味着需求发生了改变。在奢侈品行业的需求端，消费趋势正在发生变化。首先，人们在新形势下出现消费紧缩心理。商店关闭、旅行受限，不同国家受到层出不穷的疫情冲击，这些危机使得奢侈品行业的吸引力下降。消费者正在重新考虑他们的消费重点，倾向于购买具有独特功能和高投资回报潜力的产品，为将来可能的转卖和租赁做打算，而不是专注于奢侈品品牌一直以来宣扬的理想价值。

随着消费需求发生变化，奢侈品行业的形象也随着疫情的持续而演变。奢侈品品牌的新人设变得更年轻、更亚洲化。事实上，随着中国率先克服疫情危机，大量中国消费者恢复购买奢侈品。2019 年，中国市场占奢侈品行业收入的 35%，到 2025 年，占比可能高达 50% 以上。

> 中国的成功是因为它的稳定。所以我的感觉是，中国人可以成功地在快速变化的经济形势下保持这种惊人的稳定。我认为这是我们面临的一个挑战，即在如此快速增长的情况下，全球各地区将如何稳定发展。如果中国人还能成功地保持下去，那么毫无疑问，在我们的下一代，中国将成为世界经济的主要地区。
>
> ——贝尔纳·阿尔诺

随着中国成为消费增长的最核心市场，奢侈品新消费者也变得年轻很多。几年前，奢侈品主要是为 30 岁以上的成功人士和富裕人群准备的。现在，年轻一代也开始购买和使用奢侈品了。2019 年，Y 世代和 Z 世代贡献了 40% 的奢侈品收入，并很可能在五年内增长到 60%。这些消费者精通科技，普遍喜欢通过线上渠道而非线下渠道购买奢侈品。

11.2.2 奢侈品零售的特征

疫情前，随着全球扩张，奢侈品品牌必须实施全球零售整合分销策略。整合分销体系创造了令人满意的独特购物体验。这不仅是为了将每个品牌与竞争对手区分开来，也是为了将品牌的独特特征传达给目标顾客。在零售业，最重要的标准是执行力，这可以通过直营店来实现。品牌会在正确的时间把最好的设计产品带到合适的商店。有人说，“零售在于细节。”重要的是，在零售体验中，对于品质更高、价格更高的产品，它们的感知价值会不断向消费者传递。品牌文化的原真性和历史传承与原产地信息一样，也是通过这种方式不断传递给消费者。与持续变化的时尚相比，奢侈品则更注重长期传承。在某种程度上，销售奢侈品没有一成不变的模式。零售商负责规划并管理消费者购买奢侈品的途径，但规划和产品获取方式必须与奢侈品在特定文化背景下的演变和表达方式相同。因此，奢侈品的获取方式或零售渠道在某种意义上需要为顾客提供内心愉悦感和多感官享受，以在情感层面上与顾客产生联系。因此，实体零售店有助于提升无形价值在产品定价中占据的比例。成功的奢侈品零售策略遵循了一种关于魅力偏好的崇拜逻辑。由于这个原因，成熟市场上出现了越来越多、备受欢迎的奢华商圈。高端百货商店继续通过线下与线上渠道在国际市场扩张，顶级百货商店也会在新市场开张。一些百货公司已经开始提供商品全球配送服务。

1. 实体店分销

从 2000 年开始，作为全球零售一体化战略的一部分，大量令人印象深刻的旗舰店相继出现，不仅在欧美等老牌市场开设，在新兴市场也有布局。在以前，奢侈品品牌只选择在巴黎、伦敦、米兰、纽约或东京开设超大型旗舰店，因为这些城市的信誉和知名度更高。继东京、香港和首尔之后，许多品牌在上海和北京的奢侈品商业街区开设了新的旗舰店。门店在奢侈品商业街区中的角色非常独特，称得上是品牌圣殿。奢侈品品牌采用了一些符号、标记和仪式感创造了店内神圣不可侵犯的体验——几乎说得上充满神秘感，带有虔诚的宗教色彩。[1] 这包括建筑，也包括销售人员的互动和产品的陈列布局。事实上，一个门店可以超越空间的实用性意义，展现象征性意义，体现品牌核心和技艺水准。直营店有助于创造神话——品牌神话和整个奢侈品神话。类似地，许多学者也解释了门店（特别是旗舰店）如何传递奢侈品品牌的个性和灵魂，这些特征往往反映在门店和顾客之间的关系发展中。总而言之，门店通过叙事建立了品牌形象及其正统性。这些产品不应随处可买，而要比其他产品更能激起消费者的欲望，创造出他们更多的梦想。

旗舰店开设成本极高，有些奢侈品街区每年每平方米租金甚至高达 1.5–2 万美元。从积极的方面来看，这笔投资可以让品牌充分掌握这些成熟市场的顾客画像、特定顾客需求和市场数据。毗邻这些成熟市场有助于品牌更深入地了解顾客，更容易密切监控顾客的反应和门店视觉效果，并提供员工培训和店内大型活动策划的物流保障。从这个意义上说，零售空间也与品牌传播有关，是奢侈品品牌重要的传播载体之一。这个零售空间必须在保持品牌文化传承的前提下注入幻想、魅力和光环等元素。要激起消费者的感知和情绪，零售空间起着重要的作用。购物者要能被如同迪士尼乐园般奢华的环境吸引。为了勾起消费者的内心欲望、营造非凡的环境，路易威登与著名建筑师彼得·美利诺（Peter Merino）合作设计，以惊人的速度在各个市场开设了旗舰店。

不过，商店需要在地域分布和空间布局上展现出一致的形象。零售空间要能正确地传递品牌符号，不能与广告或 T 台上的内容脱节，否则就有可能让消费者感到失望。例如，奥尔多·古驰在 1938 年定义了原真奢侈品的内涵。当时，他在位于罗马的首家古驰店门口挂了一块招牌，上面写着：“品质永被铭记，价格早已遗忘。”讽刺的是，此后古驰根据每位即将上任的设计师对品牌的解读重新设计了店面，几乎没有人记得最初这家店内部的模样。随着每一个继任的设计师对品牌基因的调整，古驰品牌的最初价值观已经被改得荡然无存。但门店设计不限于门店本身，也与选址相关。

高档商店总是坐落在优雅的街区，创造出一个优雅、精致的品牌“小天地”。例子比比皆是，如巴黎的香榭丽舍大街、蒙田大道、圣 – 奥诺雷街、康朋街、旺多姆广场，伦敦的摄政街以及东京的银座等。由于奢侈品消费者都想寻求他们对产品质量、情感回报和高价格的认知，专卖店选址的排他性或等级成为一个关键差异化因素。

未来的奢侈品店将有所不同。它将变身为一个享受、娱乐和消磨时间的地方，并成为线上体验的延伸触点。免费无线网络、智能数字试衣镜、增强现实功能、坐下来挑选商品，等等，越来越多的体验可以通过互联网实现，这些将在某种程度上成为常态。例如，伯尔鲁帝在店内有一个沙龙，供男士们放松、坐下、沐浴、小酌。蒂芙尼开设了一家经典的新零售概念店，店内配有蒂芙尼蓝色礼盒香水的自动售货机、巨大的霓虹灯招牌和大型平板电视机，顾客可以根据自己的喜好设计珠宝。古驰在名为“幻境”的活动中，把艺术、音乐、科技甚至社会和环保行动主义完美结合起来。使用了互动橱窗展示和数字插画，为特定门店的用户创造了一种虚拟现实体验，让他们见证艺术家眼中的古驰。路易威登正在尝试开设手袋吧台（Bags Bar），在洛杉矶开设露天休闲空间、高级皮具沙龙等定制体验店。新店内将设有高感空间和私人区域，通过强大的数字辅助设备打造成为一个社交中心。它主要面向洛杉矶当地消费者，包括千禧一代、Y 世代和 Z 世代、亨利一族和时尚潮人。它还为超级 VIP 贵宾以及中国顾客提供服务。

2. 授权经销

开设直营店和旗舰店的零售策略可能很难实施，即便对大品牌来说也可能是一个挑战，因为投资成本过高、选址困难并要支付高额租金。例如，许多品牌在疫情期间与业主方起了纠纷，导致不得不关闭门店。开设旗舰店需要在财务和管理层面投入更多，比如大量资本投入，并且奢侈品品牌需要非常了解当地生活方式及购物趋势，尤其是在新兴市场，因为不同的文化和商业环境导致对这些市场的管理更加复杂。因此，授权经销模式往往出现在东欧、中欧、中东和亚洲市场。

理想情况下，在迪拜和莫斯科等重点市场的授权经销合作伙伴应由更大、更成熟的奢侈品经销商担当，如 Al Tayer（与开云集团合作）、Chaloub（与路威酩轩集团合作）和 Mercury（与两个集团都有合作）等。这些经销商都成为很多奢侈品公司的下游服务“常客”。在最初的几年里，中东和亚洲的大多数奢侈品精品店都毗邻五星级酒店，方便游客进出，给他们创造了安全、低调的购物场所。这些经销商实力不俗，如迪拜的 Al Tayer 拥有布鲁明戴尔百货（Bloomingdale’s）和哈维尼克斯百货（Harvey Nichols），而莫斯科 Mercury 拥有当地的 Tsum 百货公司。

由于大型直营店零售策略有其利弊，一些品牌淡化了这一策略，更多地采用混合零售策略。拉夫劳伦就是一个例子。拉夫劳伦在大多数市场上没有直营店，一直依赖授权经销和特许经营模式。该品牌在欧洲和中国等重要市场的零售占有率很低，这可能是拉夫劳伦在这些市场的品牌价值被稀释的原因。在中国，许多消费者只把拉夫劳伦与 Polo 和 Denim 系列联系在一起。这也反映在该品牌的旅游零售业绩上，中国游客只为拉尔劳伦巴黎旗舰店销售额贡献了不到 2%，而其竞争对手，如博柏利，中国游客对其的营收贡献却高达 50%。

越来越多的奢侈品品牌选择在某些市场直接经营精品店，尤其是在中国，或者将它们的特许经营伙伴关系转变为合资企业，即建立临时的合作关系。

如今，奢侈品公司选择合资企业的原因有很多，包括对全球化的响应、技术变化导致更复杂的竞争环境、风险限制，以及双边贸易管理。

20 世纪 90 年代的授权经销模式仍然适用于新兴市场，在这些市场，有些法规不允许品牌拥有全资经营的门店。这为中小型品牌提供了一个选择，因为它们无力承担开设一家直营店所需的巨额投资。选择合作伙伴是关键：合作伙伴应该拥有专业的管理团队、稳定的财务表现、丰富的奢侈品运营经验。随着科技在疫情期间的突破性发展，线下和线上购物体验的独立和融合将是未来的关键挑战。

3. 批发

批发在奢侈品行业很少被采用。它主要流行于腕表、葡萄酒和香槟行业。奢华腕表早在 1740 年就诞生了。图 11-2 列举了十多个知名奢华腕表品牌诞生的时间。它们的诞生时间比较集中：宝玑、江诗丹顿和积家这三个品牌都来自 18 世纪；欧米茄、卡地亚、百达翡丽、爱彼、伯爵和万国表等品牌都来自 19 世纪；劳力士是 20 世纪的品牌。

图 11-2　知名奢华腕表品牌诞生年份

腕表行业经历了三次井喷创立期，品牌之间呈现出各种差异，许多品牌只能针对不同的新兴细分市场。它说明了市场细分是如何根据腕表复杂度、新技术出现和消费者偏好变化而演变的，也表明了传统和原真性对钟表业的重要性。

所有腕表品牌都将批发作为其分销策略的一部分。例如，它们在巴塞尔钟表展等展会上接受顾客预订，但新冠疫情暴发后，日内瓦钟表与奇迹展逐渐取代了巴塞尔钟表展的地位。这些展会为多品牌零售商提供腕表产品，通过这种方式，腕表品牌借助直营店和多品牌零售连锁店的协同轻松地接触到顾客。采用这种策略的腕表品牌可以在意大利、美国、德国、日本、中国和法国开设直营店，并在纽约、新加坡城、香港和其他一些亚洲城市入驻多品牌集合店。如劳力士、卡地亚、江诗丹顿、百达翡丽、万国和积家等品牌都在中国大陆开设了直营店和多品牌精品店。百达翡丽是唯一一直遵循以“美国市场为中心”零售策略的品牌，它不打算像竞争对手那样向亚洲市场扩张。

4. 旅游零售和免税店

疫情期间，旅游零售受到的打击最为严重。旅游零售指的是在机场、免税店、飞机和邮轮的销售点进行的销售。

旅游零售曾是奢侈品行业的宠儿。从 21 世纪头十年开始，除了旅游受到限制时偶尔出现下滑外，奢侈品市场规模一直保持着持续的增长。由于亚洲、东欧和中东的前沿市场对奢侈品课以重税，价格差异很大，这些地区的顾客倾向于到海外购买奢侈品。例如，在疫情暴发前，欧洲市场依靠游客（尤其是中国游客）购物得以发展。奢侈品行业 20% 到 30% 的收入来自海外消费。2018 年，中国出境旅游人数超过 1.5 亿人次。据麦肯锡咨询公司估计，中国大陆以外的奢侈品消费占中国消费者奢侈品总支出的一半以上。亚洲人出国购买奢侈品，不仅是因为欧洲的价格较低，还因为购物已成为不可或缺的旅行体验——在品牌发源地购物让人感觉可靠和兴奋。超过 200 万中国游客在法国的人均消费达到 2000 美元，而奢侈品行业在金三角地区的收入约为 40 亿美元。

然而，由于各国不断实施旅行限制，这一重要的奢侈品消费引擎突然熄火了。2020 年，由于旅行禁令，中国政府转变了策略，充分释放被困在大陆的超过 1100 亿美元的奢侈品消费需求，专注于本地消费。海南是中国南海的一个亚热带岛屿，拥有数百个海滨度假村，自 2011 年以来允许国内游客免税购物，并在疫情期间成为越来越受欢迎的目的地。这种方式帮助中国政府实现了将消费带回国内的目标。

免税零售业的成功取决于三大主要参与者的贡献，通常被称为“三位一体”的利益相关者，分别为业主方、零售商和供应商。图 11-3 显示了三位一体的利益相关者（业主方、零售商、供应商）与消费者之间的关系。

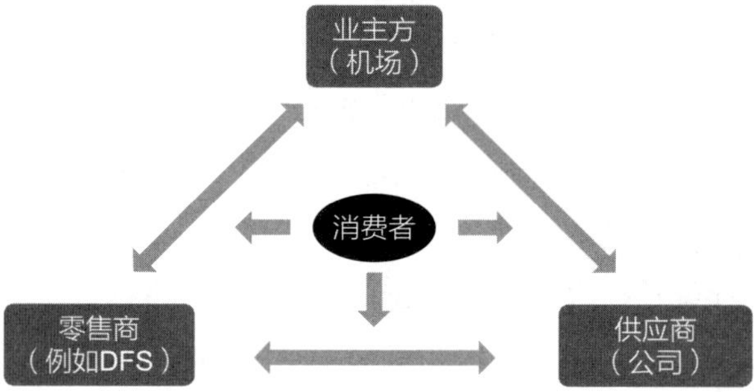

图 11-3　三位一体的利益相关者

（1）业主方（机场）。它们就像购物中心——为乘客提供通道，为免税零售商提供零售空间。它们的专长在于将机场打造为购物目的地。业主拥有或管理的零售空间是独一无二的，且备受追捧，这意味着业主面对的风险很低。业主方在促进人流进而提升零售客流方面发挥着重要作用。因此，任何免税商业模式都将业主方的租金收入与乘客数量以各种形式联系起来。由于免税零售空间有限，大多数私人拥有或管理的机场会邀请零售商投标，以确保尽可能高的租金收入。迪拜、新加坡、香港、澳门、夏威夷、海南、法兰克福和纽约的机场拥有旅游零售界最抢手的业主方。

（2）零售商。零售商提供经营免税店所需的门店管理经验和知识技能。销售收入是零售商最常见的业绩指标。“三位一体”是一种非常独特的模式，因为许多机场都采用基于最低年保底的租赁方式。

（3）供应商。供应商提供免税店所需的产品专业知识和对消费者偏好的洞察。由于不少游客是国际旅行者且收入较高，供应商受益于品牌强劲的表现力，因此风险相对较低。国际旅游零售渠道的汇率波动可能会影响价差，给利润和批发价格管理带来困难。此外，由于热门旅游地区的顾客黏性较高，机场在价格谈判中拥有更大的权力，品牌有时无法直接控制旅游零售价格和促销活动，这可能与品牌的战略和形象不一致。供应商需要密切关注旅游零售的整体情况。

（4）**消费者**。不断变化的出行游客和消费者给奢侈品公司带来了独特的挑战和机遇。

5. 特许经营

奢侈品行业从零售扩张之初就走上了特许经营的道路。特许经营深受奢侈品公司欢迎，有助于让一个品牌以相对容易和最小的投资进入一个新市场。在奢侈品行业发展之初，特许经营在许多奢侈品公司的总收入中贡献了很大一部分。因此，奢侈品公司会有选择地披露部分信息，投资者会仔细审查自营和特许经营或授权经销的综合数据。例如，路威酩轩等集团没有特许经营业务，古驰的特许经营战略伙伴数量受到一定的限制。拉夫劳伦和阿玛尼等个性鲜明的时装品牌更依赖特许经营。相比之下，爱马仕完全没有特许经营业务，香奈儿只拥有眼镜的特许经营业务。

尽管特许经营能快速而有效地扩大奢侈品公司的经营规模，但在许多情况下，品牌资产会遭受损失，尤其是对那些过度扩展特许经营业务的企业。如果特许经营协议不能被控制，而合作伙伴也不能给予信任，那么随着时间的推移，品牌就会被稀释。每个奢侈品品牌发展历程各有不同，但顾客信任问题一直是品牌最希望解决的问题之一。因此一个公司要想在奢侈品行业取得成功，适当的特许经营业务组合和结构至关重要。随着公司的成熟，管理者会尝试获得特许经营业务的完全所有权，以增加管控力度，并提升溢价能力。如法国都彭、万宝龙等书写工具奢侈品品牌，以及很多眼镜业务都严重依赖特许经营的商业模式。著名的特许经营公司包括经营眼镜业务的霞飞诺集团（Safilo Group）和陆逊梯卡集团，经营腕表业务的美国 Fossil 集团和斯沃琪集团，以及经营美妆和护肤品业务的欧莱雅集团。由于特许经营不当而损失品牌价值的反面案例包括古驰、拉夫劳伦、卡尔文·克莱恩和法国鳄鱼等。

11.2.3 奢侈品行业的数字（互联网）时代

新冠疫情对奢侈品行业各个细分市场的线下销售都造成了严重影响。全球各地面临疫情封控，商店关门，旅游业全面停摆。在欧洲，与旅游相关的奢侈品销售占比很高——如在法国，70% 的奢侈品被其他国家的消费者买走，其中，中国消费者占了 30%。此外，不稳定的经济状况导致欧元区出现约 8% 的严重衰退，直接影响了购买力。因此，奢侈品公司恢复原有销售水平的唯一途径是增加线上零售，这种策略已经被所有消费品领域的公司采用。由此带来的结果是全球奢侈品消费整体上涨 13%，其中线上销售额提升了 18%。

奢侈品行业为何增长缓慢？一家咨询公司这样认为："对多数奢侈品公司而言，数字化与顾客的有限精选特征和产品稀缺性理念并不相容。"诚然，人们的奢侈品消费习惯与其他商品不尽相同。当消费者购买奢侈品时，他们会产生情感联结，同时也会对顾客体验和产品触感十分敏锐。上述感知是奢侈品独有的元素，在线购物至今很难达到如此的效果。

此外，与互联网上奢侈品相关研究相对减少的现象对比来看，欧洲、中国和美国市场的线下销售都下滑到了前所未有的最低点。这也导致了奢侈品线上商城的转化率出现了爆炸式增长。奢侈品品类的消费也发生了真实的改变，尤其在中国市场，单价在 1000 元以下的产品占据了更多的市场空间，挤占了高价产品的市场份额。这个现象与奢侈品消费者画像的变化有关：2020 年年初，30 岁以上的人群占比为 49%，疫情暴发后，这个比例上升到 60%。如此巨大的比例变化表明：消费者对电商的认知发生了转变，对其更加信任，在奢侈品这个非必需品领域更是如此。这种突如其来的改变让奢侈品在线业务占据了主导，许多奢侈品公司（无论是路威酩轩集团、历峰集团或开云集团等大型奢侈品公司，还是保持独立的奢侈品公司）近年来都实施了数字化发展计划。短短几周内，若干年的目标就实现了。路威酩轩集团前首席数字官伊恩·罗杰斯（Ian Rogers）解释道："在过去六个月内，我们的（在线业务销售）增幅超过了过去四年。"思琳和宝格丽等品牌同样如此，香奈儿的在线销售额也翻了一番。

11.2.4 线上分销与电商转型

没有人会两次踏进同一条河，因为这不是同一条河，他也不是同一个人。

——古希腊哲学家赫拉克利特（Heraclitus）

电子商务，简称电商，是指在互联网上销售或购买各种商品或服务的商业模式。电子商务的范围涵盖了从公司和消费者之间的交易领域到公司之间的交易领域。电商平台可以在智能手机、平板电脑或电脑上操作，看起来像在线邮购一样方便。

奢侈品行业的高层领导者面临的一个艰巨挑战是保持线下和线上销售的共存。进入数字时代后，这种情况的艰难程度会高出许多倍。它是探索与利用、清晰与差异、弹性与刚性、稳定与敏捷之间的平衡。

> 高管面临的悖论是，他们必须创造一种企业文化，在结构上拥抱不断的变化，就像一个大型的应用程序商店，同时在需要进行结构转型时确保稳定。如果你需要接受手术治疗，你必须停止一切活动，直到你康复。同样地，战略转型需要管理和政策的稳定性。无常是常态，但变革需要稳定。
>
> ——卡地亚首席执行官思礼乐（Cyrille Vigneron）

数字渠道正在加速增长，特别是在新冠疫情期间。同样，疫情后的线下渠道也需要重新被关注。在线零售是奢侈品行业的一个增长点，北美和西欧正在争夺超级互联网消费市场的头衔，但要赶上中国还有很长的路要走。在线零售的初衷是销售大量产品，并以折扣价出售旧货或剩余库存，通常价格都很低廉。因此，奢侈品与在线零售的关系是一个有趣的可及性（accessibility）悖论。

随之而来的是，一场关于在线分销的争论在奢侈品行业内盛行。从历史上看，奢侈品品牌成功地在门店（零售空间）中传递了优雅和独特的风格。奢侈品行业一直不愿意接受在线零售，担心这将降低品牌在富裕顾客眼中的形象。毕竟，互联网曾经是“易获得”和“便宜货”的代名词，这似乎与奢侈品的排他性特质相冲突，却可能是一个有潜力的盈利选择。作为一种蓬勃发展的平台，大约有 95% 的奢侈品买家在使用电商购物。更精明的奢侈品品牌正将其视为难能可贵的发展机遇，利用互联网的惊人影响力的同时，进行高效的细分市场营销。精美的官网是奢侈品在线购买独家服务的延伸体验，而网站是提供定制化服务的理想平台，并且几乎不会出现缺货的情况。此外，在线零售可能是防止仿冒产品“趁虚而入”的一种方式。

在线零售有其优势和劣势。在线零售的主要挑战有以下几点——如何讲述品牌故事？如何以某种方式提供产品触感？如何传达品牌基因？如何在生态系统中生存，并诠释一种独特的服务，不仅能扮演聆听者的角色，还能成为有效的销售驱动力？

1. 体验性要素

那些认同电子商务零售的人提出，设计和概念也是电子商务的关键。他们认为，虽然线上和线下的体验不一样，但目标是一致的——精品店和网站都是为富裕的顾客带来独特、难忘的体验。从顾客踏入门店或浏览官网首页的那一刻起，奢侈品品牌就需要体现出排他性，以吸引他们进入一个充满渴望的世界。在线购物完全可以成为一个成熟且独特的体验过程。

这些网站虽然因品牌而异，但通常具有许多相同的特征：高质量的图像展示、多媒体、惊喜元素和引发顾客想象力，但官网主页往往经典、低调、简约。品牌的仪式感特征和里程碑时刻构成了奢侈品品牌故事，并且可以通过视频、短片和图片集组合在一起。这为消费者的解释、思考和梦想提供了空间，尤其是在消费者仍需接纳新知识的市场。嵌入式视频功能和流媒体能使顾客从多个角度查看商品，有助于克服数字平台无法触摸材质的缺点。例如，香奈儿的播客和时装表演视频添加了故事元素。古驰在其网站上增加线下门店体验感方面迈出了大胆的一步。古驰不像大多数电子商务网站那样提供搜索和导航功能，而是像在线下门店一样在货架上展示手袋和腕表。通过以这种方式展示产品，设计师能让顾客感觉仿佛置身于店内购物，从而获得共情。古驰为法国、德国、奥地利、比利时、荷兰、爱尔兰以及英国和美国的消费者提供在线销售服务。

2. 可及性要素

这些网站不限制访问，可为遥远地区的顾客提供即时服务，特别是在大体量的新兴市场，因为这里的实体店数量远低于需求。最受关注的电商平台包括 Net-a-Porter、Guilt Group 和 Yoox。以 Yoox 为例，它是一家线上精品店，每月的访问量约为 300 万人次。Yoox 平台负责销售阿玛尼、罗伯图卡维里和其他顶级设计师的产品。它开发了一些非常智能的小工具，包括放大功能，让游客可以很好地“感受”织物。设计师马克·雅各布推出了其个人电子商务网站，通过在线和移动平台创造新的营收。这些平台十分有趣、独特和创新，添加了天马行空的插画、照片和视频，将体验变得栩栩如生，就像置身零售店一样。当顾客首次登陆这个在线购物平台时，他们会看到一个色彩斑斓的店面主视觉背景，然后点击即可进入主站点。

3. 分析性要素

与实体店不同，消费者在线上商店，有更多信息可以在居家的闲暇时间处理、比较和决定。潜在的顾客会花大量的时间寻找一件梦想中的奢侈品，并且能够找到与品牌进行在线交流的方式。在这个意义上，购买决策更具有分析性，因为所有决策流程业已经过消费者的思维处理了。例如，苹果网站提供了提示。它的主页和电商部分一直受益于优美的摄影和设计。它为消费者提供了所有的细节，以及在线购买或提前访问苹果专卖店的选项。

大多数奢侈品品牌坚持让顾客在店内获得体验，而不是在细分市场上将产品与在线购物的便利性结合起来。利用电商平台促成销售在某种程度上是对实体店销售的侵蚀，但这并非一个致命的问题。电商以折扣为导向的“污名”是更致命的问题，它可能反过来稀释与品牌相关的声望。不过，人们必须承认，数字和移动互联网是增长最快的零售渠道。人们通过网络搜索不难发现，每个奢侈品品牌都有自己的网站，上面有产品信息，甚至还有产品手册和零售商 / 经销商的位置，但很少销售产品。例如，路易威登和京东开发了一个独特的模式来迎合中国消费者。它由京东为路易威登设计，顾客可以从京东应用程序直接跳转至路易威登的官方小程序。

11.2.5 数字零售与平台

在互联网领域，电子商务公司是规模企业，其特点是固定成本高，可变成本相对较低。你有两种规模可选：做大或做小。做中型企业非常难。许多中型企业在发展壮大之前就已经失去了融资的机会。

——亚马逊创始人杰夫·贝佐斯

如果你正在经历炼狱，那就继续吧！

——英国前首相温斯顿·丘吉尔爵士

疫情正在成为在线零售的增长杠杆，加速了奢侈品公司的数字化转型，极大地改变了消费者习惯。很多消费者在门店重新开业后很有可能会保持网购的习惯。例如，纯奢侈品电商平台发发奇自疫情开始以来，股价持续上涨，这说明了其平台商业模式的实力。

电商平台商业模式的主要优势在于将奢侈品品牌、卖家和奢侈品顾客联系起来。电商平台可以采取市场模式或代销模式，也可以是两者的混合。其中，市场模式是平台连接买家和卖家（无论是个人卖家还是奢侈品品牌）；代销模式是指平台购买、管理和持有产品的库存。平台模式可以产生网络效应，即平台价值随着用户数量的增加而增加。网络效应可以划分为两种类型：同一类型利益相关者之间的直接网络效应；不同利益相关者之间的间接网络效应。

这些影响在这类数字平台（如亚马逊、Facebook、Uber 等）都是普遍存在的。用户越多，可用的评论和评价就越多。用户交互数很关键，因为更高的交互度为其他用户创造了更多的价值。当其他用户在平台上互相比较体验时，他们也会受益于这种效应。平台上的品牌越多，其他品牌的产品与独家优惠一起出现的价值就越大。同样，平台也存在间接外部性。用户越多，品牌进入平台的价值就越大（即获得潜在顾客）；平台上的品牌越多，用户在同一地点比较和购买不同品牌的价值就越大，甚至更方便。同样，互联网的负外部性也存在，但它们往往影响较小，并且受益于强化机制，平台在发展过程中得到了提升。虽然，每个平台都应该利用网络效应，在各自平台上拥有同等级品牌，以吸目标顾客群。但疫情也揭示了这样一种现象，各个市场都有本地化特征，具有地方制度和国家特性。

当今奢侈品电商平台的发展概况

疫情期间，电商平台给奢侈品零售带来了惊喜。对于消费者来说，在线零售平台让他们有机会在舒适的家里购买自己想要的产品。这种数字化转型已经加速，同时也彻底改变了消费者线下购物的习惯。对于在线商城运营或物流能力不足的奢侈品品牌，即使门店关闭，它们也可以依靠这些平台继续运营。至少在短期内，与在线平台合作是一种有效且成本更低的选择，而不是当下立即学习相关专业知识。与平台合作是奢侈品品牌可采用的新策略，奢侈品公司更擅长于保持对设计、制造和分销的完全控制。这是一个包容性的新时代，标志着一种更容易理解和平衡的态度，这符合年轻、高度互联的消费者，尤其是中国消费者的需求。

从 21 世纪 20 年代开始，奢侈品行业出现了三类电商平台。第一类是第三方多品牌奢侈品在线零售商，如 YNAP 和发发奇。过去几年，这些纯数字平台的销量增长迅速。第二类是奢侈品品牌官方网站，通过这些网站，品牌不仅能创作内容和讲述故事，还能推动在线销售。奢侈品品牌正越来越多地利用官网和社交媒体，通过产品在线预售、个性化服务和点击即买，创造全方位的全渠道体验。第三类是百货公司旗下的多品牌电商平台，很多百货公司越来越多地投资数字平台，以弥补因实体店关闭和欧洲游客大幅减少而造成的线下销售损失。老佛爷百货、哈罗德百货等均采取了该创新策略应对疫情。

有趣的是，正是奢侈品品牌缺乏数字化经验促成了它们与纯数字平台的合作。尽管香奈儿集团始终拒绝在线销售产品，但它与发发奇于 2018 年签署了一项创新合作协议，共同发展香奈儿品牌数字化，进一步提升实体店的吸引力。香奈儿集团时尚业务部门总裁布鲁诺·帕夫洛夫斯基解释说，香奈儿不会在发发奇上销售，两家公司对电子商务的态度是一致的。香奈儿想用自己的产品与顾客建立联系，而香奈儿精品店就是最好的方式。香奈儿一贯坚持自己的战略，而且正在利用发发奇的专业技术来加速战略实施的进程。表 11–1 详细说明了三类电商平台的优势和挑战。

表 11–1　三类电商平台的优势与挑战

	纯数字平台	单一品牌官网	百货公司网站
优势	积累了数字化运营经验	强大的品牌基因和差异化	优惠范围大
	拥有技术知识和专长	产品在线预售、个性化等品牌专属服务	奢侈品零售体验的悠久历史和正统性
	广泛且多样化的产品及服务选择	能保证原真性	庞大的零售空间，通过技术重新构建未来零售的最佳实践
	物流、技术和运营方面的规模经济	完全掌控产品选取、定价和展示	擅长顾客服务，提供个性化服务
	控制内容策划、产品定价和陈列	通过数字渠道讲故事的潜力	以品牌直营店和零售空间区分不同的品牌
	可链接到当代设计师品牌的人脉和资源		与各大知名品牌建立长期合作关系
挑战	缺少实体存在感	缺乏创新和运营数字渠道的技术专长	缺乏创新和运营数字渠道的技术专长
	无法向顾客传递足够的品牌基因	选择范围有限	无法向顾客传递足够的品牌基因
	在平台上很难区分不同的品牌	缺乏连接线上线下库存的经验	

1. 发发奇

发发奇是当今在线零售平台的领导者之一。它由葡萄牙企业家何塞·内维斯（José Neves）于 2007 年创立，是一个总部位于伦敦的奢侈品平台，销售应季奢侈品。2021 年，发发奇平台每月有 200 万活跃用户和 400 万人次访客。该网站向 190 多个国家的顾客提供来自 1300 多家精品店、品牌和百货商店的产品，同时向品牌公司收取服务佣金。它的愿景是成为全球奢侈品时尚平台，连接创作者、策展人和消费者，旨在提供独特的网上购物体验，并在单一平台上获得最广泛的奢侈品选择。它的收入在过去几年里大幅增长，疫情加快了它在奢侈品行业的接受程度。哈罗德和哈维尼克斯百货等与发发奇达成了合作关系。同时担任发发奇首席执行官的何塞·内维斯评论道：

> 我们把发发奇想象成一个在危机中挣扎求生的精品店平台。我们成立于金融危机发生的时刻（2007 年）。我们成立两周后，雷曼兄弟倒闭了——所以我们知道这是什么情况。现在，我们的合作伙伴最需要一个平台来出售它们的商品，这就是我们希望提供的（服务）……未来，数字交易预计将在整个奢侈品行业中占据更大的比例。按照目前的情况，大量门店关闭，旅行受到限制，可能会进一步加速（由线下购物）向线上购物的长期性转变。

发发奇刚进入奢侈品电商领域的早期阶段就意识到，不容错过把世界各地实体店的产品带到顾客家中的发展良机。它的成功源于四个不同的能力。第一，发发奇在发展之初主要是一家物流技术公司。发发奇开发了一种技术，可以跟踪世界各地的零售库存，不仅能够确保快速发货，还简化了每一个订单背后的物流工序，降低了相关成本，拉近了实体店和网店之间的差距。这种模式不需要发发奇持有库存。在使用发发奇的物流和技术服务的同时，它赋予了品牌与顾客直接互动的所有权力。例如，这项技术让发发奇实时掌握某款鞋在全球还有五家商店在售，并且有特殊尺码可供选择。第二，发发奇参与了独特的产品策划。它通过预测数据分析，在网站生成的大数据的帮助下，为品牌策划独特的产品。发发奇聘请了一个内部团队，在面对 Net-a-Porter 等竞争对手和亚马逊等新兴奢侈品电商平台时，形成了独特的竞争优势，与 Net-a-Porter 仅有 4% 的产品重叠。第三，发发奇每周会上线全新产品。每周约有 1000 件新品发布在平台上，为老顾客提供全新的产品选择，有利于重复购买，有效地避免了市场饱和。第四，发发奇采用了收购与合作策略。它收购了伦敦精品零售商布朗斯百货（Browns），作为其全渠道策略的一部分。发发奇还收购了美国精品球鞋和街头时尚潮流平台 Stadium Goods。

2019 年，京东宣布以 3.97 亿美元收购发发奇的股份，发发奇同意将其中国业务与京东合并。同年，发发奇收购了 New Guards 集团，旗下包括 Off-White™、Heron Preston 和棕榈天使（Palm Angels）等时尚奢侈品品牌。2020 年，发发奇宣布与阿里巴巴集团和历峰集团合作，以加速奢侈品行业的数字化转型。新的中国合资公司有助于发发奇运营阿里巴巴集团的天猫奢品平台和奢品折扣店 Luxury Soho。发发奇拥有 75% 的所有权，其余 25% 由阿里巴巴集团和历峰集团持有。阿里巴巴集团、历峰集团和皮诺家族控股的阿特米斯投资公司承诺向新成立的发发奇中国合资公司投资 11.5 亿美元。

发发奇推出了它的未来商店，利用增强现实购物体验、情感扫描软件和创新支付解决方案等技术来弥补线上和线下体验之间的差距。当顾客进入商店后，销售员可以通过顾客手机扫码获取其个人资料和愿望清单，记录他们所买的商品，并将这些信息保存在一个应用程序中，以便将来复查。发发奇还设置了一个全息显示器，允许 DIY、定制和虚拟试穿。

发发奇尚未达到收支平衡。然而，随着奢侈品在线销售的显著增长和传统品牌对电商平台的兴趣，发发奇将凭借技术领域的专业知识获得收益。大型奢侈品集团对电商平台的投资，标志着在线奢侈品业务尤其是发发奇商业模式广阔的发展前景。

2. YNAP 集团

2000 年，费德里科·马尔凯蒂（Federico Marchetti）等人在米兰创立了 YOOX 公司；同年，纳萨莉·马斯奈（Nathalie Massenet）也在伦敦创立了 Net-a-Porter 公司。两家公司都是欧洲在线奢侈品市场的先驱。Y 和 X 在生物学上分别代表了男性和女性的染色体，而“OO”代表数学上的无穷符号（∞）。YOOX 专门采购知名时尚品牌的库存或未售出产品，并以折扣价出售。这些平台带给品牌的优势是在不损害其形象的情况下清空库存。Net-a-Porter 公司成立的初衷是推出在线时尚杂志，顾客只需点击杂志上的产品就能购买。

2018 年，两家公司合并为 YNAP 集团，随后被历峰集团收购。合并后的实体公司运营四家多品牌在线商城：Net-a-Porter（销售女性奢侈品）、Mr Porter（专注于男性产品）、Yoox（提供从时尚到艺术和设计等更广泛的折扣产品）和 Outnet（专注于高端奢侈品折扣）。它为全球 180 个国家的 430 万活跃顾客提供服务。YNAP 集团的优势在于其独特的生态系统，拥有技术和物流统一平台。它在奢侈品电商领域 20 年的经验也是一个关键优势。它的主要优势在于技术与人性化关怀的平衡，重新定义终极奢华体验，将顾客置于业务的核心。它通过"Next Era"模式为顾客提供个性化体验（包括个人购物），这是 YNAP 集团关键的差异化优势。此外，正如 YNAP 集团战略合并的初衷，这个平台一直努力采取本地化策略，以便更好地与顾客建立联系。

2018 年，开云集团结束了与 YOOX 的合作，创建了自己的购物网站，并通过阿特米斯投资公司进一步投资发发奇。阿玛尼、华伦天奴和吉米周等品牌进入 YNAP 平台，后者为这些品牌建立在线商店、提供顾客服务、运送货品、开具发票等。它也面向中国市场提供一站式服务。作为与阿里巴巴集团合资企业的一部分，Net-a-Porter 在后者旗下天猫奢品平台推出，为中国顾客提供最新的产品系列。

YNAP 集团的不同之处在于其为各品牌建立在线商城的技术专长。凭借其技术创新，它的目标是消除线上和线下体验之间的差距。因此，该集团持续投资于人工智能、增强现实、语音和视觉搜索的发展。费德里科·马尔凯蒂在 2021 年卸任首席执行官之前指出，YNAP 集团就像一家数字科技公司，一半是科技，一半是奢华。

3. 天猫奢品

与 2008 年由阿里巴巴集团创立的 C2C 零售平台淘宝网不同，天猫是淘宝的衍生平台，是一个在线 B2C 平台。此外，天猫还有差异化的频道，分别是天猫商城、天猫国际和天猫奢品。天猫是一个完全专注于中国市场的平台，让品牌在中国销售，满足中国消费者的需求。该平台拥有超过 200 个知名的奢侈品品牌和庞大的买家群体，通过吸引更多的高端品牌和产品入驻来扩大市场规模。

天猫奢品于 2017 年上线，意味着阿里巴巴集团对传统奢侈品品牌日益关注顾客购买体验的数字化转型做出了强势回应。该平台入驻了卡地亚、普拉达、巴黎世家、葆蝶家、纪梵希、巴卡拉、博柏利等 200 多个知名奢侈品品牌，其中包括路威酩轩集团旗下的 22 个品牌。天猫奢品还开设了折扣频道 Luxury Soho——即天猫奢品的奥特莱斯版。

天猫的策略旨在帮助品牌增加影响力，提升品牌价值，而非干涉品牌基因。天猫奢品会上线中国限量版产品系列，帮助奢侈品品牌接触更多顾客，特别是中国的 Y 世代和 Z 世代人群。例如，罗意威（Loewe）在天猫奢品的在线快闪店上推出了中国情人节的独家巴塞罗那手袋系列。作为阿里巴巴集团旗下的公司，天猫拥有来自整个集团生态系统的数据库，包括生活流媒体平台、外卖、支付宝电子支付、GPS 等。通过大数据、数字分析和全域营销（uni marketing）策略，天猫可以根据消费者过去的消费行为分析他们的生活方式。此外，它还与芝麻信用合作，为顾客提供无息分期付款、临时增加信贷额度和预授权预约等服务。

该平台的优势是多方面的。它向合作伙伴提供营销工具、销售激励、天猫“高光时刻”和活动策划等服务。天猫奢品为目标顾客带来了多重福利，作为天猫新零售战略的忠诚计划之一。平台会员可获得定制产品、最新支付选项、优先配送、上门退货服务和活动邀请。高级会员还可享受私人购物服务、礼宾服务和高级水疗服务等额外福利。此外，平台还提供日常运营、客户服务、物流和电子商务等额外收费服务。该平台根据品类收取年费和销售提成。通过这种方式，天猫奢品为品牌提供了一个安全的平台，降低了顾客购物拥挤的风险，并提供专业的时尚和美妆活动策划服务。在天猫奢品成立不到一年的时间里，该平台上超过 50 个高端及奢侈品品牌吸引了创纪录的 10 万名用户。

4. 24S

24S 是路威酩轩集团旗下的电商平台。它于 2017 年推出，旨在与 YNAP 集团和发发奇等老牌平台竞争。YNAP 集团当时隶属于历峰集团，并与开云集团有合作关系。路威酩轩推出的电商平台的全称是“24 Sèvres”，旨在展现代表法国生活艺术的时尚和美妆品牌，提供全新的购物体验。路威酩轩集团凭借其产品视觉策划的专长，将品牌门店的产品转移到在线商城。这个名字来源于著名的巴黎乐蓬马歇百货公司的所在地——塞夫尔街（Rue du Sèvres）24 号。这个平台完美体现了乐蓬马歇百货公司自 1852 年创立起便秉持的企业精神。24 Sèvres 后来缩减为 24S，以便在国际市场上更容易识别。

在平台发布会上，24S 展示了与乐蓬马歇百货公司及 68 个巴黎和国际品牌合作的胶囊系列。该系列由 77 个限量产品组成，全部都是各大奢侈品品牌的标志性产品。该平台还与明星建立了合作关系。该平台销售路威酩轩集团旗下的所有产品，以及一些集团外的产品，如吉米周、巴黎世家和麦丝玛拉（Max Mara）等，共计 300 多个时尚及美妆品牌。24S 极具野心地一次性推出 150 多个女装品牌的独家精选产品，在当时最先进的虚拟橱窗中展示，向消费者呈现最具创新和魅力的作品。24S 是迪奥、思琳、摩奈（Moynat）、路易威登唯一入驻的平台，从而吸引了很多高端奢侈品消费者。但在平台风格多元化的策略下，它也提供一些新兴、小众的品牌。它拥有卓越的顾客服务，可将产品运送到 100 多个国家，并提供随时可用的私人造型师。造型师可以在网站和手机应用上进行一对一的视频咨询或实时聊天。24S 在 Facebook 上有一个“风格机器人”，可以推荐即将上市的产品，让顾客与巴黎的零售商和时尚专家进行实时对话。

24S 旨在与乐蓬马歇百货公司的线下购物体验形成互补作用，提供无与伦比的购物体验。首先，所有产品包装都是定制的。购物礼盒在每个季度都被重新设计，灵感来自与不同艺术家合作创造的不同巴黎街景。此外，作为线下门店体验的延伸，人性化关怀在电子商务中也至关重要。该平台继承了乐蓬马歇百货公司的传统，推出了忠诚度计划，提供了无缝体验和福利。

这些福利包括定制服务、私人活动、会员日等。24S 提供一系列最先进的服务，如产品可快递到 100 多个国家，24 小时送达纽约、伦敦和米兰，以及在巴黎的当天送达。顾客服务团队全天候待命，专业的个人造型师随时为顾客提供量身定制的选择和购物帮助。此外，在巴黎的退货服务得到了简化，顾客可以预约 30 分钟试用产品，如果需要退货，销售员会有礼貌地在外等候取货。

疫情过后，24S 重组了高管团队。路威酩轩集团尚未明确表示希望如何定位这个在线平台，因为各公司同时也在通过自己的网站和其他社交媒体渠道发展独立的电商业务。然而，贝尔纳·阿尔诺在各种会议上表现出了对电子零售平台的重视，对未来在线销售增长潜力持乐观态度，同时也非常谨慎地看待在线平台仍然无法盈利的现状。

5. 京东

京东是一家总部位于北京的中国电子商务平台，最初的域名为“360buy.com”。该公司成立于1998年，其零售平台于2004年上线，产品种类繁多，从电子产品到奢侈品应有尽有。京东被认为是中国最大的科技巨头之一，拥有超过3.62亿活跃用户，占有24.4%的市场份额。入驻京东的奢侈品品牌包括德尔沃（Delvaux）、菲拉格慕、普罗恩萨·施罗（Proenza Schouler）、MSGM、古驰、普拉达和缪缪等。

京东的目标顾客主要是中国的千禧一代和X世代，特别是华北和四川地区，以及三四线城市。京东的门户频道包括：“京东奢品”，这是京东奢侈品门户网站Toplife的一个分支；“京东小魔方”，这是京东新品首发的门户。京东提供了可靠、一流的电商运营服务，同时提供快速和高端的配送服务。在物流方面，订单从京东仓库或品牌方发货，还可为奢侈品品牌提供“京尊达”和“白手套配送”等物流服务。

京东为品牌提供了一站式配套服务，使奢侈品品牌能够迅速进入中国市场。该公司大量投资于高科技和人工智能配送技术（如自动化技术和无人机）。最初，在2017年，京东与发发奇合作，在奢侈品电商市场中占据了有利地位。然而，在2019年，发发奇决定将中国区业务与京东合并。2020年，发发奇在阿里巴巴集团、历峰集团和阿特米斯投资公司的三方资助下加盟了天猫平台。2021年，京东为路易威登设计了一个独立模块，用户可以直接从京东应用程序点击进入路易威登的官方小程序。任何用户只需要在京东的搜索栏中输入“LV”，程序就会自动跳转。京东为路易威登提供了4.719亿个年活跃账户。作为回报，这家中国电商赢得了与路威酩轩集团的合作关系，与法国的神秘感、魅力、优雅、威望和地位也联系在了一起。此举使京东在这个高度竞争、激烈争夺的市场中成为领导者。

京东与主要竞争对手天猫展开了激烈的竞争。此外，该平台正面临社交电商平台拼多多的强大攻势。据报道，拼多多的商品交易总额已经超过了京东。像微信等即时通信应用使奢侈品品牌可以避开京东等三方平台，将品牌资料在程序界面上直接呈现给消费者。例如，在Gartner L2中国奢侈品指数报告中显示，超过70%的奢侈品品牌已经在运营微信小程序。

6. 黛立夏（Mytheresa）

1987年，苏珊·博辰（Susanne Botschen）和克里斯托弗·博辰（Christoph Botschen）夫妇在德国慕尼黑开设了一家名为“Theresa”的多品牌女装奢侈品精品店。这对夫妇希望他们可以成为消费者最佳奢华时装主编，并引入了普拉达、缪缪、圣罗兰、巴黎世家、思琳、华伦天奴等品牌的产品。他们成功地使Theresa成为欧洲最著名的高级奢侈品品牌和设计师品牌的聚集地之一。2006年，这对夫妇推出了他们的网站mytheresa.com，维持业务的发展。该网站迅速增长，到2021年，黛立夏在全球120个国家提供服务。该平台在德国和欧洲其他地区非常成功，并计划扩展到亚洲市场。该平台的产品种类繁多，包括服装、箱包、鞋子和配饰。黛立夏服务于250个国际奢侈品品牌，但保持较小规模的产品组合，并向顾客提供卓越的服务。黛立夏与销售胶囊系列的各大零售商保持了牢固的关系。因此，该平台与很多品牌合作推出了独家产品。此外，黛立夏开启了快速结账功能，深受用户的好评。该平台还提供如下服务，包括：确保产品的真实性、快速可靠的商品运输、卓越的顾客服务（每天24小时，每周6天），并设置了13种不同的语言。

黛立夏专注于开发新品类，重点关注运动服和滑雪服。2020年，该公司推出了童装，不久之后又推出了男装产品。黛立夏十分重视男士产品，因为当下全球奢侈品市场特别是在亚洲国家，已经建立了一个强大的男性顾客基础。为此，该公司投资于后端服务，以支持全球市场业务的增长。

2014年，黛立夏被美国尼曼百货收购。由于新冠疫情的暴发，中国电商业务激增了20%。然而，尼曼百货却在2020年申请破产。黛立夏任合迈克尔·克利格（Michael Kliger）担任首席执行官，于2021年初在纽约证券交易所成功完成首次公开募股，估值22亿美元。

7. Matches Fashion

1987年，第一家名为“Matches”的门店由汤姆·查普曼（Tom Chapman）和露丝·查普曼（Ruth Chapman）在温布尔登村开设，为全球男士和女士提供奢侈品零售服务。创始人划出了门店20%~30%的面积专门用于提供无与伦比的顾客接待服务。门店提供舒适的沙发和免费咖啡。20世纪90年代，新的精品店在伦敦各地开张，推出范思哲、普拉达或葆蝶家等高端奢侈品品牌。2007年，该公司开通了电商平台，Matches 门店成为 Matches Fashion.com。2012 年，这对夫妇将公司价值 2000 万美元的股份出售给 Scottish Equity Partners 公司和高原资本公司（Highland Partners）。这次收购提升了 Matches Fashion 在电商领域的影响力。2017 年，该公司被出售给了私募股权公司 Apax。2021 年，Matches Fashion 代理了超过 450 个品牌，业务范围涉及 176 个国家，95% 的销售在网上完成。

Matches Fashion 成功的最关键因素是查普曼夫妇创业之初奠定的优质接待服务基础，这至今仍是其战略的关键支柱之一。即使实现了数字化转型，Matches Fashion 仍然与顾客保持着密切的联系。其中 3% 的顾客贡献了公司 35% 的收入。Matches Fashion 非常关注顾客，无论他们身在何处，Matches Fashion 都会提供帮助和服务。该平台一直致力于改善顾客关系，不断改进送货物流、售后服务和顾客指引。例如，在伦敦的任何地方，Matches Fashion 都能在 90 分钟内送货上门，并开始计划把每个大城市的送货时间缩短到 1 小时。

Matches Fashion 投资于市场调研和数字创新。例如，它投资于社交购物，在网站上创建了 Style Social 功能，顾客可以直接从其他用户发布的带有 #Matches Fashion 标签的 Instagram 和 Twitter 图片中购买心仪的产品。这是奢侈品电子商务领域首次与社交商务融合。此外，Matches Fashion 在每周三出版《时尚报道》（*The Soyle Report*）（分为男性刊和女性刊），介绍时尚设计师、创作者访谈及相关内容。这本杂志有在线版和纸质版（每年出版 4 次，共 10 万册）。在线版的优势在于，顾客可以在阅览过程中直接下单购买产品，不会防碍阅读体验。它帮助公司了解哪些产品最畅销。

由于与顾客和品牌建立了十分紧密的关系，Matches Fashion 在奢侈品零售行业扮演了重要的角色，它有能力发现创意人才和新顾客的需求。可见，Matches Fashion 的数字化转型已经取得了成功。该平台的人均客单价为 778 欧元，并在新冠疫情期间显示出了更强的韧性。然而，即使 Matches Fashion 成功地实施了数字化战略，也不愿意关闭实体店。

8. 叁视（Ssense）

叁视的创始人是三兄弟：拉米·阿塔拉（Rami Atallah）、巴塞尔·阿塔拉（Bassel Atallah）、菲拉斯·阿塔拉（Firas Atallah）。2003 年，三兄弟在加拿大蒙特利尔决定开设自己的街头服饰零售店，实现街头服饰和奢侈品共存的零售新愿景。他们的理念是每个人都能把奢侈品和街头服饰混搭在一起。叁视至今已经发展了 20 个年头。在创业之初，他们就反对将产品以品类进行划分。他们把成衣、运动装和配饰放在同一个柜台陈列。对拉米·阿塔拉来说，服饰穿搭的整体连贯性更重要。该平台首创了一种技术解决方案。与传统奢侈品零售商不同，叁视提供了便利的奢侈品电商服务。该平台已经超越了普遍电商平台的范畴，将内容、商业和文化紧密关联在一起。

2006 年，叁视推出了官方网站。三兄弟创建网站时决定首先专注于男装，并推出低调、原创的时尚标签。例如，叁视是最先销售 Marine Serre、Vetements 或 Off-White™ 的平台之一。为了推广三兄弟对时尚的看法，叁视在网站上添加了肖像、音乐、建筑和艺术内容，并不总是与时尚直接相关。他们最初的目标不是销售产品，而是与潜在顾客建立关系，认为总有一天可以促成销售。

创始人是千禧一代。近 80% 的顾客年龄在 18 至 34 岁之间。叁视的定价策略迎合了目标消费者，例如，一件 T 恤 90 欧元，一件外套 260 欧元。为了支持公司战略，叁视 80% 的员工也是千禧一代，致力于打造“人人都可以买到时尚产品”的理念。

2017 年，三兄弟在蒙特利尔开了一家五层的实体店。这家精品店的开业象征了他们的开拓精神。这家门店设计非常现代化，并提供优质的个人购物服务。顾客在来店前 24 小时可以在线选择他们想要试穿的服饰，所有试穿产品都会在他们到达之前准备好。这种全新、独特的线上线下一体化策略在叁视的顾客中获得了巨大的成功，他们有时去蒙特利尔只是为了去体验叁视的零售店。2019 年，叁视推出了官方移动应用程序，为顾客提供个性化的体验。叁视的业务遍及 150 个国家，月均浏览量可达 8800 万人次。叁视始终专注于通过创新的内容来理解世界，旨在比其他网络内容更具相关性、更有意义。

9. 寺库

李日学和黄朝晖在 2008 年创办了寺库，成立之初主要销售二手奢侈品配饰和男女服装。在过去十多年里，它成了中国最著名的奢侈品电商公司之一，线上和线下都销售产品。

2011年，寺库在中国市场开设了10家门店，并在北京开设了第一家旗舰店。也是在那一年，该公司决定推出官方网站，并在两年后推出了移动应用。2014年，寺库被公认为中国最大的奢侈品销售或购买平台。2015年，寺库公布了“Fashion+”计划，向欧洲时装设计师开放。2017年，该公司在纳斯达克证券交易所上市。2018年，寺库又与亚洲知名百货运营商百盛商业集团达成合作。同年，艾卡特腾公司（L Catterton）和京东向寺库投资1.75亿美元，目的是让京东成为寺库的在线零售合作伙伴，并让艾卡特腾公司与寺库共享专业技能。随着业绩的增长，寺库共代理了3000多个品牌，在上海、香港、东京、纽约和米兰设有线下门店。

寺库的全渠道策略基于消费者的需求。首先，该公司销售二手奢侈品，并聘请了一个专业团队鉴定产品真伪。随后，为了满足中国消费者对奢华生活方式日益增长的需求，该平台开始推出豪华汽车（宾利、保时捷）、游艇、私人飞机、酒店预订、旅游套餐等。由于采用了从二手奢侈品延伸到生活方式产品的多元化策略，寺库成功地在中国受过良好教育的中高收入人群中建立了1870万注册会员的忠实顾客基础。寺库根据顾客累计消费金额划分为不同会员等级，提供对应的福利。顾客只要达到更高的消费金额，即可升级会员。这有助于维护顾客的忠诚度。例如，2020年寺库在视频平台快手上推出了24小时直播频道，用短视频参加了首届“616购物节”。该频道通过开设不同的主题房间，如复古、时尚、手袋或品牌本身，在前5个小时内销售额超过1480万美元。

寺库为顾客提供了高质量的服务，穿着考究、戴着白手套的快递员在下订单当天将产品送达顾客的指定地址。因此，寺库的人均客单价可高达570欧元左右，是中国电商平台平均消费水平的20倍。托德斯、范思哲和菲拉格慕都在寺库出售。在过去几年里，寺库与不同行业的不同品牌签署了合作伙伴关系，旨在研发产品和服务。所有这些合作涵盖了从收集数据到创新奢侈品零售，再到独特的购物体验，为寺库保持奢侈品电子零售行业的领先地位奠定了坚实基础。2021年，寺库向外界宣布了退市的意图，因为其净利润已经跌至冰点。

随着竞争越来越激烈，发发奇和京东、社交电商各自采用了不同的发展模式。

表11–2详尽比较了各大奢侈品电商平台的商业模式。

表 11-2　各大奢侈品电商平台的商业模式

平台	平台简介	服务与能力	商业模式
发发奇	· 由何塞 · 内维斯创建。 · 业务遍及 190 多个国家，拥有 200 多万活跃用户。 · 1300 多家品牌和精品店入驻。 · 入驻品牌包括香奈儿、圣罗兰等。 · 精品店包括高端零售商，如哈罗德和哈维尼克斯百货。	· 对于消费者而言是在线时尚奢侈品购物平台。 · 轻资产，精通技术。 · 对于奢侈品品牌而言是在线销售平台。 · 提供物流服务。 · 奢侈品创新技术解决方案，数字化专家，提供支持与帮助。 · 与全球当代设计师品牌和精品店保持联系、维护关系。 · 每周新品上线。 · 独特和最广泛的产品选择。 · 掌控产品策划、定价和陈列。 · 利用复杂的三维几何算法，结合神经网络，识别鞋子在空间中的位置，并将其模拟到用户的脚上。 · 推出革命性的线上线下一体化“未来门店”——这是一家拥有增强现实、智能数字试衣镜及衣架、RFID、超声波技术的实体店，具有创新支付方式的交互式全息图和智能软件，能够识别顾客情绪，利用数据实现终极和个性化的顾客旅程，将线下世界与线上世界连接起来。	· 主要业务：电商平台。 · 为传统奢侈品品牌和精品店提供数字解决方案，提高在线销售额的同时，不用承担电商平台运营的负担。平台没有库存，它通过与不同品牌合作，提供快速的采购配送系统。 · 技术专长延伸至供应端，为品牌提供额外的商业解决方案，为企业客户提供电商和技术解决方案，包括开设微信商城，设计“端到端”数字化顾客体验和数字化门店。 · 其他业务还包括：伦敦布朗斯百货；美国 Stadium Goods 平台，为消费者提供更多时尚奢侈品购物选择；New Guards 集团，作为全球时尚品牌发展的平台。 · 提供优质服务获得额外收入。在平台上每完成一笔交易都收取 25% 佣金。如果卖家将订单外包给该平台，则要额外多付 8%。另外，作为战略的一部分，发发奇和 98% 的零售商签订了专营协议。

续表

平台	平台简介	服务与能力	商业模式
YNAP 集团	· 2015 年由 Yoox 和 Net-a-Porter 合并成立。 · 隶属历峰集团。 · 包括 Yoox、Net-a-Porter、Mr Porter 和 The Outnet。	· 在线零售商，多品牌在线商城，直接将产品销售给顾客。 · 拥有大量奢侈品消费者数据，这代表公司未来财富。 · 在线旗舰店，提供配套的 B2B 奢侈品服务，帮助品牌满足顾客的每一个需求和渴望。 · 将 WhatsApp Messenger 和 Instagram 支付功能整合到电商运营中。 · Yoox 推出了 YOOXMIRROR 小程序，充分利用人工智能技术，使消费者可以创造自己定制的数字形象，并在 50 000 件单品中尝试不同的穿搭。 · 销售过季打折的奢侈品。 · 为奢侈品品牌提供支持与解决方案。 · 相比竞争对手，提供最广泛的产品及服务。 · 独特的生态系统，包括四个网站，同时覆盖二手奢侈品店和折扣店，并产生协同效应。 · 实现产品多元化，并尽力降低风险。 · 掌握产品策划、定价和陈列。 · 在伦敦和中国为 VIP 顾客提供“你穿我等”（You try; We wait）服务，顾客可以买到一系列时尚买手推荐的精选商品。 · 顾客试穿后可退回不合适的商品。	· 通过多品牌网站（如 Net-a-Porter、Mr Porter、The Outnet 和 Yoox）和官方在线旗舰店实现奢侈品在线零售。 · 与不同设计师和品牌合作，为电商和全渠道解决方案赋能。 · 四个在线零售网站分别定位于独特市场：Net-a-Porter 通过精心策划的内容和更高端的全价商品，为懂时尚的消费者提供服务；Mr Porter 与 Net-a-Porter 相似，但专注于男性时尚；Yoox 和 Outnet 提供过季的折扣商品。其中，Yoox 直接从奢侈品品牌和授权经销商处购买过季积压等未售出的商品，然后在网上以折扣价出售。 · 除了开设自营在线旗舰店外，还通过技术专长帮助各品牌升级在线商城，即帮助奢侈品公司建立在线商城，并提供数字零售服务，包括顾客关怀、商品运送、开具发票等。其中，值得一提的是，阿玛尼和华伦天奴在线商城得到了 Yoox 的支持，Net-a-Porter 帮助吉米周建立了在线商城。这些在线商城以顾客为中心，使用了图像识别、虚拟个人形象和自然语言搜索等工具。

续表

平台	平台简介	服务与能力	商业模式
天猫奢品	· 阿里巴巴集团旗下平台。 · 天猫商城于 2008 年成立，并于 2017 年推出了天猫奢品。 · 超过 200 家知名奢侈品品牌入驻。 · 入驻品牌包括卡地亚、普拉达、巴黎世家、葆蝶家和博柏利等。 · 超过 7.5 亿年活跃用户，用户数量已经覆盖了超过 90% 的中国时尚品在线购买者。	· 销售奢侈品的在线商城，很多奢侈品品牌在中国的独家合作伙伴。 · 品牌掌控产品定价和策划——形象地比喻，如果天猫是厨房，那么品牌就是厨师。 · 天猫奢品是天猫官方应用程序的内置频道。 · 天猫首页开屏广告只对特定顾客可见，所有顾客都可以搜索到“天猫奢品”。 · 拥有阿里巴巴集团生态系统内中国富裕人群独立的数据库。 · 阿里巴巴集团拥有顾客服务、物流、资源和技术策划能力。 · 与奢侈品品牌建立联系，并维系良好的关系。 · 具备通过区块链追溯原产地、保证真品的能力：区块链技术可以让顾客追溯产品的生产流程和销售流程，最大程度地减少赝品的出现。 · 大数据及其分析结果可帮助优化响应式营销策略。	· 天猫奢品只实行邀请制，为合作伙伴提供营销工具、销售激励、天猫“高光时刻”等支持。此外，还提供日常运营、客户服务、物流和电子商务等额外收费服务。该平台根据品类收取年费和销售提成。 · 该平台为每个品牌提供高水平定制和个性化的平台空间，推出全新的官方旗舰店，这是品牌“邀请入驻”的唯一选项，旨在增强平台的奢华体验。天猫奢品还整合了 Luxury Soho 这一折扣频道，从而最大程度延长天猫奢品上产品的生命周期。 · 天猫还为天猫奢品的顾客提供了多重福利，包括新零售战略的忠诚计划。平台会员可获得定制产品、最新支付选项、优先配送、上门退货服务和活动邀请。高级会员还可享受私人购物服务、礼宾服务和高级水疗服务等额外福利。

续表

平台	平台简介	服务与能力	商业模式
24S	· 隶属路威酩轩集团。 · 于 2017 年 6 月推出。 · 提供了 300 多个时尚和美妆品牌的精选产品，也是路易威登、迪奥、思琳、摩奈的全球独家合作伙伴。	· 路威酩轩集团和乐蓬马歇百货公司享有崇高的声誉与形象。 · 销售路威酩轩集团旗下品牌的独家产品，包括：限量版系列、独家系列和联名产品。这些产品在其他平台很难找到，如罗意威 Hammock 系列手袋、缪缪 Miu Lady 系列手袋等。此外，还有包括吉尔・桑达白色碎花衬衫在内的 77 个胶囊产品系列。 · 与路威酩轩集团产生协同效应。 · 24S 最具巴黎风情的浪漫在于全天候在线的专业造型师服务，一直致力于为消费者打造沉浸式的巴黎购物体验。 · 有能力保证产品的原真性。	· 延续传统：160 多年来，乐蓬马歇百货公司一直坐落于巴黎塞夫尔街 24 号，是著名的旅游胜地之一。24S 的目标是在历史传承的基础上，将网上购物的体验带到门店，让世界各地的顾客都能接触到精心策划的独家巴黎时尚活动。24S 还希望通过有效的购物体验和忠诚计划组合方案，利用现有顾客基础。 · 瞄准小众消费者：该平台的目标消费者通常在 28—45 岁，他们对巴黎女性天生的时尚感拥有浓厚兴趣。 · 产品视觉策划：在用户界面设计中，24S 更关注视觉元素，而不是文案或评论内容。令人赏心悦目的动画效果可以提升顾客体验——一种流畅而有趣的用户体验。 · 顾客关系技术：24S 应用程序包含视频聊天功能，允许用户与巴黎设计师交流。由于视频通话具备了专注性特征，顾客可以获得与在实体店相同的服务，甚至可能更好。该平台还利用 Facebook Messenger 聊天机器人向消费者提供个性化的时尚建议。

续表

平台	平台简介	服务与能力	商业模式
京东	· 拥有超过 3.62 亿活跃用户，市场份额为 24.4%。 · 入驻品牌包括德尔沃、菲拉格慕、普罗恩萨·施罗、MSGM、古驰、普拉达和缪缪等。	· 领先的电商科技公司，在人力资源、物流、健康保障和顾客服务方面有很强的竞争力。 · 创立之初是中国 3C（即计算机、通信和电子消费品）行业的零售基础设施服务供应商。 · 作为一家在线零售商，对品牌控制权较小。 · 重点关注中国快速发展的三四线城市。 · 旗下有社交电商平台“京喜”。消费者可以通过京喜官方应用程序、京喜小程序和微信一级入口使用京喜。	· 京东主要面向中国千禧一代和 X 世代，尤其是华北地区、四川和三四线城市。 · 京东采用了一个经典可靠的电商策略，提供快速和高端的配送服务。在物流方面，订单从京东仓库或品牌方发货，并为奢侈品品牌提供“京尊达”和“白手套配送”等物流服务。
黛立夏	· 2006 年开始运营。 · 首席执行官为迈克尔·克利格。 · 2021 年 1 月在纽约证券交易所成功完成首次公开募股，估值 22 亿美元。 · 2020 年，黛立夏服务的顾客已经遍及 130 个国家和地区。	· 最初是一个普通电商平台，后来转型为销售奢侈品的在线平台。 · 为世界各地的女性提供像精品店一样的在线时尚奢侈品购物体验。 · 至少连接了 7 个社交平台，包括微信和微博。	· 黛立夏独特的销售主张是独家推出经精心策划、严格筛选的产品。该平台意识到在线零售在奢侈品领域的挑战，并相应地制定了符合其价值主张的战略。该平台确保了奢侈品品牌限量版产品的独家销售权，成为奢侈品品牌的差异化和唯一提供此类产品的平台。 · 该公司承诺 48 小时内送货，甚至在美国提供当日送达服务。与其奢华理念相呼应的是，该平台声明，如果由于收件人无法收货而导致投递失败，平台将承担额外的物流成本。

续表

平台	平台简介	服务与能力	商业模式
叁视	· 由拉米·阿塔拉、巴塞尔·阿塔拉、菲拉斯·阿塔拉三兄弟于 2003 年创立。 · 叁视是一家私人控股公司，由风险投资公司提供资金支持。 · 拉米·阿塔拉担任首席执行官，菲拉斯·阿塔拉和巴塞尔·阿塔拉分别担任首席财务官和首席运营官。 · 该电商平台的业务遍及近 150 个国家，每月平均产生 8800 万次页面浏览量。	· 奢侈品在线销售平台，创立于加拿大。 · 提供顾客服务。 · 提供物流服务。 · 提供电商服务。	· 创始人希望提供一个与传统奢侈品品牌理念完全不同的平台——让所有顾客都买得起。 · 叁视旨在利用基于数据的个性化、精准定位和即时性等功能来提供独特的应用内体验。这种体验意味着叁视可以结合顾客购买数据、对时尚的理解、浏览模式和购物目的，巧妙地构建个性化的顾客购物历程。

11.2.6 关于电商平台演变的探讨

在我们深入研究奢侈品电商平台后发现，这些平台在提供线上与线下一体化的顾客体验方面并不存在很大差异。它们的商业模式都很相似——在线销售各种奢侈品，并直接将货品运送到消费者家，但很明显，一些奢侈品电商平台在流量和收入方面表现格外突出。

2021 年，发发奇、YNAP 集团和京东不仅为奢侈品品牌提供了销售平台，还提供了技术服务，使其能够实现数字化转型，特别是建立自己的奢侈品在线商城，从而引领奢侈品在线零售市场。随着时间的推移，奢侈品品牌继续与平台合作，还是使用官方数字平台，我们将试目以待。然而，在短期内，很多奢侈品公司仍将与这些平台合作，通过线上将其产品提供给顾客。

面对疫情带来的机遇和威胁，奢侈品行业有三种可供选择的数字化发展策略。首先，它们可以投资自行开发或与第三方合作开发数字技术。大数据、区块链、人工智能、语音搜索等技术为顾客提供了独特的网购体验。科技可以让顾客觉得网上购物比在实体店购物更自信、更方便。

其次，电商平台继续为奢侈品品牌提供数字化解决方案，并在品牌网站开发和运营过程中提供技术和物流服务。YNAP 的在线旗舰店部门支持 41 个品牌的网站运营，发发奇 Black &White 为包括哈罗德百货在内的奢侈品行业的相关企业提供数字化零售运营服务。由于缺乏内部数字化人才，为跟上数字时代的步伐，传统奢侈品品牌（除了拥有资源的大型集团）更倾向于以较低的短期成本将数字平台的设计和运营外包给第三方。第三方平台为奢侈品品牌提供必要的运营工具，将线下商品与品牌官网连通，并提供顾客服务、国际支付、“线上下单、线下提货”、线下门店退货等功能。发发奇创始人何塞·内维斯评论道：

> 一些品牌希望完全控制网站的设计、建设和日常运营，而另一些品牌则要求我们为其管理从顾客服务到支付、到在线营销的一切事情。如果一个品牌希望在微信平台上销售，那么只需要使用我们的 API 代码并整合它的运营。

最后，纯数字化平台正在开设线下商店，并引入增强现实等先进技术来连接线上和线下体验，重新构建当下实体店的购物体验。全渠道方式将是零售的未来。这一举措可以用以下原因来解释。面对面的服务和面对面的体验不仅可以通过提高转化率来促进销售，还可以帮助销售人员通过人际沟通更好地了解顾客的需求并保持长期的关系。根据研究，每开设一家新线下店，数字零售店的客流量将增加45%。实体店还可以提高品牌的知名度、推荐率、满意度和消费者认知度。此外，体验一直是奢侈品消费的关键，可以为顾客创造身临其境、难忘的记忆。尽管增强现实、虚拟现实等技术越来越先进，但要真正消除线上和线下的鸿沟，让无缝的虚拟现实成为现实，还有很长的路要走。

因此，当今的线下体验对于维持与顾客的情感和个人关系仍必不可少。例如，YNAP集团并非优先考虑数字渠道虚拟试穿，而是通过真实的试穿再提供免费退货。

另一方面，打击赝品仍将是未来顾客的主要关注点，另一个关注点是可持续性。利用大数据和区块链技术来追踪源头、生产地和物流信息将是数字化平台关注的解决方案之一。对于品牌官方网站，奢侈品品牌需要创造无缝体验和解决可持续发展问题。此外，这些品牌发现很难通过数字化渠道提供独特的顾客体验，从而与其他品牌区分开来。在服务、视觉营销、产品和体验方面，线上与线下如何互补又是一种挑战。

总之，挑战无处不在。奢侈品品牌需要解决如何在开拓电商业务时仍然保持独家及吸引力。第三方平台一直存在赝品泛滥、经验不足、服务缺失、管控不力等痼疾。毋庸置疑的是，奢侈品品牌和数字平台将继续创新和改革数字化战略，以更好地在数字时代提升业绩。奢侈品公司已经将一些创新付诸实践，例如使用增强现实技术来消除线上和线下体验之间的差异，为在线销售创造高附加值的个性化选项以及独家奢侈品在线预售。未来数字平台成功的关键在于无缝的全渠道体验，整合线上和线下渠道，在此过程中利用大数据支持，打造独特、个性化的推荐和造型服务。

1. 电商：社交电商与移动电商

社交电商（S-commerce）和移动电商（M-commerce）是电商业务增长最快的两大领域。尤其中国消费者已经变得能够熟练掌握淘宝、微信等强大的移动端APP，数字工具使用程度很高，他们迅猛推动了电商的发展。预计到2025年，中国消费者将只使用数字化的方式进行信息搜索、购物消费，接纳未来的技术奇点[①]，中国奢侈品消费量将占据全球50%的市场份额。截至2021年，中国市场80%的消费受到了线上触点的影响。在不久的将来，现金交易将不会在中国市场出现。

中国的第三代社交媒体是由社交操作系统和人工智能内容混合驱动，人工智能基于内容而非网络生成推荐。中国消费者已经远离了第二代社交媒体，如Instagram、Facebook、Twitter、Pinterest或WhatsApp等聚合型互联网社交平台。他们已经通过微信和微博转向更注重内容的方式。2021年，微信在中国拥有11.6亿月活跃用户，渗透率为79%，而微博有5亿月活跃用户，其中93%来自移动端。与第二代平台不同，第三代平台不需要用户建立网络来接触这些内容，它们可以通过社交网络和人工智能引擎自动生成。这些基于内容的推荐对创作者和销售方更有好处，它们可以出现在任何人的“为你推荐”页面上，而不需要付费促销。这与西方社交平台截然不同。

中国现在有越来越多的短视频平台，其中最受欢迎的是抖音（每日用户超过6亿）、快手（超过2.57亿用户）和小红书（超过1亿用户，主要是年轻女性）。在这些平台上，人工智能主导的“屏幕快速滑动”取代了点击浏览和关注个人资料的需要，平台算法根据用户内容偏好提供推荐信息。

凭借机器学习技术得出的分析基于用户的点赞、评论、分享、观看时间、“合拍”视频（用户生成内容）和“拼接”视频（以另一个创作者的视频开始，时长最多5秒）。这种形式已经变得非常流行，以至于越来越多的平台（如微博和小红书）正在将短视频和直播功能加入到内容投放中。这也是因为这些第三代平台还具备将订阅内容直接链接到购物平台的电商功能。

与成本高昂且需精心策划的活动相比，短视频平台可能显得“不够高端”，但它们已成为与中国观众产生共鸣的关键。中国奢侈品买家比西方奢侈品消费者年轻，因此奢侈品品牌需要通过不同的渠道来精准触达他们。例如，卡地亚在近期活动中就做到了这一点。该品牌在中国市场拥抱了消费者触点变化，在抖音等短视频平台上举办了有趣的活动。卡地亚于2020年成功举办了名为《方圆之间》（*Make*

---

① 技术奇点也可简称为“奇点”（singularity），指一个假设的时间点。在该时间点上，技术的增长变得不可控制和不可逆转，从而导致人类文明发生无法预见的变化。——译者注

Your Own Path）的大型活动，推出了卡地亚新款 Pasha 系列腕表。虽然奢侈品品牌几乎总是力求排他性，但卡地亚却邀请了所有抖音用户参与活动。用户原创的内容很简单：在视频中展示舞步，应用卡地亚的特殊滤镜，然后将其发布在活动主题标签下。这个简单而有效的活动带来了 11 亿人次的观看次数，并激发了成千上万的用户狂欢！卡地亚甚至在上海与嘻哈舞团和著名 Trap 歌手钟子齐合作举办了一场魅力派对大型直播活动。这个有趣、令人耳目一新的活动巧妙地吸引了中国的创意消费者、去夜店的年轻人、直播爱好者和社交媒体内容创作者。卡地亚还邀请名人参与此次活动。社交平台根据算法在用户推荐流上广泛推广该活动，并获得了足够多的支持。

在中国的第三代平台上拥抱一个包罗万象的社交电商已经获得了回报。对于像卡地亚这样的高级珠宝品牌来说，公众注意力的均衡展现称得上是一种新策略。它们不再高高在上，而是更愿意尝试引起年轻观众的共鸣。在第三代平台上具有创造性与创新性的品牌在参与度和销售方面都表现出色。盟可睐在微博直播中举办了一系列线上和线下活动，以最大限度地提高新系列上市的曝光率。盟可睐也因此实现了不斐业绩。由日本街头服饰教父藤原浩（Hiroshi Fujiwara）设计的盟可睐 Genius 系列大受欢迎。自从路易威登在小红书平台上公开直播失败后，奢侈品品牌一直在谨慎地优化它们在这种新兴形式上的演示。另一个例子是迪奥。继博柏利在社交电商成功发布产品后，迪奥在中国情人节（七夕）通过微信小程序推出了限量版 Lady Gaga 手袋。几个小时后，这款手袋宣布售罄。迪奥也是第一个在抖音和哔哩哔哩上注册官方账号的品牌，主要关注下一代中国消费者。在疫情期间，该品牌的曝光度有所增加。

路易威登上海旗舰店在线上和线下秀场上的创新在 2020 年下半年创下了销售纪录。这主要得益于 2021 年春季男装秀。它是最早引入线上及线下走秀模式的品牌之一。这一举措取得了成功，在多个平台上产生了 1 亿人次的播放量。

2. 移动电商

移动电商主要由精通数字技术的年轻一代推动。这说明了 Y 世代和 Z 世代对刺激的反应与成熟市场上的年长买家不同。他们正在寻找充满活力、提升社会地位的手工艺品，优先考虑产品的独特性和现代性，而非持久性。此外，他们更懂技术，这对营销有很大的影响：他们对有影响力的达人、在线展示和有技术支持的店内体验抱有好感。

在中国，目前有近 7.2 亿智能手机用户，App 包括聊天、数字钱包，到移动电商应用程序，这是世界上其他任何地方都无法比拟的。世界首届在线时装秀在上海举行，并在天猫上直播，这绝非巧合。此外，设计师们在直播和在线活动中介绍产品系列，并在后台展示作品。“即看即买”形式也被广泛使用，观众可以购买当季系列的成衣，也可以预订新的秋冬系列。第一天的开幕式吸引了 250 万名观众。这次时装秀的成功举办凸显了品牌必须认真对待移动商务，一方面获得日益成熟和数字化消费者的关注与忠诚，另一方面将奢侈品品牌最具排他性的大型活动向全民推广。

3. 全渠道

全渠道（omni channel）实现了实体店、网店等多种渠道的结合，顾客可以通过多种渠道购买产品。例如，假设有一个顾客想买一款手袋，却发现这只手袋在实体店已售罄。于是这位顾客从官网下单，并从附近的实体店取货。全渠道策略使顾客可以随时随地收到他们想要的货物，随着用户满意度的增加，营业额也将提升。

还有一个与之类似的多渠道策略。多渠道与全渠道的区别在于顾客信息、商品信息和库存信息是否都得到了整合，而多渠道只是增加了一个购买渠道。换句话说，在多渠道中，如果顾客从网站上购买商品，就不可能从实体店收到商品——其网上购物和实体店购物有明显的界限。

从多渠道向全渠道转变的主要挑战是数字转型。全渠道公司有能力开发、管理和维护库存管理系统，这是一种信息系统，使顾客能够访问相同的信息，无论实体店或网上商店。这种一体化很难实现，但一旦成功，顾客购物旅程就可以无缝衔接。

反之亦然。尽管全球奢侈品市场逐渐向在线零售转变，数字收入迅速超过实体店，但像 Warby Parker、Bonobos 和 Glossier 等以电商起家的品牌反而开始开设官方实体店，包括临时的快闪店和品牌展厅。尽管这些举措似乎违背常理，但它有许多互补的好处。尽管网上购物为奢侈品消费者提供了便利，但它并不能满足人们在购买前触摸和感受高端产品的需求。实体店为消费者提供了一个平台，让他们获得比在线上更沉浸的品牌体验，从而使电商平台更加了解顾客完整的购物历程。

研究还表明，全渠道策略还可以增加品牌引用频次和在线搜索的流量。网购带有明显的交易属性，相比之下，实体店利用人际互动推动了转化率，提高了平均客单价。

在线零售平台产生的网络效应造成了赢家通吃的局面，极有可能出现一两个平台胜出，最终主导市场。就这一点而言，全渠道体验成了重要因素之一。在电子零售平台上，顾客体验显然是奢侈品零售领域的决定性因素。再次强调，路易威登和古驰两大品牌旗下拥有的数字开发解决方案最多，这证实了电子零售融入奢侈品时尚行业的重要性。为了立足，电子零售商已经开始考虑产品多样化，如开设实体店。YNAP 集团在 2020 年度《服饰与美容》（*Vogue*）时尚之夜活动期间开设了两家互动的数字快闪店，取得了巨大成功。虽然电商平台提供了便利，但实体店提供了在线商城不具备的独特优势：以人为主导的个人服务和多感官体验。这种独特和量身定制的体验创造了顾客对品牌的信任，并有助于促进销售。此外，无论在家里还是在商店里，实体店都可以让数字用户获得更多触点体验（如从发现物品到实际接收物品），并使之成为顾客购物历程的一部分，这种与店员互动的人际交流体验无法被取代，它极大地提升了购物体验的情感价值，从而成为顾客难忘的记忆。最后，线上和线下的表现力和顾客互动相辅相成，并有助于加强平台的资产。商店员工可以利用在线收集的数据，更好地向顾客提供建议，与之建立联系，并提高购物体验的质量。与此同时，人际交流提供了更多在线数据的情境，为这些数据创造了更多价值，使品牌与顾客建立更深层次的联系。

11.3　小结

疫情后的奢侈品品牌有很多事要做。它需要投资于无缝连接的全渠道策略，通过整合所有渠道的触点来增强顾客体验。通过线上与线下的一体化，品牌可以将实体和数字渠道相结合，增加消费者购物的灵活性——在独一无二的门店内体验产品，然后在网上购买。疫情导致奢侈品行业向数字化电商业务转型，疫情后，许多顾客或许仍将延续网购的习惯。此外，通过数字渠道分销，品牌一方面能节省店面的高昂租金，另一方面能接触到更多全球顾客。奢侈品公司与纯数字平台的伙伴关系和合作将持续下去。在短期内，这些平台是触及更多消费者的唯一途径，尤其是在中国市场。路易威登和蒂芙尼董事长迈克尔·伯克在接受采访时，非常坦诚地说出了自己的总结性观点：[2]

我想说，七八年前的路易威登“处在泡沫中”，很内敛，但已经非常成功；不过，依然处于泡沫中。与此同时，我认为，路易威登已经变得更加多元化，全心全意地拥抱多样性。路易威登更关注自身生态系统之外发生的事情，我们看到，这激发了创造力，不仅创造了出色的公关活动和形象，还与真正高端的顾客建立了良好的关系。

这是为了让全球的消费者接触到路易威登。成功不免会滋生出偏执的观念，当你坐在我位子上的时候，你必须非常注意的一件事是，确保偏执不会变成故步自封。当它与你的出身、你的起源、你的独特性有关时，偏执就是件好事，但你必须努力确保自己与世界各地发生的事情保持同步。

这就是我们拥抱数字世界的原因。六七年前，我们试图用数字世界来维持品牌与顾客之间的单向沟通。现在，这些社交平台已经完全被路易威登所接受，但并没有搬出巴黎。搬出巴黎绝不可能发生——无论是从文化上考虑还是从逻辑上推断。顾客想要即时性、透明度、原真性，想要置身于情境之中，想通过扬声器听到信息。因此，我们从一个相当“高冷孤傲”的成功企业，变成了一个更加多元、在数字世界非常成功的公司。这意味着完全情境化、完全本地化、非常敏捷和快速，而不是专注于控制每一条信息——因为这是不可能的。

综上所述，这些数字化战略无疑将持续许多年。在这个快速变化的市场中，随着新锐企业的出现，消费者的知识会更加丰富，他们的态度会发生变化，技能也会不断发展，所有这些都将改变他们的习惯——知识、态度、技巧、习惯将随着时间的推移而发展。封控期间，人们观察到奢侈品市场信心仍在提升，这也合乎逻辑——一方面考虑到较年长消费者的习惯，另一方面是千禧一代的到来。新一代消费者的诞生是品牌继续投资数字技术的深层次原因之一。这个不断发展的消费群已经很自然地通过互联网查看产品相关信息。因此，电商平台的便利性优势不可动摇。

奢侈品公司在面对全渠道、社交电商或移动电商策略的线上与线下一体化困境时，通过网络研讨会、直播、在线时装秀和活动、电影来实现数字化转型。品牌是否应该谨慎地避免使用过于通俗的内容从而防止品牌及其历史和气质的稀释？随着这些新广告模式的到来，线上和线下的矛盾关系永远存在，并且是当下最需要面对并解决的难题。

这股浪潮可以从各家奢侈品公司的定位和战略中发现，因为每家公司都试图找到合理的平衡。例如，伊恩·罗杰斯从路威酩轩集团离职，历峰集团数字分销总监Geoffroy Lefebvre取代创始人费德里科·马尔凯蒂掌管YNAP集团；发发奇与京东分道扬镳，与阿里巴巴集团成立合资公司；路易威登选择京东为合作伙伴等等。每个奢侈品品牌都在为下一场数字化竞争做准备，这对奢侈品行业的未来至关重要。

总而言之，高达2470亿美元市场规模的奢侈品行业充满了新机遇。疫情暴发之初的几个月内，奢侈品行业受到了冲击，但如今已经慢慢复苏，并呈指数级增长。疫情迫使奢侈品公司加快数字化转型，并更快地适应外部环境。一些奢侈品品牌能够快速、敏捷地应对疫情，没有耽误品牌的发展，但另一些奢侈品品牌从实体店到在线商城的转型过程中遇到很多困难——因为奢侈品不仅注重卓越品质，还注重卓越服务。在疫情期间，品牌一直在思考这样的问题：如何能完全通过线上渠道满足顾客的需求。这为在不久的将来可能蓬勃发展的其他创新想法留下了空间。不过，如果在一些国家，一些商店能够重新开业，实体店获得了销售产品的机会，但我们必须谨记，仍然有一些消费者不愿意去实体店，因为他们仍然对疫情心存恐惧。其他人可能会接受这种全新的购买方式，不用走出家门就可以随时在线订购自己喜欢的品牌。

从疫情的发展后果和现有消费趋势中不难看出，奢侈品行业完全可以逆势而上。数字化转型将成为所有品牌的核心战略之一，消费者也将具有可持续发展的意识。奢侈品品牌正进一步寻求垂直一体化，与二手市场和奢侈品租售相关的新经济模式将在未来取得成功。

注释

[1] DION D, BORRAZ S. Managing heritage brands: A study of the sacralization of heritage stores in the luxury industry[J]. Journal of Retailing and Consumer Services, 2015, 22:–84.

[2] AMED I. Louis Vuitton's CEO on navigating the pandemic and the future of luxury[EB/OL]. Business of Fashion,（2020–12–8）[2022–12–9]. https: //www.businessoffashion. com/articles/luxury/louis–vuittons–michael–burke–on–hardwiring–accountability–in–a–state–of–flux/? utm_source=daily–digest–newsletter&utm_campaign=1685416498668386&utm_term= 11&utm_medium=email.

第12章 可持续、可循环与奢侈品新时代

奢侈品都是可以修补好的。

——让-路易·杜马

12.1 导论

2019年，全球个人奢侈品市场规模超过2810亿欧元。其中，奢侈品成衣占个人奢侈品市场的23%。新兴国家居民可支配收入的增加，以及千禧一代和Z世代对奢侈品认知程度的提高，对时尚及奢侈品行业的增长起到了相当大的作用。奢侈品品牌故事、提供的体验，以及它们对社会和环境热点问题承担责任的方式，都极大地影响了奢侈品消费者。随着该行业市场规模不断增长，品牌广泛面临碳排放和废料管理等方面的审查。奢侈品行业对租赁和转售概念的接受程度也空前提高。因此，企业社会责任和可持续发展理念成为奢侈品品牌吸引并获得消费者青睐的重要驱动因素。一些知名品牌，如丝黛拉麦卡妮、博柏利、古驰和路易威登，正以不同方式积极拥抱可持续发展。

可持续发展的基本定义是：在不损害后代需求的前提下，满足当代人的需求。由于可持续发展的概念因个人、公司和国家的不同而有所差异，许多相关研究和媒体对这一概念的外延进行了广泛的讨论。

随着对气候变化、虐待动物和工作条件的担忧日益加剧，人们开始更严格地监督不同行业的行为。奢侈品被视为非必需品，因此更加容易受到消费者的监督。一方面，奢侈品行业一次又一次地因产生大量浪费、将销毁未售出的产品作为营销噱头、虐待动物和破坏生物多样性而受到批评。另一方面，奢侈品漫长的生产周期和极端排他性也呼应了可持续发展的概念。由于奢侈品与可持续发展之间存在多方面的对立和互补特征，如何推行“正确的策略”成为奢侈品品牌面临的挑战之一。

12.2 术语定义与“正确的策略”

在某些方面，“可持续”和“奢侈”是同义词，但同时这两个词又自相矛盾。矛盾的根源在于“奢侈”的传统定义和当代定义的差异。在此必须做一个详细的解释，奢侈往往意味着过度、时尚、享乐、炫耀和浪费，而可持续则是道德和克制的代名词：消费者在不损害后代需求和欲望的前提下，满足当代人的需求和欲望。人们常常忽略了一点：奢侈也是可持续的，奢侈品具备了可持续产品的必要特质——它们需要非凡的创造力和设计，由优质的材料制成，而且它们在“少即是多”的理念中非常重视耐用性。奢侈品具有内在的可持续性，因为它们不会过时，是永恒的产品。这类产品一直都是可持续的，却从未被视为可持续产品。随着社会和环境压力的增加以及全球资源面临的更大压力，奢侈品行业开始接受环境保护条例和劳动法的规范。是什么原因出现了这种转变？原因之一是需求端，当代消费者已经改变了思维方式。可持续这个词创造了与以往不同的消费欲望。这意味着产品必须合乎道德、更少浪费、更耐用。受过教育、有意识和文化觉醒的消费者热衷于在道德、创造力和人际关联方面表达自己，而不太热衷于仅仅拥有更多的商品。他们渴望了解商品的主要成分和原材料的来源、动物保护以及对社会和环境更广泛的影响。原因之二是供应端，为了让产品受欢迎，品牌需要强调可持续性。这与艺术和手工技艺的保护生态环境的尊重息息相关，奢侈品品牌以此创造出具有可持续价值的产品，这在任何行业都十分罕见。这是拯救地球的另一种方式，因为人们可以把购买力用于给地球造成危害最小的地方。

因此，奢侈和可持续之间的关系不再是单向的，而是一种相互依存的关系，一方离不开另一方。这种关系必须存在，否则一旦人们无法理解这些资源的稀缺性，那么它们最终将从地球消失，而且有关企业也会消亡，在某些情况下，甚至会造成长达一个多世纪的传统消失不见。事实上，正是通过限量生产、供求的严格控制、高昂的定价、本地化生产、拒绝分包、限制机械生产规模、手工艺保护以及产品高质量生产，奢侈品公司才得以在全球化和全民化的冲击中幸存了下来。

12.3 社会、环境与经济挑战

可持续性通常用三个相互关联的核心概念来描述：其一是社会，其二是经济，其三是环境。基于此，可持续性出现在这三大核心概念的交集处。这一观点是联合国制定 17 项可持续发展目标的基础。首先，环境可持续性只是可持续性的三大核心概念之一，但很多人经常（错误地）与后者互换使用。它的目标是保持生态完整，保持地球所有环境系统的平衡，并确保自然资源消耗速度不高于再生速度。其次，经济的可持续性旨在确保全球各地的社区能够获得所需的财政及其他资源以满足自身需求。经济系统应该是完整的，每个人都可以参与其中。最后，社会可持续性的基础是确保所有人都能享有生存权和基本必需品，所有人都能获得足够的资源，以保持家庭和社区的健康与安全。健康的社区有公正的领导者，确保个人、劳动和文化权利得到尊重。所有人都受到保护，不受歧视。例如，高端珠宝品牌需要确保其行为符合三大核心概念，从而成为更负责任的企业。图 12-1 显示了三大核心概念之间的关系。

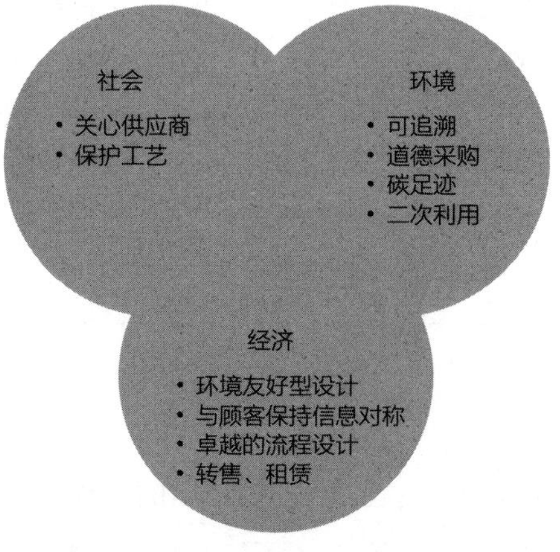

图 12-1 可持续性的三大核心概念

根据世界经济论坛（World Economic Forum）的报告，时装业是世界上污染第二大的行业，仅次于石油行业。奢侈品公司当下遇到了很多现实且不可回避的挑战，尤其疫情的暴发更揭示了这些浪费完全可以避免，并能大大提升公司的利润水平。随着健康、社会、环境和经济危机对消费者日常生活的影响，越来越多的消费者比以往任何时刻都更加理性地消费，他们对生活意义的追求更深刻地体现在消费行为中。如果他们准备花一大笔钱购买一件奢侈品，一定会要求品牌告知他们如何打造人们向往的“未来世界”。

12.3.1 社会挑战

过去，奢侈品公司往往因其恶劣的生产和采购工作环境、相比定价和利润极低的工资待遇，以及根深蒂固的性别歧视而饱受诟病。在社会层面上，奢侈品行业遇到的挑战很有可能会影响奢侈品品牌的形象，因此，那些注重社会可持续性的品牌往往能获得更强大的影响力。

在另一层面上，奢侈品品牌可能会在公司内外部都采用以市场为导向的方式，不仅可以保障员工福利，也可以确保与价值链相关的每种资源的丰富性。奢侈品品牌都具有很高的声望，因此，奢侈品公司将其形象与“最佳实践者”挂钩，并把自己塑造为具有高度责任感的企业是一个十分有价值的手段。当一个品牌希望保障整个市场和社会的福祉时，以市场为导向的方式也同样不可或缺。由于奢侈品的本质是创造积极性、愉悦感和渴望，奢侈品公司需要保持更广阔的市场洞察力，而非局限于公司本身的狭隘视角。为了确保具备上述能力，奢侈品品牌需要不断洞察市场并付诸实践，始终与消费者行为、政府政策、各领域新兴创意等趋势保持一致。开云集团就怀着自豪感将“可持续性”纳入其核心价值观。

> 葆蝶家致力于保护其专业技艺，在品牌发源地保留了一些工作岗位，并保障那些濒临失传的重要工艺得以流传。为此，葆蝶家带头在威尼斯周边的威尼托地区创立了皮革编织学校。换句话说，葆蝶家现在正在寻求一种持久的特定业务和人才资源方案，远远超出了它当前规划和眼前利益的范畴……如宝诗龙的蓝宝石项链。这类珠宝作品需要人们用无限的耐心寻找最珍贵的宝石，每一件作品需要耗费近500个工时来制作，所有工艺技能需要积14年之功方可掌握……因此，一条宝诗龙项链会成为传家宝，一件圣罗兰晚礼服也会变成传世经典。

12.3.2 环境挑战

各种环境挑战对奢侈品行业使用自然资源的成本和可用性产生了直接影响。随着人口的增长，动物保护活动的增加，生物多样性的减少以及气候变化，该行业的挑战只会加剧；品牌为确保获得稀有和精美的原材料，随时可能实施纵向一体化策略。

为了保持可持续性，同时获得独特的原材料，品牌通常会付出额外的努力来恢复并革新这些原材料的生态系统。保护自然资源的同时提取生产所需的材料，是奢侈品公司可持续发展的关键。例如，杰尼亚和古奇拉利等品牌关怀供应商，并积极投入高级面料的社群建设。

即使奢侈品行业获得了可持续的原材料供应，但很多品牌仍无法控制不确定性。为了减少这种风险，各个奢侈品品牌自2021年起开启了创新之路，为产品原材料寻找替代品，如爱马仕的蘑菇皮和罗意威的回收废皮革。这些创新的方法有望恢复并革新原材料生态系统。

当一些奢侈品品牌出现产品滞销现象，但又不愿意打折促销时，它们会直接销毁库存产品。2018年7月，博柏利卷入了一起危机事件，为了保持其产品的声望和稀有度，它将价值超过3800万美元的未售出商品付之一炬。许多评论家公开反对这一做法。在奢侈品界，烧毁多余库存非常常见，但完全违背了当今消费试图融入生态保护的责任意识。在此之前，香奈儿集团砍伐了法国佩尔什地区的一片森林，为巴黎大皇宫的时装秀做装饰，同样也受到了抨击，引起了环保协会的强烈抗议。此外，宝石开采对社会和环境的影响，时装业使用皮草，豪华汽车的高油耗等，都是奢侈品行业需要关注的环保主题，这也揭示了奢侈品行业与消费责任感之间的矛盾。不过，大多数奢侈品品牌已经采取了独特的措施来彰显消费责任意识。

开云集团并非孤例，其他许多奢侈品公司也在朝着同样的目标努力。爱马仕就是一个典型的行业标杆——该集团在生产丝巾的过程中节约了大量的水。另一个例子是诺悠翩雅，该品牌致力于保护生活在安第斯高原上的骆马。此外，卡地亚创立了国际珠宝责任委员会（Responsible Jewellery Council），该理事会已成为可持续珠宝的标杆权威机构，宝诗龙也是该理事会的成员之一。

历峰集团近年来付出了巨大努力，并在其年度可持续发展报告中有所描述。其中，历峰集团提出的“为打造更好的奢侈品而行动”战略包括四个方面：人类、采购、环境与社群，希望借此解决可持续发展问题。这些承诺在集团层面提出，并在集团旗下品牌中实现。

2021 年，路威酩轩集团宣布了生态设计承诺，强调公司并没有进入转售市场的计划而是专注于“创意的可循环”（Creative Circularity）——这是可持续发展有意义的前沿方向之一。生态设计实践将在集团所有业务中实施，遍及时装与皮具到精品零售。创意的可循环有助于产品再生——对顾客和工匠都是如此。向生态设计的转变包括增加为顾客提供的服务，如护理和抛光，以及升级改造和回收皮革及皮草。路威酩轩集团公开宣布：“精致的维修服务、升级改造、珍稀原材料的再利用以及寻找替代材料全都收录在公司的可循环经济战略中。”路威酩轩集团还承诺：到 2030 年，公司将全流程使用区块链技术，为每种原材料建立一个特定的可追溯系统；并表示：维吉尔·阿布洛①于 2021 年为路易威登早春系列设计的升级版运动鞋，以及罗意威于同年用皮革废料制成的编织手袋是公司创意可循环生态设计战略的第一步。

小案例

Yacaré Porá 公司与鳄鱼孵化厂 Solantu 一直在阿根廷保护和发展鳄鱼贸易。正如《生物多样性设计》（*Design for Biodiversity*）一书中所叙述的，这两家公司的鳄鱼贸易很好地起到了商业、栖息地保护和当地生计之间平衡与相互依赖。鳄鱼在湿地环境中扮演着重要的角色——通过调节其他物种和给水生植物施肥来帮助维持生态系统的平衡，但它们也受到非法捕猎的威胁，在孵化时的死亡率也很高。为了保护阿根廷凯门鳄的数量和栖息地，饲养者与当地高乔人②合作。他们在牧场工作，与野生动物建立

---

① 维吉尔·阿布洛（Virgil Abloh）是 2012 年创立于米兰的时尚品牌 Off-White™的创始人兼设计师，自 2018 年 3 月起担任路易威登男装系列的艺术总监。2021 年 11 月 28 日病逝于休斯敦。——译者注

② 高乔人（Gauchos）是典型的拉丁民族之一，主要从事畜牧业，习惯于马上生活，英勇强悍。——译者注

了密切的联系。为了保护鳄鱼蛋不受捕食者（包括人类和其他动物）的伤害，高乔人从野外搜罗鳄鱼蛋，并在移走时标记巢穴。高乔人把蛋带回家中悉心照料，直到它们被送至育种站孵化和成长。一旦孵化到足够大，一半的鳄鱼会被送回原来的巢穴，而剩下的则被留下来用于贸易目的。通过教育当地居民，并为他们提供参与合法贸易的机会和激励政策，非法狩猎已经减少，凯门鳄的数量急剧增加——这从根本上培育了当地环境的经济和生态韧性。对于时装品牌来说，自然资源的必要性显而易见——高档配饰市场价值约 570 亿欧元，而珍稀动物皮几乎占据了奢侈品手袋销售额的 10%。尽管存在争议，但人类对蛇皮、鳄鱼皮和短吻鳄皮等珍稀动物皮的需求一直在上升。一个鳄鱼皮手袋的售价是牛皮手袋的 30 倍，背后的商业动机不言而喻。虽然很多人并不理解时装界对珍稀动物皮的渴望（甚至许多人认为这是不道德的），但整个北美、南美和东南亚的社区仍将珍稀动物皮视为一种重要而有价值的资源。

1963 年被舍费尔家族（Scheufele Family）收购的萧邦值得一提。该品牌的珠宝采购策略承诺使用百分之百的道德黄金（ethical gold）——即使用“公平采矿”（Fairmined）认证的黄金，并且所有作品的钻石原材料都只从国际珠宝责任委员会认证的供应商处采购。萧邦与瑞士良金协会（Swiss Better Gold Association）合作，以负责任的方式从哥伦比亚乔科省的手工采金者手中采购黄金。乔科省尽管是哥伦比亚第二大黄金产地，但仍然是哥伦比亚最贫穷的地区之一。手工采金者使用当地传统的采矿技术，比如用手持工具淘水和淘金，但整个流程都不使用汞，这有助于保护当地丰富的生物多样性。这项工程可以满足部分黄金供应需求，并体现了全球黄金供应链的完全可追溯性和负责意识。蒂芙尼同样值得一提。蒂芙尼在可持续发展方面的突出之处在于其业务的垂直一体化，完全具备了可追溯能力。这反映了蒂芙尼的社会和环境责任，事实上，这种能力很难在高级珠宝行业获得。“1837 年，当查尔斯·刘易斯·蒂芙尼在纽约联合创立这家公司时，没有人使用‘可持续’这个词。但蒂芙尼以自己的方式走在了时代前列，销售、设计和制造自己的珠宝，并控制价值链。”蒂芙尼拥有钻石作坊，用于切割和抛光钻石。珠宝制造和抛光设施都在公司内部。蒂芙尼直接从源头和自有矿坑购买钻石，省去了中间商，因此可以确定每颗钻石的供应商。蒂芙尼在每一颗大于 0.18 克拉的钻石上用激光刻字，用极小的编码文字标注钻石出处。为提升积极的经济和社会影响，蒂芙尼综合考虑员工的家庭规模、住房条件和交通成本，向他们支付合理的薪酬工资，帮助他们适应当地的实际情况和公平的工作条件。此外，蒂芙尼正努力向顾客讲述公司正在实施的可持续计划。为此，销售员必须接受培训，能阐述采购策略与竞争对手的不同，这是蒂芙尼品牌叙事不可或缺的一部分，可以鼓励顾客在消费抉择时考虑可持续发展。

自 1976 年以来，劳力士一直为对环境做出积极改变的公司或项目颁发奖项。它展示了劳力士改善行业的可持续性，并致力于绿色消费的愿望。奖项评估的标准包括项目可行性、独创性、可持续影响的潜力，以及权重最高的申请者创业精神。在过去的 44 年里，劳力士支持了一个全球范围的先锋实践者，获奖项目从科学技术发明到保护稀有濒危物种（从很小的海马到巨大的鲸鲨）和栖息地（从亚马逊雨林到斯里兰卡的森林生态系统）。有些品牌正在复兴传统的做法，从安第斯山脉和非洲的农业到喜马拉雅山脉种植的药材；还有一些机构则为发展中国家提供水、能源、住房、食物以及安全、低成本的医疗保健。设立劳力士雄才伟略大奖（Rolex Awards for Enterprise）的主要理念是将相关项目的影响力提升到最大，并通过主动性和独创性造福人类。

12.3.3 经济挑战

尽量减少污染和减少对环境的影响确实能增加商品及服务的可持续性。然而，这些并不是奢侈品品牌可持续商业模式的唯一核心概念。其他例子还有：生产流程和所有运营过程中的创新，如包装、废料管理或原材料、可用资源的重复使用、“少即是多”的理念、定制生产和旗舰店“关灯行动”，都可以成就可持续的产品。例如，“关灯行动”吸引了法国街头跑酷团体之一，巴黎“On The Spot”参与其中，他们每周五经常在香榭丽舍大道上活动，呼吁关闭丝芙兰和其他门店的灯牌，试图提高人们对光污染和能源消耗的意识。

近年来，人们对环境问题的兴趣不断增加，而新冠疫情强调了可持续性的重要性，更加凸显了变革的必要性。顾客越来越意识到环境问题，品牌也积极地向外界共享这些价值观。那些具备“消费责任意识”的奢侈品品牌可能具有竞争优势。例如，《国际时尚特讯》（*WWD*）刊登了乔治·阿玛尼的一封公开信，在信中他提出了“一种设计和制作衣服的方法，可以让它们经久耐用”[1]。

可持续发展的讨论在奢侈品和时尚行业并不新鲜，因为几代人以来，这些品牌经受住了时间的考验，对此保持密切关注。例如，丝黛拉麦卡妮多年来一直走在可持续时尚的前沿，最近上线了名为“可持续发展的世界”（World of Sustainability）的项目，推出了一个完整记录该品牌可持续发展实践的平台。该品牌对供应商的要求非常高，控制产品生产流程对整个生态的影响，并与几个环保组织合作。该公司在其产品上增加了“Clevercare”标记，顾客只需注重洗衣的五个方面，就可以长久地保护好自己的服装。在意大利，古驰、菲拉格慕、范思哲、博柏利等许多奢侈品公司都加入了可持续发展的行列。开云集团首席可持续发展官、董事会成员玛丽—克莱尔·达维（Marie-Claire Daveu）认为：“千禧一代和 Z 世代的消费者占所有奢侈品消费者的 30%，到 2025 年有望占到 45%，奢侈品品牌如果想保持影响力，就需要加快在可持续发展和‘有意识’的生活方式方面的努力。”

开云集团的战略是关爱、合作和创造。在普华永道的帮助下，他们制定了一份环境损益表，衡量了供应链中的可持续发展因素，以便进一步利用它制定可持续发展目标。路威酩轩集团发起了名为“LIFE”的环保计划。“LIFE”环保计划涉及业务流程的九个环节，包括环保设计、采购、可追溯性和合规性、供应商责任、专有技艺的保护、二氧化碳排放的影响、再生和可修复性、与顾客保持信息对称以及卓越品质。前文中的图 12-1 描述了可持续性的三个挑战。

12.3.4 三大挑战

奢侈品行业的内在价值观似乎在向更负责任意识的消费方向发展。

首先，奢侈品行业的产量往往很小，并非耗尽了稀有的自然资源储备，而是一些品牌把稀缺性作为核心营销策略，如爱马仕销售供不应求的手袋。奢侈品市场在顾客数量方面的低需求导致产品数量受到了一定限制。它与快时尚形成了鲜明的对比：快时尚擅长超高产量生产，向世界各地提供越来越多的产品，销量巨大。即使从数字上看，世界上最大的奢侈品公司路威酩轩集团的销售额（2020 年 447 亿欧元）也只有家乐福的一半，苹果的五分之一，可见这个超高客单价市场的规模和销售量都相对较小。

其次，无论是在皮革加工、纺织、制表还是珠宝行业，奢侈品品牌通常都格外强调保护具有历史意义的专有技术。这种强烈的品牌识别源于高质量的本地手工艺，并向社会和环境可持续发展的方向发展。奢侈品品牌会保护那些拥有独特技艺的能工巧匠，同时公开支持碳足迹限制，并努力保护当地工艺，以此塑造强大的品牌识别。

最后，消费者对质量的需求与产品耐用性、理性消费和有限消费密切相关——在奢侈品行业尤为突出。这种“买得更少、买得更好”的趋势在新一代顾客中越来越受欢迎。浪费更少，被消费者丢弃的衣服更少，消费更少、但质量更好，体验更多——这是循环经济大大提升创造力的全新逻辑。

12.4　奢侈品行业可持续发展模式的构成要素

12.4.1　循环经济

> 循环经济是一种再生经济系统，其目标是通过再利用、修复和回收，尽可能长时间地保持对资源的使用，在使用过程中提取最大的价值，然后在使用寿命结束时回收和再生产品和材料，从而最大限度地减少浪费。[2]

奢侈品品牌过去始终对“循环经济”持反对态度，认为这个概念与奢侈品行业格格不入，但如果一个奢侈品品牌想要确保可持续的盈利能力，循环经济可能是一条发展路径。循环经济涉及的流程包括原材料提取、产品生产、产品消费，最后一步是维护、再利用、回收和再消费，而不是弃之如敝履。循环经济有 16 条关键原则，涵盖了产品的生命周期，从设计和采购到生产、运输、存储、营销、销售，以及最终丢弃该产品。在上述过程中，产品不会被浪费，其价值得到了最大化利用。一个相对容易实现循环经济的方法是专注于时尚和奢侈品业务的三个关键方面，分别是产品设计、基础建设和商业模式。这是因为“循环时尚”（circular fashion）一词源于两个关键词：循环经济和可持续发展（如图 12–2 所示）。

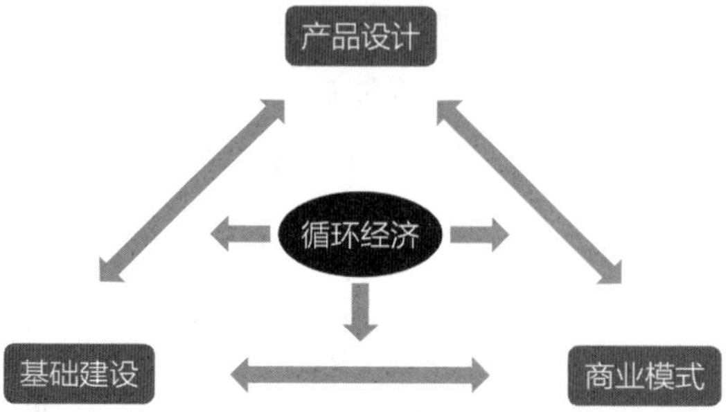

图 12-2　循环经济

简单地说，在设计阶段，时尚产品需要遵循的宗旨无非是使用期限长、资源效率高、无毒、可降解、可回收，并在价值链中履行道德承诺。这也意味着，随着时间的推移，设计出的产品可以转售、翻新并在顾客间共享。这些产品可以一直使用到顾客认为它们不再可用为止。在这种情况下，产品必须被回收和再利用，制作成新产品。如果不符合再利用的条件，那么旧产品需要进行堆肥处理，成为植物和其他生物的原料。这一阶段确定了资源每天消耗和丢弃的方式。

在基础建设方面，延长产品寿命的常见做法是转售、租赁、捐赠、修理和重新设计。例如，在基础建设阶段，手袋的所有者可以在奢侈品转售平台上委托挂售未使用的物品，而求购相同款式的顾客可能会购买二手手袋，这会减少资源浪费，节省开支。在使用后，如果产品质量已经变得很差，可以通过合理的方式丢弃；否则，这些产品可以被回收，重新循环使用。

时尚和奢侈品品牌过去一直遵循线性经济的商业模式：原材料获取、生产、消费、产品丢弃。考虑到奢侈品品牌只提供最好的质量和独家产品，这种做法并不令人感到意外。乍一看，回收和循环经济的理念似乎完全违背了传统奢侈品品牌的核心原则，即奢侈品必须可望而不可即，为产品支付的价格必须由品牌严格控制。这种做法十分合乎逻辑，因此许多传统奢侈品品牌一直对循环经济持批评态度，不愿意在产品周期的控制上妥协，因为这涉及到品牌声誉。

为了使产品设计、基础建设和商业模式起到协同增效的作用，奢侈品行业必须团结一心，形成合力，行业力量联合起来很有必要。一般而言，奢侈品品牌要对抗两股力量，一是假冒产品，二是二手产品。其中，假冒产品不会给奢侈品品牌带来任何激励作用，而谨慎地构建二手奢侈品市场可能会给奢侈品行业带来好处。二手奢侈品转卖业务需要品牌的支持，才能做到货真价实，并在买家中建立信任感。例如，The RealReal 平台存在销售赝品的现象，它从不与奢侈品品牌建立合作关系，造成的后果是香奈儿起诉 The RealReal 平台销售假冒产品。我们必须明白，假冒产品给奢侈品行业带来了真正威胁。奢侈品品牌无法控制假货业务的泛滥，但可以控制二手奢侈品行业，足以表明二手奢侈品行业的发展与正统性。

12.4.2 共享经济：循环与奇点

> 对设计师来说，可再生的设计就是最大的赞誉之词——对我来说，这就是奢侈。
>
> ——丝黛拉·麦卡妮

时尚产业不能再继续采用"获取、制造、废弃"的模式——品牌需要打破这种线性模式，在业务的各个方面嵌入循环思维。消费者对新鲜事物的不断渴望导致了令人难以置信的高水平消费，加剧了大规模生产过剩，使时尚行业成为污染最严重的行业之一。将经济利润与自然资源使用脱钩是实现奇点的一条途径。思维独特性和经济循环性是建立一个更可持续的时尚产业的关键解决方案：它允许人们在不生产新品的情况下接触时尚潮流，支持行业摆脱对土地和水等重要自然资源的依赖。

循环经济概念变得日益重要，这表明了时尚及奢侈品消费者正在关注面料回收和服装升级改造。此外，随着并购活动频率越来越高，时尚及奢侈品行业的共享经济趋势日益显著。除了商业利益，共享经济还为企业共享资源、物流和零售地产铺平了道路。这减少了环境影响，创造了就业机会，给所有利益相关者都带来了益处。

可以说，时尚及奢侈品行业正在被重新定义，因此这个行业可能出现全新和不同类型的竞争对手扰乱市场。以传承和手工艺闻名的传统奢侈品品牌品牌并不愿意接受新趋势，但适应消费者的需求将决定它们在市场上的地位——这只是时间问题。例如，开云集团宣布公司使用的一些原材料已经是可再生循环的，并根据艾伦·麦克阿瑟基金会的建议开发了一个循环指数。路威酩轩集团推出了一个电商平台，出售旗下品牌未使用过的面料和皮革。

整理衣橱是实现奇点经济和循环经济的路径之一——少即是多。没有穿过的衣服可以通过转售或捐赠的方式实现再循环。从奇点的角度来看，购买更少但质量更好的产品，可以达到这个目标，因为它们不仅耐用而且具有转售价值。另一条路径是打造一个可持续的胶囊衣橱，并遵循严格“处理一件再买一件”的政策。实现预期目标的另一种方法是确保信息透明，即只有在生产过程和生产条件可以追踪及记录的情况下品牌才能出售产品。2013 年“拉纳广场事件”（Rana plaza）曝光了时尚行业许多制衣工不安全的工作条件和不公平工资的丑闻，真正让公众意识到了可持续的重要意义，证明了生产供应链的透明度是多么重要。

> （转售市场的增长）反映了一个远远超出转售市场的更大趋势。第一个因素是对可持续发展的推动（……）。其次，（……）每个人都在寻找合理的交易，不管他们多有钱。转售是让消费者更轻松地买下奢侈品的方式。最后，我想提一下奢侈品占有欲降低的趋势，（……）消费者倾向于少一些占有，多一些体验。[3]
>
> ——Rebag 首席执行官查尔斯·戈拉（Charles Gorra）

疫情暴发后，一些国家很快恢复常态，转售和租赁成为奢侈品行业发展的两大重要趋势。消费者喜欢通过这些方式购买各种各样的产品。这是摆脱“占有”观念的消费。显然，这些产品也符合碳中和的。购买二手奢侈品曾经不被行业接受，但现在已经被视为可持续消费。新一代消费者不再满足于把衣服堆在衣橱里，只穿一两次，当它们过时了就处理掉。拥有感体验指的是消费者随心所欲地购买高端手袋和配饰，然后转售或租赁退还。人们对二手奢侈品的看法正在迅速改变，它们不再是囊中羞涩的买家想要“接触”奢侈品的一种选择，转而演变为那些热衷尝试不同穿搭的消费者的“体验式”消费，而这同时也保护了地球环境——就连卡戴珊家族也推出了一个奢侈品转售平台 Kardashian Kloset，专售她们不再穿戴的名牌服装和配饰。

另一方面，受到新冠疫情的影响，相当一部分美国人和欧洲人开始考虑出售他们不再使用的奢侈品，例如他们衣橱里闲置的名牌衣服。鉴于疫情期间的经济挑战，他们认为有机会赚点闲钱。因此，越来越多的人开始出售他们的二手奢侈品。

12.4.3 转售：购买、使用、寄售

转售促进了循环经济，从而促进了可持续性。转售业务的主要驱动因素是极简主义和“少即是多”的理念。不管是在博物馆外的街角商店，著名或默默无闻的古董店、拍卖行，还是 e-Bay 等 B2C 网站，都经营转售业务。因此，人们开始使用数字平台汇集转售业务，提供可收藏的复古产品，同时接触顾客。这些顾客往往是千禧一代和 Z 世代，他们无法在疫情期间旅行，但能以负担得起的价格买下奢侈品。这种商业模式正以前所未有的速度增长。此外，像 The RealReal、Vestiarie Collective、Fashionphile、Chrono24、Watchfinder & Co. 等转售平台的成功已经证明，时尚及奢侈品行业转售的新浪潮是一个持续存在的概念。

寄售是如何运作的？奢侈品电商转售平台的商业模式是基于供需平衡的循环价值链。一方面，这个平台上有私人卖家；他们可以在没有任何成本的情况下，将想要寄售的奢侈品直接邮寄到公司，或者直接将货品送至实体店内。另一方面，与经典的电商模式一样，消费者可以免费登录转售平台，一件一件支付购物车内的商品，但不可以捆绑打包买下或者订购。在某些情况下，品牌还开设实体店，以使顾客获得传统的亲身体验。考虑到整个流程的灵活性，寄售模式实现了循环性；事实上，买家可以变成寄售人，反之亦然，卖家也可以变成买家。品牌介于供应方和需求方之间促成交易。最复杂、成本最高的一个环节是商品鉴定。要鉴定货品来源，转售平台需要为每一种品类配备一支专门的高技能鉴定团队；此外，平台越从点对点模式向严格管理的市场模式转变，就越需要更多的专家来完成产品拍摄、描述和定价决策的后续阶段。

由于奢侈品具有耐用和永恒的特质，因此十分适合寄售模式。例如，高级珠宝的转售为实现长期可持续发展目标提供了机会。平时几乎不戴的高级珠宝首饰可以在转售平台上以低得多的价格、信息透明的方式出售，并获得真品认证。奢侈品品牌可能会将此视为对其主营业务的威胁，或索性将这种威胁转化为机遇。出售中古或稀有高级珠宝可能是蒂芙尼或卡地亚等传统奢侈品品牌参与转售业务的一种方式。奢华腕表品牌理查米尔（Richard Mille）在伦敦、东京和新加坡开设了门店，销售稀有而受欢迎的二手腕表。类似的概念在高级珠宝行业也越来越受欢迎。它可以增加品牌价值，提升设计的永恒性。佩戴中古首饰是最具可持续性的高级珠宝消费方式。一般而言，奢侈品品牌担心排他性被稀释、销量降低，因而不愿接受二

手奢侈品市场。然而，Vestiaire Collective 与塞尔福里奇百货（Selfridges）、开云集团，The RealReal 与古驰、博柏利、拉夫劳伦、英国时尚购物平台 Depop 之间的战略合作表明，消费者对二手奢侈品的兴趣日益浓厚。“多年来，我们与许多品牌进行了交流，尤其是开云集团旗下品牌，更多品牌开始意识到转售是人们未来购物方式的重要组成部分。寄售成为奢侈品行业的重要一环，一切都只是时间问题。”[4]

12.4.4 租赁：租借、使用、退还

租赁是循环经济逻辑下的另一种趋势，Rent the Runway、Front Row Tribe、Les Cachotières（采用 C2C 租售模式）、Le Closet（服装租售平台）、L'Habibliothèque（以年轻消费者为目标群体）、Sac de Luxe（专门租售皮具）和 1 Robe pour 1 Soir（面向大型活动）等都瞄准了奢侈品租赁市场。一件物品可以在其生命周期内租给几个人，为每个人创造价值，而无须创造新的物品。虽然消费者很享受这种让他们消费更多产品的方式，但这种方式对可持续性的影响仍存在争议。例如，珠宝商一直愿意将商品借给忠诚的顾客，但在高级珠宝行业，大规模从事租赁业务可能存在风险。首先，与时装相比，高级珠宝昂贵得多。如果产品在租借过程中发生破损，那么品牌可能需要承担高昂的成本。其次，假货有被退货的风险，因此每次退货后都需要专家进行认证检查。最后，租赁还可能稀释品牌形象，因为价格高昂的物品变得更容易获得。

那么，租赁业务应该如何运作呢？在奢侈品租赁管理市场中，平台是卖家和买家之间的中介。与点对点模式相比，租赁过程并不能完全匹配供需关系。实际上，卖家并不拥有商品的所有权，而是由平台来选取，并从供应商那里购买被认为更时尚、更适合出租的产品。在需求方面，买家可以自行访问电商网站，网站上有大量奢侈品可供选择，可以通过订购或单次购买的方式租赁。大多数情况下，租赁平台依赖于一种基于订购的商业模式，为顾客提供不同的时长套餐。订购包的价格根据租借产品的数量和租用时间的长短而有所不同。一些品牌还提供另外两种购买选择：第一种是直接预订这件单品，不用支付每月固定的费用，价格取决于该商品的初始零售价；第二种是允许消费者在租期满后买下这件商品。

虽然转售模式最复杂、成本最高的一个环节是商品鉴定，但租赁数字零售商需要有效管理价值链的两个基本步骤：物流退货与维修清洁服务。在合作伙伴的大力

支持下，一个强大而快速的运输和退货流程对于战胜竞争对手并承受物流成本至关重要。假设一位顾客刚刚租了一双漂亮的路铂廷（Louboutin）鞋，平台不仅需要安排送货，还需要安排退货，在某些情况下，退货只需短短 5 天。此外，一旦鞋子退还入库，平台的首要目标是限制它们闲置的时间，从而增加产品的收益。因此，平台需要优化清洁和维修过程，以便在尽可能短的时间内使那双鞋再次出现在平台上。如前所述，在线奢侈品租赁服务的主要收入来源是订购、一次性租赁、滞纳金和物品购买。与美国的电商相比，像 YCloset 等中国平台的物流成本要低 6 倍，通常只占订购费用的 20%。[5]

租赁可能成为促进可持续消费的潜在策略，同时也可以进一步建立品牌价值。在高级珠宝和腕表行业，租赁业务要比皮具和服装行业复杂得多。

12.4.5 升级改造：接受、重新设计、出售

奢侈品行业出现了一种良心消费和良心生产的趋势。良心消费将循环思维渗透到生产过程的方方面面——从回收的织物，到升级改造的单品，再到考虑到循环的设计，全都为了延长使用寿命，增加回收利用。为了努力实现可持续发展，许多公司都在尝试升级改造，如寻找更环保的棉花和皮革替代面料创新。一些趋势受到了新冠疫情的影响推动，例如休闲装和运动装销售量的增加。总体而言，新冠疫情之前就出现的主要趋势进一步升级，例如可持续品牌、中古产品、街头服饰和古驰、迪奥和普拉达等引领市场的设计师品牌越来越受欢迎。

例如，The Real Real 推出了“ReCollection”计划，将巴黎世家、德赖斯·范·诺顿和丝黛拉麦卡妮等品牌捐赠的旧衣服进行升级改造，推出了一系列全新产品，计划用这些捐赠收入开发出 50 件自有品牌服装。它的第二个新品系列是自有品牌的羊绒休闲服。据 The Real Real 的官方信息，这些升级改造的服装将不使用全新原材料，坚持零排放生产，并在美国生产，制定公平的薪酬体系。以上例子表明，仅凭产品质量已不足以立足市场。千禧一代希望参与到第一线，体会到独特的体验。千禧一代是关心可持续性、重视原真性和信息透明度的一代。技术也融入了他们的生活，并且会产生数字化奇点。图 12-3 显示了循环时尚的商业模式。

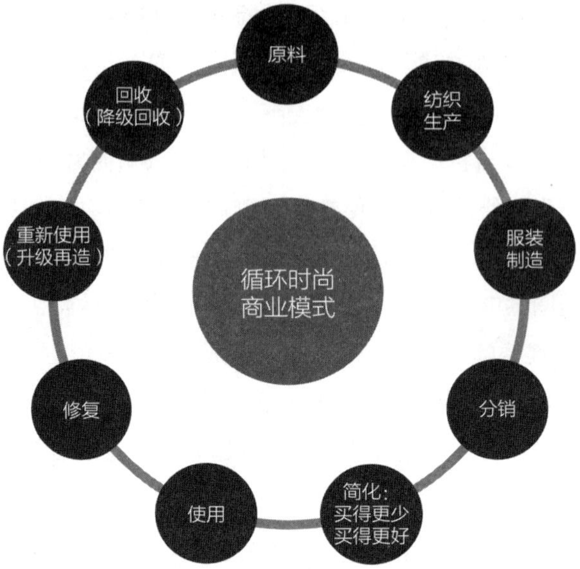

图 12-3　循环时尚的商业模式

12.4.6　经济奇点的蓝海

奢侈品品牌愿意涉足二手奢侈品市场的原因有如下几个。首先，转售和租赁平台实际上刺激了奢侈品购买。鉴于奢侈品的不同价格，转售奢侈品可以带来可观的收入。因此，如果顾客把在奢侈品店购买的产品转卖出去，就很有可能用这些钱购买新的奢侈品，这对奢侈品品牌来说是双赢的。事实上，二手奢侈品寄售人通常是一手买家，考虑到货品有转售的可能，44% 的消费者会购买更昂贵的一手产品。另一方面，62% 的消费者会在二手市场上首次购买奢侈品品牌，但当他们对该品牌变得忠诚或有足够的购买力时，57% 的二手买家会转向一手市场再次购买同一品牌。[6]

其次，二手奢侈品市场让许多从未想过要购买奢侈品的消费者拥有了一件奢侈品。购买二手奢侈品可以催生出一种真正的狂热，一种社交网络上更高的忠诚度，一种对商业活动的特别关注。因此，二手市场可以被视为一个全新的市场，这对大型奢侈品品牌来说是一个极好的消息。每两个千禧一代的奢侈品消费者中就有一个人购买二手奢侈品，而婴儿潮一代中只有 35% 这样做。

再次，传统奢侈品品牌可能会从与数字科技平台的合作中受益，因为后者善于处理大量关于顾客偏好和购买行为的数据，从而帮助品牌提供更好的顾客体验，提高营销力度，满足顾客需求。一个值得一提的例子是服装租赁网站 Rent the Runway 与万豪酒店联名。通过预测商务旅行者的需求和痛点，Rent the Runway 上所有入住万豪酒店的旅客都得到了个性化的衣柜礼宾服务。在到达目的地之前，他们可以挑选希望出现在酒店房间衣橱里的服饰——从工作服到优雅的晚宴礼服，从而避免随身携带沉重的行李。

最后，二手商品促进可持续发展。通过与转售或租赁平台合作，奢侈品品牌推崇更具生态保护意义的运营方式，并向日益壮大的生态保护拥护者展示它们对地球的关注。参与循环经济代表了一种更环保的奢侈品形象，这与年轻消费者日益变化的行为预期趋于一致。

12.4.7 顾客行为的改变

通过以上讨论，现在可以基本确定，疫情将对奢侈品行业产生长期的社会和经济影响。这包括由于封控措施和旅行禁令而出现的行为变化趋势。这些趋势将在未来沉淀和演变，重塑一个高端消费的新时代。由于未来几代人会出现潜在的行为变化，高端消费市场岌岌可危。下一代关心可持续性，也就是关心满足当代人需求的同时如何不损害后代人满足自身需求的能力（可参考 1987 年世界发展会议）。因此，一些研究人员和学者认为，人类的经济活动不可能是完全可持续的，任何一家企业都会造成损害。只不过，损害的程度各有不同，减少损害至关重要。一系列文献提出了负有责任感的商业行为，而不是可持续的商业实践。

因此，时尚业的消费者正在了解负有责任感的商业行为，并且这些知识的获取显然越来越受到欢迎。这导致时尚消费者从快时尚转向用高科技和新材料设计的更耐用的时尚品。许多时尚及奢侈品品牌已经接受了这些建议，采用了更好的方法，创建了更加环保、清洁的产品线，并在社交和移动商务上打开与消费者的沟通渠道。奢侈品公司需要始终适应这些具有可持续性意识的消费者及其对环境保护的敏锐感知，这些都是在不久的将来改变行业动态的关键决定因素。

如今的消费模式表明，企业和消费者都正在经历所谓的“道德时代”。千禧一代和 Z 世代的消费者要求与他们有关联的公司和品牌提供公开、透明的信息。他们根据市场所有产品在整个供应链上的影响，做出明智的购买决策。当今世界，生理健康和心理健康都极其重要，消费者吃什么、乘坐什么交通工具以及使用什么产品的决策都受到高度关注。这些“有意识”的消费者也在超越自身，关注他们的购买决策对环境和社会的影响。

在这一点上，奢侈品行业已经在着手关注可持续性和负有责任感的商业行为：品牌和消费者都不能再忽视年轻消费者的行为。这种关注对奢侈品行业的衍生业务产生了影响，但以前都被忽视了。这些衍生业务包括：二手奢侈品市场、转售市场、租赁市场和以二手商品为主的中古产品市场。

12.4.8 气候变化

气候变化对各行各业都会产生直接威胁，奢侈品行业也不例外。气候变化给奢侈品行业带来了至少五种风险。研究表明，这些风险可能是投资风险、实体风险、市场风险、利益相关者风险和监管风险，但顺序不分先后——这就是循环经济涉及的所有内容。例如，投资风险与原材料的可获得性、质量和成本有关。气候变化对栖息地产生了方方面面的影响。过度依赖特定原材料、不愿采用新技术制造材料可能无法确保稳定的产品供应。实体风险与安全风险以及公司自身运营和资产的风险有关。这种风险的一个例子是气候变化导致的极端天气。这些事件会阻碍生产运营流程，并扰乱人员和产品的流动。市场风险与市场偏好的变化相关，会引发如下质疑：产品是给谁的？顾客会提出什么问题？人们需要密切跟踪市场与环境的任何一次变化。利益相关者风险包括无法向关心气候变化的利益相关者交代。例如，撤资行为表明很多利益相关方要求投资经理和公司必须对气候影响负责。投资者本身是奢侈品行业的主要利益相关者，他们正在考虑道琼斯可持续发展指数和透明度等指标，在决策中越来越多地考虑气候变化风险。监管风险指由于高碳能源价格上涨和相关能源密集型活动的开展而导致的法规变化风险。这些法规虽然主要涉及气候问题，但也会对更广泛的监管环境产生影响，包括空气质量和生物多样性、自然系统和水资源的保护政策。监管机构对不符合规定的行为进行了惩罚，但更应该向鼓励企业遵守相关规定转变。可以肯定的是，如果要降低这些风险，实施可持续的价值链战略非常重要，在新冠疫情之后更是如此。

由于上述风险，气候变化危机在过去几年里引发了时尚界的热议，自 2015 年以来更是如此。时尚业碳排放占所有行业的 10% 以上，能源消耗超过航空和航运业的总和，可见其对环境的影响。该行业还因垃圾管理不善而臭名昭著，全球产生的废水中约有 20% 来自该行业。单件服装（从原材料运输到最终分销，再到消费者）产生的排放量难以精确计算，不过时装业的周期性和季节性是造成高排放的主要原因。时尚潮流来去无踪，但对环境造成的破坏却很持久。因此，快时尚和奢侈品行业的品牌都采取了一些举措。这些举措集中在可持续的商业模式上，诞生了一些最佳实践的标杆案例。

12.5 奢侈品行业可持续商业模式的最佳实践案例

奢侈品行业越来越频繁地探讨环境、社会和治理（environment, social and governance，ESG）相关的最佳实践。投资者和利益相关方对各种 ESG 最佳实践强调的透明度越来越感兴趣，如职场多样性、女性高管成员、职场性别平等、工作—健康—生活平衡等。

12.5.1 最佳环保实践

在环境不稳定的情况下确保原材料供应是首要关注的问题之一。一种方法是从地球上提取最少数量的自然资源。另一种方法是减少运输，或通过水路运输或火车运输，至少是航空运输。垂直一体化程度很高的品牌可以完全控制其价值链，因此，它们能够降低原材料供应的风险，有能力创造可持续的实践活动。大多数奢侈品品牌已经拥有高度垂直一体化的基本结构，对供应链有充分的控制权。在法国，如路威酩轩集团、爱马仕和香奈儿坚持完全掌控的策略。它们希望控制整个价值链，甚至完全实现整个产品和品牌组合的垂直一体化。反观开云集团，旗下多为意大利品牌，虽然很严格地控制价值链，但在可持续性问题上与不同供应商、合作伙伴和第三方平台的合作更加平等。

转向环保材料可能是迈向可持续商业模式一项广受欢迎的举措。这项举措的应用推广有希望保护生物多样性，并创造一个负责任的品牌形象。例如，开云集团对可持续羊绒项目的支持，可以实现牧场的再生，保持草原的健康，控制山羊和绵羊的比例。

确保原材料获取而不损害环境是一个紧迫的话题，奢侈品公司可以采用多种最佳实践来保持市场领先地位。纯素材料的创新就是其中之一，它有希望解决品牌的多重问题。一些奢侈品品牌已经成功地采用了这一理念，并在它们的举措中有所体现。一个典型的例子是丝黛拉麦卡妮，它使用的是一种名为 Mylo 的技术，由一家开创性的生物技术公司 Bolt Threads 开发。Mylo 是一种可持续的材料，外观和感觉都非常像动物皮革，用野蘑菇根部结构的菌丝体制成；它可以在几天而不是几年内生产，故不会产生使用动物皮毛的原料浪费。丝黛拉麦卡妮创造了 Re. Verso 再生羊绒，用意大利工厂的羊绒废料生产。该品牌还使用了名为“Econyl”的再生尼龙面料。它由塑料、合成纺织品甚至海洋中发现的渔网等工业废料制成。其他例子还有加布里亚·赫斯特（Gabriela Hirst）采取的可持续发展举措，她加入蔻依担任创意总监，同时还管理自己的同名品牌。

另一种最佳环保实践是延长产品的生命周期，并运用好之前讨论过的二手奢侈品和租赁市场。延长产品生命周期可能会产生经济后果，有利于奢侈品品牌及其消费者。最佳实践出现在珠宝行业——珠宝产品的生命周期可以延续数代。例如，黄金熔化后可以铸成一件全新的首饰。

过去的珠宝生产模式一直受到批评，因为在原料提取过程中会产生有毒污染物，工厂工人的工作环境毫不人道。然而，如今一个珠宝公司在提炼黄金时如果不考虑开采可能造成的不良后果，那么极有可能对奢侈品品牌的声誉造成严重损害。

一个希望将自己定位为可持续发展的奢侈品品牌必须理解道德黄金的首要目的。金矿开采会产生大量碎片，其中包括汞、铅、砷和氰化物等剧毒化学物质，这些物质最终会进入水循环。此外，政府对金矿开采的限制日益增加，这点在刚果（金）市场尤为突出，该国宣布金矿开采为非法。因此，奢侈品品牌完全有理由预计未来黄金供应将受到限制。结合金矿开采的不利影响、对黄金供应的限制可能性和有限的黄金储备，珠宝行业可以重新考虑黄金供应方式，重点转向道德黄金和黄金回收，为品牌带来一定程度的可持续性。

确保道德黄金的一种方法是承认道德采矿的做法。“公平采矿”认证标准将授予那些使用道德黄金的品牌。认证的条件有：严格的工作规定，禁止使用童工，特殊的社会发展标准，金矿开采的环境标准，工人的稳定薪酬。发出此类倡议的还包括瑞士良金协会，它是公平开采和公平贸易黄金倡议发起的机构之一。

很有趣的是，奢侈品品牌以极大的诚意对待这些问题。例如，萧邦是道德黄金的倡导者。自 2018 年以来，该公司一直在使用百分之百的道德黄金生产腕表和珠宝。纽约设计师金伯利·麦克唐纳（Kimberly McDonald）是另一个很好的例子，她在纽约工坊巧妙地使用再生黄金、回收钻石及未经处理的玛瑙和水晶制成独一无二的珠宝产品。

在珠宝行业，可持续发展问题的一个争议点是实验室培育钻石（labgrown diamonds）的使用。这一争议背后的探讨话题是，当原料来源不道德或来源不确定时，一个品牌能否做到可持续发展。例如，戴比尔斯与世界各地矿业公司的历史渊源比较微妙，因此所有宝石（尤其是钻石）的可追溯性一直令人担忧。这个探讨话题的答案显然是否定的。奢侈品行业的快速发展源于向顾客提供梦寐以求的服务，而这种顾客愿望与非道德行为格格不入。另一方面，不道德的做法会带来不确定性，从而破坏品牌的一致性和连贯性。

为了让品牌经受住这些不确定性和不道德行为的考验，珠宝公司采用的策略之一是将关注点转移到通过技术进步获得珍贵的宝石上。世界上最大的钻石公司戴比尔斯于 2018 年进军人造钻石市场，推出了名为 Lightbox 的产品线。随着对消费者的深入了解，一些钻石品牌发现人造钻石不仅是天然钻石的替代品，还是创造不同市场的一种方式。实验室培育钻石就是这类人造钻石的代表，并创造了一个钻石细分市场。大自然经过时间的沉淀孕育的宝石不仅仅是一块美丽的石头，还具有传承性、稀缺性、传统性和原真性。它是永恒的，承载着承诺、信誉和正统。人造钻石能带来同样的情感吗？它们可以成为品牌回答可持续发展和道德问题的答案，但并不一定会取代天然钻石市场和高级珠宝产品。创造一个全新的定制珠宝细分市场可能会使消费者接受人造钻石的使用。高级珠宝品牌只会谨慎地把它当作一种时尚配饰，而不会视之为奢侈品。

KBH 珠宝和蔻尔珮（Courbet）等品牌更喜欢使用人造钻石，而不是开采的钻石，以避免采矿对环境的有害影响。然而，一些人认为，如果能源不可再生，那么人造钻石所需的能源就会导致严重的碳污染。此外，开采钻石能比人造钻石提供更多的就业机会。因此，人造钻石是否能畅销取决于营销手段和定位的有效性。天然钻石能创造情感，关乎情绪、时间和事件，是大自然的奇迹。人造钻石如今在实验室里培育而成。它们大多完美无瑕，每克拉产品的净度、色泽和切工都处理得更加出色。它向年轻一代展现了不同的价值。购买与否也取决于消费者当时的情绪，还有保值与否。开采的钻石将用于订婚戒指和高级珠宝，而人造钻石可以用于更临时或非正式的场合。

蔻尔珮是一家年轻的法国初创公司，致力于新珠宝生态系统的开发，该系统建立在使用人造钻石和网上销售的基础上。该公司通过使用回收黄金和人造钻石将自己与高端珠宝区分开来。这家新创公司在美国和俄罗斯生产的人造钻石与开采钻石相比，光性能和物理特质相差无几，但均价却要低 40%。蔻尔珮最近获得了 800 万欧元的融资。疫情期间，这家小型珠宝公司成功地保住了市场地位，在线销售可占总营收的 20%。公司创始人兼总裁曼纽尔·马伦（Manuel Mallen）的目标是在 2023 年让营业额达 3000 万欧元，在线销售额占 70%。他计划将筹集到的部分资金用于升级平台，增加 3D 视频和增强现实的功能。新的数字体验专注于顾客个性化购买，尽可能地向顾客提供与线下门店近乎相同的戒指购买体验。蔻尔珮断定：新一代消费者愿意在网上购买珠宝饰品。在亚洲和美国，这几乎已成事实。中国也在蔻尔珮品牌扩张的计划之中，这里每年约举办 900 万场婚礼和甚至更多的订婚宴，全年也有多个大型节日活动。

总而言之，珠宝行业及其迷人的形象往往掩盖了其可持续供应链实践。它对社会、环境和经济层面都产生了影响。高级珠宝行业面临的主要可持续发展问题是，许多优质原材料的数量有限，缺乏可追溯性，对环境造成破坏，以及不道德的生产和对人的待遇，包括健康问题。例如，作为不可再生资源的冲突钻石、银、金和铂的道德采购问题正在受到质疑。当自然资源枯竭时，钻石和宝石可能会在实验室中被创造出来，但银、金和铂金无法做到。

12.5.2 最佳社会实践

当一个企业采用了以组织为导向的策略，最基本的最佳社会实践是创造一个互相尊重的工作环境，关注员工的福祉，消除性别差异。杰尼亚就是一个很好的范例。在该品牌创立早期，创始人通过投资道路和学校等必要的基础设施，确保了公司毛纺厂工人的福利。另一个最佳社会实践的例子发生在 2017 年，当时路威酩轩集团和开云集团致力于提高所有与推广活动和时装秀相关模特的福利。

当一个企业采用了以市场为导向的策略，品牌可以通过慈善活动和社会活动来推广其人道主义倡议。新冠疫情期间的例子数不胜数。疫情前的一个值得一提的最佳社会实践为 2018 年的巴黎世家，该品牌与世界粮食计划署合作，积极对抗世界饥荒。

12.5.3 动物权益保护运动

奢侈品行业依赖动物养殖获取珍稀动物皮的做法一直受到外界批评。然而，随着全球市场对这类产品需求的不断增长，并且奢侈品公司在遵守所有国际农业标准的前提下大力支持第三世界国家及动物养殖户，这些批评逐渐销声匿迹。动物保护组织一直走在前列，努力说服奢侈品公司放弃以珍稀动物皮为原料的产品。这些组织通过购买路威酩轩集团和爱马仕集团的股份，进入了这两个集团的股东大会。这些奢侈品公司并不完全欢迎这种行为。然而，动物保护组织仍在积极地做出努力。

值得注意的是，奢侈品品牌正在放弃某些动物原料，并积极转向替代品。不过，这一切不能只归功于动物权益保护运动。不确定性和对动物原料的过度依赖是所有奢侈品品牌关注的问题。因此，奢侈品品牌的转型完全在意料之中。随着古驰、普拉达、巴黎世家、范思哲、华伦天奴等品牌放弃皮草，香奈儿承诺成为纯素品牌，远离动物养殖变成了新的现实。

促成品牌转型的一些主要因素包括：制造工艺和技术的进步、消费者对品牌虐待动物行为的反感、动物权利主义行动和公司可持续发展计划。

12.6 小结

通过上述分析，我们可以清楚地了解奢侈品和可持续性如何共存，以及如何在奢侈品公司的商业模式中兼容。塑造奢侈品品牌可持续发展的形象具有全面的意义，涉及了奢侈品和时尚生态系统的社会、环境和经济三个核心概念。可持续发展的努力可以从不同的角度来看待。一方面，这些努力包括非常具体的行动；另一方面，它们可以涵盖整个社会。两个方面的对立产生了不确定性。气候变化等因素的影响范围太广，单个公司无法全面应对。新一代消费者的意识日益增强，对奢侈品行业构成了直接威胁。可持续性还取决于公司在整个价值链中资源的可获得性。另一种方法是“头痛医头”，但一些可持续举措可以实现，另一些举措则受制于经济模式的不可行性。例如，原产国效应造成了这种困境。如果原材料从全球各地采购（在原产国生产、包装，再运输到全球各地），那么这种商业模式本身就已经产生了一个难以完全消除的碳足迹。

另一个意义重大的力量是循环经济。奢侈品品牌已经在打击假冒产品，被迫关注二手奢侈品和租赁业务等第三方平台。解决这个问题的方法之一是将产品再生融入到商业模式中，并完全或部分控制二手和租赁市场。开云集团和历峰集团正在尝试这种商业模式。方法之二是像以前一样忽略二手和租赁业务。路威酩轩集团、香奈儿和爱马仕都在短期内采取了这种做法。但我们不能忘记，从疫情期间消费者行为的变化来看，尝试二手和租赁业务是奢侈品公司一次发展机遇。如果奢侈品行业希望实现盈利能力最大化，坚持对价值链的控制，那么可能需要在商业模式中探索循环经济奇点的概念。总之，奢侈品行业完整可持续商业模式必须解决三个方面的问题：社会、环境和经济。

虽然时尚及奢侈品行业起步很晚，但它正逐渐努力成为一个具有社会责任感的行业。不过奢侈品行业仍然在一些前沿话题上存在争论。例如，在坚持使用最严格的天然材料（如棉花、羊绒和亚麻）后，改用环保材料并不一定意味着公司的生产过程是完全可持续的。产品生产仍然需要大量的水、染料和运输工作。因此，该行业的碳足迹或许会减少，但从所有实际情况来看，碳足迹永远不会变为零。尽管如此，奢侈品行业始终努力创新，创造对环境低影响的面料和工艺。这样的未来鼓舞人心，值得期待。另一个被反复讨论的问题是“漂绿”（greenwashing）。这里的透明度是关键问题。有几家公司已经被指控只是贴上了“可持续”的标签，但实际上却在环保方面提供误导信息。“这些品牌真的能控制整个价值链吗？”这是一个经常被问到的问题。其他的疑问包括：品牌应该传播什么，不应该传播什么？从历史上看，各品牌在传播其可持续发展实践的方式上有所不同。过去，奢侈品品牌不会将供应链的活动情况告知消费者。大品牌不需要这样做，因为它们利润丰厚，利润率达到两位数，且供不应求。小品牌无法完全控制自己的供应链，往往依赖于中间商和合作伙伴。然而，在全球应对气候变化的战斗中，在可持续发展问题比以往任何时候都更加重要的环境中，品牌可以利用它们的影响力来塑造消费模式。如果品牌回避可持续性话题，消费者就会不知情。对顾客不透明最终会导致无法实现消费行为的责任意识。虽然奢侈品行业的头部品牌往往对可持续发展保持非常谨慎的态度，但该领域的许多新品牌都将自己定义为可持续品牌。因此，"可持续品牌"的概念在某种意义上具有误导性。它往往会损害整个行业的可持续发展努力。另一个有争议的话题是品牌应该走哪条路。它是否应该始终坚持满足顾客的欲望？有些人认为这可能会稀释奢侈品品牌的精髓、基因和传统。奢侈品品牌讲述几十年历史故事的愿望可能面临风险。随着那些"有意识"的消费者的需求越来越大，奢侈品品牌"传承"和"梦想"的因素是否会消失还未能定论。奢侈品品牌是应该倾听顾客的声音，并深度参与到可持续发展战略中去，还是维持家族前几代人一直在做的事情，向顾客展示家族传承、工艺技能、品牌故事，创造梦想，并让顾客始终逐梦？

注释

[1] ZARGANI L. Giorgio Armani writes open letter to WWD[EB/OL]. Women's Wear Daily,（2022-4-3）[2022-12-11]. https: //wwd. com/fashion-news/designer-luxury/giorgio-armani-writes-open-letter-wwd-1203553687/

[2] Portiolli c. Circular economy in the luxury retail space: Expectations vs reality[EB/OL]. Knewin,（2019-6-4）[2022-12-11]. https: //www. knewin. com/en/blog/circular-economy-in-the-luxury-retail-space-expectations-vs-reality/.

[3] VAN ELVEN M. Fashion resale, a booming market: interview with Charles Gorra, CEO of Rebag[EB/OL]. Fashion United,（2019-9-24）[2022-12-11]. https: //fashionunited. uk/news/retail/fashion-resale-a-booming-market-interview-with-charles-gorra-ceo-of-rebag/2019092445408.

[4] PARISI D. Gucci embraces resale in latest move to win over Gen Z[EB/OL]. Glossy,（2020-10-6）[2022-12-11]. https: //www. glossy. co/fashion/gucci-embraces-resale-in-latest-move-to-win-over-gen-z/.

[5] "Rent-to-Buy" the Chinese Runway-with YCloset COO Michael Wang[EB/OL].（2017-8-3）[2022-12-11]. https: //www. theharbingerchina.

com/blog/rent-to-buy-the-chinese-runway-with-ycloset-coo-michael-wang. [6] DUCASSE P, LUCIE FINET, et al. Why luxury brands should celebrate the preowned boom[EB/OL]. Boston Consulting Group,（2019-10-16）[2022-12-11]. https: // www. bcg. com/publications/2019/luxury-brands-should-celebrate-preowned-boom.

第 13 章 新市场与未来走向

从 2000—2019 年的一些数据中不难发现，奢侈品不再是法国或意大利等西方国家的专属物。世界银行公开数据库（World Bank Open Data）中关于国内生产总值和购买力平价增长的数据表明，新兴经济体在奢侈品市场的重要性正在迅速上升。这些经济体以中国为代表，目前占全球奢侈品消费总额的 60% 左右。奢侈品公司也意识到了这些经济体高速发展带来的机遇，于 2010—2019 年间在这些高潜力市场大力投资，举办了一系列品牌活动，开设了很多旗舰店，旨在提升当地消费者对品牌的认知度。各大品牌也为了抢先占领这些新兴和前沿市场[①]而展开激烈竞争。全球奢侈品地域版图的颠覆性变化只是奢侈品行业转型的一个缩影。地域版图的结构性转变也有助于奢侈品品牌挖掘前沿市场新奢侈品消费者不断变化的品位和偏好。这些新消费趋势已经变得越来越重要，极大地影响了奢侈品公司的主要业务。传统奢侈品品牌为了吸引精通新科技的年轻消费者，通过社交媒体和电商平台精心策划了品牌活动，重塑了品牌形象。2020 年，新冠疫情在全球暴发，低迷的世界经济严重冲击了传统零售体验，从而威胁到奢侈品品牌赖以生存的运营模式。因此，奢侈品公司开始着手改变。无论这些奢侈品品牌是否声名赫赫，在这个行业融合度极高的行业，它们都依赖于新兴市场的开发和敏捷型分销新模式的应用，并通过数字化转型重新实现消费的全民化。

---

① 明晟指数（MSCI）和富时罗素（FTSE Russell）等著名全球指数编制公司将国家市场划分为发达市场、新兴市场和前沿市场（frontier market）。其中，前沿市场指较落后国家，如阿根廷、爱沙尼亚、摩洛哥、孟加拉国、斯里兰卡、巴林等。——译者注

13.1 奢侈品行业：一个融合度极高的行业

奢侈品行业极具独特性，其他行业无法与之相比。回顾历史，每次危机发生后，奢侈品行业都会强势反弹并持续增长。奢侈品行业已经成为一个国家 GDP 的重要驱动力，对欧洲市场尤其如此。预计到 2024 年，个人奢侈品和体验型奢侈品的市场规模将达 11.26 万亿欧元，相比 2015 年的 8450 亿欧元大幅上升；此外，奢侈品消费者总人数也将达到 4.96 亿。一个特殊的行业必然伴随着特殊的挑战。一些奢侈品原产地与当地旅游业高度融合。正如本书第 1 章所述，奢侈品行业在所有成熟经济领域中呈现出最高的利润率水平，并且在遇到经济危机后能快速复苏。2019 财年（即新冠疫情暴发前），路威酩轩集团的毛利润率为 66%，营业利润率高达 21.4%。因此，那些奢侈品行业头部公司对投资者极具吸引力。截至 2020 年，欧洲品牌占明晟指数的 70% 之多。奢侈品行业持续的吸引力来源于以下两个方面：其一是消费者愿意为这些独一无二、能提升社会地位的产品支付高溢价；其二是那些历史传承不够的新锐品牌很难进入门槛极高的奢侈品行业。

正是由于极高的门槛，奢侈品行业势必被数量有限的知名公司和品牌占据主导。虽然奢侈品消费在全球市场快速上升，且奢侈品行业规则并未改变，但新锐品牌成为奢侈品品牌的例子十分罕见。这种现象可以用“地位”（status）和“传承”（heritage）两大奢侈品核心属性来诠释。被誉为“世界奢侈品教父”（pope of luxury）的贝尔纳·阿尔诺一手打造了路威酩轩集团，他的经典语录是，这些奢侈品“明星品牌”都有一个共通之处，“既能代表永恒，又能符合当代潮流；不仅可以快速发展，而且盈利能力非常强”。其中，“永恒”诠释了大多数主流奢侈品品牌历史已长达一个多世纪的原因，也指出了塑造奢侈品品牌形象和名誉的困难之处。

因此，法国、瑞士或意大利等以精英文化和制作工艺闻名的老牌欧洲国家，坐拥全球销售额最高的十大奢侈品公司中的七家。值得一提的是，一些品牌在某些细分市场也获得了一定程度的成功，如东南亚和南非的珠宝市场（如戴比尔斯、周大福等）、英国汽车市场（如阿斯顿马丁、捷豹等）和美国轻奢市场（如蔻驰、迈克高仕等）。奢侈品行业地域高度集中对奢侈品生产和采购产生了深远的影响。2019 年，一些研究报告指出：“意大利制造”占全球个人奢侈品总量的 29%，高于“法国制造”的 21%。相比之下，被誉为“世界工厂”的中国虽然在其他制造业上处于领先地位，但奢侈品产量仅占全球的 5%。

13.2 前沿和新兴市场

13.2.1 “变”与“不变”的矛盾

在日本，京都皇家花园已经留存好几个世纪，但是每个季节都会更换颜色，每天都需要园林工悉心呵护。这个例子告诉我们，为了深刻感受这个氛围，我们必须接受变化无常的环境。这里的一切都会发生改变。尽管赫拉克利特早已提出了类似的观点①，但我们仍然倾向于将“不变”视为常态，将“变”视为无常。然而，当今世界发展的速度比以往任何时候都要快。为了生存，我们必须学会适应变化的环境。我们采用的大多数管理理念以“不变”为前提条件，但很多应用程序已经呈现出不断变化的特征。这些程序一直在改进，并且不断升级——在我们充分准备之时升级，也会在必要之时强制升级。现代技术突破的基础就是源于“变”与“不变”的古老法则。

——卡地亚首席执行官思礼乐（Cyrille Vigneron）

13.2.2 中国市场：业绩增长动力

我认为，中国几乎注定在未来五年内成为最大的奢侈品消费市场……奢侈品行业对中国市场已经产生了依赖。如果中国消费者打了个喷嚏，那么奢侈品行业就会染上肺炎。[1]

——卢卡·索尔卡（Luca Solca）

桑福德·伯恩斯坦（Sanford C.Bernstein）全球奢侈品行业高级分析师

21世纪前20年，中国奢侈品行业与中国经济同步增长。这个世界上人口最多的国家超越了美国，成为世界上最大的奢侈品消费市场。2016—2020年，中国奢

① 古希腊哲学家赫拉克利特（Heraclitus）有一句名言：人不能两次走进同一条河流。这说明了客观事物是永恒地运动。他的核心思想是“变”，主张“万物皆动”和“万物皆流”，认为“变”却是永恒不变的，成为当时具有朴素辩证法思想的“流动派”的卓越代表。——译者注

侈品市场规模复合年均增长率为 16.5%[2]，中国个人奢侈品市场的全球占比从 2012 年的 19% 飙升至 2020 年的 35%。一些咨询公司发布的报告还指出，预计到 2025 年，中国消费者将能消费全球奢侈品的 50%。

20 世纪 90 年代末，路威酩轩集团和开云集团进入中国市场。其他奢侈品公司也紧随其后，各细分领域的奢侈品品牌都通过在香港和上海开设门店进入了中国市场。最初，奢侈品公司都将业务重心放在中国一线城市，关注其中更有影响力的消费人群。随着中国内地居民收入大幅增加，二线城市也逐渐成为奢侈品公司的角力之地。在新冠疫情暴发前，它们在这些城市大量开设门店。此后，奢侈品公司将业务重心转移到提升现有门店质量，并提高数字渠道的渗透率。

如今，中国市场对奢侈品的需求全球无出其右者，供应也随之水涨船高。中国市场需求量的高速增长可归因于以下两个因素：其一是过去奢侈品品牌未能进入中国市场，其二是中国市场最初未得到奢侈品公司的足够重视。当奢侈品行业进入中国市场并以之为重点发展目标时，中国市场的需求量便呈现指数级增长。这些需求主要来源于渴求奢侈品的中国中产阶层和出生于“421 家庭”① 的千禧一代。他们拥有的财富远高于前几代人，并认为奢侈品可以代表其社会地位。大型奢侈品集团极高的销售额正是得益于这种不够成熟的观念。目前，约 10% 中国人的财富达 10 万—100 万美元，亿万富翁有 390 个 [3]。显然，个人的富裕程度与奢侈品需求存在显著的正相关关系。

2014—2020 年间，中国市场对奢侈品行业的重要性显而易见。如今，中国经济正在从新冠疫情中复苏，而西方国家还在苦苦挣扎。2021 年，中国奢侈品市场强势反弹，对奢侈品行业的重要性进一步增加。在疫情暴发期间，奢侈品在线销售额有所增加，预计到 2025 年，在线渠道可占中国奢侈品消费的 30%②。中国消费者的购买力平价正处于上升趋势，在不久的将来，大部分中国内地消费者可望产生购买奢侈品的需求。虽然中国已经超过美国成为最大的奢侈品消费国，但现在就断定中国将很快成为奢侈品品牌最大的市场还为时过早。从中国的基尼系数（Gini

① “421 家庭”即四位老人、一对夫妻、一个独生子女的家庭结构。——作者注。

② 一些咨询公司曾对中国奢侈品市场做出如下预估：2020 年，中国内地奢侈品消费市场占有 率将达 28%，同比增长 11%；2019 年，中国市场在线销售实现了两位数增长，预计到 2025 年，在线渠道将占中国奢侈品消费的 30%。相对年轻的消费者（指 Y 世代和 Z 世代）将推动奢侈品市场的发展。——作者注

Coefficient）推测，富裕人群将拥有更多财富，他们不仅会不断地从奢侈品品牌中寻求**原真价值**，还会更加追求**购物决策的掌控力**，甚至培养**本土品牌**。因此，奢侈品公司需要解决如下问题：①奢侈品行业如何在中国保持增长？②鉴于中国新一代年轻人的价值观正在发生变化，如何才能吸引他们？③奢侈品品牌如何跟上这些变化？④是否有必要逐渐改变他们对欧洲国家文化和价值观的看法，适当地采取本地化策略？⑤随着越来越多的消费者精通数字技术，如何通过数字渠道向消费者传递上述变化的信息？

根据若干份研究报告的结论[4][5][6][7]，中国“80后”消费者贡献了55%的奢侈品消费额，“90后”则为23%。这两大消费人群拥有较为可观的收入，为中国奢侈品市场贡献了60%的增长，无疑是奢侈品公司最理想的目标客群。此外，中国Y世代和千禧一代更注重个人体验，但也存在炫耀性消费，而婴儿潮世代也开始对体验型消费产生了浓厚兴趣。① 可以预计，体验型奢侈品将不断蓬勃发展，但后疫情时代消费者对体验的兴趣在短期内可能会降低，购买重心将会重新回到实物产品上。随着贫富差距不断拉大，中国“超级富二代”会避免炫耀性消费，他们很少购买象征社会地位和财富的产品，更偏爱低调的行为方式。[8] 中国新一代奢侈品消费者接受了高等教育，更懂得时尚，有意识地关注环境和社会问题，并不愿意随波逐流。因此，中国奢侈品市场呈现了与众不同的特征，奢侈品公司应该重新评估其在中国市场的战略。随着中国中产阶层人数不断增加，工业实力飞速上升，国际货币基金组织正考虑将中国列入新一批世界经济强国的名单。此外，中国本土品牌已经崛起，让奢侈品行业的竞争变得更加激烈。

13.2.3 印度：沉睡的巨人

> 在这片土地上，我们随处可见梦想与浪漫，但富裕与赤贫共存，光鲜与破败交织，豪宅与陋室错落，饥荒与瘟疫泛滥，还流传着阿拉丁神灯等鬼魅神灵的故事。印度不仅有老虎和大象，还有眼镜蛇等穿梭在丛林之中。这片土地拥有百余个民族，讲着上百种语言，信奉近千个宗教和200

① 一般而言，沉默世代（Silent Generation）指1928—1945年间出生的一代人；婴儿潮世代（Baby Boomers）出生于1945—1965年；X世代出生于1965—1979年；Y世代和千禧一代出生于1980—1996年；Z世代出生于1997—2009年；α 世代出生于2010—2024年。——作者注

万个神灵。这个国度是现代人类的摇篮，是人类语言、历史、传说和传统的发源地。过去，它见证了其他王朝的腐朽衰败，是世界上唯一对异邦贵胄或平民百姓、饱学之士或愚昧盲流、智者或愚者、富翁或贫民、携家带口或流浪失所之人都表现出无穷兴趣的国家。所有人都渴望来到这片大陆，甚至一眼万年——哪怕只是一瞥，就再也不愿意去别的任何国家了。

——马克·吐温（Mark Twain）

印度在历史上是一个拥有丰富文化和璀璨遗产的国家。然而，由于它曾受到英国的殖民统治，大部分印度人至今仍生活在极度贫困之中。不过，印度目前正处于一场至关重要的国家财富转型过程中。

历史上的印度起源于农业社会，是一个十分崇尚社会主义的国家。1991 年，印度开放了对外投资，但受到严重的官僚主义和复杂的国家政策影响，国际交流并没有像预期的那样顺利。印度抵制奢侈品，并始终对奢侈品征收高额进口关税。更严峻的是，2011—2020 年，印度政治局势扑朔迷离，由于政府执行力太弱，激进的政策对奢侈品消费增长产生了不利的负面影响。近年来，印度政府采取的部分流通货币废除政策和征收商品及服务税的政令，进一步阻碍了印度未来奢侈品消费市场的发展。印度消费者不得不考虑使用现金或非法收入购买礼物。此外，印度与邻国（中国和巴基斯坦）的地缘政治紧张关系加剧了印度国际贸易的不确定性。当然，印度央行提升自动取款机每日提取限额的政策[①]等措施在一定程度上有助于提升印度市场配饰类奢侈品的消费。

印度也拥有一批富裕人群，使得印度奢侈品市场也呈现出一定的潜力。2000—2020 年，印度的奢侈品消费的年均增长率高达 25% 至 30%，但不如亚洲其他新兴市场的发展速度。印度文化呈现多元化，经济发展并不均衡，基础设施建设薄弱，中产阶层消费者对价格又格外敏感，诸多原因导致国外奢侈品公司进入印度遭遇了严峻的挑战。因此，奢侈品门店主要集中在印度大型城市，如新德里、孟买、海得拉巴和班加罗尔。不过，自 2010 年起，印度加强了基础设施建设，以前只开设在五星级酒店内的奢侈品店自 2021 年起开始入驻高端购物中心，如新德里

① 2017 年 1 月 16 日，印度央行宣布将自动取款机提现额度提高至 10 000 卢比，比此前限额高出了一倍多，但每周上限额度 24 000 卢比的规定保持不变。——译者注

DLF Emporio 购物中心、孟买 Palladium 购物中心、班加罗尔 UB City 商城和加尔各答 Quest Mall 购物中心。

虽然印度发展非常不均衡，并正在两极分化，但印度中产阶层的收入在稳步上升。印度也是世界上高净值人群人数增长最快的国家。由于缺乏配套的基础设施，印度二三线城市的发展速度非常缓慢，但奢侈品消费正在增长。尽管奢侈品市场在印度的覆盖范围有限，能买到奢侈品的机会并不多，但仍有约 44% 的奢侈品消费发生在二线城市的消费者身上。一些奢侈品品牌通过与萨贝阿萨奇·慕克吉（Sabyasachi Mukherjee）等印度设计师合作，试图让奢侈品在印度当地市场发展，吸引不愿意购买奢侈品的印度婴儿潮世代，从而实现奢侈品在印度的全民化消费。美好的设想并没有达到预期的效果，印度奢侈品行业仍然未能像包括中国在内的其他亚洲国家一样增长。造成这一现象的原因之一是印度当地的传统手工艺品、工匠和设计师替代了部分西方奢侈品。印度人习惯购买腕表、珠宝、豪华汽车等“硬奢产品”，约占印度奢侈品市场的 1/3。印度的人口结构特征正不断发生变化，年轻一代消费者逐渐丢弃了传统，美食珍馐、旅游度假、葡萄酒及烈酒等体验型奢侈品消费额不断上升，奢华美妆、护肤品和香水已经成为印度奢侈品市场的最大推动力。

尽管市场表现有所起色，但印度仍然是世界上最难开发的奢侈品市场之一，主要原因还是在于印度缺少合适的奢侈品零售空间。在印度开设奢侈品门店会面临诸多困境，即便是印度最大的城市，它们不仅没有能力建设环境优雅的奢侈品街区，更没有合适的门店选址空间。印度的奢侈品零售业发展受到了重重阻碍，如城市环境恶劣、卫生无法保障、安全存在隐患等，并且这些问题在短期内没有出现改善的迹象。奢侈品零售业无法在印度形成规模，原因之一在于印度对零售店铺所有权归属的强制规定①，严重阻碍了奢侈品公司在印度市场的发展。例如，蒂芙尼至今仍未在印度开设线下门店；又如，路易威登是第一个进入印度市场的奢侈品品牌，共开了六家精品店，但并非街头独立店，而是入驻奢华酒店或高端购物中心。路易威登在印度市场的策略备受业界争议。事实上，2011 年，爱马仕在孟买霍尼曼环形商圈（Horniman Circle）开设了门店，是目前唯一在街边拥有独立门店的奢侈品品牌。

① 印度政府规定，所有零售店的所有权归印度政府或企业所有，法律严禁国外投资者掌控印度市场的零售业务。——译者注

印度社会崇尚男权主义，但印度女性正日益成为奢侈品品牌重要的目标客群，她们会购买护肤品和美妆产品，推动着印度奢侈品市场的发展。随着印度政府废除了禁止同性恋的法律，“性少数群体”[①]不再受到印度人的强烈反对或歧视，印度市场也出现了更多中性化服饰产品和化妆品。印度大型城市的“准青年”（即相对年长的青少年）人群已经崛起，他们深受西方媒体的影响，了解并接触得到奢侈品，也买得起这些产品。

一个奢侈品品牌想要大幅提升其在印度市场的曝光度，必须正确了解印度消费者的需求，并洞察他们与发达国家人群的不同点。众所周知，印度在社会形态上和发达国家存在巨大差异。例如，印度女性会在正式场合身穿莎丽服[②]，因此，奢侈品成衣市场尚未在印度市场立足。印度市场有别于其他新兴市场的另一个重要特征在于，其服饰和珠宝的历史遗产可追溯至好几个世纪之前。越来越多奢侈品品牌意识到推出印度风产品的重要性，如展示印度人品位及生活方式的限量产品系列。例如，爱马仕推出了限量版莎丽服，完全在法国制作，并在印度市场独家销售。又如，葆蝶家也推出了限量版“Knot India”手拿包，将传统刺绣工艺融入葆蝶家标志性的编织工艺，包内贴上了特制的产品铭牌，“印度”字样就刻在“意大利制造”之下。再如，意大利顶级男装品牌康纳利（Canali）专为印度市场设计了一款班德嘎啦外套[③]，设计灵感来源于印度开国总理贾瓦哈拉尔·尼赫鲁（Jawaharlal Nehru）身穿的西服。不过，这种情况在未来可能随着西方文化给印度带来冲击而发生改变。

虽然印度市场潜力巨大，但印度市场的支持性基础设施建设和相应制度极度缺乏且名声很差，这也是大多数外国公司不愿投资印度市场的主要原因之一。目前，第 14 任印度总理纳伦德拉·莫迪（Narendra Modi）正带领政府试图通过制定商业环境改善的政策，并实施相应措施来弥补基础设施建设和制度方面的不足，从而力争将印度定位为世界制造业中心。[④]印度的互联网普及率提高了 15%，为印度网民

---

① 即 LGBTQ，指女同性恋者（lesbian）、男同性恋者（gay）、双性向者（bisexual）、跨性别者（transgender）和酷儿（queer）。——译者注

② 莎丽服（saree）是印度传统民族服装，是印度女性披在内衣外的一种丝绸长袍，至今已有五千多年历史。——译者注

③ 班德嘎啦（bandhgala）是一种具有强烈传统民族特色的男性立领外套，是一些重要场合印度男性身穿的礼服。——译者注

④ 尤其印度在新冠疫情暴发后供应链出现严重脱节，印度企业正寻求转移生产基地，并制订完善的应急预案。——作者注

提高了互联网的可访问性，这要归功于印度瑞来斯实业公司（Reliance Industries）及其全资电信运营商子公司 Reliance Jio 推出的极其低廉的移动数据资费套餐，也归功于包括小米在内的中国高性价比智能手机制造商。互联网逐渐普及对印度奢侈品行业产生了一定的正面影响，也揭示了印度二线城市没有奢侈品门店但奢侈品消费居高不下的原因。

高级珠宝品牌想要在印度市场获得成功，了解并尊重当地文化至关重要。印度在高端珠宝（尤其是黄金和钻石）领域享有悠久的历史和传统，珠宝品牌可考虑在原材料使用上强调印度当地贵金属和宝石的使用，这有助于打开印度市场。当然，印度自身也面临着一系列挑战，但印度奢侈品消费正快速提升，或许该国的奢侈品行业即将迎来转折点，打造一个奢侈品品牌所需的时间和精力很有可能在不久的将来获得回报。既然印度在很多奢侈品领域都拥有积淀已久的传承，那么印度本土的奢侈品品牌是否会立即诞生？ 2004 年，普拉达集团董事长兼首席执行官帕特里奇欧・贝尔特利曾如此回答："对我们而言，印度市场十分具有潜在吸引力，但并非当下，而是长期。你们需要看未来 50 年、甚至 100 年后奢侈品行业在印度的发展。"近 20 年后，人们再回顾贝尔特利的判断，这句话依然正确。

13.2.4 韩国：前途无量的前沿市场

韩国奢侈品行业在应对 20 世纪 90 年代末的金融危机时表现出强劲的抗逆能力，2010—2020 年十年间出现强势反弹。因此，韩国是亚洲三大奢侈品支柱市场之一。奢侈品品牌在韩国市场的主要渠道是百货商店，门店数量已经从 2010 年的 20 家迅速增长到 2020 年的 300 家。这十年来，韩国奢侈品市场规模的增长率一直保持在 15%—20%，全球范围内增长速度仅次于中国。韩国奢侈品消费者容易受情感影响，业绩突出的奢侈品品牌往往表现出以下两个特征：其一是优质的售后服务；其二是卓越的客户关系管理。西方市场成衣和配饰的消费正不断萎缩，但韩国市场依然发展迅猛，也推动了化妆品及香水行业更加繁荣。原因主要包括以下五个方面。

第一，韩国政府一直非常支持商业发展，比不少亚洲国家（如越南等）更早采用资本主义市场结构。韩国和日本在文化与政治体制上十分接近，而日本是对奢侈品接受度最高的国家之一。韩国的奢侈品市场发展受益于自由贸易协定和国家出口政策，政府也通过支持影视传播、服装定制和其他艺术形式推动韩国市场的发展，并发起了一系列提升国家文明建设的举措。

第二，韩国经济一直在稳步增长，消费者可支配收入也在增加，这直接引发了韩国人对高端产品的渴望。韩国也是超高净值人群数量最多的十大亚洲国家之一。

第三，韩国人推崇奢侈品消费，他们认为奢侈品并不等同于低俗。韩国社会普遍存在巨大的同伴压力现象[①]，这种压力随即转化成为奢侈品市场的增长动力，因为奢侈品可以反映拥有者的社会地位。在过去，韩国中年女性是最大的奢侈品消费群体，但如今，年轻的 Z 世代富二代成了奢侈品品牌关注的客群。韩国文化在国内外都产生了强大的影响力。韩国新潮的文化不存在任何禁忌，并且韩系男装店和韩国男团明星已经在全球化妆品和时尚领域产生了巨大的文化影响。

第四，韩国整体教育水平很高，科技型基础设施十分先进，与西方强国不相上下。此外，韩国是世界上互联网普及率最高的国家之一，高达 96%。因此，支持移动商务的奢侈品品牌会在韩国市场发展数字和电商业务。兼具创新性和护肤功能性是韩国美妆在其黄金时代取得成功的原因。

最后，韩国也是应对新冠疫情最高效的国家之一。韩国拥有点对点追踪技术，不实行任何封控措施。韩国推行了保持社交距离的政策，对百货商场客流量造成了一定程度的影响。虽然工厂和物流并未停滞，但韩国入境旅游业急剧下滑，与其他大多数国家一样，免税店销售额下降了 95%。韩国消费者普遍不愿承受风险，他们通过减少开支、增加储蓄以抵御疫情带来的不利经济影响。2020 年年末，韩国奢侈品市场开始复苏，主要原因在于韩国人的报复性消费（即疫情期间消费需求被限制，开禁后进行疯狂消费的行为）和婚庆开销（度蜜月的预算用于奢侈品消费）。韩国富裕人群的财富并没有受到影响，但这些超高净值消费者已经从偏爱独家产品转变为关注耐用性和高品质。韩国千禧一代已经成为奢侈品消费的主要群体，他们的消费量在 2010—2020 年间增长了 7 倍。韩国电商渠道销售额也实现了两位数增长，数字渠道的扩张将成为所有奢侈品公司的战略核心。韩国民众一直遵循国家建设的指导方针，因此，韩国成为疫情之后经济复苏速度第二快的经济体，仅次于中国，并在中短期内始终是除中国外最具潜力的亚洲市场。

---

① 在教育心理学上，同伴压力（peer pressure）指因为渴望被同伴接纳认可，避免被排挤，而选择按照同伴规定的规则去思考或行动所产生的一种心理压力。——译者注

13.2.5 中东地区：富豪的新集中地

迪拜、阿布扎比、多哈和利雅得等中心城市已经成为全球旅游胜地。在此度假便可感受到中东地区未来城市发展的野心——摩天大楼鳞次栉比，顶级度假休闲胜地纷纷拔地而起。这些中东国家已从或正从资源型封闭经济体转型为全球第三产业的中心。在疫情期间，中东地区是第一批尝试疫苗并将之发展为产业的地区之一，并且财富集中度十分惊人。2020 年，沙特人均奢侈品消费是中国的 6 倍之多。根据贝恩公司的预计，中东地区奢侈品市场规模的增长率将保持在 5% 水平，迪拜将占中东地区奢侈品销售额的 1/3。中东多国已经向不少奢侈品品牌敞开了大门，推行了十分有利的税收政策。

13.2.6 非洲市场：有待开发

如果说有一个地区可以代表世界经济的未来，那就是非洲。预计到 2050 年，撒哈拉沙漠以南非洲的人口将增加一倍，非洲市场已经成为许多行业的主要目标。然而，奢侈品公司却仍然在犹豫是否进入这个市场。尽管一些奢侈品品牌已经出现在南非和阿拉伯马格里布联盟[①]等市场，但在非洲大陆还有很多富裕精英阶层的需求有待满足。不过，非洲市场已经出现了快速变革。早在 2014 年，法国香槟生产商已经意识到拉各斯[②]是世界上最具活力的大都市之一，如今该城已位列全球前 20 大香槟市场，也是香槟消费增长最快的地区。事实上，非洲大陆与奢侈品渊源颇深。一些非洲部落的手工艺、艺术和流行风尚是过去一个世纪西方设计师的主要创意来源。对千禧一代而言，非洲文明与珍稀材料（如宝石、贵金属等）紧密联系在一起，并凭借原真的手工技艺而闻名全球。因此，非洲国家已经发起了名为“Luxe Ubuntu”[③]的运动，旨在追溯非洲风情的内在灵感。

---

① 阿拉伯马格里布联盟（Union of the Arab Maghreb）成立于 1989 年 2 月 17 日，由摩洛哥、突尼斯、阿尔及利亚、利比亚和毛里塔尼亚等地处北非马格里布地区的国家组成，简称马盟。——译者注

② 拉各斯（Lagos）是尼日利亚旧都和最大港口，位于国境西南端、几内亚湾沿岸。拉各斯人在大型活动、高端聚会上几乎都会以香槟庆祝。——译者注

③“Luxe”即“奢侈、奢华”；“Ubuntu”来自祖鲁语和科萨语，意为”人道待人”，即对他人仁慈，被视为非洲人的传统价值观，也是建立新南非共和国的基本原则之一。如今，“Ubuntu”精神早已走出非洲，正影响全世界。——译者注

除以上各大市场外，奢侈品行业要想实现长期增长的目标，还必须寻找其他具有潜力的市场。许多经济体都或多或少展现出潜力，因此，奢侈品行业无疑在未来几年能够继续快速发展。在这些市场可能会取得成功，也可能遭遇失败。此处先举一个例子：蒙古是否能成为下一个奢侈品的前沿市场？早在 2009 年，时任路易威登首席执行官的伊夫·卡塞勒（Yves Carcelle）便给出了肯定的答案，他到访蒙古首都乌兰巴托时，发现不少女性优雅地挎着路易威登手袋。仅仅几个月后，乌兰巴托市中心出现了第一家路易威登店。杰尼亚也跟随路易威登的脚步。当时，蒙古大量开发自然资源，人们纷纷预测蒙古将进入一个高速增长期。2011 年，随着采矿业蓬勃发展，蒙古 GDP 同比上升了 18%。在此后几年内，路易威登在蒙古市场都享有至高无上的地位，品牌形象早早进入了蒙古消费者的心智，使他们表现出高度的品牌忠诚度。然而，好景不长，路易威登的投资最终没有得到回报。2016 年，蒙古陷入了严重的经济危机，路易威登在蒙古首都周边的分销及物流陷入瘫痪。2017 年 7 月，路易威登不得不关闭了乌兰巴托店。虽然先发优势可以带来竞争影响力，但成功与否应取决于宏观经济基础的强劲实力，否则难以支撑奢侈品等高价值行业——这点至关重要。南非市场保时捷的发展与路易威登的窘境产生了鲜明对比。豪华汽车没有受到新冠疫情太多影响，市场表现仍然相当不错。例如，梅赛德斯—奔驰、特斯拉和丰田在美国市场热卖，因此，2020 年美国豪华车销量上升了 44.3%，同比增长了 4.3 个百分点。南非汽车业并不发达。20 世纪 60 年代，通用汽车占南非汽车市场 70% 的份额。随着南非经济蓬勃发展，保时捷抓住了历史机遇。这个德国豪华车品牌于 1952 年进入南非市场，成为第一个在非洲市场扎根的欧洲豪华汽车品牌。此后，保时捷开始扩大消费者基数，通过进口在欧洲市场上市的新车型确保品牌的市场领导地位。如今，保时捷是南非最具代表性的豪华汽车品牌之一，其中保时捷卡宴 Turbo 是最受南非消费者欢迎的豪华 SUV 车型。2008 年，保时捷进一步扩张了南非市场，在约翰内斯堡开设了品牌规模最大的经销店，占地约 20 000 平方米。这个销售中心配备了当时最先进的定制化车间和私人测试车道。

上述案例充分说明，奢侈品品牌在新兴市场取得成功的关键因素之一是文化认同，同时向消费者提供与其他成熟市场一致的品牌体验。然而，这一策略往往被很多头部品牌所忽视。

同样值得注意的是，新兴及前沿市场的消费者与传统奢侈品市场大不相同。不少学者用“亨利一族”（即年收入在 10 万至 25 万美元的人群）描述这些新兴消费群体。他们未来可能会变得十分富有，虽然消费水平暂时远不如那些超级富豪，但他们代表了巨大的市场机遇，也往往能快速地响应品牌的精准营销活动。

13.3 新冠疫情的余波

自 1995 年起，奢侈品行业一直处于黄金时代，大型奢侈品集团每年都能实现两位数增长。数十年来，“奢侈品行业”始终与“持续增长”“超高利润”“超强复苏能力”等关键词相提并论，似乎只有天空才是它的极限。有谁能预料得到：普拉达集团、路威酩轩集团、开云集团和历峰集团在证券市场上大放异彩，遭遇新冠疫情后股价大幅下跌，但不久之后又强势反弹？

2008 年暴发的全球金融危机让人们更加相信，相比高端非奢侈品零售业，奢侈品行业更不容易受到经济衰退的影响。即便在 2009—2011 年经济衰退期间，大多数奢侈品公司业绩增长仍保持在 10% 至 20%，甚至更高。不过，2013 年，随着欧元走强、实际消费下降，奢侈品公司的业绩增长率普遍下滑，只有少数经受住了考验。那么，疫情暴发后，奢侈品公司应该如何应对？未来的希望又在何方？

最早关于疫情影响的分析报告指出：预计到 2020 年年末，全球奢侈品公司营收将同比下降 25%—40%，但中、日、韩三国市场受到的冲击相对较小，将很快扭转颓势。2020 年全球各行业平均下降幅度为 15% 至 20%。造成大幅下滑的原因在于奢侈品行业过去的优势瞬间成为劣势，即对旅游业的依赖。在近几年充满各种挑战的岁月里，全球旅游零售业突然停滞，至关重要的店内体验完全消失，消费者购买奢侈品的意愿下降了。

未来值得期待，但可能不如过往那么辉煌。2020 年，在中国及其他亚太地区和非洲新兴市场不断壮大的中产阶层消费者的推动下，奢侈品市场规模已接近 2810 亿欧元（约合 3100 亿美元），但略低于 2013 年的 3200 亿美元。究其原因还是受到了疫情的影响。过去五年间，古驰、路易威登、香奈儿、爱马仕、丝芙兰、迪奥和葆蝶家成为奢侈品行业发展的重要推动力。与路易威登相似，古驰推出无品牌标识产品的同时，也推动了高价手袋的销售。最近四年，古驰占开云集团近 60% 的营业收入，利润占比更高达 80%。值得注意的是，路易威登和古驰正向一个新目标发展，推出了更加昂贵的产品，进一步提升了产品质量，旨在打造成为奢侈品行业“金字塔顶端”的品牌。与此同时，它们还分别推出了迎合 Z 时代和“亨利一族”消费者偏好的配饰。

路易威登和古驰的做法与爱马仕、香奈儿和葆蝶家采用的策略几乎相同——超高品质，超高价格。在疫情期间，葆蝶家是业绩最突出的奢侈品品牌之一，同比增长 3.7%，反观开云集团旗下的其他品牌：古驰同比下降 22.7%，圣罗兰下降 14.9%，其他品牌同比下降 10.1%。

所有奢侈品品牌都尽力应对疫情带来的挑战。很多门店随即推出了“线上下单，到店提货”的服务，电商平台快速发展，门店卫生也更加得到重视。然而，在这个高度重视体验的行业，品牌与顾客之间的联系被大幅减弱了。在疫情暴发前，四大时装周每年可以给品牌和地方政府带来约 12 亿欧元的收入。2020 年，巴黎时装协会试图举办一场简单的秋季时装周，反而产生了负面效果。人们的行动受到了限制，并且不愿进入公共场所，高档餐厅、奢华酒店、时尚酒吧的经营变得异常艰难，这也导致优质葡萄酒或旅行用品等依靠交叉销售[①]的产品更加难以出售。

不过，天无绝人之路，一些奢侈品公司开始在社交媒体上与顾客建立一对一的联系。在销售员的建议下，很多顾客开始在电商平台上购买奢侈品。新顾客会浏览品牌的官方主页，电商平台成为获取新客源的绝佳方式。消费者在隔离期结束后迫不及待地涌入奢侈品门店，这无疑佐证了奢侈品行业强劲的复苏能力。许多奢侈品品牌已经借此提升顾客忠诚度、致电顾客、升级网站等。例如，巴黎高级鞋履品牌路铂廷，2021 财年已经恢复业绩增长，同比上升 5%。它还获得了意大利阿涅利家族旗下 Exor 投资公司的资金注入——Exor 投资公司以 5.41 亿欧元（约合 6.42 亿美元）的价格收购了路铂廷 24% 的股权。这个以“红底高跟鞋”为经典的法国品牌的市场估值已达 23 亿欧元。

疫情虽然只是一场危机，却引发了多重后果。无论是奢侈品行业，还是不同区域市场，都出现了“极端两极化”（hyper-polarization）的现象，不同细分市场、不同相关行业都受到了不同程度的影响。不难发现，高档鞋履、美妆品牌、皮具配饰等市场在疫情之后会更快复苏。这些品类原本就在电商渠道上实现了不错的业

① 交叉销售（cross-selling）指销售员挖掘一位现有顾客的多种需求，并通过满足其需求而实现销售多种相关服务或产品的营销方式。——译者注

绩，并且不容易出现季节性销售的问题。而珠宝和高级腕表等硬奢产品或更讲究独特体验的产品未来需要很长一段时间才能恢复正常，消费者通常只在试穿或试戴后才决定是否购买。此外，不同国家对卫生状况的要求也引发了不同的结果。亚洲国家（尤其是中国、韩国、越南、新加坡等）、中东地区、英国和美国的复苏速度远快于严重依赖旅游业的欧洲大陆国家。

总而言之，奢侈品行业已经呈现了不少值得关注的趋势，主要包含以下十个方面。

1. 在新冠疫情暴发期间，帮助政府解决难题变得至关重要

作为文化产业的成员，奢侈品行业应积极参与疫情预防行动，始终以消费者为中心，增强企业社会责任。例如，路威酩轩集团向中国红十字会捐赠了 220 万美元，同时将生产线改造成水醇凝胶洗手液制造工厂，并承诺为法国提供 4000 万只口罩；爱马仕集团向巴黎公立医院集团捐赠了 2000 万欧元，并在 2020 年初生产了超过 31 000 只口罩；泰佩思琦集团通过蔻驰基金会向美国小型企业主捐赠了超过 300 万美元。又如，开云集团向意大利一些地区（如伦巴第、威尼托和托斯卡纳等）的医疗和卫生机构捐款 200 万欧元，并向中国河北省红十字基金会捐款 500 万欧元。再如，普拉达集团向意大利医务工作者捐款 110 万欧元。

2. 在当地市场购买奢侈品成为主流

疫情导致旅游业停滞，所有品牌都专注于迎合当地市场，而中国成为奢侈品行业的头号目标。在欧洲，商店需要与当地顾客重新建立联系，收集他们的数据并保持接触。即使全球旅游业恢复正常，这些优势也能继续保持。在疫情暴发前，各大奢侈品品牌并没有跟踪顾客信息，仅仅依赖游客到访门店。 日本和中国分别位列全球第二大和第三大奢侈品销售市场，经济已经快速复苏，中国人报复性消费和聚会装扮需求大大刺激了奢侈品销售。例如，爱马仕在广州的第二大精品店单日销售额曾突破 270 万美元，路易威登在中国内地的销售额也增长了 50%。美国奢侈品市场也迅速恢复正常。一方面，美国股市创下了历史新高；另一方面，国际旅游、高档餐饮和水疗的消费机会越来越少，富裕人群对手袋、高级珠宝和羊绒外衣重新产生了兴趣。因此，各大奢侈品品牌必然在中国开设更多旗舰店，并在人口较少的城市开设更多精品店。

3. 品牌标识明显的产品将重获青睐

上一次危机发生在2011年，当时高调的品牌标识成为奢侈品消费者炫耀的方式，这其实已经偏离了轨道。路易威登曾成功地凭借高调的品牌标识和吸引眼球的标签装饰物大大提升了销售额，但此后奢侈品行业回归到最初的价值观——关注稀缺性。维吉尔·阿布洛、西蒙·雅克慕斯和奥利维尔·罗斯坦①等设计师的作品体现了这种新的稀缺性。他们将品牌的现代与原真融为一体，推出胶囊系列和独家合作产品，建立了年轻消费者对奢华时装的忠诚度。然而，西方和东方的现代风格并不相同，疫情之后，消费者很可能会重新通过炫耀高调的品牌标识满足自己，从而提升自我形象和自信心。中国消费者将仍然偏爱高调的品牌标识和吸引眼球的标签装饰物，东西方消费者的两级分化现象会持续存在。

4. 大型奢侈品集团将获得规模效益

奢侈品行业已经一次又一次地证明了其强势复苏的能力。然而，一些品牌在危机后会变得更加强大，但其他品牌将陷入泥淖。这很大程度上取决于公司能否应对短期挑战，同时专注于未来和长期规划。大型奢侈品集团采取了价值链一体化策略，以最小的成本提升了市场份额，它们凭借雄厚的资金实力和重新谈判的能力占据市场领导地位。这使得依然保持独立的奢侈品家族企业处境更加艰难，其中一些很可能挂牌求售。

5. 并购频率将显著上升

所罗门·罗斯柴尔德男爵（Baron Salomon Rothschild）是世界金融世家罗斯柴尔德家族的成员，出生于18世纪。他为后世留下了一句箴言："当市场血流成河之时，便是出售收购之机。"过去十年间，欧洲奢侈品品牌和私募基金公司一直在明争暗抢，都想把"猎物"收入囊中，而一些美国时尚集团和中东投资者也加入了"狩猎"队伍。疫情暴发后，一些"猎人"（尤其是非奢侈品行业的公司）意识

---

① 维吉尔·阿布洛生前为米兰时尚品牌Off-White™的创始人兼设计师，在2018至2021年担任路易威登男装系列艺术总监，极富开创性，引领了全球年轻时尚的风潮。西蒙·雅克慕斯（Simon Jacquemus）于2009年创立了同名品牌Jacquemus，被称为"法式新浪潮设计的代表"。奥利维尔·罗斯坦（Olivier Rousteing）自2011年起担任巴尔曼的创意总监，热衷于通过新法式风格重绎美学。

到，它们没有培育这些高潜力品牌的核心能力或耐心，因此打算剥离奢侈品业务。因此，曾经要价高得惊人的收购方案在后疫情时代其性价比可能变得很高。这种现象可能导致奢侈品行业集中度进一步提升，甚至会诞生全新的大型奢侈品集团。事实上，就在疫情暴发期间，VF集团宣布同意以20亿美元的价格收购街头服装品牌苏博瑞，盟可睐集团收购了竞争对手石头岛的多数股权，Exor集团收购了上下和路铂廷的多数股权，路威酩轩集团收购了蒂芙尼等等。或许人们还会提出这些疑问：开云集团和历峰集团是否可能合并，从而与路威酩轩集团抗衡？鉴于香奈儿和阿玛尼集团的掌舵人都已足够高龄，品牌的未来会走向何方？

6. 百货公司时装店的风格永久发生了改变

疫情暴发前，传统定制成衣卷土重来，逐步取代了连帽衫、运动裤和其他街头服饰的设计，出现在时装秀的舞台和门店的陈列架上。居家办公的习惯改变了一切。麦丝玛拉2021春夏时装秀引领了潮流，百货公司的买手开始着眼未来购买“简约剪裁”（soft tailoring）的服饰，而普拉达2021春夏男装系列也适时推出了“束腰”（waist-up）的设计理念。

7. 人们将在未来逐渐适应没有现场观众的时装秀

在全球旅游业恢复正常之前，时装秀的创新模式（即直播、数字时装秀等）将成为新常态。2020年，旅行限令和保持社交距离的规定迫使时装品牌重新考虑传统时装秀的未来。当年12月，香奈儿在法国一座城堡①内举办了高级手工坊系列发布会，但观众只有一名。与此同时，卡地亚提前两个月在中国市场率先推出了最新款帕莎系列（Pasha de Cartier）腕表，而2021年，盟可睐也取消了原定在米兰时装周上举办的天才系列（Genius）腕表发布会，改为在上海举办。

8. 人们将越来越重视可循环、可持续发展、包容性和多元化

奢侈品产品系列将变得更加个性化、定制化并减小体量，更多设计师将选择经认证的可持续面料以应对气候问题，并减少浪费。甚至在疫情暴发前，一些奢侈品品牌已经缩减产品系列数量，并从当季流行转型为可靠、可持续。例如，爱马仕在疫情期间推出了第一款纯素皮革手袋，由蘑菇制作而成。不过，反面教材也比比皆

---

① 即法国卢瓦尔河谷的舍农索城堡（Château de Chenonceau）。——译者注

是。例如，古驰推出了一款戴面罩的黑色毛衣，在美国市场遭到抵制；[①] 巴黎世家发布了一款“七夕”限定特别款手袋，但因背离了传统欧洲美学而备受争议。[②] 以上案例都给予奢侈品品牌警示，必须敏锐地感知不同地域的文化。

9. 奢华体验将与数字技术不断融合

奢侈品行业及其商业模式创新将不断持续下去。科技手段和人机交互界面使消费者能在数字平台上与奢侈品品牌进行互动。这有助于消费者对奢侈品产生新的兴趣点，同时促进顾客与品牌之间的交流。奢侈品品牌只有通过线上线下一体化的交流和人际间沟通才能吸引更多高端奢侈品消费群体。最近一项研究结果显示，由于疫情影响，消费者和企业对数字技术的使用至少超前了五年。游戏中的数字产品植入、门店 3D 技术使用和沉浸式体验及娱乐、虚拟展厅、社交媒体和移动商务、基于人工智能的 CRM 系统、具有内化力 [③] 的电商平台、非同质化通证（non-fungible token，NFT）等都是十分值得期待的数字技术。

10. 奢侈品行业将呈现两极分化，并更依赖区域市场的多元化

奢侈品各细分行业间的差异在疫情暴发后不断扩大。以下三大因素将进一步加剧奢侈品行业的两极分化：①疫情前品牌资产负债表的健康度；②运营模式灵活度、数字化能力、供应链敏捷度和对批发渠道的依赖度；③应对疫情的针对性措施。奢侈品品牌的生存目标已经变成短期业绩、运营效率和品牌复苏能力的最大化。研究奢侈品行业平均业绩并没有多大意义（即使在疫情暴发前），因为不同细分行业的奢侈品公司其增长率和利润率差异很大。即便在同一个细分行业和价格区间，不同奢侈品品牌的增长率也大相径庭（有些品牌高达 40%，有些甚至负增

---

① 2019 年，古驰推出了一款名为“Balaclava knit top”的黑色毛衣，其黑色高领的设计可以拉至鼻部，并在嘴部做了缺口设计，边缘以大红色喻示红唇形状。刚一上市，美国民众便谴责该毛衣涉嫌歧视黑人，美国众多明星纷纷公开抵制。随即，古驰在社交媒体上道歉，并将该款从网点和实体店内下架。——译者注

② 2020 年，巴黎世家针对中国市场推出了七夕情人节沙漏包涂鸦特别系列，但手袋上“我爱你”或“你爱我”的大号涂鸦文字，以及品位不高的文案和图片素材，一时间引起时尚界热议，多数人表达了对巴黎世家该系列的失望之情。——译者注

③ 在电子商务领域，内化力（internalization）一般指使消费者理解并接受数字信息的论证内容以形成内化，从而触发进店、互动交流等行为的能力。

长），收益率也从个位数到 50% 不等。因此，业绩的反弹取决于疫情在不同市场的发展速度、疫苗接种速度、出入境旅游恢复速度，以及当地消费者的抗逆能力和自信心。这在很大程度上由地理环境和政府应对疫情的措施决定。短期内，奢侈品公司的业绩可能将继续下滑，并且利润率将大幅下降，原因在于奢侈品公司依然需要承担高额成本，甚至需要加大投资的力度，如门店租金、运营成本、营销投入、数字化建设等。不过可预计的是，未来三年奢侈品行业将全面复苏，2022 年年底或 2023 年有望恢复到 2019 年的水平。

13.4 未来发展趋势

以不变应万变已经不再适用于奢侈品行业。在这个竞争日益激烈的行业，很多品牌不得不重新梳理自身业务，提出一些问题。例如，为何过去对品牌满意的消费者如今不再对之青睐有加？

从近十年的发展历程中不难发现，奢侈品行业面对外部环境的影响也不能幸免。整个 2020 年，危机无处不在，世界政治局势并不稳定，国际货币汇率走势难以控制，旅游业停滞不前——整个地球（当然包括奢侈品行业）发生了巨大变化。

奢侈品行业必须重视自身的短板，如创新节奏缓慢、研发投入过少等。许多公司往往天真地认为永远不会遭遇失败。一些品牌无序扩张门店，忽视了**“小也代表快乐，应该追逐梦想，牢记创造惊喜、时刻关注细节”**的真理。

事实上，疫情给奢侈品行业带来了宝贵的反思机会。奢侈品品牌应该归本溯源，不断问自己：现在的奢侈品究竟是什么？ 2030 年的奢侈品会是什么？奢侈品品牌在未来还需要具备哪些特质？如今，奢侈品品牌不得不重新构建与消费者的沟通方式以及服务顾客的方式。

那么，奢侈品品牌将如何在数字时代采用新技术？如何达到线上与线下门店的平衡？线上线下一体化能否塑造奢侈品品牌的梦想，帮助消费者购买正确的产品，并且避免品牌形象的稀释？这些问题仍然需要去不断探索。

正如过度使用 CRM 系统会对奢侈品品牌产生负面影响，滥用数字技术也会扼杀消费者对奢侈品的渴求。在提及奢侈品行业时，数字化转型是无法回避的重要话题。疫情之后，奢侈品行业不可避免地发生了变革，但传统奢侈品品牌仍然不大愿意接受这种转型。不过，一些迹象表明，这些品牌也在逐渐做出改变。例如，开云集团现任掌门人、首席执行官弗朗索瓦–亨利·皮诺在 2017 年通过家族投资集团阿特米斯创立了专用风险投资平台 Red River West，并注资 1 亿欧元用于支持科技型初创公司的技术研发，构建全新的奢侈品生态系统，从而与开云集团旗下品牌形成协同效应，并获得丰厚回报。同年，开云集团的主要竞争对手路威酩轩集团以同样的方式创立了风险投资基金 Luxury Venures，它的单笔投资金额一般为 200 万至 1000 万欧元，目标是充分利用在社交媒体上颇具影响力的年轻品牌或高潜力品牌，并大力推动科技型初创公司的发展，而这些公司在未来很有可能改变人们的奢侈品消费行为和购物习惯。

因此，奢侈品公司亟须解决的重要问题仍然是：**当所有品牌都使用了同样的技术、实现了数字化转型且制定了相同的销售培训计划时，一个奢侈品品牌如何具备独特性？**

这引发了更多的挑战：**如何才能独具特色？如何找到明日之星？如何定义全新的服务标准，以确保奢侈品得到消费者的喜爱和认可？**

2021 至 2030 年将是旅游业的新十年，“外漂族”① 的快速崛起将有助于奢侈品行业的重塑。直至目前，游客数量保持相对稳定，出境购买奢侈品的主流人群仍然是中国消费者。不过，未来这种模式会发生改变吗？消费者会在本国购买奢侈品吗？当奢侈品品牌不得不接受当地信仰、遵守当地规范、形成当地特色时，它们会采取本地化策略吗？

2013 年，中国人出境旅游超过 1 亿人次，但 2020 年这个数字接近于零。数据显示，2013 年中国消费者购买的奢侈品占全球总量的 47%[9][10]，总计约 1020 亿美元，其中境内市场消费达 280 亿美元，境外市场高达 740 亿美元。然而，中国消费者的购物行为变幻莫测，他们往往会到具有汇率优势的国家购买奢侈品。疫情的暴发让很多法国人或意大利人看到了奇观——街头没有一位游客出现。

2021 年，欧洲和中东地区国家，甚至包括美国都在努力吸引游客前来。为了将迈阿密打造为一个奢侈品消费集中地并吸引南美游客，美国政府为此发放了 24 小时有效的签证。欧洲仍然是消费者最喜爱的旅游目的地，欧洲奢侈品市场的销售额占全球 35%，其次是美国，占 31%。同样，迪拜也宣布为前来居住办公的商务

① 关于外漂族的定义与特征可详见本书 102 页。——译者注

旅客提供为期一年的工作签证。

在欧洲，法国和意大利预计将成为受益于旅游业复苏的两大国家。不过，由于应对新冠疫情和疫苗接种的反应迟缓，加之欧元走强、美元疲软，欧洲旅游业复苏遭遇瓶颈，不少顾客和游客转而前往美国。如前文所述，在疫情暴发前，四大时装周每年可以给品牌和地方政府带来约 12 亿欧元的收入。2020 年，巴黎时装协会试图举办一场简单的秋季时装周，收效甚微，反而产生了负面效果。更致命的是，一些设计师品牌无法像以往那样快速地向时尚达人宣传新产品系列。为了吸引这部分游客，欧洲应调整签证政策（如提供多次入境签证、快速发放签证等），实行高效且有效的安全措施，并采用全新的接待方式。

此外，众所周知，美国是奢侈品消费的新兴市场，潜力巨大。越来越多的女富豪在线上或线下购买奢侈品。开发美国市场所面临的挑战与中国市场类似：资金必须足够充裕才能在这个庞大的市场获得成功。如今，美国市场和美国品牌都已经成为奢侈品行业的头号关注对象。路威酩轩集团收购蒂芙尼无疑佐证了这一观点。

有种观点认为：只有资金雄厚、影响力强大、营业收入可观的奢侈品品牌才能泰然应对突发事件或巨大变革，从而立于不败之地。这个观点可能有失偏颇。全球奢侈品公司整体营收情况并不能反映疫情影响的全貌。奢侈品市场包含了各种细分行业，这些行业受到的影响大不相同，即便是同一个细分行业的相近品类，差异也十分巨大。不同国家奢侈品细分行业的表现千差万别，因此，不同地域的市场将呈现两极分化，甚至更极端的两极化。当然，奢侈品品牌应对疫情连锁反应的能力取决于疫情暴发前的财务状况、价值链（包括采购和生产）敏捷度和品牌的忍耐力。

在此重复一下前文的结论：高档鞋履、美妆品牌、皮具配饰等市场在疫情之后会更快复苏。这些品类原本就在电商渠道上实现了不错的业绩，并且不容易出现季节性销售的问题。这些产品在未来若干月内的业绩将快速提升，最大限度地弥补 2020 年遭受的损失。而珠宝和高级腕表等硬奢产品或更讲究独特体验的产品，未来需要很长一段时间才能恢复正常，消费者通常只在试穿或试戴后才决定是否购买，并且这些产品往往属于一次性消费品，更容易产生季节性销售问题。

此外，不同国家对卫生状况的要求也引发了不同的后果。出乎不少人意料的是，中国奢侈品市场已经快速复苏。正是因为中国政府采取了多城市封控措施，才有效遏制了新冠疫情的扩散。一些奢侈品品牌甚至宣布，当年销售额已经超过了前一年同期。不少人称之为“报复性消费”。在意大利、法国或瑞士等老牌欧洲国家，2021 年奢侈品行业的前景并不容乐观。这些国家严重依赖旅游业，只能尽力控制疫情传播。正如本节开头所述：“以不变应万变”已经不再适用于奢侈品行业。

13.5 奢侈品行业的新前沿话题

在中国，基金公司和品牌创始人（包括已经在上海和巴黎市场崭露头角的品牌上下）都在深度思考奢侈品品牌的概念：为何奢侈品品牌只能被法国人、意大利人、英国人或美国人创造或拥有？难道未来某些印度或中国品牌不能成为西方品牌的强劲对手吗？奢侈品行业已经不存在安全的避风港，“法国制造”或“意大利制造”也不再是高不可攀的行业壁垒。在未来，印度人和中国人也能创造出与欧洲人不相上下的奢侈品品牌。随着“法国制造”和“意大利制造”逐渐失去光环，奢侈品品牌应推出更具创新特色的产品，进一步提升服务水准。创新是产品的基石，但奢侈品品牌也需要重视服务创新，否则将自食其果。

有些人错误地认为：奢侈品一定是舶来品，并且是发达国家理性消费者的专属物。然而，事实并非如此。例如，拉夫劳伦是一个享誉世界的美国奢侈品品牌，蔻驰和苏博瑞也是闻名全球的美国轻奢及生活方式品牌。它们的成功表明了奢侈品行业十分包容，向所有国家开放。奢侈品行业还迎来了一些新趋势，如创立于美国的迈克高仕和黑盒葡萄酒（Black Box Wines）、创立于日本的优衣库（Uniqlo）、创立于英国的 Topshop、创立于巴西的哈瓦纳（Havaianas）等轻奢时尚潮牌都保持着业绩的高速增长，并成功地吸引了部分年轻富豪的眼光。一些报告指出，相比年长的富裕人群，45 岁以下的年轻富豪的奢侈品消费多出近 50%。他们对贴有原产国标记且高调彰显社会地位的产品十分反感，反而对展现归属感和时尚感的品牌倍生好感。

“法国制造”或“意大利制造”的标签应该成为与顾客建立联系、通过新技术吸引消费者的手段，但需要强调的是，这些标签并不能保证某个品牌比其他品牌拥有更持久的可靠性和优势。事实上，盲目地信任这些标签会显得自己自以为是、无知愚蠢。很久以前，奢侈品是大家族或富裕阶层的专属物，的确全部产自法国或意大利。但如今，数以百万计的中产阶层消费者也购买奢侈品，而只有屈指可数的家族企业还掌管着自己的品牌。更何况奢侈品行业十分看重财务指标——不仅需要创意天才，还要掌握管理技能。上述各种因素结合在一起形成了奢侈品行业高度复杂的商业模式。

奢侈品行业天生带有使命，始终遵循可持续发展的新模式，倡导循环经济，给这个利润率极高的行业赋予了神圣的光环。因此，奢侈品行业将持续保持增长，不断突破极限。奢侈品市场潜力十分巨大，人们很难判断这个行业最终会发展成什么形态。预计不久后，欧洲奢侈品市场将保持稳定，大量来自中国、印度、非洲和南美洲的游客将恢复欧洲旅行，欧洲也将再度成为奢侈品购物圣地；日本依然是顶级餐厅的集中地之一；中国和美国将继续扮演游客输出大国的角色。不过，巴西、非洲以及包括中国在内的亚洲国家都还未显露出维持奢侈品市场发展态势的有效措施。

奢侈品行业的范畴似乎无限广阔，这就是奢侈品公司有义务为地球可持续发展做出贡献的原因所在。奢侈品品牌应培育、培训并反复培训来自非洲或亚洲欠发达国家的工匠，这些国家将有很多人才继续被挖掘发现。各个国家也需要制订相关计划，为手工艺发展提供空间和保障，并设法吸纳新鲜血液参与到创作流程中去。这对奢侈品行业至关重要。

全球手工匠的培育发展有助于提升奢侈品品牌的创造力，同时也能帮助工匠摆脱贫困。奢侈品品牌应与其他品牌共享财富，保护地球，发展教育。奢侈品行业应成为全球手工艺发展的领路人，帮助印度纺织品、越南漆器、中国陶瓷、非洲银器和珠宝工艺等传统奢侈品和技能重获生机。

奢侈品行业发展得过于成功，有时甚至会招致指责和诟病。虽然这些行为并不理智，但社会民众不免会产生这种情绪。因此，奢侈品公司的未来前景与其可持续发展的能力与参与度紧密联系在一起。例如，路威酩轩集团已经开展了多项可持续发展项目，包括支持国际组织“救助儿童会”（Savethe Children）在日本的活动，主持修缮莎玛丽丹巴黎新桥百货（La Samaritaine Paris Pont-Neuf），支持克洛德·蓬皮杜基金会（Fondation Claude Pompidou）的活动，向巴斯德研究所（Institut Pasteur）捐赠。此外，路威酩轩集团还赞助了很多艺术大师的大型活动，如理查德·塞拉（Richard Serra）在纽约和巴黎举办的雕塑展，安塞姆·基弗（Anselm Kiefer）的艺术展等。又如，路易威登成立了同名基金会，爱马仕家族也创立了爱马仕基金会，帮助支持世界各地的青年才俊；欧莱雅集团活跃于各类慈善活动；古驰与联合国儿童基金会（UNICEF）合作；开云集团始终领导奢侈品行业的可持续发展计划，尤其关注女性领导力。

为了响应可持续发展的号召，奢侈品品牌必须表现出产品的实用价值，宣扬可持续发展的相关举措，并展示品牌在美学、创新、创意方面做出的贡献。奢侈品公司的商业模式成功与否取决于创新能力，这也为其他行业敞开了大门，因为创新已经成为当下商业领域最重要的成功因素。奢侈品公司必须考虑如何聘请员工，如何招募人才，如何进一步提升创造力，如何实现创新，如何找到原材料的创新用途，如何善待动物，如何更好地使用动物皮毛等等。奢侈品行业必须用全新的视角看待世界，为地球做出更大贡献，引领其他行业参与到可持续发展中来。

奢侈品品牌的最终目标是改善治理模式。越来越多的创作者外出旅行，放眼看世界，从世界各个角落汲取灵感，在不同办公点与其他人一起工作。他们面临的挑战是如何与他人交流，让别人理解他们的构思，并转化为产品和服务。管理者需要学会以不同的方式与他人分享观点，汇聚所有人才——一些是“外漂族”，一些喜欢安静地待在某处，一些则身处遥远的国家。

最理想的模式是采用数字技术，用社群管理方式取代传统的层级管理。所有研究话题和想法可以通过数字工具进行探讨，对此感兴趣的消费者可以在这个平台上分享个人体验、想法和经历。这意味着传统的管理模式已经无法满足奢侈品品牌发展的创新需求——创新已经成为差异化的关键因素。那么，奢侈品公司在战略实施过程中，如何在保持传承的同时引领创新？如何在坚决维护品牌基因的条件下为消费者创造更多惊喜？奢侈品公司的未来规模仅取决于顾客的消费欲望。并非所有品牌都会取得成功——一些新品牌会诞生，一些品牌会不断发展，但一些品牌会不复存在。路易威登、博柏利、汤美费格（Tommy Hilfiger）、迪奥和雅诗兰黛已经开始利用机器学习、数据分析工具等基于大数据和人工智能的技术为顾客提供更及时、个性化的服务。

如果说新冠疫情前所未有地让奢侈品行业几乎陷入瘫痪，那么它从另一角度暴露了奢侈品品牌与消费者新需求之间的不完全匹配，也显现了新的业绩增长领域。面对当下疫情危机，关注投资回报率已成为当务之急，奢侈品公司不得不深入研究价值链，重新思考生产方式的灵活度和适应能力。随着消费者需求越来越多变，奢侈品公司必须做出上述调整。如今，消费者信息已经变得更加透明，他们的购买动因也更容易察觉。数字技术给奢侈品行业带来了一个巨大困境，各个品牌必须平衡好以下两组对立关系：①原真性和创新体验；②曝光率和稀缺性。

伊朗和尼日利亚等国家的奢侈品市场发展至今仍是未知数，但印度、巴西、卡塔尔和南非已经开始成型。为何要在此提到非洲国家？因为非洲市场仍有待开发，尤其是对于那些注重原真品质的奢侈品品牌。非洲大陆经济正快速发展，人口结构也趋于年轻化，未来非洲奢侈品市场前景光明。拥有石油或天然气的能源国家有潜力在短时间内涌现出新一代高净值人群。尼日利亚、安哥拉、加纳、莫桑比克、肯尼亚和坦桑尼亚都是很有潜力的市场。

事实上，当一个国家的中产阶层消费者开始崛起时，奢侈品市场就会快速发展，亚洲（如越南、菲律宾、印度尼西亚等国）和拉丁美洲皆是如此。那么，为什么要在蒙古乌兰巴托而不是塞内加尔的达喀尔开奢侈品店呢？答案或许只有路易威登才知晓。[①]

以下问题值得奢侈品公司深思。例如：

- 下一批崛起的奢侈品市场在哪些国家？会是那些成立不久的国家或中产阶层消费者快速崛起的国家吗？这些国家的消费者会喜欢哪些奢侈品？
- 奢侈品品牌如何把握新市场开发和现有市场重振的力度？
- 应该开设多少家门店？在哪里开店？开店的成功因素有哪些？
- 奢侈品市场将在未来 15 年内不断发生改变，奢侈品品牌应该采取本地化策略（关注当地消费者品位和偏好）还是坚持全球统一？
- 奢侈品品牌需要迎合“外漂族”的喜好吗？未来“外漂族”的特点又是什么？产品创作者应该提前预判他们的需求、决策和偏好，还是只需推出最好的作品，让“外漂族”自行选择？
- 在与新一代消费者建立关系的同时，如何深化老顾客对品牌的信赖和忠诚？
- 品牌如何将价值观和专业知识传递给下一代消费者？
- 品牌如何去了解千禧一代的梦想和渴望？
- 奢侈品公司应遵循人口红利路线，还是在推出全球化产品的同时继续扎根于欧洲？
- 轻奢产品的未来是什么？生活方式类产品呢？轻奢产品能在法国市场立足吗？

---

① 关于路易威登在乌兰巴托开店的前因后果，详见 13.2 节。——译者注

- 随着数字时代的到来，创立一个新品牌需要多久？
- 哪个奢侈品品牌会率先推出意义非凡的 NFT 产品，并与目标消费者产生共鸣？哪个品牌将引领 NFT 时尚产品的数字潮流？
- 奢侈品品牌如何平衡好历史和未来的关系？
- 欧洲市场将在奢侈品行业扮演怎样的领导地位？
- 太空旅行、探索太空未知等是奢侈品市场的新前沿话题吗？

诚然，欧洲传统奢侈品品牌必将遇到新的竞争对手，而奢侈品行业也一定会涌现新鲜血液、新锐品牌和新的人才。奢侈品行业的未来广阔无垠，前景或许光明，但必将困难重重。可以肯定的是，奢侈品公司需要有新的发展重心和优秀人才，需要做出风险决策，面对业绩大幅提升或遭遇巨大损失的可能。

以上这些就是奢侈品行业的新前沿话题，曾经美好的“舒适圈”已经不复存在。

注释

[1] FOREMAN L. What happens to luxury if China stalls? [EB/OL]. Jing Daily,（2021-3-28）[2023-3-20]. https: //jingdaily.com/china-luxury-spending-stalls-travel-policy/.

[2] Luxury Goods in China[R]. MarketLine, 2021.

[3] D'ARPIZIO C, LEVATO F. Worldwide luxury market monitor: Slow motion but fast forward[R]. Bain-Altagamma, 2020-11-18.

[4] D'ARPIZIO C, LEVATO F. Worldwide luxury market monitor: Slow motion but fast forward[R]. Bain-Altagamma, 2020-11-18.

[5] 2020 BCG × Tencent Digital Luxury Report[R]. Boston Consulting Group-Tencent Marketing Insight, 2020-9-22.

[6] ANTONIO A, ZIPSER D. A perspective for the luxury-goods industry during-and-after Coronavirus[R]. McKinsey, 2020-4.

[7] Global power of luxury goods 2020: The new age of fashion and luxury[R]. Deloitte, 20-11-2.

[8] HERCA E. Young, rich and responsibility free: How luxury brands are persuading wealthy Chinese Millennials to spend their cash[EB/OL]. Jing Daily,

(2017-4-3) [2023-3-20]. https: //jingdaily. com/luxury-wealthy-chinese-millennials/.

[9] 中国奢侈品报告 [R]. 上海：财富品质研究院，2013-11-14.

[10] D'ARPIZIO C, LEVATO F, et al.. Luxury goods worldwide market study Fall-Winter 2014: The rise of the borderless consumer[R]. Bain-Altagamma, 2014-12-31.

第 14 章

尾声：如何打造奢侈品品牌

奢侈品行业是世界上唯一可能赚取巨大利润的行业。

——贝尔纳·阿尔诺

贝尔纳·阿尔诺的这句名言让许多公司（如初创企业和风投基金公司）对奢侈品行业产生了兴趣。这些公司进入了这个行业，但鲜有成功案例。那么，奢侈品公司与传统零售商到底存在哪些差异？诚然，奢侈品公司具备了一些特征，但这些特征只是必要条件，还不足以成功打造一个奢侈品品牌。纵观历史，大多数奢侈品品牌都是由**世代相传的家族所有**（这就是普通时尚品牌与奢侈品品牌的关键差异之处），并且大都是以**创始人**、**发明者或设计师**的姓名来命名。在**相当长的一段时间**里，这些品牌都由其创始人无与伦比的创造力与设计作品创造、培育和维护的，并以极其差异化、专业化的方式持续培育发展。品牌的手工艺技术上升为艺术。随着时间的不断推移，这些品牌不断趋于完美，最终成就了奢侈品行业的传奇。这些品牌几乎都是通过**纯手工制作**产品，拥有**独到的工艺技术**，并且从世界各地选用**独家优质材料**，从而具备了**独一无二的品质**。由于奢侈品在生产过程中非常讲究细致、精确，并且产量有限，只有少**数独具慧眼的顾客**才能买得起，因此它是**非常稀缺**的。由此可见，奢侈品一定是昂贵的，买得起奢侈品的顾客还会要求获得**最卓越的服务**。这些著名的奢侈品品牌包括：以高级定制时装闻名的香奈儿（创立于 1910 年）和迪奥（创立于 1946 年）；以行李箱起家的路易威登（创立于 1854 年）；以皮质手袋闻名的古驰（创立于 1921 年）；著名珠宝商卡地亚（创立于 1847 年）；以马鞍闻名天下的爱马仕（创立于 1837 年）；雨衣的代表品牌博柏利（创立于 1856 年）；银器品牌的翘楚昆庭（创立于 1830 年）；香槟界的绝代双骄库克香槟（创立于 1843 年）和唐培里侬香槟王（创立于 1668 年）。上述品牌都以人名命名，不过有两个品牌例外[①]：著名的书写工具品牌万宝龙（创立于 1906 年）和高级腕表品牌劳力士（创立于 1908 年[②]）。

上述品牌都拥有其独特的品质、设计风格与原真性。它们的所有产品都值得信赖，且符合正统。每个品牌都象征着在各自领域内工艺与品位的巅峰，并在世界各个角落都备受尊崇。这就是奢侈品的品牌力。因此，数十年以来，奢侈品行业以独一无二的魅力吸引着市场营销和品牌管理领域的专家学者去研究。尽管奢侈品不是必需品，但它能捕捉到消费者最真实 的欲望与幻想，承载了某些象征性意义、文化根源及其传承，还有不可言喻的暗示。奢侈品消费者也很特殊，可以分为两种类型。第一种消费者比较内向，他们喜欢研究自己的喜好，谨慎、有选择性地购物，喜欢身处一种比较私密的购物环境中。他们出于自我实现需求的目的而消费。第二种消费者属于某个团体、家族或社群，他们分享相近的观点，希望融入这个社群，并得到认可。因此，他们与社群拥有同样的共通点：外向、善于沟通。上述两种消费者都是客观存在的。因此，如前文所述，奢侈品品牌面临的一个挑战在于如何同时满足这两种消费者的需求，或选取其中一种为目标顾客群，并做到极致。例如，古驰采用的策略是选取第二种消费者为目标顾客群，葆蝶家将目标锁定为第一种消费者，而这两个品牌同属开云集团。一旦策略确定后，品牌管理的所有其他决策也将相应地与之匹配。一方面，品牌采用的策略不同会造成一些评估指标的差异；另一方面，品牌最终业绩指标的评估方式是固定不变的。例如，单店销售额是不变的评估指标之一，有助于零售店重新布局。当品牌持有谨慎态度，即品牌希望减少曝光率时，可以在维持高强度品牌及门店体验的同时，远离社交媒体，甚至关闭门店

---

① 事实上，诸如意大利皮具品牌葆蝶家（Bottega Veneta，创立于 1966 年）、意大利鞋履品牌托德斯（Tod's，创立于 1970 年）、德国顶级家用电器品牌嘉格纳（Gaggenau，创立于 1683 年）、法国高级女装品牌蔻依（Chloé，创立于 1952 年）、德国腕表品牌格拉苏蒂原创（Glashütte Original，创立于 1845 年）、瑞士腕表品牌欧米茄（Omega，创立于 1848 年）等也均非以人名命名。本译著保留作者观点。——译者注

② 富有远见和开拓精神的钟表大师汉斯·威尔斯多夫（Hans Wilsdorf）在 1905 年成立了钟表公司，不过直至 1908 年才起了让其满意的品牌名“劳力士”（Rolex）。——译者注

或重新选址。与此同时，诸如古驰等奢侈品品牌仍然会计算顾客保有率、顾客转化率、单笔消费额等数据，从而助力提升单店销售业绩。品牌最终业绩指标还必须包含影响营收的个性化体验。全球疫情引发了奢侈品行业大洗牌，只有时间方可验证疫情结束后哪种策略会真正地起作用。

研究者与奢侈品行业专家都认为，打造并培育一个奢侈品品牌困难重重。不过，他们也相信，一旦品牌成功创立，就进入了一片蓝海市场[1]。完全不同于红海市场的残酷厮杀，蓝海市场的竞争几乎可以忽略不计。一个品牌也可以通过缓解竞争态势、破除藩篱、提高市场准入门槛、创造高利润细分市场等价值创新的手段，从红海市场竞争中脱离出来。

本章第一节将列举一些例子，阐释这些品牌如何创建、设计与转型，并阐述了奢侈品品牌在现实商业中的创作与二度创作流程。

14.1 案例分析：奢侈品品牌的创建

14.1.1 香水及化妆品业务

可以说奢侈品行业的香水及化妆品市场已经处于绝对饱和的状态。很多公司拥有这方面的业务，如多元化的国际大公司，包括联合利华高端产品部门、宝洁、强生等；专业化妆品公司，包括欧莱雅集团奢华产品部（L'Oréal Luxe）、雅诗兰黛集团、娇韵诗集团、资生堂集团、爱茉莉太平洋集团、科蒂集团等。奢侈品公司也会涉及这些业务，如香奈儿、爱马仕、路威酩轩集团以及大量本土奢侈品公司。然而，大多数顾客不会只拥有一支口红，而会购买不同色号的产品。基于前文提到的结论，在香水及化妆品业务中，发明一款新色号的口红或开发一款完全独家的奢侈品算不上是红海市场竞争，反而大致处于蓝海中，因为这些产品开辟了一个新市场。任何一个全新品牌都需要通过满足特定的需求才能获得成功。世界上有六位女性创业者，仅靠关注女性脸部不同位置的肌肤就打造了多个年营收达数百万美元的化妆品品牌。她们分别是：关注女性眉妆组合产品的阿纳斯塔西娅·索尔（Anastasia Soare），用 CC+ 霜解决女性前额肤质问题的杰米·凯恩·利马

（Jamie Kern Lima），聚焦唇部产品的凯莉·詹娜（Kylie Jenner），以脸颊修容霜和打亮产品组合闻名的金·卡戴珊（Kim Kardashian），专注假睫毛市场的胡达·卡坦（Huda Kattan），以及推出多种色号口红的罗比恩·蕾哈娜·芬缇（Robyn Rihanna Fenty）。

1. Huda Beauty

2013 年，美妆博主、化妆师胡达·卡坦创立了 Huda Beauty，并担任品牌大股东。胡达在她姐妹[①]的建议下发布彩妆指南和技巧的帖子，顿时在社交媒体上获得了公众的密切关注。此后，姐妹仨在丝芙兰迪拜购物中心店发布了第一款假睫毛产品。胡达称："当（我在露华浓公司）担任化妆师时，一直对当时假睫毛的风格和质量不满，到最后往往是我自己把假睫毛堆叠起来，根据客户的眼型定制假睫毛。"她的博客随即风靡全球，在"2017 年最具影响力的 Instagram 博主富豪榜"中名列榜首，凭借赞助广告，她每发布一条帖子，收入可高达 18 000 美元。2017 年，她还被《时代》杂志评选为"互联网上 25 位最具影响力的人物"之一。

2017 年，胡达三姐妹决定将品牌部分股权出售给战略投资公司 TSG Consumer Partners。所有 Huda Beauty 的产品都贴上了动物保护主义的标签，一些产品更是打出了"纯素美妆"的旗号[②]。虽然这个品牌在可持续发展方面的宣传并不多，但胡达在 Instagram 上的人气值持续飙升，2020 年粉丝总数已破 4700 万人。

Huda Beauty 的官方博客一直在普及如何让美妆产品更有助于保护生态，还出乎意料地推出了一个专注于可持续发展的品牌——Lush。2020 年，Huda Beauty 的私募基金公司投资了一个致力于可持续发展的奢侈品转售电商平台"The Luxury Closet"，再一次引起大众的关注。这次投资是 Huda Beauty 向可持续发展目标迈进的重要一步。

---

① 即姐姐阿莉亚·卡坦（Alya Kattan）和妹妹莫娜·卡坦（Mona Kattan）。——译者注

② 纯素美妆（vegan beauty）即不含有动物成分的美妆产品。此前，很多化妆品为了增强产品的使用效果，会把从动物身上提取的成分作为原料进行添加。例如，防晒霜里容易被皮肤吸收的角鲨烷从鲨鱼肝脏中提取而得；口红中的色素成分胭脂红来自仙人掌上的胭脂虫。此外，广泛应用于美妆领域的蜂蜡、羊毛脂、尿囊素、珍珠粉、动物脂肪酸、蜗牛原液和龙涎香等成分均与动物密切相关。——译者注

Huda Beauty 面临的线上线下融合挑战在于该品牌成立之初只是一个电商品牌。它打造的主要顾客接触点是官网和社交媒体渠道，此外，产品也在多品牌电商平台和线下实体店内销售。为了解决线上线下融合遇到的难题，Huda Beauty 于 2019 年在伦敦开设了第一家快闪店，从而消弭了线上与线下的脱节。胡达还向那些经受新冠疫情之苦的化妆师捐赠了 10 万美元。在官网上，该品牌发出公告称，由于受到疫情影响，配送时间将会延迟。

2. 芬缇美妆（Fenty Beauty）和 Fenty Skin

> 我创立的芬缇美妆品牌是面向所有女性的——各色人群，无论她们拥有什么性格，持有什么消费态度，接受哪种文化，属于哪个种族。我想让所有人都感到备受关注。这就是我开发这条产品线的原因。
>
> ——蕾哈娜

著名歌手罗比恩·蕾哈娜·芬缇先后成功地凭借 40 种粉底液色号、50 种肌肤类型色号打入化妆品市场。2017 年，她与路威酩轩集团签订了合作协议。这次合作的战略意图是，路威酩轩集团希望借助这数十种色号的差异从奢侈品美妆行业中脱颖而出。其他美妆品牌不可能面向如此广泛、多元化的市场。《时代》杂志将芬缇美妆评选为“2017 年年度最佳发明”之一。

蕾哈娜通过其社交媒体渠道投放产品广告，还在著名美妆频道“Nikkie Tutorials”（在 Instagram 上拥有超过 1400 万粉丝）推广品牌。芬缇美妆的产品在官方在线商场和多品牌实体店、电商平台上销售。为了提升在线购物的体验，芬缇美妆官网开发了粉底液色号查找工具。芬缇美妆始终关注“消费包容性”的当下趋势。此外，芬缇美妆和 Fenty Skin 密切关注节能减排、重复利用、循环回收等可持续发展策略，推出了可再填充组件（refill systems）用于二次包装，从而避免过度包装，并尽可能地减少原材料消耗，便于循环回收再利用。即使是物流运送包装也是完全可回收利用的。大量新闻媒体报道，2018 年芬缇美妆的年销售额已接近 5.7 亿美元。2020 年，新冠疫情导致芬缇美妆的销售业绩有所回落，但蕾哈娜依然推出了护肤产品线 Fenty Skin。

3. 梵诗柯香

香水大师弗朗西斯·库尔吉安（Francis Kurkdjian）与马克·查雅（Marc Chaya）的相遇造就了一个神话。2009 年，他们联合创立了香水品牌梵诗柯香（Maison Francis Kurkdjian，MFK①）。此前，库尔吉安是著名的高缇耶男士香水系列（Le Mâle）的调香师。产品虽然畅销全球，但库尔吉安并没有得到公司的认可。不过，查雅认为他配得上任何美誉。此后，库尔吉安设计了一个超大型的香氛装置，将人们的嗅觉与艺术联系到一起，从而提供多重感官体验。这对黄金组合于是开设了自己的香水店，将香水制作背后的工匠技艺和精髓带回到消费者的视野中。他们将 MFK 定位为香水行业中更高端的品牌，关注小众奢侈品香氛细分市场。这个新兴品牌在此后几年都平稳发展：2015 年销售额为 700 万美元；2017 年加入路威酩轩集团，成为后者旗下一员；2019 年的销售额已经上升至 4400 万美元左右。用马克·查雅的话来说，加入路威酩轩集团无疑是"人类正确的决定"，在后者"协同效应和成功经验"的帮助下，MFK 这个小众的香氛品牌取得了更高的成就。

从零开始创立一个奢侈品品牌不仅需要创造象征性价值，还需要打造独特的品牌元素，向消费者传递产品的排他性——这是奢侈品行业必不可少的特征。MFK 成功地做到了这一点，它围绕库尔吉安建立起强大的品牌识别——这位调香大师身上有许多关于创意的奇闻轶事。库尔吉安不仅从艺术、文化、时尚和过往经历中汲取灵感，还懂得如何将香味融入更加艺术化的言语表达，从而与消费者建立特殊的情感纽带。调香师让顾客拥有梦想，将香水与情感和个人过往体验紧密联系在一起。因此，MFK 基本上是通过体验出售产品，完全能够与顾客建立深厚的关系，以此提升顾客对品牌的忠诚。此外，该品牌采取了一种独特的分销策略，渠道经过极其严格的筛选，只在小部分零售店内销售。不仅如此，MFK 两位创始人构思了一句现代化的愿景，指引品牌每一天的发展：**注重香氛创意背后的创造天赋，将香水作为情感表达的一种方式。**MFK 的独特之处在于它提出了"嗅觉橱柜"（olfactory wardrobe）的创新概念，让男士和女士都可以随心所欲地挑选适合当下心情或情境的产品，非常符合当代积极向上的生活方式。MFK"慢而有节奏"的生产方式与可持续发展理念不谋而合，一般而言，一款香水的创作过程需要花费约 18 个小时

① 学界、商界和消费者更喜欢简称这个品牌为 MFK，后文统一用"MKF"指代这个品牌。——译者注

的时间。这也正好契合当下人们全新的处事理念——好事多磨。

与大多数品牌一样，新冠疫情也给 MFK 造成了损失，2020 年销售额甚至不如 2018 年。在疫情封控的时间里，香水不再经常使用，而由于消毒剂的大规模生产，作为香水原材料的酒精的供应大大降低。不过，这个香水品牌的市场恢复前景依然被看好。尽管疫情危机仍未完全解除，但 MFK 的美国市场销售额同比增长超过了 100%，占总销售额的 40%。MFK 在疫情期间依然在探索品牌的发展路径，并推出了一款全新的男士香水——绅士玫瑰（L'Homme À la Rose），并与芬迪联名推出了一款带有香氛的皮质手袋①。此外，MFK 通过数字平台继续在互联网端向顾客销售“梦想中的香水”。为了进一步推广品牌的数字化内容，MFK 发起了名为“巴黎香颂之礼”（Paris as a Gift）的圣诞活动，将巴黎的圣诞气氛带到顾客的家中，营造身临其境的品牌体验。最后值得一提的是，MFK 设法应对因疫情封控引发的消费者生活方式改变，计划推出香皂、蜡烛、家用香氛等产品，让消费者在居家办公时心情更加愉悦。

14.1.2 奢华家具业务

上下

> 我们致力于打造中式风格，但这并不意味着这一季使用某种工艺，下一季又换了一种；这也不是一次性的风格应用，而是需要长期积累。对中式风格研究两年的话，只能了解到其中的历史渊源和手工艺的基本发展过程，无法深入探索研究手工艺背后的东西。当中式风格使用频率越高，你就越熟悉这种风格，并且在三年、五年甚至七年后，你就会发出越多的惊叹。
>
> ——蒋琼耳（上下品牌前首席执行官兼艺术总监）

纵览本小节不难发现，“上下”这个品牌名虽然很简单，但意义十分丰富。

上下是世界知名设计师蒋琼耳与爱马仕集团在 2010 年联合创建的品牌，当时

① MFK 和芬迪作为路威酩轩集团旗下品牌，完成了一次集团内部联名合作，推出了芬迪加香版 Baguette 手袋。——译者注

90% 的股权为爱马仕集团持有，因此，它有时会被称为“中国的爱马仕”。这个精致的品牌向受众传递了一种美好的当代生活方式，代表了中国秉承数千年的东方哲学，将“传统”与“现代”、“东方”与“西方”、“人类”与“自然”连接在一起。这些看似极端对立的概念构成了上下对称、平衡的美学。

上下最著名的一件作品是在法国国家装饰艺术博物馆内展示的明式长桌，长达 2.5 米，使用了碳纤维材料，并以中国最传统的清漆工艺制作而成。整个复杂的制作流程历时一年半之久。对此，蒋琼耳表示：

> 这件作品将传统家具结构与新科技材料结合在一起。一座国家级的博物馆不会仅仅追求一个好创意，馆内藏品一定跨越了上千年的文化，它在寻找可以代表当代中国的艺术作品——反映当下最高水准的手工艺，融合生活方式、美学和手工艺，并记录某一段重要的历史时期。

可想而知，这些桌子不可能量产。上下力所能及地在世界上留下代表当下最高水准的艺术作品。在成立之初，上下的产品主要是服饰和茶具等有限品类；此后，产品线延伸至成衣、鞋履、家具、家居用品、皮具、珠宝及配饰。上下认为这些产品都紧紧围绕“家”的主题，代表了传统与现代的完美融合。

> 一些产品只能是极致的孤品，向技术难度和制作过程发起挑战，不适合成为商品，但可以变成时代的烙印；一些是限量版产品，因为原材料稀缺，制作过程的技术难度很大，生产周期长；另一些属于高端产品，虽然不属于限量版，但在每个生产阶段内也都有产量限制。以上就是上下的所有产品。

上下的设计团队有 20 人左右。大多数设计师拥有在西方国家生活的经历，因此具有将东方和西方思维方式结合到一起的能力。平时，他们并不会刻意揭示东西方差异，而是让东西方元素像血液一般自然地在体内流动。上下旨在消弭“有形”与“无形”、“传统”与“现代”之间的隔阂，继续将精致的手工艺、中华文化、最高质量标准和当代设计别出心裁地结合在一起，从而拥护日常生活中闪现的那些震撼心灵的优雅。

上下首家门店开在上海，2012 年和 2013 年分别在北京和巴黎开设了新店。2020 年，意大利阿涅利家族掌管的 Exor 集团旗下的私募基金公司 Exor NV 向上下投资 9700 万美元，成为上下的最大股东，而爱马仕仍然担当重要投资者的角色。蒋琼耳对此次收购交易评论道：

> 虽然上下和爱马仕作为两个独立品牌各自运营，但是两者持有的理念是相同的：向品牌起源国的手工艺传承致敬，并与创新的当代设计结合在一起。对于上下来说，这也是让其他国家重新定义什么叫作“中国制造”……现在，人们喜欢简约、永恒、跨越文化边界的设计。我们将上下视为一项长期的项目，希望将“过去传统”与“当今世界”连接起来，并将接力棒交给我们的后代……

14.1.3 腕表及珠宝业务

1. Baume

> Baume 是再创新的代名词，代表了一种全新的工作方式。我们将品牌扎根于母公司名士的历史、传承和制表技艺中，采用了另一种制表方式……我们将人类和环境作为创意的核心，永远铭记于心：为了创造更美好的未来，我们想做很多伟大的事业。

2018 年 5 月，经历 18 个月的艰辛努力，Baume 品牌在加州洛杉矶正式诞生。名士前首席执行官阿兰·齐默尔曼（Alain Zimmermann）带领一支数十人的团队创立了这个品牌。他们在推出新品牌的同时也发布了一款全新腕表——自 2009 年起，历峰集团还从未有过如此大的动作。这支团队白手起家，带着创业的心态创立了 Baume 品牌，并始终坚守诸如名士等瑞士制表品牌所代表的传承精神与品质标准。虽然这个品牌由名士团队打造而成，但仍然完全独立运营。

相比历峰集团旗下的其他品牌，Baume 的品牌理念更贴近大众，对奢华腕表市场的三大新趋势（材料的可持续性、腕表的个性化定制、数字体验）做出了回应。此外，Baume 仍然十分重视腕表制作的手工艺。

为了给品牌发布会造势，Baume 邀请了众多贵宾，并组织了一系列活动。发布会设在加州马里布的 Baume 海滩别墅，是 Baume 品牌的诞生地。一些著名摄影师、YouTube 主播、说唱歌手等有影响力的人物被特邀参加这次发布会。2018 年，Baume 还参加了在巴黎举办的 VivaTech 科技创新展览会。Baume 腕表并不是直接面向千禧一代①消费者，而是具有千禧一代观念模式的那一群人。

Baume 品牌总监玛利·夏索特②曾是名士品牌的一员。Baume 的诞生源于创建更美好未来的设想，推动业务发展的两大核心因素分别是关注力与集体智慧，减少环境污染是品牌最重要的目标之一。因此，Baume 团队使用了升级再造的可循环天然材料，腕表表带和铝制或不锈钢表壳完全由可持续、可循环材料组成，如栓皮③、亚麻、增强 PET、棉花等。此外，Baume 禁止使用任何动物皮毛、冲突矿石④或珍稀材料，完全使用可持续性材料。因此，Baume 自创立起就是一个“纯素品牌”⑤。

Baume 品牌正在计划采用“按订单生产”（make-to-order，MTO）策略，降低库存水平，从而减少浪费。此外，品牌总部办公室建筑使用的一半水泥是可循环材料，与建材供应商共同努力减少二氧化碳排放。Baume 的品牌标语为“为创造时间而生”（It's about Making Time），绝佳地揭示了品牌创建美好未来的目标。

为了达到降低环境影响的目标，Baume 与多个非政府组织和高校合作。例如，Baume 与名为“Waste Free Oceans”的非政府组织合作，后者致力于回收海洋中的塑料并转化为创新产品。Baume 还赞助了中央圣马丁学院（Central Saint Martins）未来材料专业的研究生课程，用于支持开发可持续性的流程与材料。此外，Baume 拿出相当于 2% 销售额的资金，提供给这些战略合作伙伴，以支持它们的可持续发

---

① 即出生于 1985—2000 年的一代人。——作者注

② 玛利·夏索特（Marie Chassot）出生于瑞士，2000 年进入历峰集团工作，成为伯爵（Piaget）的员工。为让·顶·凡（Jean Dinh Van）先生工作了四年后，她加入了罗杰杜彼（Roger Dubuis），2015 年后担任名士的营销总监。——作者注

③ 栓皮（cork）由辐射排列的许多纤维质扁平细胞组成，细胞内常含有树脂和单宁等化合物，具有非常好的弹性、密封性、隔热性、隔音性、电绝缘性和耐摩擦性，以及无毒、无味、比重小、手感柔软、不易着火等优点。——译者注

④ 冲突矿产（conflict minerals）的概念由联合国提出，指来源于反对合法并受到国际承认的政府的军队或派别控制的区域，并用于为反对上述政府的军事行动提供资金，或违反联合国安全理事会决议的矿石。——译者注

⑤ 纯素品牌（vegan brand）即不使用含有动物成分的材料的品牌。——译者注

展项目。

Baume 腕表并不在瑞士制造，这点不同于历峰集团的奢华腕表品牌。Baume 的创始团队决定将产地设在荷兰阿姆斯特丹。他们曾试图将质量控制流程迁移到离产地更近的地方，但为了尽可能降低非瑞士生产环境对品牌造成的不利影响，品控流程最终还是放在瑞士进行。因此，Baume 腕表看起来像瑞士制造，但事实并非如此。

该品牌的腕表设计很中性化，完全可以从两千多种组合中挑选个性化定制。具体流程如下：首先，顾客在四种基本设计（两款 41 毫米和两款 35 毫米尺寸）中挑选一款；然后，自定义表壳、表盘、指针、表带；另外，还可以添加个性化篆刻。值得一提的是，个性化设计并不加收额外的费用。

Baume 腕表的价格比奢华腕表亲民得多：490—560 欧元即可买到完全个性化定制的 Custom Timepieces 系列；不过，Baume 的特殊系列腕表要昂贵一些，如 Baume HRS 限量版腕表的零售价为 1200 欧元，Iconic 系列为 960 欧元。以上两个系列的腕表没有个性化定制服务。

除了发布新腕表以外，Baume 还创建了一套独特的购物体验。最开始，Baume 只计划通过在线平台销售腕表产品。因此，该品牌在网络上的影响力比较强大，在全球超过 85 个国家内都可以买到。然而，Baume 团队随即意识到品牌在线下也需要有表现力，顾客喜欢触摸并试戴产品后再决定购买与否。于是，Baume 决定除了在线上出售产品外，再开设快闪店和概念店。2018 年，第一家 Baume 快闪店在巴黎投入运营，并持续了一周时间。Baume 的目标是在全球各个城市开设快闪店。另外，名为 NOUS 的概念店在巴黎诞生，专售 Baume HRS 限量版系列腕表。整个 2018 年，Baume 的快闪店和概念店出现在巴黎、波尔多、纽约和日内瓦的街头。

然而，由于 Baume 腕表是完全个性化定制而成的，品牌面临的挑战在于如何在门店内实现个性化定制的试戴。Baume 采取的是“按订单生产”策略，因此公司不会产生库存，但这也意味着顾客无法在购买之前试戴定制的表款。为了向公众阐述这个难题的解决方案，Baume 在 VivaTech 科技创新展览会上展示了两种应用情景。第一种情景与 Hapticmedia 合作，顾客可以在大屏幕上定制腕表，然后通过增强现实技术预览戴上腕表的效果。Baume 已经与该公司在官网技术上达成合作，开发了个性化定制工具，可以三维展示腕表佩戴状态。第二种场景采用了

SmartPixel 架构技术，可以在白色腕表蜡膜上投射出个人定制的腕表。Hapticmedia 和 SmartPixel 都是专业从事电子技术（如三维可视化）的法国公司。

创立一周年时，Baume 又在比利时、中国香港和意大利开设了概念店。未来 Baume 成功与否将取决于顾客对新产品的反馈，以及他们在购买过程中获得的全新体验。

2. Ganjam

印度奢华珠宝品牌 Ganjam 是世界上为数不多的拥有御用工匠并仍由创始家族掌控的珠宝品牌。历经百余年的历史传承，Ganjam 成功地将自己定位为珠宝设计与手工制作的杰出品牌。Ganjam 成立于 1889 年，历史最早可追溯至毗奢耶那伽罗帝国[1]。当年 Ganjam Nagappa 先生在班加罗尔成立了公司，并成为迈索尔王国[2]大公指定的珠宝供应商。20 世纪初，他受尼泊尔国王邀请给金匠提供培训服务。Ganjam 手工制作的珠宝被印度王公及王妃等追捧，争相佩戴。此后，Ganjam 珠宝依然能令现代印度及周边邦国的男性和女性生辉增色。这些珠宝的灵感来自南印度寺庙的建筑风格，被赋予了极其精妙的设计与毫无瑕疵的手工艺技术——这两者无疑是 Ganjam 珠宝的传统根基。来自卡纳塔克邦的珠宝不仅代表了手工制成的宝石与黄金饰品，还是数百年来人类灵魂的象征。因此，Ganjam 的非凡传统得以保留并不断传承下来。

传承精致、精细的手工艺是 Ganjam 至今保持卓越的重要原因之一。在钻石和宝石制作上的专长以及传统卡纳塔克邦珠宝的身份使 Ganjam 成为印度珠宝设计的文化标杆品牌。Ganjam 已经涉足全新的领域，创作精美优雅的作品。Ganjam 的珍贵珠宝系列产品只使用人工挑选的 F 级色泽[3]钻石，这在印度珠宝行业中几乎绝无仅有；此外，它还将珠宝的编织工艺和其他技艺引入印度。Ganjam 强调创新、

---

① 毗奢耶那伽罗帝国（Vijayanagar Empire）是印度历史上最后一个印度教帝国，建立于 1336 年，1565 年被德干高原的伊斯兰教苏丹国攻灭。——译者注

② 迈索尔王国（Mysore）存续于 1399—1947 年，位于印度次大陆西南部，今印度卡纳塔克邦（Karnataka）一带。1947 年，迈索尔王国被并入印度联邦。卡纳塔克邦的政府驻地为班加罗尔（Bangalore）。——译者注

③ 钻石天然色泽是钻石“4C”标准之一，它是在专业实验室的分级环境中，由技术人员将待 分级钻石与标准色泽比色石反复对比后确定。钻石色泽共分为 11 个级别，最白的钻石为 D 级（即从 Diamond 的第一个字母开始），随后依次为 E、F、G、H、I、J、K、L、M、N。F 级色泽是“无色”级别，属于较为罕见的高品质钻石。——译者注

设计、品质、手工艺和传承，将丰富的传统印度手工艺与国际潮流完美地结合在一起，因此，Ganjam 的产品不仅具有吸引力，还成为消费者梦想中的珠宝品牌。

Ganjam 的旗舰店位于创始地班加罗尔，并在新德里、孟买泰姬马哈拉宫殿酒店等热门旅游胜地开设了直营店，面向高端顾客。Ganjam 还在全球范围内推广品牌：2011 年 6 月，Ganjam 举办了一场关于手工与古董珠宝的私人展览。2010 年，Ganjam 推出了一个针对日本市场的珠宝系列。虽然这个系列仍然保有印度元素，但根据日本顾客的期望和当下的美学处理方式，在设计上做出了部分调整。该品牌计划借此与日本西铁城珠宝合作，从而提升其在日本市场的品牌知名度和表现力。Ganjam 还将市场拓展到了美国。

这个品牌面临的挑战在于如何处理珠宝设计中经典元素与现代元素的冲突——换言之，在创作中选取根深蒂固的宗教文化元素还是如今的现代生活元素，需要做出权衡。Ganjam 的口号是“提升品位”（Heightenyour senses），希望面向高端消费者建立一个独特的品牌形象。不过，Ganjam 只有经受得住时间的考验，才能像卡地亚和梵克雅宝那样被全球消费者接受，并与之同台竞争。

14.1.4 葡萄酒及香槟业务

库克香槟的华丽转身

1843 年，约瑟夫·库克（Joseph Krug）在法国兰斯创立了库克香槟品牌，如今是高端香槟市场中最顶级的品牌之一。然而，在 20 世纪 90 年代，库克香槟的前母公司人头马君度集团（Rémy Cointreau Group）遭遇了财务危机。库克香槟获得的资金投入大大减少，市场潜力也因此降低，品牌发展处于停滞的状态。1999 年，隶属于路威酩轩集团的法国酩悦轩尼诗公司收购了库克香槟，试图挖掘出品牌的潜力。库克家族的后代仍然在董事会占有一席之地，但管理层已经被专业团队接管。一开始，努力似乎初显成效，但 2008 年时库克香槟又不得不面临复杂的现实情况。2008 年是转折点：当时，库克香槟遇到了比想象中复杂、严重得多的难题，品牌业绩下滑超过了 45%，似乎再无出头之日。接踵而至的经济危机更加剧了业绩衰落。全球香槟市场缩水约 10%，而库克香槟的业绩滑落异常严峻。

2009 年，玛吉·亨里克兹（Maggie Henríquez）接任库克香槟董事会主席兼首席执行官，她的任务是扭转这个标志性香槟品牌的颓势。她坦承：

我过去在流程再造方面的成功为我适应新职位打下了基础。不过，这次的任务和以往不同，我专攻的是大众市场的产品，而非奢侈品，这需要一种完全不同的策略。我第一年采用的策略事后证明是错误的，销售额又下降了35%。短短两年时间，公司销售量下降超过64%，销售业绩下降95%。我明白我的策略完全错了，必须做出改变。

出错的原因在于背离了品牌一致性。这段惨痛经历说明了品牌需要回归到本源和品牌创始人。首先，品牌必须明白约瑟夫·库克如何在1843年创立这个品牌，又为何这么做①。好在约瑟夫在一个小笔记本上记录了他的理念，否则库克香槟的故事早被湮没在历史长河之中。这个差点被遗忘甚至丢失的笔记本藏身于家里的保险箱内②。在笔记中，约瑟夫告诉儿子，只有好原料才能酿制出优质的香槟。他如此写道："我们完全可以用普通原料甚至品质一般的原料酿制出看似不错的香槟，但是我们绝对不能走这种歪门邪道，不能冒此风险破坏了规矩，切不可玷污我们的名声。"

此外，他还批注了一段文字，阐述了优质的香槟品牌只能酿制两种香槟的理由：

所有优质香槟的品牌必须只能酿制两种香槟，并且保证品质完全一致。第一种香槟：由多个年份的香槟混酿而成。如果某个年份的酒体过重，那么需要风格更爽脆的年份酒进行混酿；反之（如1848年的香槟）亦然。第二种香槟：根据某个年份的实际条件酿制。这种香槟是年份酒，只有当某个年份的葡萄具有表现力时才会酿制成香槟。

---

① 1800年，约瑟夫·库克出生于德国美因茨。他的第一份工作是葡萄酒销售员。1834年，他来到法国，在当时香槟领导品牌之一的雅克森（Jacquesson）工作。他杰出的工作表现很快让他晋升，与雅克森董事长妻妹喜结连理更是让约瑟夫拥有了非常不错的社会地位。不过，品牌销售至上的理念与他对试验和品质的无限热情产生了分歧。1840年，约瑟夫为了防止其他家族成员干涉，私下与酒商伊波利特·德·毕维斯（Hippolyte de Vives）达成合作。后者拥有一家小型香槟厂，却对政坛生涯更感兴趣。约瑟夫的理念和对品质的追求唤起了伊波利特的激情，于是，他大力支持约瑟夫发展自己的香槟酒。最终，库克香槟在1843年诞生，约瑟夫成功地用自己独特的理念打造了高品质的葡萄酒品牌。——作者注

② 这个笔记本的价值比纯粹的历史档案高得多。翻阅这个笔记本如同跨越时光与约瑟夫·库克相见一般。笔记写于1848年，目的是担心出生于1842年的幼子保罗·库克（Paul Krug）无法继承他的衣钵。数年后，约瑟夫去世，保罗将父亲的笔记本装入一个木盒内，保存了一百多年。直到20世纪70年代，保罗二世在自家档案室内发现了这个笔记本，意识到它的重要意义，便保存到自己的保险箱中。最后，公司的编史工作人员再次找到了这个笔记本。——作者注

历经两年研究，库克香槟深入地探索了创始人的事迹，并解决了其面临的难题。首先，清晰界定品牌理念和独一无二的技术工艺，从而定义了品牌的三大基本原则：强调原料的个性特征，注重混酿艺术，关注时间本身，旨在尽一切可能酿制最高品质的香槟。这是品牌创立的初衷，也是维持品牌声誉和坚守品牌传统的坚实基础。

其次，需要小心翼翼地尝试找回品牌根基。2000 年起，品牌被赋予了新个性，却迷失了方向，品牌字体、配色方案、视觉识别乃至传播调性都与品牌的原真元素有所出入。因此，品牌需要通过内部流程重新理解其真正的本质。

此外，需要让客户知道每一版库克陈年香槟（Krug Grande Cuvée）都是独一无二的，每一年葡萄的分开挑拣[①]和基酒混合过程都有所差异。当意识到让消费者懂得品牌理念的必要性后，库克香槟推出了库克识别码（Krug ID），收录了每一版陈年香槟的全部信息，包括该年份的特征、混酿的年份、香槟酿酒师对创意过程的描述等。这有助于客户更好地理解库克香槟的品牌理念。因此，自 2011 年起，每瓶库克香槟瓶身上都印有识别码，可以通过网络或移动客户端获取信息。

经过历时两年的努力，库克香槟的品牌基因被最终确定下来，从而充分定义了品牌个性。品牌基因代表的是何为真正的库克香槟。即使每个年份的香槟都各不相同，但品牌基因始终可以从中提炼而出：库克香槟关注每一处细节，从不在品质方面做出妥协，不会追求更高的产量，不会选取质量不合格的葡萄，也不会减少装瓶时间——这些都是库克香槟非常注重的理念，神圣不可侵犯。因此，库克香槟始终可以真正地让客户感受到品尝香槟的愉悦感，获得宾至如归的感受。

最后，与不同音乐家合作，为每一款酿制的香槟配上合适的音乐。客户可以通过库克识别码选取音乐。2015 年，库克香槟找到了听觉和视觉关系的科学原因，加大了这个方面研究的资金投入，为人类幸福做出贡献。公司成立了一个名为“Fonds K Pour la Musique”的慈善基金会，史无前例地投资音乐研究、音乐教育、音乐文化活动、音乐工会等。音乐家有偿地在学校、医院等地演奏音乐。库克香槟通过这种方式让音乐家做出贡献，从而提升了人类的幸福感。

库克香槟的转型效果非常棒。不过，实现品牌一致性的目标却花费了不少时间。库克香槟将品牌定位为扎根于起源地、仅酿制名贵香槟的品

① 优质葡萄酒在葡萄压榨前的一道独特工序是分开挑拣。——译者注

牌。它强调顾客获得的愉悦感，而非社会地位。我们把这种感受描述为“选择的权力”，而不是“权力的选择”。库克香槟已经完成了华丽转身。这么看来，这个新篇章似乎已经记录到库克香槟的历史中了。2020年，人类也没有停止进步。新一代顾客诞生了，数字业务新模式又给我们带来了很多新挑战。2020年是艰难但又有趣的一年，也是极具意义的一年。在此期间，我们巩固了优势，弥补了不足。毋庸置疑的是，我们已经展现出了团结一致的精神，面对疫情将变得更强大。对我来说，这12年是硕果累累、非同寻常的12年；对品牌来说，有11年都在努力转型。我们完全可以自豪地说：库克香槟是一个什么都变了但什么又都没变的品牌。

——玛吉·亨里克兹

14.2 回顾创建奢侈品品牌的“9P”基本要素

出色的商业领袖会创造愿景，有力地表达愿景，再用热情承担起愿景的责任，不屈不挠地向愿景前行，直到完全实现。

——杰克·韦尔奇（Jack Welch）

1. 起源、原产国与传承

传承与故事通常是一个品牌成功的起点。如果很难挖掘，那么最好的方法就是围绕品牌打造一个故事。上一节讨论的案例中，库克香槟就有自己的品牌起源，但品牌创始人的故事随着时间流逝逐渐被人遗忘。当创始人的故事被找到后，它成为库克香槟华丽转型的关键一环。讲述品牌传承的故事十分重要，因为它可以激发人们的欲望。

在很大程度上，一些品牌可以充分利用对国家的联想来提升品牌声誉，如众所周知的法国香槟和香水、瑞士腕表等。与此同时，国家联想还能为品牌带来信赖度和正统性。又如，对来自巴西的品牌 Carlos Miele 和 Lenny Niemeyer，西方消费者认为它们代表了巴西生活方式的迷人之处。广告以伊帕内玛海滩（Ipanema Beach）为背景，让人不由得联想到在巴西这样一个多姿多彩的国家，美女都很熟悉海滩边的生活方式，喜欢玩乐、参加派对，从而联想到产品设计也多姿多彩。这也是巴西品牌哈唯纳成功成为全球人字拖领导品牌的原因之一。

2. 定位与历史联想

如果一个全新的奢侈品品牌能与某个令人向往的时代联系起来，则很可能在国外市场取得成功。上下品牌是其中的范例，它由中华文化根基和历史联想创建而成。印度珠宝品牌 Ganjam 同样如此，该品牌与印度历史上一段公认的黄金时代密切相关，彼时的王公贵族非常富裕，不仅佩戴从本国工匠处特别订购的珠宝，还有卡地亚、尚美巴黎等珠宝品牌。

如果一个全新的品牌希望在国际市场上立足，那么必须先在本国市场获得成功。要做到这一点必须将品牌与原产国传统技术和工艺明确地联系在一起。MFK 是一个很好的例子，品牌围绕调香师打造故事，同时针对小众奢华香氛市场开发定制香水。上下品牌同样如此，它借助爱马仕将其定位与奢侈品联系在一起，同时回归中华文明的传承根源，重现中国世界第一大国的辉煌。

3. “人设”与品牌基因

前一节探讨的所有品牌都具有独特的品牌识别、个性和特征。这些信息需要通过视觉广告、消费者接触点、线上与线下融合，以及品牌传播活动向消费者传达。因此，这些品牌元素必须是清晰、明确的，否则必须重新定义。这个过程会耗费大量时间，并且需要十分细致的工作。一旦品牌确定好了某个“人设”，就必须维持下去，与消费者产生共鸣。频繁改变品牌人设容易导致品牌稀释和混淆。例如，Baume 品牌从无到有创造了人设，十分明确地迎合了千禧一代消费者。又如，库克香槟的人设随着时间推移逐渐消失，品牌花了两年的苦心孤诣才重新塑造了人设。再如，上下品牌花了十年时间做这件事，至今仍未盈利。因此，这需要品牌投入大量时间。

4. 名人——品牌的外在面貌

奢侈品品牌在打造过程中需要做出一些抉择。激发消费者欲望的故事是一个品牌的面貌，可以是创始人，也可以是创作者、设计师，但不应模糊不清。例如，香奈儿品牌的所有传奇都围绕嘉柏丽尔·香奈儿本人，故事情节以她为中心，只有她才是主角。卡尔·拉格斐是一个天才，他将自己的创造力融入故事中，演绎并重新诠释了香奈儿女士的设计思想。又如，MFK 的故事指向创作者，而库克香槟的故事则指向约瑟夫从其红色日记本中迸发出的激情。另一种方法是让设计师成为品牌的外在面貌。例如，思琳被不同的创意总监以各自的方式重新诠释。其中，菲比·费罗完全自由发挥，重塑了思琳，并一举成功。她的下一任创意总监艾迪·斯理曼也正在做同样的事情。又如，亚力山卓·米开理重新定义了古驰品牌。丹尼尔·李[①]、维吉尔·阿布洛、金·琼斯[②]、玛丽亚·嘉茜娅·蔻丽[③]等设计师也正重新诠释他们掌管的品牌，保证设计始终忠于品牌基因。诸如盟可睐、爱马仕等品牌乍看之下并没有固定的名人故事，不过品牌用自身形象取代了创意总监的角色。可见，上述所有品牌都使用了不同国家各行各业的公众人 物、社会名流和知名人士来推广品牌。

5. 稀缺性、稀有性和排他性

一个全新的奢侈品品牌成功与否还取决于它能否给人一种距离感。一般而言，越难买到的产品会越受欢迎。例如，MFK、库克香槟、Ganjam 等品牌需要对外展示产品技术和工艺，这就需要时间沉淀和专业技术支持，因此，这些产品的产量有限，并且分销渠道集中于少数零售店，无形中形 成了顾客对产品稀有性的感知。

有趣的是，新冠疫情引发的新趋势冲击了奢侈品品牌对稀缺性和排他性感知的打造。如今，顾客寻求价格适中的产品，电商业务的崛起迫使品牌将分销渠道扩大至线上平台，消费者购买奢侈品更容易了，奢侈品的排他性也因此降低。此外，对可持续发展的关注正在推动品牌重新思考其生产进度问题，而更年轻的一代消费者喜欢体验持续的变化和快速的创 新。因此，全新的奢侈品品牌需要在努力保持产品吸引力的同时满足各种各样的消费者期望。为了解决这个难题，技术创新也许可以提升奢侈品的稀缺性，因为时间和研发投入的要求大大增加了竞争对手模仿的难

---

① 丹尼尔·李（Daniel Lee）于 2018 至 2021 年担任葆蝶家创意总监。——译者注

② 金·琼斯（Kim Jones）自 2018 年起至今担任迪奥男装艺术总监，并自 2020 年起至今同时担任芬迪女装艺术总监。——译者注

③ 玛丽亚·嘉茜娅·蔻丽（Maria Grazia Chiuri）自 2016 年起至今担任迪奥女装艺术总监。——译者注

度。过去，奢侈品品牌通过举办少量的私人活动打造排他性，但如今需要破除藩篱，利用新技术和数字平台提供符合线上线下一体化趋势的独特体验。

6. 线上线下一体化

由于疫情，顾客消费趋势发生了变化。例如，在新冠疫情暴发之前，85% 的化妆品在线下商店内销售。疫情期间，实体店纷纷关闭，消费者只能在线购物。疫情引发了生活方式变革，触发了消费者对线上线下一体化体验的更多需求。这就需要品牌通过数字平台将体验传递给顾客。奢侈品行业的未来将是利用数字技术让人们身临其境，同时开发专属的线下体验，从而提升品牌的在线曝光度。例如，Baume 和 MFK 都采用了一种更基于数字化的传播方式以应对疫情封控，而库克香槟尝试了音乐欣赏与香槟品鉴相结合的体验活动。

7. 宣传

奢侈品品牌之所以与众不同，主要因为它们能够通过讲述故事来销售梦想。奢侈品公司从它们的历史与传承中汲取灵感，精心设计出一个原真的故事，让品牌焕发生命，超越产品本身。这个过程创造了品牌个性和识别，然后以此作为品牌所有业务活动的指导性主线。一个独一无二的故事是品牌需要谨慎培育的资产，可以在不同渠道一致地进行宣传。这种多渠道宣传形成了辨识度很高的互动交流，从而在竞争中脱颖而出，并与顾客紧密联系在一起。诸如库克香槟、名士等家族传承下来的奢侈品品牌之所以能够成功地立足当今市场，是因为它们围绕标志性的创始人和历史上的创意作品重塑了品牌奥秘；而 Huda Beauty、芬缇美妆、MFK 等更现代化的品牌也围绕创始人制造光环，从他们的创造力天赋角度切入，讲述品牌故事。

当今趋势下，奢侈品品牌整个故事讲述过程也呈现出数字化特征。奢侈品公司通过在线平台将品牌光环传递给数以百万计的消费者。例如，香奈儿会定期发布有关品牌历史、传承、工匠技艺的视频，从而提升顾客对品牌的赞美与情感联系。对一个全新的奢侈品品牌而言，在数字平台讲述故事是一种有效的方式，不过面临的挑战也相伴而生：如何在传承与现代化之间维持合适的平衡。疫情导致全球对可持续发展倍加关注，因此，品牌在发展初期可以采用讲述故事的策略，表明以环境责任和社会责任为导向的发展态度。

8. 定价

过去，排他性仅仅与价格和产品易得性有关，但近年来市场的发展趋势表明：如今，千禧一代消费者正在寻求新奇和新鲜感。因此，个性化系列、联名合作款、限量版产品成为品牌开发独家产品的成功途径之一。例如，弗朗西斯·库尔吉安是深谙此道的大师，顾客可以根据当时的心情选择不同的香水系列。又如，库克香槟为每一款香槟配上了特定的音乐。此外，品牌打造独特且优质的体验是为了让顾客感受到他们与品牌之间存在的专属关系。这是品牌建立顾客忠诚度的关键所在——当顾客对品牌足够忠诚后，产品定价便不再是一个棘手的问题了。

9. 品牌表现与大型奢侈品集团的机遇

在奢侈品行业新创一个品牌的必要条件是为顾客提供独特的体验。首先，产品是品牌卓越质量的前提条件，这是在品类竞争中必不可少的因素，不过产品需要考虑美学和功能属性。产品的耐用性得到了保证，可以视为传承给下几代人的永恒物件。奢侈品公司凭借非凡工艺、独特材料、细节关注、创造力和创新信守了它们做出的承诺。例如，摩奈仍然使用历史悠久的行李箱制作技术；MKF 十分强调香氛创作过程背后的天才创意。

一个品牌表现突出与否从顾客购物历程中可见一二。购物体验是衡量品牌表现的重要指标之一。惊喜感与流畅的体验可以一路带给顾客震撼。正如本书前几章所述，这种历程对 Y 世代和 Z 世代尤为重要，他们对体验型奢侈品拥有更高的期望值。线上与线下体验的结合是年轻品牌吸引年轻顾客的途径之一。

显然，全球奢侈品行业在后疫情时代急速向体验型奢侈品转型，大大加强了对可持续发展的关注。这也给那些希望向顾客展示最佳表现的品牌带来了新挑战。这意味着一个全新品牌首先需要在产品供应链的每个层面优先考虑可持续发展，即从生产阶段开始就需要尽可能采购可持续性的材料。

一般而言，奢侈品集团会在某个品牌证明了自身盈利能力后才决定收入囊中。不过，新兴市场的奢侈品品牌给这些集团提供了新机遇。收购一个新兴市场的奢侈品品牌可以提升集团在该市场的竞争力和影响力。这些品牌有些已在西方市场拥有一定的分销网络和零售店影响力，集团也能够开发并培育这些品牌。最后，奢侈品集团可以帮助这些品牌在新兴市场提升分销和生产能力，并在旗下各个业务之间创造协同效应。此外，奢侈品集团还能获得在新兴市场开展业务的知识理论和实践技能。香水及化妆品行业的例子比比皆是。例如，芬缇美妆得到了路威酩轩集团旗下丝芙兰的支持；Huda Beauty 得到了私募基金公司 TSG Consumer Partners 的鼎力相助，后者还持有 Huda Beauty 小部分股权；MFK 部分股权被路威酩轩集团收购；凯莉·詹娜和金·卡戴珊创立的品牌也各自向科蒂集团出售了一部分股权。

14.3　进军海外：新兴品牌在前沿市场的发展途径

欧美和日本市场的顾客对奢侈品已经具有了一定程度的理解和成熟思考，但前沿市场仍处于品牌化初期阶段。中国是 2021—2030 年这个“十年”非常值得研究的市场，因其思维方式、业务结构复杂性、人口构成多样性，以及广阔的地域面积意味着品牌打造需要某种独特的理念。那么在这种环境下，哪些条件和能力可以帮助本土奢侈品公司发展壮大呢？

一旦在本土市场取得成功，品牌就可以选择进军国际市场。现在有了奢侈品电商平台，国际化就显得比较容易，但竞争依旧非常激烈。考虑到品牌在一个全新市场从零开始创立所需的资源、网络、特许权价值（franchise value）等因素，国际化是一个艰难的过程，需要经历四个关键步骤才能实现。

第一步，确保品牌已经具有了卓越不凡的地位，能与同品类相似产品的品牌区分开来，并在国内市场提供的产品和服务中凸显一套明晰且独特的价值主张。例如，路易威登的品牌根源是旅行袋，而爱马仕则是皮具及配饰工艺。极具潜力的奢侈品品牌不仅需要掌握各个地区、原产国、原产地的独特精神，还需要通过创造这种精神来引领潮流。资生堂的发展路径就是如此。一个全新品牌必须克服在国外市场上的硬伤。

第二步，全新品牌需要获得在西方市场运营的实际经验和正统性，尤其在法国和意大利这两个奢侈品行业诞生国。同时，品牌还需要与当地的市场特性达到某种平衡。因此，想要同时获得消费者信赖和业务正统性的路径之一是并购——收购这些国家的奢侈品品牌或被西方奢侈品集团收购。例如，为了打造一个奢华腕表品牌，品牌必须与瑞士制表业连接在一起，通过习得当地文化建立紧密的联系。例如，泰格豪雅在发布首款“Modular Connected Tag Heuer 45”智能腕表时面临窘境：泰格豪雅与谷歌和英特尔合作开发了这款腕表，但并不在瑞士制造。因此，该系列后续款式的腕表决定将 60% 的制造费用投入瑞士，以此获得正式的“瑞士制造”印记。

第三步，新兴品牌需要占据消费者心智。达成这个目标的途径有若干条。考虑到新兴市场国家的地理分布情况，品牌需要重视的一个关键因素是分销策略。这需要品牌投入大量资金开设直营店，从而在国外市场建立正统的品牌形象。例如，美国品牌蔻驰在美国、日本和其他亚洲国家的门店与主流奢侈品品牌相邻，以此形成的关联使品牌发展壮大。2001 年至 2010 年初期，蔻驰在欧洲市场还不具有表现力，于是它在巴黎春天百货开设了巴黎店，毗邻迪奥和路易威登，又在圣–奥诺雷街开设了旗舰店[①]。

第四步，清晰表达品牌知名度和品牌基因。这两者是这一步的关键。品牌的战略愿景在表述中需要体现长期性和共享性，这样才能将零散的营销活动整合成为目标完全一致的品牌活动。品牌知名度和品牌打造也许是在一个全新的新兴市场打造奢侈品品牌最关键的两个要素，奢侈品公司必须制定匹配的营销组合。奢侈品公司往往将这些具体细节融入品牌个性和识别中，为顾客提供原真的品牌体验。这在中国市场尤为常见，因为任何负面新闻或地缘政治事件都会引起公众的强烈反响。

随着中国有望引领奢侈品行业复苏，那些全新打造的品牌和传承了几代的品牌对市场感知都变得更加敏锐。奢侈品行业将关注焦点投向了中国的顾客群体，尤其是在电商业务方面。诸如阿里巴巴和京东等数字科技巨头，甚至抖音、快手等规模相对较小的科技公司也在全球数字业务市场中占据了很大份额。与此同时，奢侈品行业也在时刻警惕因文化、社会阶层、宗教信仰等方面的差异而引发的地缘政治紧张局势。毋庸置疑的是，中国仍然是奢侈品品牌的重要市场，尤其随着数字经济的不断发展，越来越多的消费者可以在线接触到奢侈品品牌。一些研究结果表明，按照目前的发展速度，到 2025 年，亚太地区将成为全球最大的奢侈品消费市场。

总之，人们很难精准地预测前沿市场以及这些市场中的品牌未来发展究竟如

---

① 圣—奥诺雷街是全球最著名的奢侈品街之一，如日默瓦、菲拉格慕、罗杰维维亚、纪梵希、爱马仕、托德斯、卡地亚、葆蝶家、浪凡、塞乔罗西、伯尔鲁帝、诺悠翩雅、普拉达、古驰、爱彼、亚历山大麦昆、麦丝玛拉、路铂廷、迪奥、博柏利、巴尔曼、蔻依、乔治阿玛尼、欧米茄、格拉夫、萧邦、宝曼兰朵、巴黎世家、圣罗兰等奢侈品旗舰店或精品店坐落于此。不过，蔻驰在圣—奥诺雷街的旗舰店已永久停业。——译者注

何。如今，中国市场正在走向成熟，俄罗斯和巴西市场正在崛起，而印度在未来很长一段时间里也将是欧洲品牌极具潜力的目标市场。即使是美国，也应该被视为奢侈品品牌的新兴市场。乍看之下，最后这条结论令人感到十分惊讶，但事实上，美国的个人奢侈品市场还有巨大潜力可以挖掘。

此外，奢侈品品牌也许能开发出伊朗、尼日利亚、南非，以及其他几个非洲国家的市场潜力。在亚洲，越南和蒙古不久将加入印度尼西亚、泰国、柬埔寨和马来西亚等快速发展的东南亚国家行列。换言之，前沿市场的故事将延续下去，不过未来可能指的就是其他国家了。

图 14–1 概述了全球化如何影响奢侈品公司的市场策略。

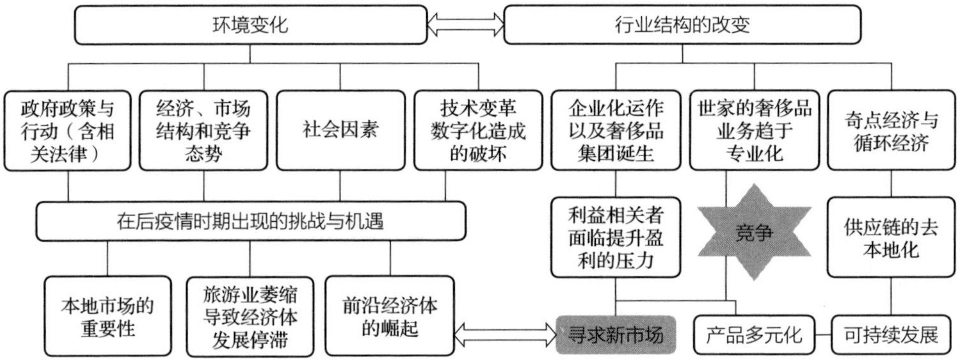

图 14–1　全球化与奢侈品行业①

注释

[1] KIM W C, MAUBORGNE R. Blue Ocean Strategy, Expanded Edition: How to Create Uncontested Market Space and Make the Competition Irrelevant[M]. Harvard BusinessReview Press, 2014.

① 图中奇点（singularity）一般指技术奇点（technological singularity），是一个假设的时间点。在该时间点上，技术的增长变得不可控制和不可逆转，从而导致人类文明发生无法预见的变化。——译者注

附 录 A

研究设计、方法论与数据收集

本书从不同的管理角度探究了奢侈品行业的演进过程，同时关注了商业世界的真实状况。本书借用了若干个学术模型分析了奢侈品市场的独特现象，并将其应用于大量实际案例中。因此，本书试图还原奢侈品行业发生的历史故事，阐述当下面临的境遇，并预测未来的前景。

本书首要的研究目标是验证那些久经考验的管理原则是否适用于不断变化、演进的奢侈品行业。因此，我们采用了探索性研究法[①]。定性研究通常用于分析与流程相关的问题，且在分析过程中，研究现象不能脱离其所处环境。

案例研究作为定性研究的一种，可以提供全面的基本背景信息和实际问题。尤其当理论发展和相关研究还处于早期阶段时，案例研究是最有效的方法之一。为了在不断变化的奢侈品行业环境中清晰地分析各个独特现象之间的内在联系，我们需要从多种渠道获取各类数据，这样有助于基于特定环境分析这些现象。案例研究适用于特定研究背景下，采用多变量、开放式数据、描述性数据、多数据源、多数据收集技术等方法的整体分析。

图 A-1 描述了研究设计的流程。

---

① 在学术上，探索性研究法（exploratory research）指在没有特定结构和非正式方法下收集数据资料的市场研究，主要用于收集初步数据，借以启示研究问题的本质，并可能提出若干个假设或构想。这种研究方法经常被用于定义问题，也可用于寻找市场机 会的追踪调查。——译者注

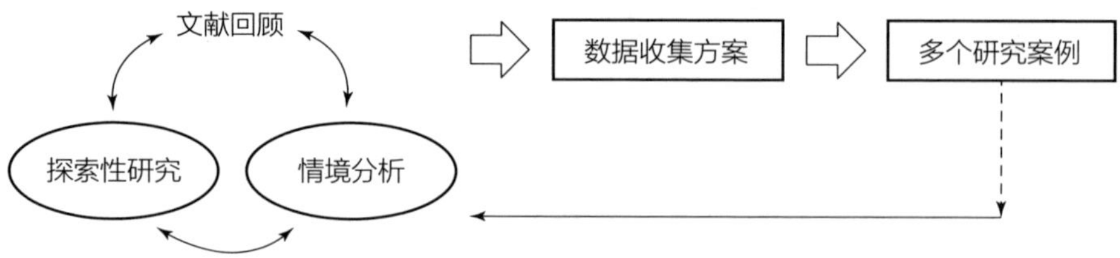

图 A-1 研究设计流程

A.1 方法论

本书采用的基本研究方法是分析全球个人奢侈品各个细分市场的大量公司，梳理这些公司的创建过程、历史演变和组织流程，并重点关注新冠疫情期间的公司动态。在分析过程中，研究者必须先明确研究的广度，牢记：既想详尽地深入分析某一家企业的具体状况，又想同时分析该企业所在行业内的大量样本企业是不现实的。

为了探索环境的潜在效应，本书通过访谈收集了二手档案和一手数据。其中，纵向数据[①]至关重要，可以用于捕捉特定环境中发生的变化并观察整个演进过程。

本书在撰写过程中分析了三类不同数据。其一，深入分析了二手档案，梳理了每家企业的档案资料，包括分析报告、咨询报告、组织架构变化图、公司年报（若有）、行业报告等。其二，分析了各家企业的纵向数据。其三，通过访谈、研讨会和奢侈品行业会议收集了一手数据。

A.2 数据收集及分析

奢侈品公司高管及奢侈品行业为本书提供了专业数据和意见。很多资料涉及奢侈品家族企业和大型奢侈品集团的战略决策——这可以从大型奢侈品行业会议中获取。近五年来，我们参加了《纽约时报》国际奢侈品会议（The New York Times International Luxury Conference）、康泰纳仕国际奢侈品会议（Conde Nast

① 在计量经济学上，纵向数据（longitudinal data）指同一个横截面单位（如一家企业或一个家庭）在不同时期的调查数据。——译者注

International Luxury Conference）和《金融时报》奢侈品行业峰会（Financial Times Business of Luxury Summit），并记录了各奢侈品公司首席执行官的主题演讲。这些会议给我们提供了与奢侈品公司高管一对一交流的契机。本书大部分数据都是从交流访谈中获得。为了准确地汇总各个奢侈品公司采取的策略，我们还深入了解了这些公司举办的各类大型活动，并深度参与其中。此外，通过对数据提供者的一系列访谈，我们仔细核对了所有奢侈品品牌和家族企业的相关数据，融会了不同视角的观点和意见。

学者在研究过程中，必须努力提高信度和效度。因此，我们反复核对了受访者提供的数据，观察了奢侈品行业和奢侈品公司的演变过程，从而提高了研究的信度和效度。同时，访谈数据和新闻报道数据也经过了反复核实。本书采用了如下研究流程，即信息征求、观点收集、校友反馈等，从而获取了精确、真实可信的数据。在进行实地研究（field work）前，我们会准备好一份访谈大纲，并与经验丰富的行业专家探讨后进行改进和润色。访谈大纲包含了各种问题，涉及奢侈品行业的各个方面，如奢侈品行业环境的动态变化，业务发展的背后逻辑，全球金融危机及其对奢侈品行业的影响，营销战略与品牌战略的异同，消费者的本质，公司管理风格，奢侈品行业所需的员工技能，分销策略等。自 2004 年起，我们花了整整 17 年来收集这些数据和信息。

开放式访谈法为受访者回答问题留下了足够的余地。我们始终严格地按照访谈大纲进行访谈，不会在访谈过程中强加任何限制。

我们访谈了大量的奢侈品行业相关人士，有助于我们获得奢侈品公司内部的多种观点和不同意见。所有访谈纪要作为原始数据被妥善地归类保存。在此基础上，我们撰写了多个研究案例。

我们采用了各种技术手段分析原始数据，总结了该奢侈品公司的各个方面，并且所有分析结果都经过了媒体记者和公司职能部门的对比与核实。我们可以从中进一步挖掘未来前瞻性的研究主题，更深入地了解奢侈品行业的演进过程。

以下列举了一些访谈中出现的重要问题：

- 您如何定义当今奢侈品行业发展背后的逻辑？“奢侈品”对您意味着什么？在新冠疫情期间（或之后），您如何预测奢侈品行业的发展趋势？
- 疫情将如何影响奢侈品行业？疫情对奢侈品行业而言是积极的信号还是消极的信号？这些信号能带来哪些影响？

- 根据当前奢侈品行业的发展趋势，您认为目标明确、市场反应迅速的奢侈品家族企业是否比大型奢侈品集团更具备成功的资本？
- 在奢侈品行业，传统的“营销”应该如何定义？奢侈品行业是否存在“营销”的说法？
- 如今，哪些人是典型的奢侈品消费者？请您加以描述。您如何看待奢侈品“价格弹性”？奢侈品行业是否存在“价格弹性”的说法？
- 您认为奢侈品公司的领导者和领导力具有哪些特征？
- 如今，奢侈品公司管理者已从过去的“家长”变成了职业经理人，您认为这种变化是否颠覆了奢侈品行业？换言之，您认为奢侈品公司是否已经从关注手工艺变成了关注股东利益？
- 您认为奢侈品行业一些新锐品牌的潜力和成功可能性如何？它们能否在这个行业立足？您认为这些新锐品牌将诞生在哪些国家，美国、印度、日本、中国、非洲国家还是欧洲国家？
- 我们一直在探讨产品创新，您认为服务创新的作用是什么？您会关注哪类服务创新？
- 数字技术、社交媒体、电商平台和线上线下一体化体验在奢侈品分销渠道中分别起到了什么作用？
- 您如何看待奢侈品行业的可持续发展？您如何看待奢侈品的转售和租售模式？您如何看待经过认证的二手奢侈品及其市场流通？消费者会接受“奇点”这一概念吗？
- 您如何在如此短的时间内让您的品牌收获如此巨大的成功？您是如何扭转这个品牌的？在您看来，创造并培育出一个成功品牌的背后逻辑是什么？